貨幣金融學

(第二版)

崧燁文化

第二版前言

我們課程組結合這些年的教學經驗，對教材進行了反覆的討論，最後達成共識，決定在本書中繼續遵循上述理念，把最新的金融現象及其理論研究成果納入其中。為此，在保持《貨幣銀行學》第一版、第二版、第三版和《貨幣金融學》第一版的主要構思和框架的基礎上，我們重點參考弗雷德里克·S.米什金的《貨幣金融學》做了比較大幅度的修訂，增減其中一些內容，整合了一些章節，仍按比較嚴謹的邏輯關係將上一版的十章編排為現在的十二章內容。

一、修訂的內容

本次修訂對《貨幣金融學》(《貨幣銀行學》第四版) 章節的主要增刪與調整如下：

在原第一章基礎上增加對貨幣定義的介紹，對貨幣職能採用新的表述；刪去了原第三節。

對原第二章做了較大幅度的修訂。在介紹利率決定理論方面，引入債券供求理論，通過債券價格的決定，理解金融市場上利率的變化；介紹了三種信用市場工具的到期收益率的計算方法；在學習複利時，進一步介紹連續複利的計算方法；與各節知識點相對應的中國金融市場數據都實時更新到2017年上半年；更新了中國利率市場化進程的相關內容；刪去了利率的作用和四種西方利率決定理論的內容。

在第三章原有內容基礎上，更加詳細地講解了金融期貨和金融期權交易雙方的損益；在拓展閱讀方面，解讀了2016年9月中國銀行間市場交易商協會發布的《銀行間市場信用風險緩釋工具試點業務規則》；介紹了信用違約互換衍生工具；刪除了原第五節的內容。

在原第四章基礎上更為詳盡地分析了金融機構如何降低交易成本和信息成本、如何解決逆向選擇和道德風險；補充闡述了近年來創新的新型金融機構。

在原第五章基礎上補充闡述了銀行資本金對銀行破產倒閉的緩衝作用、商業銀行的創新型業務以及商業銀行的風險管理。

將原第六章有關金融風險和金融監管的內容調至本書第十二章。

原第七章被拆分為貨幣需求與貨幣供給兩個部分，並分別作為本書第七章與第八章。在貨幣供給中增加了中央銀行在貨幣供給中的行為和作用，刪去了關於貨幣供給曲線和貨幣供求均衡的內容。

在原第八章基礎上增加了對通貨膨脹與通貨緊縮的實證考察，重點更新和闡述了通貨膨脹產生的原因，充實了通貨緊縮理論知識，並作為本書的第九章。

原第九章貨幣政策被拆分為目標與工具、實施與效應兩個部分，並分別作為本書的第十章與第十一章。在目標與工具中，添加了最終目標選擇的一般做法；將貨幣政策工具區分為常規性貨幣政策工具與非常規性貨幣政策工具，並對后者進行了更詳盡的闡述。在實施與效應中，重點更新並較詳細地講解了貨幣政策規則操作範式；補充了貨幣政策傳導機制與政策效應的內容。

對原第十章進行了較大幅度的整合併作為本書的第十二章。該章把上一版第六章中的金融監管內容納入，並進一步介紹金融危機演化路徑和國際傳導機制；介紹了衡量金融市場壓力相關指數的構建；在介紹金融壓制轉向金融深化的過程中，介紹了普惠金融和互聯網金融的發展情況。

由於實踐證明了書中插入的拓展閱讀等專欄及相關數據材料與解讀有助於激發學生的學習興趣，加深其對該章的基本原理和專業知識的理解，同時也使學生的知識面得到拓展與延伸，提高其觀察、思考與分析相關問題的能力，故本書一如既往地對拓展閱讀等內容進行了更新與添加，使其能盡量反映最新的金融現象、金融問題及相關問題研究的發展趨勢。

二、修訂的具體分工

本次修訂工作具體分工如下：

胡曉陽：第一章、第七章、第六章的中央銀行部分。

陳旺：第二章、第三章、第六章的金融監管部分、第十章。

陳鷺：第四章、第五章。

蕭松華：第八章、第九章。

全書最后由蕭松華統稿。

由於編者水平有限，本書的缺點和錯誤在所難免，懇請讀者不吝賜教。

編　者

目錄

第一章　貨幣與貨幣制度 …………………………………………（1）
　　第一節　貨幣的定義與職能 …………………………………（2）
　　第二節　貨幣的形式 …………………………………………（5）
　　第三節　貨幣制度 ……………………………………………（11）
　　第四節　貨幣的度量 …………………………………………（18）

第二章　信用與利息率 ……………………………………………（23）
　　第一節　信用的含義及形式 …………………………………（24）
　　第二節　利率及其種類 ………………………………………（28）
　　第三節　利息的計算 …………………………………………（31）
　　第四節　利率的決定 …………………………………………（35）
　　第五節　利率的風險結構和期限結構 ………………………（44）

第三章　金融市場 …………………………………………………（53）
　　第一節　金融市場的結構與功能 ……………………………（54）
　　第二節　金融工具 ……………………………………………（59）
　　第三節　貨幣市場 ……………………………………………（70）
　　第四節　資本市場 ……………………………………………（79）

第四章　金融機構體系 (89)

第一節　金融機構體系概述 (90)

第二節　銀行金融仲介 (99)

第三節　非銀行金融仲介 (104)

第五章　商業銀行 (119)

第一節　商業銀行概述 (120)

第二節　商業銀行業務 (124)

第三節　商業銀行的經營原則與管理 (143)

第六章　中央銀行 (151)

第一節　中央銀行的形成與發展 (152)

第二節　中央銀行的性質與職能 (155)

第三節　中央銀行的組織形式與獨立性 (157)

第四節　中央銀行的主要業務 (161)

第七章　貨幣需求 (169)

第一節　貨幣需求的基本概念 (170)

第二節　馬克思的貨幣需求理論 (171)

第三節　貨幣數量論 (172)

第四節　凱恩斯學派的貨幣需求理論 (174)

第五節　弗里德曼的貨幣需求理論 (185)

第六節　貨幣需求的實證研究 (186)

第八章　貨幣供給機制 ……………………………………………（189）

　　第一節　貨幣供給的基本概念 …………………………………（190）

　　第二節　中央銀行與貨幣供給 …………………………………（192）

　　第三節　商業銀行與存款貨幣創造 ……………………………（196）

　　第四節　貨幣供給模型 …………………………………………（202）

　　第五節　貨幣供給的外生性與內生性 …………………………（206）

第九章　通貨膨脹與通貨緊縮 …………………………………（211）

　　第一節　通貨膨脹的實證考察與定義 …………………………（212）

　　第二節　通貨膨脹的原因 ………………………………………（220）

　　第三節　通貨膨脹的效應 ………………………………………（230）

　　第四節　通貨膨脹的治理對策 …………………………………（234）

　　第五節　通貨緊縮 ………………………………………………（239）

第十章　貨幣政策（一）目標與工具 …………………………（249）

　　第一節　貨幣政策及其目標 ……………………………………（250）

　　第二節　常規貨幣政策工具 ……………………………………（260）

　　第三節　非常規貨幣政策工具 …………………………………（271）

第十一章　貨幣政策（二）實施與效應 ………………………（283）

　　第一節　貨幣政策操作規範 ……………………………………（284）

　　第二節　貨幣政策傳導機制 ……………………………………（292）

　　第三節　貨幣政策效應 …………………………………………（301）

第十二章　金融危機與金融監管 ·· (311)

　　第一節　金融風險與金融危機 ·· (312)

　　第二節　金融監管的內容 ·· (315)

　　第三節　國際銀行業監管及其趨勢 ···································· (329)

　　第四節　金融發展與經濟發展 ·· (334)

參考文獻 ·· (341)

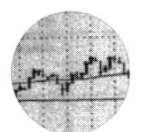

第一章　貨幣與貨幣制度

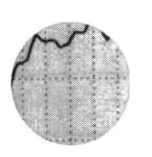

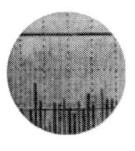

在我們的日常生活中，到處都有貨幣的身影。在現代市場經濟體系中，貨幣成為推動市場交易正常進行的最基本的設施，貨幣始終貫穿於社會再生產的各個環節。貨幣不僅對經濟發展產生重大影響，甚至可以改變經濟運行的過程，同時貨幣還與經濟發展中的其他變量緊密相關，互相影響，從而對經濟發展發揮重要作用。在現實經濟生活中，個體和社會的經濟活動成果都是通過貨幣形式表現的，因此現代經濟實質上是貨幣經濟。瞭解貨幣的概念和職能，是我們瞭解金融體系乃至整個社會經濟體系的起點。

第一節　貨幣的定義與職能

一、貨幣的定義

考古發現，人類最早在兩河流域使用貨幣，距今已有 5,000 多年的歷史。隨著社會分工的深化、商品交換規模的擴大，貨幣在人類社會發展中的作用越來越大，人們對貨幣的認識也越來越豐富。在不同時期，從不同角度，人們提出了很多關於貨幣的觀點，在貨幣的定義上，也出現了很多說法。

在中國古代，「貨幣」一詞最早出現在《后漢書·光武帝紀下》：「王莽亂后，貨幣雜用布、帛、金、粟。」在此之前，和現代貨幣相對應的詞是「錢」。最早對「貨幣」進行解釋的是清代魏源《聖武記·卷十四》：「貨幣者，聖人之所以權衡萬物之輕重，而時為之制。」

在現實生活中，人們往往可以指出哪些是貨幣，但對於貨幣的確切定義卻並不清晰。的確，歷史上出現過眾多類型、樣式各異的貨幣，生活中也有很多和貨幣有緊密聯繫的事物和概念。

經濟學家把貨幣定義為任何一種可以用於在社會範圍內支付購買商品和服務、償還債務的物品。最常見的貨幣是由國家貨幣當局發行的通貨，即紙幣和硬幣。這也是人們在日常生活中進行交易活動經常遇到的。但是，可以用於購買支付的物品遠不止通貨，在特定場合，其他一些物品也可以完成該功能，如作為商家促銷手段的代金券、購物卡，甚至一些網路平臺裡用於購買遊戲裝備的網路幣、賭場裡面的籌碼，等等。貨幣和這些支付手段最關鍵的差異在於其背后的信用水平差異，貨幣是在一個國家內得到最廣泛的認可和使用的支付工具。

由於傳統和習俗的原因，平常人們很容易把貨幣和錢等同起來，人們說一個人很有錢往往等同於說他有很多貨幣，但在金融領域，一個有錢人並不是僅僅指他有很多貨幣，更重要的是他擁有很多資產、擁有很多財富。和貨幣能夠進行廣泛的支付相比，經濟學家認為財富是指各種可以儲藏價值的財產形式，除了貨幣，還包括各種金融工具、不動產；而資產則是能夠給持有者在未來帶來價值的各種物品。

二、貨幣的職能

貨幣之所以重要，是因為它在現代經濟運行中發揮了不可或缺的作用。一般認為，

貨幣具有四種主要的職能：交換媒介、記帳單位、價值貯藏、支付手段。

（一）交換媒介（Medium of Exchange）

貨幣最基本的職能是在商品交換中充當交易媒介，發揮交換媒介職能。

貨幣是商品交換長期發展的必然產物。在人類歷史上，商品交換有 5,000～7,000 年的歷史，經過了直接物物交換與通過媒介間接交換兩個階段。

初始的交換是直接物物交換。直接物物交換要求交換雙方都要同時需要對方的商品，並在交換數量或比例上達成協議，交換才能成功，這就是所謂的「需求的雙重巧合」和「時間的雙重巧合」。否則雙方都需要經過一系列複雜的交換才能換到雙方所需要的商品，如果換不到，交換就不能成功。直接物物交換會耗費巨大的人力和物力，延長交易的時間，從而增大交易成本，阻礙商品經濟的發展。

商品交換的發展要求從商品界分離出來一種特殊的商品，它是表現、衡量其他商品價值的材料，是可以與任何其他商品交換的手段。這種特殊商品稱為一般等價物。當交換自發發展為從商品界分離出起一般等價物作用的特殊商品時，交換過程就由直接物物交換階段過渡到間接交換階段。

當一般等價物的作用固定在某一種商品上時，出現了貨幣形式，而固定充當一般等價物的特殊商品則成了貨幣。以貨幣為媒介的間接交換，交換成本低、效率高，促進了商品經濟的發展。由於貨幣是在產品或要素的交易中被普遍接受的交易媒介，因此貨幣作為市場交換的工具，就能克服物物交換條件下交換的缺陷，從而使要素供給者、消費者以及生產者之間的交易活動得以順利進行。這就大大降低了市場交易成本，提高了市場交易活動的效率，促進了經濟的發展。

貨幣執行交換媒介的職能，是在物物交換的低效率與高成本的基礎上發展起來的。貨幣作為交換媒介，使商品交易與流通能夠以高效率、低成本的方式進行，其重要原因在於貨幣能普遍地被人們接受。同時，貨幣作為交換媒介，又將買賣行為分隔為兩個環節，即 W-G 和 G-W，這就將物物交換的種種阻礙衝破，因此促進了商品交換與商品流通的發展。

貨幣在執行交換媒介職能時有兩個特點：第一，必須是現實的貨幣；第二，可以是沒有十足價值的貨幣符號。因為在這裡，貨幣不是交換的目的，而只是交換的手段，是轉瞬即逝的媒介，所以作為交換媒介的貨幣，其本身有無十足價值並不重要。

（二）記帳單位（Unit of Account）

英國經濟學家約翰・梅納德・凱恩斯在1933年出版的《貨幣論》上卷開篇第一句話就指出：「記帳貨幣是表示債務、物價與一般購買力的貨幣。這種貨幣是貨幣理論中的原始概念。」凱恩斯認為，「貨幣本身是交割后可清付債務契約和價目契約的東西，而且也是儲存一般購買力的形式。它的性質是從它與記帳貨幣的關係中得來的，因為債務和價目首先必須用計算貨幣表示」。這裡說的是貨幣的第二個職能：記帳單位。記帳單位職能和貨幣的交換媒介職能緊密相關，如果貨幣不能作為商品記帳單位，不能用一定的數量來標明商品的報價，交易雙方都面臨巨大的協商困難。隨著商品種類的增多，如果只能用商品兩兩之間的比較來組織交易，假設市場上有 N 種商品，將會存在 $N(N-1)/2$ 個價格，交易面臨的信息成本將使交易效率大大降低。當我們採用貨幣

承擔計價單位職能時，我們給每個商品標明價格，我們面臨的價格信息將減少到 N。

商品的報價到底會是多少？這主要取決於商品的價值。價值是價格的基礎，要正確反映商品的價值，就要求單位貨幣的價值量保持穩定。因此，商品價值與貨幣價值共同決定價格。它們之間的關係是商品的價格與商品的價值量成正比例變化，與貨幣的價值成反比例變化。

強調價格是價值的貨幣表現，並不意味著價格總能一絲不苟地表現價值；恰恰相反，價格通常不是高於價值，就是低於價值，完全符合價值的情況卻是偶然的，其中對價格起最大作用的因素是供求對比，因此，價格表現價值並受供求關係影響。

價格的倒數是貨幣購買力（Purchasing-power of Money），又稱貨幣價值（Value of Money），即單位貨幣在一定價格水平下的購買商品或勞務的能力，是貨幣自身價值與其購買商品價值對比的結果。在現代信用貨幣流通的條件下，價格水平隨商品供求變動而漲落時，貨幣購買力與商品價格水平呈負相關關係。也就是說，當貨幣升值或商品價格下降時，貨幣的購買力提高；反之，當貨幣貶值或商品價格上漲時，貨幣的購買力下降。現實經濟中，通常用貨幣購買力指數反映貨幣購買力變動的動態。其用公式表示，即 $L=1/P$（貨幣購買力指數 = 1 / 物價指數）。

由於各種商品的價值大小不同，表現為貨幣的數量也不同。要比較貨幣的不同數量，需要有個單位，包含或代表一定價值量的貨幣單位被稱為價格標準（Price Standard）。這個價格標準即是記帳單位。

與此同時，貨幣作為記帳單位，對於個人、家庭、企業、政府來統計所面對的交易行為和交易結果是非常有幫助的，尤其是可以進行不同商品組合的價值加總和比較。一定時期的淨產值或新增加的價值，都是以貨幣來表示和計量的。如果貨幣的記帳單位職能不存在，宏觀經濟分析和決策將面臨計算困境。

(三) 價值貯藏（Store of Value）

貨幣在退出流通領域，被人們當成社會財富的一般替代品和獨立的價值形態保存與收藏的時候，便是發揮價值貯藏職能。

貨幣在執行價值貯藏職能時有一個特點，即必須是現實的、足值的貨幣。貯藏金銀是貨幣貯藏的典型形態。因為金銀本身有價值，這種貯藏不論對貯藏者個人來說，還是對社會來說，都是價值在貨幣形態上的實際累積。

隨著現代貨幣流通的發展，人們除了以金銀累積的方式儲存價值外，更為普遍地還是採取銀行存款和儲蓄的方式，當然，也有直接儲存紙幣的。從本質上講，紙幣沒有價值貯藏的功能，因為其本身無內在價值。但是，紙幣有國家信譽作為保證，因此在幣值穩定的前提下，對於個人和單位來說，紙幣具有推遲購買力的價值貯藏的意義；對於國家和社會來講，紙幣的貯存和儲備，僅僅是通過銀行信用動員社會閒置資金用於社會擴大再生產的一種方式，沒有價值貯藏的實際意義。因此，紙幣貯藏與金屬貨幣貯藏在本質上是完全不同的。

貨幣發揮價值貯藏職能，具有自發調節貨幣流通的作用。在足值的金屬貨幣流通的情況下，當流通中的貨幣量大於商品流通所需要的貨幣量時，多餘的貨幣會自動退出流通轉而貯藏起來；反之，當流通中所需要的貨幣量不足時，貯藏的貨幣又會自動

重新進入流通領域。這就是在足值的金屬貨幣流通條件下，不會出現流通中貨幣量過多或不足的原因。

（四）支付手段（Means of Payment）

貨幣在作為交換媒介而用於清償債務、繳納賦稅、支付工資和租金時，發揮支付手段的職能。

貨幣執行支付手段的職能，起初只在流通領域內出現，主要用於商品生產者之間清償債務，后來隨著延期支付方式等商業信用的出現，商品的讓渡與貨幣支付在時間上分離，使貨幣作為支付手段的職能擴展到商品流通領域之外，用來支付工資、租金、繳納賦稅等。貨幣執行支付手段職能由商品流通領域之內向商品流通領域以外的擴展，使一定時間內流通所需要的貨幣量也相應地發生變化，因為流通中所需要的貨幣量不能只包括作為流通手段的貨幣量，還應包括作為支付手段所需要的貨幣量。

貨幣在執行支付手段職能時有兩個特點：第一，必須是現實的貨幣；第二，是價值的單方面轉移。貨幣在執行支付手段職能時的特點同執行交換媒介職能時的特點一樣，即必須是現實的貨幣。貨幣作為支付手段與作為交換媒介不同。貨幣作為支付手段時，經濟行為的發生與貨幣支付在時間和空間上都是分離的，這時價值是單方面的轉移。若兩者同時發生，這時價值是對等的轉移，貨幣便是作為交換媒介。因此，價值轉移形式的不同，是貨幣充當交換媒介和支付手段之間的主要區別。

在當代發達的市場經濟國家，延期支付日益成為普遍的交易方式，在經濟中形成了錯綜複雜的債權債務關係。因此，各種清算機構相應建立。債務到期時互相抵銷和劃轉帳款，債務人員只需清償到期的債務餘額，這樣就大大減少了流通中的現金需要量。

貨幣執行支付手段的職能是一切信用關係順利建立的基礎。信用關係的建立對經濟的作用是雙重的：一方面，克服了現貨交易對商品生產的限制，使企業可以突破自身累積的範圍進行擴大再生產，大大地促進了商品生產的發展；另一方面，在以信用方式買賣商品的條件下，造成了買賣進一步脫節，債權債務交錯在一起，構成一條支付的鎖鏈。當一個環節發生問題，不能按期支付時，就會引起連鎖反應，使許多人不能支付債務，這就進一步增加了發生經濟危機的可能性。

第二節　貨幣的形式

在商品經濟中，貨幣作為交易媒介的功能一直發揮著作用，貨幣的形式隨著生產和交換的發展、技術的進步而不斷地演變。貨幣形式的演變集中在貨幣材料的變化上。所謂貨幣材料，即幣材，是指充當貨幣的材料。貨幣形式的演變主要出於節省交易成本的目的，即利用信息技術尋求成本最低廉的載體以節省資源，通過貨幣自身的標準化提高交易中貨幣的可轉讓性以及使貨幣供應能適應經濟發展的需要。從貨幣發展的歷史來看，貨幣從商品貨幣逐漸演變為信用貨幣，這個過程也是貨幣逐漸去物質化的過程。

從整體上看，貨幣形式的演變可以分成兩個階段：商品貨幣和信用貨幣。

一、商品貨幣

（一）實物貨幣（Material Currency）

任何貨幣，如果作為非貨幣用途的價值與作為貨幣用途的價值相等，則統稱為實物貨幣。實物貨幣是人類最早的貨幣形態。在人類經濟發展史上，各種商品，如米、布、木材、貝殼、家畜等，都曾在不同時期扮演過貨幣的角色。中國古代最早的貨幣是海貝。實物貨幣有明顯的缺點，如許多實物體積笨重，不能分割為較小單位，攜帶運輸均極為不便，無法充當理想的交換媒介；實物材質不一，有些容易腐爛磨損，不適合作為價值標準和價值貯藏；實物數量受到自然條件的限制，不能滿足日益擴大的交易的需要。實物貨幣是與原始的、落后的生產方式相適應的。隨著商品生產和商品流通規模的擴大以及商品交換的發展，貨幣材料逐漸轉到那些適合充當一般等價物的金屬身上，出現了金屬貨幣。

拓展閱讀

中國早期的貝幣

中國最早的貨幣是海貝。「貝者，水蟲，古人取其甲以為貨，如今之用錢然。」（《尚書·盤庚》）海貝在史前的仰韶文化、龍山文化、大汶口文化遺址中以及在夏代紀年範圍內的二里頭文化遺址和商周墓井中，屢有發現。《鹽鐵論·錯幣》中有「夏后以玄貝」的記載。海貝是產自南方暖海的遠方外來交換品，在商和西周時已成為流通中的主要貨幣。在商代晚期和西周，出現了無文字的銅仿貝。貝幣以「朋」為計算單位，五貝為一串，兩串為一朋。

隨著商品經濟的發展，天然的貝殼作為貨幣漸漸供不應求了，於是出現了人工貝幣，如石貝幣、骨貝幣、蚌貝幣等。到了春秋戰國時期，貝幣則完全退出了歷史舞臺。

（二）金屬貨幣（Metallic Currency）

一般而言，擔任貨幣的物體，必須具備以下條件或特徵：一是被普遍接受；二是價值穩定；三是輕便；四是具有耐久性；五是價值統一和可分。與實物貨幣相比，由於金屬貨幣能夠人為製造，可以更容易控制和評估質量，更便於實現貨幣單位的分割。大致而論，金、銀、銅等主要金屬都具備了這些條件和特徵，或更準確地說，和其他任何商品比較，它們都能更有效地發揮貨幣的性能。金屬貨幣隨著商品經濟的發展和方便流通的需要，在形態上，有一個從稱量貨幣到鑄幣的過程；在質地上，有一個從賤金屬到貴金屬的轉變過程。鑄幣的產生是人類貨幣史上一次重大的變革，不僅顯著地擴大了金屬作為貨幣的用途，而且朝著把貨幣同其構成材料區分開的方向邁進了一大步。不是一般金屬，而是鑄成鑄幣，打上官方烙印的金屬才能成為貨幣。當貨幣固定在貴金屬身上時，貴金屬壟斷了貨幣的地位，使貨幣史上發生了一次新的、本質的變化。只有黃金、白銀這樣的貴金屬才能充當貨幣，體現商品的價值，而其他金屬則和普通商品一樣，代表商品的使用價值。

貴金屬貨幣具有質地均勻、便於分割、便於攜帶等優點，但隨著商品流通的進一步擴大金屬貨幣日益暴露出許多缺點，主要有兩個方面：一方面，由於流通造成的磨

損和人為削刮使鑄幣的名義價值與實際價值經常背離；另一方面，人類擁有的作為貨幣用途的貴金屬數量有限，供應缺乏彈性，不能滿足商品流通對貨幣量的需要。

二、信用貨幣（Credit Currency）

信用貨幣是指流通領域充當流通手段和支付手段的信用憑證。信用貨幣本身的價值低於貨幣面值，並且不代表任何金屬貨幣，其作為一種信用憑證，完全依靠政府信用和銀行信用而流通。信用貨幣是目前世界上幾乎所有國家採用的貨幣形態。

從歷史觀點來看，信用貨幣是金屬貨幣制崩潰的直接后果。在金、銀鑄幣流通的后期，金、銀的開採量難以滿足商品流通的需要，同時由於信用制度的不斷發展，導致對貨幣作為支付手段的要求不斷提高，這就使得各種形式的信用貨幣得以出現並獲得發展機會。第一次世界大戰期間各主要交戰國為了籌集軍費、20世紀20年代末30年代初的經濟危機使資本主義各國相繼放棄金本位和銀本位制度，紙幣不再能兌換金屬貨幣，信用貨幣由此得到長足發展；20世紀60~70年代，美元與黃金脫鉤，信用貨幣確立了在全球貨幣體系的絕對優勢地位。

除了上述直接的歷史因素外，信用貨幣的演進也有其經濟發展內在的根源。根據經驗所得，政府和貨幣當局發現，只要紙幣發行量控製適宜，則社會公眾對紙幣就能保持信心。因此，法定紙幣並不需要十足的金銀準備。但這並不意味著信用貨幣完全無準備可言。事實上，目前採用信用貨幣制度的大多數國家，均具有相當數量的黃金、外匯、有價證券等資產，作為發行鈔票的準備。不過，政府和貨幣當局不再受十足準備的束縛，而是將部分準備轉作投資。與此同時，在銀行業方面，無論是中央銀行還是商業銀行，也從經驗中發現，只要社會公眾對銀行信譽保持信心，則在一定時間內，存款人較少可能要求將存款全部兌現。因此，銀行體系只需保留部分現金準備即可，其餘存款可用於放款和投資等盈利業務上。這便是近代「部分準備制」的由來。

信用貨幣的存在形式多種多樣，主要分為通貨和存款貨幣兩大類。通貨是由國家貨幣當局發行的信用貨幣，是一國金融體系中流通現金的來源，具有最高的流動性，其基本形態為不兌現紙幣。存款貨幣是商業銀行體系以部分準備金為基礎進行資產擴張形成的貨幣，這部分貨幣由商業銀行存款帳戶進行管理，體現為銀行向貨幣擁有者發放的支票和存折。

具體而言，現實中的信用貨幣包括有實際形式的紙幣和支票、基於電子載體的電子貨幣。

（一）紙幣（Paper Currency）

作為通貨的紙幣是由銀行券發展而來。銀行券（Bank Note）是商業銀行發行的可以與金屬貨幣兌換的貨幣。銀行券可以代表金屬貨幣在流通中發揮作用，通過與金屬貨幣的兌現維持其價值，同時受金屬貨幣流通規律的制約。早期的銀行券形成於17世紀，銀行券起初是分散由商業銀行發行的，到了19世紀中期，西方各國銀行券的發行權相繼為各中央銀行所壟斷。金屬貨幣制度崩潰后，銀行券停止兌換黃金，銀行券成為不兌現的紙制信用貨幣。目前各國中央銀行發行的紙幣作為一種法律安排由政府確定為法定貨幣（Fiat Money），具有償還債務的能力（Legal Tender）。不兌現紙幣的出

現是貨幣演變中劃時代的事件，其在帶來方便、促進經濟發展的同時，也由於自身購買力水平的波動引發了大量的批評。紙幣遇到的問題主要是防偽和保管問題以及不利於大額交易。隨著現代銀行體系的發展和信息技術的進步，支票和電子貨幣的廣泛應用逐漸彌補了紙幣的不足。

拓展閱讀

英格蘭迎來塑料鈔票時代

2016年9月13日，英格蘭銀行發行了新版5英鎊鈔票並正式流通，意味著英國300多年的紙幣流通歷史正式發生改變，塑料鈔票將逐漸取代傳統紙幣。

「英格蘭銀行首批發行4.4億枚新版5英鎊塑料鈔票，這是英格蘭首次使用聚合物印製鈔票。」英格蘭銀行行長馬克·卡尼（Mark Carney）表示：「此前，蘇格蘭、澳大利亞、加拿大等都已經使用這種塑料薄膜印製鈔票。使用聚合物意味著這種塑料鈔票對於被反覆折疊放入錢包或塞進衣服口袋的承受能力更強，而且經得住洗衣機的搓洗。」

新版5英鎊塑料鈔票由英國德納羅（DelaRue）鈔票公司負責印製，尺寸比流通中的5英鎊紙幣縮小了15%，更加方便攜帶。其表層使用塑料薄膜覆蓋、環保、抗污、防水、不易損毀，使用壽命相當於紙幣的2~3倍，其耐用性將彌補昂貴的造價，塑料鈔票的使用將為英格蘭銀行在未來10年內節省1億英鎊的支出。

資料來源：英格蘭迎來塑料鈔票時代［EB/OL］．（2017-02-21）［2017-07-24］．http://www.pbc.gov.cn/huobijinyinju/147948/147974/214191/3256995/index.html．

（二）支票（Check）

支票是銀行的活期存款客戶向銀行簽發的，要求從其帳戶上無條件支付確定的金額給收款人或者持票人的書面憑證。支票，當它被存款人用來從銀行提取現金時，它只是作為一種普通的信用憑證發揮作用；但當它被存款人用來向第三者履行支付義務（支付貨款，償還債務等）的時候，其性質發生了變化，從一般的信用憑證變成了信用流通工具發揮作用，代替貨幣發揮流通手段和支付手段職能。當然，支票本身只是一種票據，活期存款才是真正的交換媒介或支付手段，因此這種可簽發支票的存款通常又被稱為支票貨幣或存款貨幣。由於支票是在銀行信用的基礎上產生的，它的付款人是銀行，比商業票據有更大的信用保證，因而它的流通範圍比較廣泛。支票的使用有以下幾個優點：第一，它使人們無須攜帶大量通貨便可從事交易，支票的使用是提高支付制度效率的一項重大創新；第二，支付經常是有來有往的，彼此可以抵消，有了支票，相互抵消的支付可通過衝銷支票來清算，不會造成大量通貨的運動；第三，在支票流通的基礎上產生的非現金結算，即轉帳結算，不但可以減少因使用現金而遭受損失的風險，而且由於傳輸便利，也減少了支付制度的交易成本，促進了經濟的效率。但紙質支票也遇到運輸和支付時效的難題。

信息技術和信息產業的發展，信息技術在金融業務中的應用和推廣，極大地提高了金融業的交易效率。金融業務在很大程度上就是收集、加工各種市場信息。電子數據交換的發展，不僅加快了交易信息的處理速度，也大大降低了交易費用，這在處理大額交易方面尤其突出。

(三) 電子貨幣（Electronic Currency）

不同國家和經濟組織對電子貨幣各有定義。巴塞爾銀行監管委員會認為，電子貨幣是指「貯值」或「預付」類電子支付工具，其中存放著消費者可使用的資金或幣值，通過銷售終端、電子設備以及在公開網路上執行支付功能的儲值和預付支付機制。電子貨幣主要有四種類型：

第一，儲值卡型電子貨幣。儲值卡型電子貨幣簡稱儲值卡，一般以磁卡或 IC 卡（集成電路卡或智能卡，下同）形式出現，其發行主體除了商業銀行之外，還有電信部門（普通電話卡、IC 電話卡）、IC 企業（上網卡）、商業零售企業（各類消費卡）、政府機關（內部消費 IC 卡）和學校（校園 IC 卡）等。發行主體在預收客戶資金後，發行等值儲值卡，使儲值卡成為獨立於銀行存款之外新的「存款帳戶」。同時，儲值卡在客戶消費時以扣減方式支付費用，也就相當於存款帳戶支付貨幣。儲值卡中的存款目前尚未在中央銀行徵存準備金之列，因此儲值卡可使現金和活期儲蓄需求減少。

第二，信用卡應用型電子貨幣。信用卡應用型電子貨幣簡稱信用卡，指商業銀行、信用卡公司等發行主體發行的貸記卡或準貸記卡。其可以在發行主體規定的信用額度內貸款消費，之後於規定時間還款。信用卡的普及使用可擴大消費信貸，影響貨幣供給量。

第三，存款利用型電子貨幣。存款利用型電子貨幣主要有借記卡、電子支票等，用於對銀行存款以電子化方式支取現金、轉帳結算、劃撥資金。該類電子化支付方法的普及使用能減少消費者往返於銀行的費用，致使現金需求餘額減少，並可加快貨幣的流通速度。

第四，現金模擬型電子貨幣。現金模擬型電子貨幣主要有兩種：一種是基於互聯網網路環境使用的且將代表貨幣價值的二進制數據保存在微機終端硬盤內的電子現金；另一種是將貨幣價值保存在 IC 卡內並可脫離銀行支付系統流通的電子錢包。該類電子貨幣具備現金的匿名性、可用於個人間支付、可多次轉手等特性，是以代替實體現金為目的而開發的。該類電子貨幣的擴大使用，能影響通貨的發行機制，減少中央銀行的鑄幣稅收入，縮減中央銀行的資產負債規模等。

電子貨幣與傳統的貨幣相比，具有以下特徵：第一，發行主體多元化。商業銀行、信用卡公司、電信公司、大型商戶和各類俱樂部等均可成為發行主體，同時電子貨幣的總量不受中央銀行控制，其數量規模基本由市場決定。第二，形式多樣性。電子貨幣是一種電子符號或電子指令，不再以實物、貴金屬或紙幣的形式出現，其存在形式隨處理的媒體（磁盤、電磁波或光波、電脈衝）而不斷變化。現階段電子貨幣的使用通常以借記卡、貸記卡、磁卡和智能卡等為媒體。第三，技術先進性。電子貨幣採用先進的密碼技術、生物統計識別裝置、智能卡技術等，並且進行多層加密，提供支付過程的全部安全保障，克服了紙幣易偽造、在運輸和保存過程中會面臨安全問題的缺陷。第四，結算方式特殊性。電子貨幣以電子計算機技術為依託，將現金或貨幣無紙化、電子化和數字化后進行儲存、支付和流通，不僅安全、快捷，而且避免了使用傳統貨幣時繳款等待、找零等麻煩以及需要面對面交易等缺點。

閱讀與思考

比特幣與數字貨幣

數字貨幣那些事

數字貨幣簡稱為「DIGICCY」，英文全稱為「Digital Currency」，是電子貨幣形式的替代貨幣。數字金幣和密碼貨幣都屬於數字貨幣（DIGICCY）。它不能完全等同於虛擬世界中的虛擬貨幣，因為它經常被用於真實的商品和服務交易，而不僅僅局限在網路遊戲等虛擬空間中。目前，全世界發行有數千種數字貨幣。

據媒體報導，2017年年初，中國人民銀行在發行數字貨幣方面取得了新進展，中國人民銀行推動的基於區塊鏈的數字票據交易平臺已測試成功，由中國人民銀行發行的法定數字貨幣已在該平臺試運行。

比特幣坐了一回「過山車」

在周一觸及3,000美元附近的歷史新高之後，其價格的波動率也出現攀升。周四，比特幣一度暴跌19%，盤中最低回落至2,076.16美元，使其邁向2015年1月以來表現最糟糕的一周。高盛技術分析師希巴·賈法里（Sheba Jafari）早些時候撰寫報告稱，比特幣走勢即將逆轉。摩根士丹利分析師在一份報告中寫道，比特幣需要政府認可和監管才能繼續攀升。

伊朗政府將通過數字貨幣監管新規

近日，伊朗國家網路中心（NCC）草擬了一份提案用於數字貨幣監管，預計該草案將於未來4個月由網路高級委員會進行審批。

近年來對數字貨幣，特別是比特幣的廣泛使用促使官方部署監管措施。在伊朗，已經有兩個不同的委員會對數字貨幣的兩個方面進行了評估。伊朗國家網路中心監管代表（Saeid Mahdavioon）說，這兩個委員會將會在未來兩個月內舉行一場會議，並為這項草案敲定最終的定稿。

德國央行計劃研發「對抗比特幣的數字貨幣」

德國央行行長延斯·魏德曼（Jens Weidmann）日前表示，德國計劃研發一種可以對抗比特幣的數字貨幣。

魏德曼說：「讓大眾更相信央行是因為央行不會破產，在經濟危機的時候尤為關鍵。對於資金持有者而言，當市場有強刺激信號放出的時候，他們可以通過簡單地按一個按鈕把銀行存款轉換成數字貨幣。對於這些資金持有者的利好消息對於銀行本身來說可能是個壞消息，因為這麼做會降低開銀行的門檻。」

資料來源：數字貨幣那些事［N］. 中國經濟導報，2017-06-17（B01）.

比特幣並非貨幣 稱為「資產」更合適

以比特幣、以太幣為代表的數字貨幣，正在得到市場和監管機構越來越多的關注。中國金融40人論壇（CF40）在微信公眾號發文指出，現在的主權貨幣是用法律來強制使用，凝聚國家信用這個共識的，這一點私營機構是無法做到的。比特幣作為數字貨幣，與其說是貨幣，不如稱為「資產」更加合適。

2017年6月13日，比特幣價格突然狂瀉，大跌14.5%，至2,526.4美元，創下2015年1月以來最大盤中跌幅。而僅在一周之前，其價格還創紀錄地突破3,000美元

這一關鍵心理價位。即便如此，包括比特幣、以太幣在內的數字貨幣仍然可以用價格暴漲來形容。2017 年以來，比特幣價格漲幅超過 300%。而截至目前，以太幣的價格已經暴漲了 5,001%。

CF40 認為，是時候冷靜思考炙手可熱的數字貨幣了。

近期，在上海新金融研究院舉辦的關於「數字貨幣的理論基礎與中國創新」內部課題評審會上，與會專家認為，數字貨幣包含非主權數字貨幣和主權相關數字貨幣兩類，和人工智能技術相結合的數字貨幣技術，是一種發展趨勢，但從必要性來看，數字貨幣並不一定要取代法定貨幣。

專家指出，法定貨幣被取代一定是因為其在實際使用產生了問題，而現實是並沒有面臨這樣的問題。從技術角度看，法定貨幣並不影響支付。從可接受性上來說，雖然數字貨幣比法定貨幣更具可接受性，但同樣更具可接受性的特別提款權貨幣（SDR）並未在幾十年來表現出取代其他法定貨幣的趨勢。

CF40 指出，現在的主權貨幣是用法律來強制使用，凝聚國家信用這個共識的。數字貨幣起碼要具備全部的貨幣職能，才能稱為數字貨幣。

比特幣、以太幣等利用區塊鏈技術，解決了數字化支付的技術信任問題，比如說以太幣的智能合約技術可以開啟新的商業應用模式。這樣的前景被投資者普遍看好，但先進技術並不能解決背後的資產價值信任問題。國際清算銀行（BIS）、國際貨幣基金組織（IMF）都指出，比特幣背後缺乏強大的資產支撐，導致比特幣價值不穩、公信力不強。

「貨幣是資產，但資產不一定是貨幣。以比特幣為代表的數字資產，因為流動性水平較低、流動性風險較高，無法有效履行貨幣的交易媒介、計價單位和價值儲藏三項基本職能，自身尚未具備成為真正貨幣的條件，更別說取代有國家信用背書、具有最高價值信任的法定貨幣，所以把它定義為『準』數字貨幣更為準確。」CF40 表示。

但 CF40 同時指出，數字貨幣所依賴的分佈式帳本等新技術有望在未來成為一種重要的金融基礎設施。分佈式帳本弱化了仲介機構的作用，相比集中式記帳方案更加安全，同時又提供了鏈式數據結構，可以易於審計，可以追蹤溯源，因而能節省大量審計成本。因此，分佈式帳本將對證券清算結算、證券登記流轉和監管等產生積極意義。

與此同時，分佈式帳本和區塊鏈技術仍需很多創新。首先，分佈式帳本需要解決效率、數據共享與保密及帳本的監控管理體系。其次，分佈式帳本的社會化應用也是一個循序漸進的過程。對於區塊鏈技術，CF40 認為，其需著力解決效率、交易成本和安全等問題。

資料來源：專家：比特幣並非貨幣 稱為「資產」更合適 [EB/OL]. (2017-06-15) [2017-07-24]. http://www.jiemian.com/article/1397544.html.

第三節　貨幣制度

貨幣制度（Monetary System）簡稱幣制，是一個國家以法律形式確定的該國貨幣流通的結構和組織形式。

貨幣制度是歷史的產物，是伴隨著商品經濟的發展逐步形成和完善的。前資本主義的貨幣制度，其形成的主要標誌是鑄幣的出現。所謂鑄幣（Coined Money）是指經

國家證明,具有一定重量和成色,並鑄成一定形狀的金屬鑄塊。鑄幣的出現是貨幣史上一次重大的創新,既解決了稱量貨幣流通的缺陷,也意味著貨幣流通由無制度向有制度過渡。

縱觀世界各國貨幣制度的演變過程,根據貨幣發行和金屬的關聯,大體上經歷了金屬本位貨幣制度和不兌現的信用貨幣制度兩大類型。根據所聯繫的金屬類型,金屬本位貨幣制度分為銀本位制、金銀復本位制、金本位制類型。其中,金銀復本位制又先後經歷了平行本位制、雙本位制和跛行本位制;金本位制也先後經歷了金幣本位制、金塊本位制和金匯兌本位制三種類型,可用圖 1-1 表示。

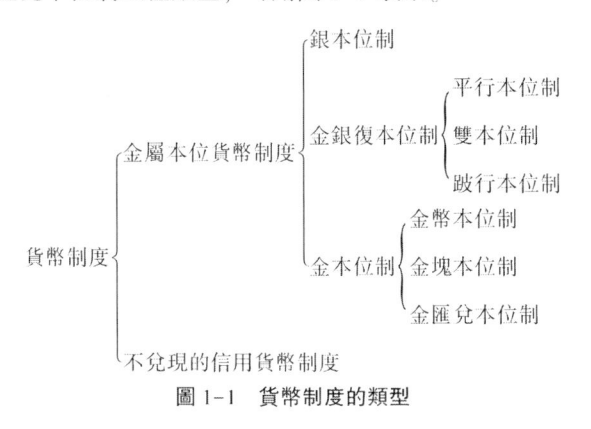

```
                          ┌ 銀本位制
                          │                  ┌ 平行本位制
           ┌ 金屬本位貨幣制度┤ 金銀復本位制 ┤ 雙本位制
           │              │                  └ 跛行本位制
貨幣制度 ┤              │              ┌ 金幣本位制
           │              └ 金本位制 ┤ 金塊本位制
           │                              └ 金匯兌本位制
           └ 不兌現的信用貨幣制度
```

圖 1-1　貨幣制度的類型

一、金屬本位貨幣制度

(一) 金屬貨幣制度的主要內容

1. 確定貨幣金屬

在金屬貨幣流通條件下,國家用法律形式規定以何種金屬作為貨幣材料,這是一國貨幣制度的基礎。各國規定的不同的貨幣金屬充當幣材,就構成了不同的貨幣本位制度。例如,確定以白銀作為幣材,就是銀本位制;確定以黃金作為幣材,就是金本位制。選擇和確定貨幣材料雖然是由國家決定的,但它主要取決於該國經濟發展水平以及幣材的生產情況等客觀因素。歐洲最初白銀廣泛流通,而在其發展到一定階段,黃金逐漸在流通中占統治地位,黃金即確定為貨幣金屬。

2. 確定貨幣單位

貨幣幣材確定以後,就需要確定貨幣單位。貨幣單位的確定包括兩個方面的內容:一方面,確定貨幣單位的名稱;另一方面,確定每一個貨幣單位所包含的貨幣金屬重量。例如,英國的貨幣單位名稱為英鎊(Pound Sterling,縮寫為£),1816 年 5 月的金幣本位法案規定 1 英鎊合純金 113.001,6 格令(Grain,1 格令約等於 0.065 克,下同)。美國的貨幣單位名稱為美元(United States Dollar,縮寫為 US＄),根據 1900 年金本位法案的規定,1 美元合純金 23.22 格令。中國 1914 年的《國幣條例》規定,貨幣單位名稱為「圓」,每「圓」含純銀庫平 6 錢 4 分 8 厘(約合 23.977 克)。

3. 金屬本位幣和輔幣的鑄造、發行、流通程序

(1) 本位幣(Standard Money)。本位幣又稱主幣,是一國的基本通貨,是一國計

價、結算的唯一合法的貨幣。

金屬本位幣具有以下幾個特點：

第一，金屬本位幣可以自由鑄造、自由熔化。由於金屬本位幣是足值貨幣，即本位幣的名義價值與實際價值相等，鑄造者不會因用貨幣材料鑄造鑄幣而獲得利益；同時，自由鑄造可以靈活地滿足流通界對貨幣的需要。因此，國家規定，公民可以將任何數量的貨幣金屬塊送到國家造幣廠請求鑄造成本位幣，造幣廠只收少量鑄造費或完全免費。同樣，公民也可以將金屬鑄幣熔化成金屬塊。

金屬本位幣的名義價值與實際價值相等是金屬本位幣自由鑄造和自由熔化的法律前提，而其自由鑄造和自由熔化具有重要的經濟意義，即可以使鑄幣量自發地調節流通對鑄幣的客觀需要，從而使貨幣流通與商品流通之間保持平衡和穩定。

第二，金屬本位幣具有無限法償能力。所謂無限法償（Unlimited Legal Tender）是指法律規定在貨幣收付中無論每次支付的金額如何巨大，用本位幣支付時，任何人不得拒絕接受的一種無限的法定支付能力。

第三，金屬本位幣的磨損公差（Limits of Tolerance）。在金屬鑄幣流通制度下，鑄幣流通會有自然磨損。為了保證本位幣的名義價值與實際價值相一致，從而保證本位幣的無限法償能力，各國貨幣制度中通常都規定有每枚鑄幣的實際重量低於法定重量的最大限度，即鑄幣的磨損公差。

（2）輔幣（Fractional Currency）。輔幣的全稱為輔助貨幣，是指主幣以下小面額的通貨，用於日常找零及供零星交易。

金屬輔幣具有以下幾個特點：

第一，輔幣是一種不足值的貨幣，即輔幣的名義價值大於實際價值，並且通常是賤金屬鑄造的。輔幣的實際價值雖然低於名義價值，但輔幣可以按法定的固定比例與本位幣兌換，這樣就保證了輔幣可以按名義價值正常流通。

第二，輔幣的限制鑄造。由於輔幣的實際價值低於名義價值，從而為其鑄造者帶來收入。因此，國家規定限制輔幣的鑄造，這樣就可以使鑄造輔幣的收入歸國家壟斷。同時，限制鑄造還可以防止輔幣排擠本位幣。如果輔幣可以自由鑄造，人人都將請求政府代鑄。那麼，不足值的輔幣必將充斥流通領域，而足值的本位幣就會被排擠於流通領域之外。

第三，輔幣的有限法償能力。所謂有限法償（Limited Legal Tender），是指國家對輔幣規定的一種有限的法定支付能力，即在一次支付行為中，不超過法定最高限額可以用輔幣支付，如果超過最高限額，任何人都可以拒絕接受。

4. 確定金準備制度

金準備制度是指作為金準備的黃金必須集中於中央銀行或國庫。金準備制度是貨幣制度的重要內容之一，也是一國貨幣穩定的必要條件。在金本位制度的條件下，金準備的主要作用表現為：第一，作為國際支付的準備金；第二，作為國內金屬貨幣流通的準備金；第三，作為支付存款和兌換銀行券的準備金。在當代紙幣流通的條件下，金準備制度的后兩項作用已失去存在的意義，只有第一項作用得以保留下來，但金準備對穩定國內貨幣流通的意義仍然是重要的。

(二) 金屬本位貨幣制度的類型

1. 銀本位制 (Silver Standard System)

銀本位制是指以白銀作為本位幣幣材的一種貨幣制度。銀本位制的基本特徵是：白銀作為本位幣的價值與其所含的白銀的實際價值相等；銀幣可以自由鑄造、自由熔化；銀行券可自由兌現銀幣；銀幣具有無限法償能力；白銀和銀幣可以自由輸出與輸入。

白銀在前資本主義社會是主要幣材。這與前資本主義社會經濟發展的水平是相適應的。因為當時經濟不發達，商品交易主要是小額交易，因此對貨幣的需求量也不大，白銀價值較低，適合這種交易的需要。銀本位制在歷史上出現很早，在貨幣制度萌芽的中世紀，許多國家就已實行銀本位制。在貴金屬貨幣流通中，銀本位製作為一種獨立的貨幣制度在一些國家存在的時間並不長，而且實行銀本位制的範圍也不廣，主要是墨西哥、日本、印度等國。這主要是因為在經濟發展過程中，銀本位制逐漸暴露出很多弱點。因此，各國紛紛放棄銀本位制，轉為金銀複本位制及金本位制。

各國相繼放棄銀本位制的原因主要如下：第一，白銀價格不穩定。這是銀本位制最大的缺點。由於白銀儲藏量相對豐富，白銀的開採技術提高較快，尤其是在美洲、非洲、大洋洲各地先後發現儲量豐富的銀礦後，白銀產量逐年增加，導致白銀價值不斷下降。而作為一種貨幣金屬，只有當其價值能保持相對穩定，才適合於作為貨幣材料，才能保證貨幣價值的穩定性。第二，不便於大宗交易。隨著經濟的不斷發展，商品交易規模日益擴大，大宗商品交易日益增多，體積大、價值小的白銀給計量及運輸帶來諸多不便，無法滿足商品交換的需要。

2. 複本位制 (Bimetallic Standard System)

複本位制又稱金銀複本位制，是指以金、銀兩種金屬同時作為本位貨幣的一種貨幣制度。複本位制的基本特徵是金、銀作為本位幣的價值與其所含的金、銀實際價值相等；金幣、銀幣都可以自由鑄造、自由熔化、自由兌換，並且都具有無限法償能力；金、銀可以自由輸出與輸入。

複本位制是資本主義發展初期 (16~18世紀) 最典型的貨幣制度，這種情況是與當時經濟發展的狀況相適應的。我們知道，封建社會中的幣材主要是白銀。隨著向資本主義的過渡，白銀的需求增加了。因為白銀是小額零售交易所必需的，而小額零售交易隨著城鄉商品貨幣關係的發展而日益擴展。但與此同時，由於資本主義大工業與批發商業的成長，大宗交易增加了，而大宗交易則需要具有更大價值的貨幣金屬——黃金。因此，隨著資本主義的發展，對於金、銀兩種貴金屬的需求同時增長了。

在16世紀上半期以前，貴金屬總產量相對說來不是很多。而後在墨西哥和秘魯發現了豐富的銀礦，白銀產量才大增。17世紀，在巴西發現了豐富的金沙，黃金的開採量才隨之增加起來。大量金、銀從美洲流入歐洲促成了金銀複本位制的實行。

金銀複本位制先後經歷了平行本位制、雙本位制和跛行本位制三種類型。

(1) 平行本位制 (Parallel Standard System)。平行本位制是指金、銀兩種貨幣各按自己的實際價值流通的本位制度。這種制度的缺點在於商品具有金幣和銀幣表示的雙重價格，商品雙重價格比例隨金、銀市場價格的波動而經常變動，不利於商品交換

和經濟發展。

(2) 雙本位制（Double Standard System）。雙本位制是指金、銀兩種貨幣按國家法定比價流通的本位制度。在雙本位制下，國家以法律形式規定金、銀鑄幣之間的法定比價，兩者的交換比率不再受市場上金銀價格波動的影響，從而克服了平行本位制下「雙重價格」表現的弊病。然而，當金、銀鑄幣的法定比價與其市場比價背離時，市場上又產生「劣幣驅逐良幣規律」（Bad money drives good money out of circulation），即在復本位制下，當兩種名義價值相同而實際價值不同的金、銀鑄幣同時流通時，其中實際價值較高的貨幣（稱良幣）必然會被熔化、收藏或輸出，因而退出流通領域；實際價值較低的貨幣（稱劣幣）必然獨占市場，充斥於流通領域。這就造成在同一時期的市場上只有一種鑄幣在流通，而且是銀賤則銀幣充斥流通市場、金賤則金幣充斥流通市場。這種規律又被稱為「格雷欣法則」（Gresham's Law）[①]。

(3) 跛行本位制（Limping Standard）。跛行本位制是指國家法律承認金、銀兩種貨幣都是本位幣，同時承認兩種貨幣都具有無限法償能力，但規定金幣能自由鑄造，而銀幣不能自由鑄造，並限制每次支付銀幣的最高額度，金幣和銀幣按法定比價交換。這種貨幣制度中的銀幣實際上已成了輔幣，確切地說，這是一種不完整的金銀復本位制度，因此被形象地稱為跛行本位制，是復本位制向金本位制的過渡形式。

復本位制是一種不穩定的貨幣制度。其原因在於貨幣按其本性來說具有獨占性和排他性，法律承認金銀同時作為貨幣金屬是與貨幣的這一本性相矛盾的。一方面，兩種貨幣同時作為本位貨幣，必然導致一種商品形成兩種價格，這兩種價格又要隨金、銀市場比價的變動而變動；另一方面，國家用法律規定金、銀比價，使金、銀比價不受市場影響，但是這一規定又與價值規律的自發作用發生矛盾，從而出現劣幣驅逐良幣規律。由於復本位制自身的這種矛盾，使之無法適應迅速發展著的資本主義經濟，因為資本主義的發展要求有相對穩定的貨幣制度。隨著黃金產量的增加，19世紀初英國首先過渡到金本位制。

3. 金本位制（Gold Standard System）

金本位制是指以黃金作為本位貨幣的一種貨幣制度。金本位制包括金幣本位制、金塊本位制和金匯兌本位制三種類型。

(1) 金幣本位制（Gold Coin Standard System）。金幣本位制是指以黃金作為貨幣制度的基礎，並實行金幣流通的一種貨幣制度。金幣本位制是典型的金本位制，其具有以下三個特點：

第一，金幣直接參加流通，可以自由鑄造、自由熔化。

第二，流通中的價值符號（輔幣和銀行券）可以自由無限地兌換金幣。

第三，黃金可以自由輸出和輸入國境。

金幣本位制是一種相對穩定的貨幣制度，這是由金幣本位制具有的特點決定的。首先，金幣可以自由鑄造、自由熔化，使金幣數量能自發地滿足流通中的貨幣需求，

[①] 「劣幣驅逐良幣」這一規律性現象，由英國16世紀財政大臣湯姆斯·格雷欣（Thomas Gresham）發現，並在致英國女王的貨幣改鑄建議中做了具體的說明。在19世紀，英國經濟學家麥克勞德（Henry Dunning Macleod）又對劣幣驅逐良幣規律加以闡述，同時將其命名為「格雷欣法則」。

也使金幣的幣值與其所含的黃金的實際價值保持一致。其次，由於價值符號能隨時兌換金幣，因此它們能穩定地代表一定數量的黃金進行流通，從而不致使流通中出現通貨貶值現象，保證了貨幣價值和價格的相對穩定。最後，在金幣本位制下，各國貨幣單位之間按其所含黃金重量而有一定的比價，同時黃金又可在各國之間自由轉移，這就保證了世界市場的統一和外匯行市的相對穩定。

正是由於金幣本位制具有相對穩定性，因此它對於資本主義的發展起了很大的促進作用。

首先，金幣本位制促進了資本主義生產的發展。資本主義是高度發展的商品經濟，商品經濟的發展需要穩定的貨幣流通。金本位制下，貨幣流通量有自發的調節機制，幣值和物價相對穩定。這就便於企業能較精確地核算成本、價格和利潤，從而為促進生產發展創造了有利條件。

其次，金幣本位制促進了信用制度的發展。金幣幣值穩定，使債權、債務不會受到通貨貶值的影響，從而保證了信用制度的發展。

最后，金幣本位制促進了國際貿易的發展。順暢的國際貿易必須要以穩定的匯率為條件。金幣本位制下匯率是以各國貨幣的含金量為基礎的，當然市場價格會隨市場供求而上下波動，由於黃金可以自由輸出和輸入，這又起到了自發調節外匯匯率的作用，其結果必然促進國際貿易的順利發展。

1816年，英國首先實行金幣本位制，隨后歐洲各國（19世紀70年代）以及美國（1900年）、日本（1900年）紛紛仿效，直到1914年第一次世界大戰爆發。

1914—1918年第一次世界大戰期間，各參戰國先后停止了銀行券的兌現。德、法首先停止兌現，隨后禁止黃金出口。這樣金幣本位制的第二個特點和第三個特點沒有了。美國於1917年參戰后也禁止黃金出口，但並未停止金幣本位制，銀行券仍可自由兌換。日本於1917年參戰后也禁止黃金出口。各參戰國在銀行券停止兌現時，也不再鑄造金幣，而大量發行紙幣，發生了通貨膨脹。歐洲各國由於購買軍需品，大量黃金流向美國，使各國黃金存量銳減，金幣本位制的基礎不斷削弱，許多國家開始放棄金幣本位制。美國在1919年6月解除禁止黃金出口禁令，恢復了金幣本位制。另外，還有未參戰的極少數國家，如瑞典、瑞士國內仍實行金幣本位制。

戰爭結束后，隨著各資本主義國家的經濟恢復和發展，一些國家想恢復金幣本位制，但已力不從心。各國根據本國的經濟狀況和黃金儲備數量，分別實行了沒有金幣流通的金塊本位制和金匯兌本位制。

（2）金塊本位制（Gold Bullion Standard System）。金塊本位制又稱生金本位制，是指銀行券只能兌換金塊的一種金本位制。金塊本位制的基本特點是國內不鑄造，也不流通金幣，只發行銀行券；銀行券仍規定一定的含金量，代表一定重量的黃金，居民可以有限地兌換金塊。

1924—1928年是第一次世界大戰后的相對穩定時期，英國、法國、比利時、荷蘭等國家先后實行了金塊本位制。

（3）金匯兌本位制（Gold Exchange Standard System）。金匯兌本位制又稱虛金本位制，是指銀行券在國內不能直接兌換金塊，只能兌換外匯的一種金本位制。金匯兌本

位制的基本特點是國內不鑄造，也不流通金幣；本國銀行券仍規定一定的含金量，但在國內不能兌換黃金。實行這種本位制的國家，規定國內貨幣與另一實行金幣本位制國家的貨幣保持固定比價，並在該國存放黃金外匯儲備作為發行準備，居民可按法定匯價購買外匯，然後用外匯向聯繫國兌換黃金。

金匯兌本位制實質上是一種附庸的貨幣制度，使一國貨幣依附於與之相連的宗主國的貨幣。第一次世界大戰前，只有殖民地或附屬國，如印度、菲律賓等國採用金匯兌本位制。第一次世界大戰後，戰敗國德國、奧地利、義大利等國也曾實行過金匯兌本位制。

金塊本位制和金匯兌本位制是一種殘缺不全的金本位制。在這兩種本位制下，都沒有金幣流通，黃金失去流通手段和支付手段的職能，在貨幣流通中的自發調節作用不存在了，幣制缺乏穩定基礎。

金塊本位制和金匯兌本位制實行以後不久，就暴露出其不穩定性。1929—1933年的資本主義世界經濟危機爆發後，各國紛紛放棄金本位制，實行不兌現的信用貨幣制度。

二、不兌現的信用貨幣制度

不兌現的信用貨幣制度，又稱管理紙幣本位制，是以不兌現的紙幣為本位貨幣的貨幣制度。不兌現的信用貨幣制度是目前世界各國普遍實行的一種貨幣制度。

不兌現的信用貨幣制度的特點如下：

第一，它以紙幣為本位貨幣，一般是由國家授權中央銀行發行的、依靠國家法律強制流通的無限法償貨幣。

第二，它不與任何金屬保持等價關係，也不能兌換黃金。

第三，在這種制度下，廣泛實行非現金的轉帳結算，流通中大量使用的是存款貨幣。

第四，紙幣靠國家管理來調節和控製貨幣量，以保持貨幣流通穩定。

第五，紙幣進入流通，有著自身特殊的規律。

紙幣作為貨幣符號無實際的內在價值，不論紙幣發行數量有多少，紙幣代表的價值量只能是流通中貨幣需要量所代表的價值量。當紙幣的發行量超過流通對貨幣需要的數量時，導致物價上漲，紙幣貶值，出現通貨膨脹。

拓展閱讀

中華人民共和國貨幣概況

中華人民共和國自成立以來，已發行五套人民幣，形成紙幣與金屬幣、普通紀念幣與貴金屬紀念幣等多品種、多系列的貨幣體系。

第一套人民幣

第一套人民幣自1948年12月1日開始發行，共12種面額62種版別。

1948年12月1日，中國人民銀行在河北省石家莊市成立，同日開始發行統一的人民幣。

人民幣發行後，逐步擴大流通區域，原各解放區的地方貨幣陸續停止發行和流通，

並按規定比價逐步收回，至1951年年底，人民幣成為中國唯一合法貨幣，在除臺灣、西藏以外的全國範圍流通（西藏自1957年7月15日起正式流通使用人民幣）。

第二套人民幣

中國人民銀行自1955年3月1日起發行第二套人民幣，收回第一套人民幣。第二套人民幣和第一套人民幣折合比率為：第二套人民幣1元等於第一套人民幣1萬元。

實踐證明，第二套人民幣成為中國第一套完整、精致的貨幣，對健全中國貨幣制度和促進社會主義經濟建設發揮了重要作用。

第三套人民幣

中國人民銀行於1962年4月20日開始發行第三套人民幣，陸續發行第三套人民幣13種，到2000年7月1日停止流通，歷時38年。第三套人民幣券別結構合理，紙、硬幣品種豐富、設計思想鮮明、印製工藝也比較先進。發行第三套人民幣，增強了人民幣的反假能力，為健全中國貨幣制度和促進經濟發展發揮了重要作用。

第四套人民幣

中國人民銀行自1987年4月27日起，陸續發行第四套人民幣。第四套人民幣主幣有1元、2元、5元、10元、50元和100元6種，輔幣有1角、2角和5角3種，主輔幣共9種。

第五套人民幣

1999年10月1日，中國人民銀行陸續發行第五套人民幣。第五套人民幣採取「一次公布，分次發行」的方式。為提高第五套人民幣的印刷工藝和防偽技術水平，中國人民銀行於2005年8月31日發行了第五套人民幣2005年版100元、50元、20元、10元、5元紙幣和不銹鋼材質1角硬幣。為適應人民幣流通的需要，中國人民銀行於2015年11月12日發行了第五套人民幣2015年版100元紙幣，提升了100元紙幣的印製工藝與防偽技術水平。

紀念幣

紀念幣是具有特定主題、限量發行的人民幣。紀念幣分為普通紀念幣和貴金屬紀念幣。中國人民銀行從1984年發行第一套普通紀念幣至2017年1月4日，共發行了49套111枚（張）普通紀念幣，總發行量約39.1億枚（張）。這些紀念幣是中國人民幣系列的重要組成部分，豐富和完善了中國的貨幣制度，弘揚了中國的貨幣文化，並不斷探索和創新，為促進商品流通和經濟發展、擴大對外交流發揮了積極作用。

資料來源：中國人民銀行貨幣金銀局。

第四節　貨幣的度量

一、貨幣層次及其劃分依據

貨幣層次（The Structure of Moneytary）是指根據不同的貨幣定義和各種信用工具與流動資產不同程度的貨幣性對貨幣所做的層次分析。

經濟學家一般都認為，貨幣應包括那些在商品和勞務買賣及債務支付中被作為交易媒介和支付手段而被普遍接受之物。他們把貨幣定義為通貨和活期存款。這便是狹

義的貨幣 M1。有些經濟學家不滿足於上述狹義的貨幣概念。他們認為貨幣是一種資產，強調貨幣的價值貯藏手段職能，認為各種金融機構的定期存款、儲蓄存款以及其他一些流動資產，是潛在的購買力，而且也很容易變為現金，具有不同程度的流動性，因而主張以流動性為標準，劃分為更為廣義的貨幣概念或層次，從而形成了廣義的貨幣 M2、M3。

根據各種金融工具的流動性來劃分不同層次的貨幣供應量指標，已為各國政府和大多數經濟學家所接受。國際貨幣基金組織採用的貨幣供應量口徑是貨幣和準貨幣。其中，貨幣包括銀行以外的通貨和私人部門的活期存款；準貨幣包括定期存款、儲蓄存款和外幣存款之和。

二、主要中央銀行的貨幣供給層次

各國中央銀行現在都是用多層次的辦法來計算和定期公布貨幣供應量，並根據本國經濟和金融發展變化的實際情況不斷加以修正。下面是主要國家經多次調整后的貨幣層次劃分。

（一）美聯儲貨幣層次的劃分

美聯儲貨幣層次的劃分如下：

M1 ＝通貨＋活期存款＋其他支票存款

M2 ＝M1＋小額定期存款＋儲蓄存款＋貨幣市場存款帳戶＋貨幣市場基金份額（非機構所有）＋隔日回購協議＋隔日歐洲美元＋合併調整

M3 ＝M2＋大面額定期存款＋貨幣市場基金份額（機構所有）＋定期回購協議＋定期歐洲美元＋合併調整

L ＝M3＋短期財政部證券＋商業票據＋儲蓄債券＋銀行承兌票據

貨幣層次劃分中的合併調整是為了防止雙重計算所做的調整。

具體來看，美國的口徑是：M1、M2、M3、L 和 Debt。

M1 包括財政部、聯邦儲備銀行和各存款機構金庫之外的通貨、非銀行發行的旅行支票、各種活期存款、可轉讓支付命令帳戶（NOW）、自動轉帳服務帳戶（ATS）等近似活期存款帳戶的存款。

M2 包括 M1、商業銀行發行的隔夜回購協議存款、美國銀行海外分支機構對美國居民開辦的隔夜歐洲美元存款、儲蓄存款和小額定期存款、貨幣市場存款帳戶、貨幣市場互助儲蓄金額等。

M3 包括 M2、大額定期存款、商業銀行和儲蓄機構發行的定期回購協議負債、由美國居民持有的美國銀行海外機構的歐洲美元定期存款等。

L 包括 M3、非銀行的社會公眾持有的美國儲蓄債券、短期國庫券、商業票據和銀行承兌票據、貨幣市場互助基金中上述資產的淨額。

Debt 包括國內非金融機構持有的美國聯邦政府及州和地方政府債務、私人機構在信貸市場上的債務（私人債務包括法人債券、抵押債券、消費信用、其他銀行票據、銀行承兌票據和其他債務工具）。

（二）歐洲中央銀行貨幣層次的劃分

歐洲中央銀行將貨幣分為狹義貨幣、中間貨幣和廣義貨幣三個層次，具體劃分如下：

狹義貨幣 M1＝流通中現金+隔夜存款

中間貨幣 M2＝M1+期限為兩年以下的定期存款+通知期限3個月以內的通知存款

廣義貨幣 M3＝M2+回購協議+貨幣市場基金（MMF）+貨幣市場票據+期限為兩年以內的債券

在這些貨幣層次中，M3是歐洲中央銀行重點監測的貨幣指標。構成M3的回購協議、貨幣市場基金份額等具有較高的流動性，價格較為穩定，是存款的良好的替代品。由於M3中包括了這些金融工具，即便各類流動性資產之間相互轉換，也不會使M3的總量發生太大的波動。廣義貨幣比狹義貨幣的穩定性要高很多，便利了歐洲中央銀行對貨幣供應總量的控製。

（三）日本銀行貨幣層次的劃分

日本銀行貨幣層次的劃分如下：

M1＝現金+活期存款（現金指銀行券發行額和輔幣之和減去金融機構庫存現金后的餘額；活期存款包括企業支票活期存款、活期儲蓄存款、通知即付存款、特別存款和納稅準備金存款）。

M1′＝M1+企業定期存款

M1+CD＝M1+企業可轉讓存單

M2+CD＝M1+準貨幣+可轉讓存單（準貨幣指活期存款以外的一切公私存款）

M3+CD＝M2+CD+郵政、農協、漁協、信用合作和勞動金庫的存款以及貨幣信託和貸方信託存款。此外還有廣義流動性等於「M3+CD」加回購協議債券、金融債券、國家債券、投資信託和外國債券

（四）英格蘭銀行貨幣層次的劃分

英格蘭銀行貨幣層次的劃分如下：

M1＝流通中的鈔票和硬幣+英國私人部門的英鎊活期存款

M2＝M1+英國私人部門持有的在銀行的10萬英鎊以下的活期存款和其他存款（一個月內通知銀行提取的零售性存款）

英鎊 M3＝M1+英國私人部門的英鎊定期存款、英國公有部門的英鎊存款

M3＝英鎊 M3+英國居民持有的其他通貨存款

PSL1＝私人部門所持有的英鎊 M3+私人持有的國庫券+私人在地方機關及金融機構的存款+納稅存款證+銀行承兌匯票

PSL2＝PSL1+其他各種流動性資產如國民儲蓄證券及在住房協會+信託儲蓄銀行和國民儲蓄銀行的存款等

（五）中國人民銀行貨幣層次的劃分

中國人民銀行貨幣層次的劃分如下：

M0＝流通中現金

M1＝M0+企業活期存款+機關團體及部隊存款+農村存款+個人持有的信用卡類存款

M2＝M1+城鄉居民儲蓄存款+企業存款中具有定期性質的存款+外幣存款+信託類存款+證券公司客戶保證金

M3 = M2+金融債券+商業票據+大額可轉讓定期存單等

從1994年第三季度起，中國人民銀行正式推出貨幣供應量統計監測指標，並按季向社會公布。M1即通常所說的狹義貨幣，M2是廣義貨幣，M2與M1之差是準貨幣（Quasi-Money），M3是考慮到金融不斷創新的現狀而增設的，目前不公布。中國在2001年第二季度調整M2統計口徑，把證券公司客戶保證金計入廣義貨幣。2011年10月，中國人民銀行又對M2進行了調整，將住房公積金中心存款和非存款類金融機構在存款類金融機構的存款計入其中。

中國的貨幣層次劃分與西方國家主要存在以下兩方面的差別：一方面，在貨幣層次的劃分上，單獨設置了流通中現金M0這個指標，西方國家是沒有的。英國編制過M0，但表示的是基礎貨幣。這種劃分的原因是中國的金融業處在發展中，信用制度還不發達，現金在M1中所占的比重近30%，遠遠高於西方國家，對消費品市場和零售物價的作用很大。另一方面，在各層次貨幣供應量的統計上，雖然原理一樣，但統計的內容不完全一樣。

中國2017年1~4月貨幣供應量如表1-1所示。

表1-1　　　　　　　　中國2017年1~4月貨幣供應量　　　　　單位：億元人民幣

項目	2017年1月	2017年2月	2017年3月	2017年4月
貨幣和準貨幣(M2)	1,575,945.59	1,582,913.07	1,599,609.57	1,596,331.87
貨幣(M1)	472,526.45	476,527.60	488,770.09	490,180.42
流通中貨幣(M0)	86,598.61	71,727.69	68,605.05	68,392.60

註：自2011年10月起，貨幣供應量已包括住房公積金中心存款和非存款類金融機構在存款類金融機構的存款。

資料來源：中國人民銀行（http://www.pbc.gov.cn/diaochatongjisi/resource/cms/2017/06/20170616173322200051.htm）。

本章小結

1. 貨幣是商品交換長期發展的必然產物。貨幣具有交換媒介、記帳單位、貯藏價值和支付手段四種職能。其中交換媒介是貨幣的基本職能。

2. 貨幣形式的演變集中在貨幣材料的變化上。貨幣形式的演變是社會商品經濟向前發展的必然結果。

3. 貨幣制度是歷史的產物，是伴隨著商品經濟的發展逐步形成和完善的。世界各國貨幣制度的演變大體上經歷了銀本位制、金銀復本位制、金本位制和不兌現的信用貨幣制度等類型。

4. 貨幣的本質是一般等價物。何種信用工具或金融資產可以稱作貨幣，才可以計入貨幣供應量的指標範圍，只有建立在一定層次的分析上才能解決。

5. 貨幣供應量按照流動性的標準通常可分為M0、M1、M2等多個層次。M1為狹義貨幣，M2為廣義貨幣。一國的貨幣分為幾個層次，每個層次包括哪些內容通常是不同的。

重要概念

貨幣　貨幣購買力　貨幣制度　鑄幣　本位幣　金本位制　復本位制
劣幣驅逐良幣規律　信用貨幣　商業票據　電子貨幣　貨幣層次

復習思考題

1. 貨幣的基本職能有哪些？這些職能在經濟社會發展的不同時期分別發揮著怎樣的作用？
2. 金屬貨幣作為儲藏手段是如何自發調節貨幣流通的？信用貨幣是否有這種功能？
3. 金屬貨幣制度的主要內容是什麼？
4. 未來經濟社會是「無紙化貨幣」時代嗎？
5. 你認為人民幣是否具有儲藏手段的職能？為什麼？
6. 劃分貨幣層次的意義是什麼？
7. 若社會公眾在資本市場上出售股票，並將所得以儲蓄存款的方式存入銀行，對 M1、M2 將產生怎樣的影響？
8. 將相同金額的錢分別存入活期帳戶和儲蓄存款帳戶，對 M1、M2 將會產生什麼影響？

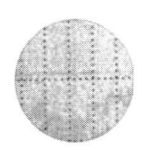

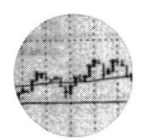

第二章　**信用與利息率**

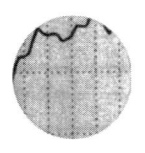

經濟學中所指的信用等同於信貸，它是一種以償還本金和支付利息為條件的借貸行為。因此，利息可以認為是信用的產物。在現代經濟中，利率比利息有著更重要的意義。現實生活中的利率都是以某種具體形式存在的，隨著金融市場的發展，利率種類也層出不窮。到期收益率被認為是衡量利率的最精確指標，為了更好地理解利率，本章介紹3種信用工具的到期收益率的計算方法，以加深我們對利率的理解。

第一節　信用的含義及形式

一、信用的含義

信用作為一個經濟學範疇，特指一種以償還本金和支付利息為條件的借貸行為，體現一定的債權債務關係。其基本特徵是償還和付息，即以收回為條件的付出，或以歸還為義務的取得；貸者之所以貸出，是因為有權取得利息，借者之所以可能借入，是因為承擔了支付利息的義務。不同於等價的商品交換，在信用關係中，債權人只是出讓有價物的使用權，沒有改變所有權性質，所以信用是價值單方面的轉移。在現代市場經濟中，債權債務是廣泛存在的經濟現象。對於經營單位，借債與放債必不可少。不論在國內，還是在國際上都是如此。各國政府對外國政府往往是既借債又放債、個人同樣是如此。貨幣收入用於消費後，餘下的部分想增值就得貸出去。在消費信用發達的國家，很多個人靠分期付款購買耐用消費品乃至房屋。在經濟不發達的過去，負債是不光彩的事情；現在則相反，若能獲取信用，正說明有較高的信譽。即使是經濟強國，也會擁有巨額債務。可見，當代市場經濟完全可以稱為「信用經濟」。

二、信用的主要表現形式

市場經濟中之所以有如此普遍的債權債務現象，主要原因在於經濟中的任何行為主體——不僅行為主體之間，而且同一主體在不同時期——都存在盈餘與赤字的矛盾。根據借貸主體的不同，信用的主要表現形式有商業信用、銀行信用、國家信用、消費信用和股份公司信用等。

（一）商業信用

商業信用（Commercial Credit）是指工商企業間相互提供與商品交易相關的信用。商業信用的形式主要有賒購商品、預收貨款和商業匯票。現代商業信用中賒銷主要表現為賣方給買方提供信用。

商業信用具有如下特點：

第一，從形式上看，商業信用主要以商品形態提供信用，但它的活動同時包含著兩種性質不同的經濟行為——買賣和借貸。提供信用的過程就是買賣的過程。

第二，商業信用的債權人和債務人都是工商企業。商業信用由於是以商品形式提供的信用，因此不僅債務人即信用的接受者是從事生產或流通活動的企業，而且債權人即信用的授予者也必然是企業，因為只有企業才有商品賒銷給別人而成為債權人。

第三，商業信用的供求與經濟週期的波動基本一致。例如，在經濟繁榮時期，生產擴大，商品增加，商業信用的供應和需求都隨之增加。在經濟危機時期，生產縮減，商品滯銷，商業信用供求隨之減少，使整個商業信用規模縮減。

商業信用的以上特點，決定了其存在和發展有一定局限性，主要表現為以下三個方面：

第一，信用的規模和數量有一定限制。由於商業信用是在工商企業之間進行的，因此商業信用的規模受限於提供信用的廠商的信貸能力及實際經營情況。從個別企業看，商業信用能以延期付款方式出售的商品，只能是其當時暫不用於再生產過程的那部分資本。同時，商業信用一般只發生在經常來往、相互瞭解的企業之間。

第二，商業信用有嚴格的方向性。由於商業信用的需求者也是該商品的直接需要者，因此決定了這種信用具有方向性，即這種信用只能由產品的生產者提供給產品的需要者，而不能相反。例如，礦山機械製造廠只能把生產的礦山機械以商業信用的方式出售給礦山開採企業，而不可能賣給紡織行業。這樣致使有些企業很難通過這種形式取得必要的信用支持。

第三，商業信用在期限上受限。由於商業信用是以商品形式提供的，這些商品仍屬於再生產過程中的商品資本，只能解決短期資金的融通問題，長期資金需求則不能從此得到解決。

（二）銀行信用

銀行信用（Bank Credit）是銀行及其他金融機構以貨幣形式提供的信用。銀行信用是在商業信用發展到一定程度時產生的。銀行信用與商業信用一起構成現代經濟社會信用關係的主體。

銀行信用具有以下特點：

第一，銀行信用的規模巨大，其規模不受金融機構自有資本的限制。銀行聚集的資金不僅有從產業資本循環過程中分離出來的暫時閒置的貨幣資本，而且還有社會各階層的貨幣儲蓄。不同於商業信用，銀行信用是一種間接信用，它們在信用活動中僅僅充當信用仲介人的角色。

第二，銀行信用的借貸雙方，一方是金融機構，另一方是從事經營活動的工商企業，而且是以貨幣形式提供的信用，因此銀行等金融機構可以把貨幣資本提供給任何一個需要的部門和企業，這就克服了商業信用在方向上的限制。

第三，銀行信用同樣具有順週期性特徵，這種順週期性必然導致宏觀經濟的波動傳導到銀行業。緩解順週期性和建立適當的逆週期調整機制，被認為是金融市場宏觀審慎監管框架的重要組成部分。

銀行信用克服了商業信用的局限性，但不能完全取代商業信用。由於商業信用與商品的交易直接聯繫在一起，其及時和方便的優點使工商企業可以利用其解決資金短期不足的問題。在實際經濟生活中，這兩者往往相輔相成，共同發展，銀行信用通過對商業信用工具——商業票據的承兌、貼現、抵押以克服商業信用在信用能力上的困難；同時，銀行信用自身也因此得到發展和壯大。

（三）國家信用

國家信用（National Credit）是國家以債務人的身分，從社會上籌集資金以滿足財政需要的一種信用形式，其包括國家內債和國家外債。國家內債是國家以債務人身分

向國內居民、企業、團體籌措資金。國家外債是國家以債務人身分向國外居民、企業、團體和政府籌措資金。國家信用的典型形式主要是發行國家債券，由於國家債券的發行主體是國家，因此具有最高的信用度，一般風險較小，被認為是安全的投資工具。國家債券包括短期國庫券和中長期公債券。短期國庫券一般用來調劑財政年度內暫時性的收支不平衡，也是中央銀行操作公開市場業務買賣的主要對象。中長期公債券一般用於彌補財政預算赤字、供基礎設施、公用事業建設等非生產性支出，軍費支出，福利支出等。國家通過發行國債的方式可以向國內及國際社會籌集資金用於基礎設施建設，從而拉動內需，以促進經濟的發展。然而過度發行國債，有可能引發主權債務危機。2009年12月全球三大評級公司下調希臘主權債務評級，隨後希臘債務危機愈演愈烈，成為歐洲債務危機的導火線。《馬斯特里赫特條約》（*Maastricht Treaty*，也稱《歐盟條約》）規定，加入歐元體系的國家必須將政府財政赤字占國內生產總值的比重控制在3%以下，政府債務占國內生產總值的比重控制在60%以內。從圖2-1可以發現，2008年後歐盟各國國債占國內生產總值的比值平均水平超過60%的警戒線。

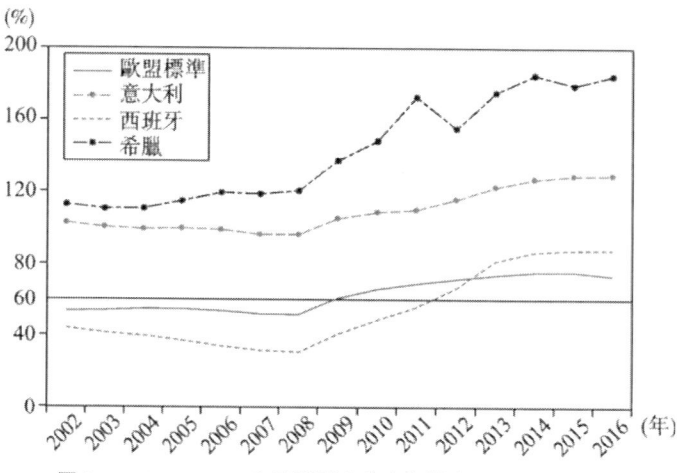

圖2-1 2002—2016年歐盟國家債務占國內生產總值的比值

資料來源：Wind金融資訊終端。

（四）消費信用

消費信用（Consumer Credit）是工商企業和金融機構對消費者提供的，用以滿足其生活消費方面的信用。現代消費信用的方式多種多樣，其中主要有如下幾種：

1. 分期付款

這是零售企業向顧客提供的以分期付款方式購買所需消費品的一種消費信用形式，主要用於購買高檔耐用消費品。例如，汽車銷售商提供的汽車分期付款；近年來中國各大電商推出的先消費、後付款的全新支付方式，在網上購物時可延後或分期付款購買手機、空調等大額家用電器等。個人在購買耐用消費品時，雙方必須簽訂相關合同，只要按規定支付一部分貨款（第一次付現額），然後按合同分期等額支付其餘貸款和利息。在貨款付清之前，消費品的所有權仍歸賣方，消費者僅有使用權；若不能按期還本付息，賣方有權沒收其商品，已付貨款也歸賣方所有。這種信用形式期限視消費品金額而定。例如，汽車消費貸款期限一般為1~3年；網上購物一般可以享有最長

30天的延后付款期或最長24期的分期付款。

2. 消費貸款

這是銀行和其他金融機構以信用貸款或抵押放款的方式,向消費者提供貸款,主要用於購買住宅、汽車等昂貴消費品,其中住宅抵押貸款是主要的品種,貸款額一般占抵押品的70%~80%。消費者按規定期限償還本息,期限有的可達20~30年,屬長期信用。

3. 信用卡

信用卡是由銀行或信用卡公司依照用戶的信用度與經濟收入狀況發給持卡人的一種特制載體卡片,持卡人持信用卡消費時無須支付現金,待結帳日時再進行還款的一種消費信用形式。用信用卡進行非現金交易,從銀行記帳日起至到期還款日之間的日期為免息還款期,各商業銀行的免息期一般為20~50天。在此期間,只要全額還清當期對帳單上的本期應還金額(總欠款金額),便不用支付任何非現金交易由銀行代墊給商家資金的利息。因此,信用卡實際上就是商業銀行提供給持卡人的一種短期免息的小額信貸支付工具。若逾期付款,則要收取利息,利率水平高於商業銀行的優惠放款利率。在現代經濟生活中,信用卡使用非常普遍。信用卡也已形成國際聯網,其中維薩集團和萬事達集團分別發行的維薩卡(Visa Card)和萬事達卡(Master Card)的使用範圍已遍及全球。圖2-2顯示了由世界銀行統計的15歲以上人群信用卡持有率情況,與發達國家相比,中國信用卡持有率較低,還存在很大的市場發展空間。

消費信用的積極作用主要如下:

(1)對消費者個人來說,消費信用解決了消費願望和購買力特別是大額消費品購買力不足的矛盾,消費者可提前享受到想消費的商品和服務。

(2)對整個社會來說,第一,消費信用促進耐用消費品的銷售,發揮消費的市場導向作用。第二,消費信用擴大了一定時期內商品勞務的總需求規模,因而在一定條件下可以促進經濟的增長。

消費信用的消極作用主要是消費信用的過度發展會增加社會經濟的不穩定性,有可能造成通貨膨脹和債務危機。

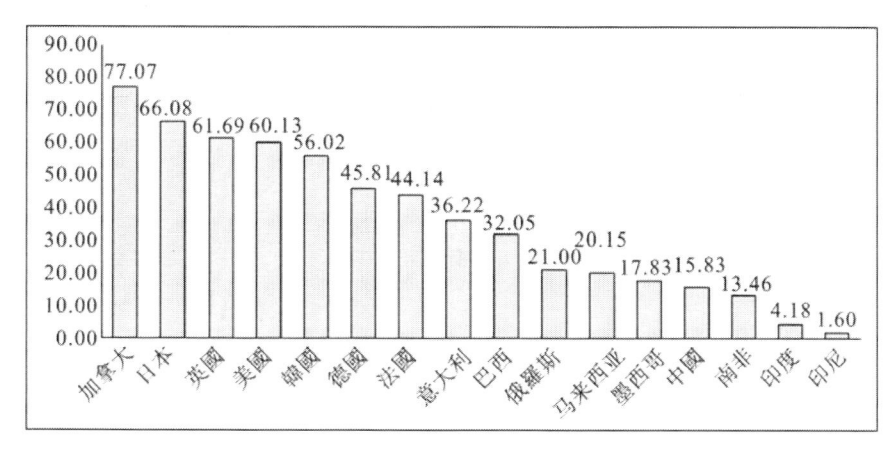

圖2-2 2014年世界主要國家信用卡持有率情況(單位:%)

國家	持有率
加拿大	77.07
日本	66.08
英國	61.69
美國	60.13
韓國	56.02
德國	45.81
法國	44.14
意大利	36.22
巴西	32.05
俄羅斯	21.00
馬來西亞	20.15
墨西哥	17.83
中國	15.83
南非	13.46
印度	4.18
印尼	1.60

資料來源:世界銀行(Global Financial Inclusion Database)。

（五）股份公司信用

股份公司信用是指股份公司以發行股票和債券的方式，直接從金融市場籌集資金的一種信用形式。發行股票和債券是企業籌集長期資金的重要途徑，股份公司依靠發行股票籌集和擴大自有資本，購置固定資產，依靠發行債券籌集流動資金等。這種信用形式加速了資本累積，促進了經濟的發展。然而，對於工商企業而言，股票和債券並不是最主要的外部融資來源。新聞媒體對於股票市場的過分關注，導致很多人認為股票是企業最為主要的融資來源，在絕大多數國家，工商企業的外部融資來源主要是金融仲介機構貸款。

第二節　利率及其種類

一、利率及其體系中的基準利率

利率可能是得到最廣泛應用的金融變量。利率是指借貸期間形成的利息額與所貸本金的比率。利率用公式表示為：

$$r（利率）= \frac{\Delta g（利息額）}{g（所貸本金額）} \tag{2-1}$$

例 2-1：甲從乙手中借得 100 萬元，投入再生產過程，一年獲得利潤 20 萬元，甲把 5 萬元作為利息付給乙，那麼這筆貸款的利率為：

$$r = \frac{\Delta g}{g} = \frac{50,000}{1,000,000} = 5\%$$

現實生活中的利率都是以某種具體形式存在的，如 6 個月期的國庫券利率、3 個月期的儲蓄存款利率、拆借利率等。在一個經濟運行體中，隨著融資活動的日益發展及融資活動方式的多樣化，利率的種類日益繁多。各種不同的利率由各種內在因素聯結組成的有機體就是利率體系。

在利率體系中，通常有一個起決定性作用的利率，這個利率被稱為基準利率。所謂起決定作用，是指這種利率變動，會帶動其他利率進行相應變動。因此，瞭解這種關鍵性利率水平的變化趨勢，也就可以瞭解利率體系的變化趨勢。基準利率在西方國家通常是中央銀行的再貼現利率或銀行間同業拆借利率。隨著中國利率市場化改革基本完成後，上海銀行間同業拆放利率將逐步成為中國利率體系的基準利率。

二、利率的種類

在利率體系中，從不同的角度可以劃分出多種多樣不同的利率類別。

（一）固定利率和浮動利率

根據在借貸期內是否調整，利率可分為固定利率與浮動利率。

固定利率是指在借貸期內不做調整的利率。其最大特點是利率不隨市場利率的變化而變化，因而對於借貸雙方準確計算成本與收益十分簡便，是傳統採用的方式，在借款期限較短或市場利率變化不大的條件下可以採用。但是，由於近幾十年來通貨膨脹日益普遍並且越來越嚴重，市場利率變化趨勢難以預測，債權人或債務人都可能要

承擔利率變化的風險，尤其是對進行長期放款的債權人會帶來更大的損失。因此，越來越多的借貸開始採用浮動利率。浮動利率是一種在借貸期內可以定期調整的利率。在借款時，由借貸雙方協定，由一方在規定的時間依據某種市場利率進行調整，一般調整期為半年。浮動利率儘管可以為債權人減少損失，但也因手續繁雜、計算依據多樣而增加費用開支，因此浮動利率多用於3年以上的中長期借貸及國際金融市場。

（二）長期利率和短期利率

根據信用行為期限的長短，利率可分為長期利率與短期利率。

一般來說，1年期及其以下的信用行為稱為短期信用，相應的利率就是短期利率；1年期以上的融資行為稱為長期信用，相應的利率就是長期利率。短期利率與長期利率之中又各有長短不同的期限之分。總體來說，較長期的利率一般高於較短期的利率，原因有二：第一，長期融資比短期融資風險大，期限越長，市場變化的可能性越大，借款者經營風險越大，因而貸款者遭受損失的風險越大；第二，在現代紙幣流通條件下，通貨膨脹是一個普遍現象，因而融資時間越長，通貨膨脹率上升的可能性越大，只有較高的利率才能使貸款者減少通貨膨脹帶來的損失。但在不同種類的信用行為之間，由於有種種不同的信用條件，也不能簡單對比。而在同一種類信用行為之間，較短期的利率總是低於較長期的利率。

（三）市場利率和官定利率

根據是否按市場規律自由變動，利率可分為市場利率和官定利率。

市場利率是隨市場規律而自由變動的利率，是在金融市場上由借貸雙方通過競爭而形成的，如借貸雙方直接融通資金時商定的利率和在金融市場上買賣各種有價證券時的利率。市場利率是借貸資金供求狀況變化的指示器。當資金供給超過需求時，利率呈下跌趨勢；反之，當資金需求超過供給時，利率呈上升趨勢。由於影響資金供求狀況的因素十分複雜，因而市場利率變動非常頻繁、靈敏。官定利率也叫法定利率，是由政府金融管理部門或者中央銀行確定的利率，是國家為了實現宏觀調節目標的一種政策手段。利率水平不完全隨資金供求狀況自由波動，國家通過中央銀行確定的利率調節資金供求狀況，進而調節市場利率水平。因此，官定利率在整個利率體系中處於主導地位。官定利率與市場利率有密切關係。前者的變化代表了政府貨幣政策的意向，對後者有重要影響；後者隨前者的變化而變化。但是，後者又要受借貸貨幣資金供求狀況等一系列複雜因素的影響，並不一定與前者的變化相一致。市場利率的變化非常靈敏地反映借貸貨幣資金的供求狀況，是國家制定官定利率的重要依據。國家根據貨幣政策的需要和市場利率的變化趨勢，調整官定利率，調節資金供求，以實現調節經濟的目標。

（四）一般利率和優惠利率

以是否帶有優惠性質為標準，利率可分為一般利率與優惠利率。

銀行優惠利率是指略低於一般貸款利率的利率。實際上，優惠利率是差別利率的一種。差別利率是針對不同的貸款種類和借款對象實行的不同利率，通常可按期限、行業、項目、地區設置不同的利率。一般地，優惠利率只提供給信譽好、經營狀況良好且有良好發展前景的借款人。在中國，優惠利率的授予對象同國家的產業政策相聯

繫，一般提供給國家認為有必要重點扶植的行業、部門及企業，本質上是一種政策性補貼利率。在經濟發展過程中，優惠利率對於國家產業政策的實現有一定的推動作用。

（五）名義利率和實際利率

名義利率是中央銀行或其他提供資金借貸的機構公布的沒有剔除通貨膨脹因素的利率，即利息的貨幣額與本金的貨幣額的比率。一般沒有特別說明的，生活中見到的利率都屬於名義利率。實際利率是指從名義利率中剔除通貨膨脹因素的修正後的利率。實際上，實際利率也可以理解為是用實物衡量的利率。區分名義利率和實際利率是非常重要的，因為貸者更看重實際的利息收益，借款者在乎的也是實際的利息成本。

根據費雪方程式，名義利率、實際利率和預期通貨膨脹率存在如下關係[1]：

$$i = r + \pi^e \tag{2-2}$$

式中，i 為名義利率，r 為實際利率，π^e 為預期通貨膨脹率。為了更好地理解費雪方程式，如圖 2-3 所示，假定 1 單位商品在今年（t 期）的價格為 P_t。用名義利率來計算，P_t 元一年後將增加為 $(1+i_t)$ P_t 元；用實際利率來計算，1 單位商品一年後將增加為 $(1+r_t)$ 單位，如果預期明年（$t+1$ 期）的價格為 P_{t+1}，則一年後 $(1+i_t)$ P_t 元可以買到 $(1+i_t)$ P_t/P_{t+1} 單位的商品。因此，可得如下關係式：

$$(1+i_t)P_t/P_{t+1} = (1+r_t)$$

$$\frac{1+i_t}{1+r_t} = \frac{P_{t+1}}{P_t} = 1 + \frac{P_{t+1}-P_t}{P_t} = 1+\pi^e$$

對上式兩邊取自然對數可得：

$$\ln(1+i_t) - \ln(1+r_t) = \ln(1+\pi^e)$$

根據泰勒級數展開式可約等於[2]：

$$i_t - r_t \approx \pi^e \Rightarrow i_t \approx r_t + \pi^e$$

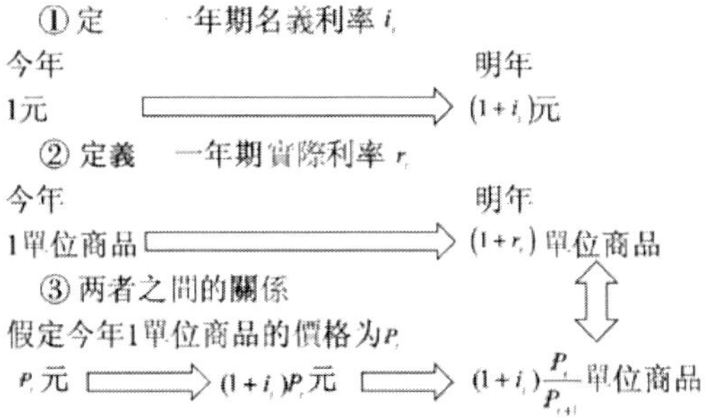

① 定義　一年期名義利率 i_t
今年　　　　　　　　　　明年
1元　　────────▶　$(1+i_t)$元

② 定義　一年期實際利率 r_t
今年　　　　　　　　　　明年
1單位商品　────────▶　$(1+r_t)$單位商品

③ 兩者之間的關係
假定今年1單位商品的價格為 P_t
P_t元　────▶　$(1+i_t)P_t$元　────▶　$(1+i_t)\dfrac{P_t}{P_{t+1}}$單位商品

圖 2-3　名義利率和實際利率的關係

根據費雪方程式，我們可以利用預期通貨膨脹率合理地區分和計算名義利率與實際利率。例如，一年期的貼現債券的到期收益率為 5%，如果預期當年的通貨膨脹率為 7%，則該公司債券的實際投資收益率為 -2%，很明顯沒有人願意購買該公司債券。

---

[1] 費雪方程式更加確切的關係應該是：$i \approx r + \pi^e$。
[2] 根據泰勒級數展開式，可以簡單地認為，當 $x \to 0$ 時，$\ln(1+x) \approx x$。

拓展閱讀

中國利率市場化改革

利率市場化是指將利率的決策權交給金融機構，由金融機構根據自身資金狀況和對金融市場動向的判斷來自主調節利率水平。這是完善中國市場經濟體制、發揮市場配置資源作用的重要環節，是加強貨幣調控效率的關鍵，也是完善金融機構自主經營機制、提高競爭力的必要條件。20世紀80年代以來，國際金融市場上利率市場化已成趨勢，許多國家先後實現了利率市場化。2004年10月，中國人民銀行放開貸款利率上限和存款利率下限，標誌著中國利率市場化進程邁出重要一步。2012年，中國人民銀行先後將貸款利率浮動區間的下限調整為基準利率的0.8倍和0.7倍。2013年7月，中國人民銀行決定全面放開金融機構貸款利率管制，由金融機構根據商業原則自主確定貸款利率水平，從此中國金融機構的貸款利率完全市場化。在存款利率方面，2012年6月，中國人民銀行允許金融機構將存款利率的上限提高到基準利率的1.1倍；2014年11月，中國人民銀行允許金融機構將存款利率的上限調整為基準利率的1.2倍；2015年上半年，中國人民銀行又先後將存款利率浮動區間的上限調整為基準利率的1.3倍和1.5倍，並於2015年10月宣布不再設置存款利率浮動上限的限制。至此，中國金融機構的存款利率已經全面放開。

儘管中國的利率市場化已經基本完成，但是還需要完善商業銀行的定價能力和貨幣政策的傳導機制，其後續對中國金融市場的影響有待進一步的考察和論證（Tan等，2016）。弗伊齊奧格魯等（Feyzioglu等，2009）通過對中國利率市場化問題的研究，指出存款利率市場化將導致利率的上升，提高貨幣政策的有效性，增強對金融服務不足部門的支持，在利率市場化的過程中，風險控制能力強、管理績效高的銀行將獲得較大利益。然而，相關國際經驗也表明，在利率市場化的過程中，利率形成機制的變化不可避免地會對金融機構的運行產生衝擊，可能在短期內加劇銀行間的同業競爭，進而提高銀行風險承擔水平（劉勝會，2013）。在過去的20年，中國金融自由化進程加劇了商業銀行間的競爭（Xu等，2016）。作為剛剛全面放開利率管制的國家，中國銀行業競爭格局逐步確立，銀行間的競爭程度的提高和競爭手段市場導向的增強逐漸明晰了銀行間競爭對銀行風險承擔的傳導機制。在此背景下，理清銀行間同業競爭與風險承擔的關係，有助於維護金融系統的穩定和國民經濟的平穩運行。國際證據表明（Beck等，2000），利率市場化后，制度環境質量良好的國家金融體系較為穩定，不易發生銀行危機。中國監管當局應該根據中國實際情況，採取合理的制度安排有效引導商業銀行進行市場定位，提高市場定價能力和風險管理能力。

第三節 利息的計算

一、貨幣的時間價值

在日常生活中，常遇到這樣一個問題：今年的100元和明年的100元是否具有相同的經濟價值呢？多數人的回答無疑是否定的。一個直接的原因是通貨膨脹使貨幣貶值了。但事實上，即使不存在通貨膨脹，不同時點等額貨幣的經濟價值也不相等。可

以設想：某人用 100 元錢投資於股票、國庫券或銀行存單，一年后必然會產生一部分投資收益，比如 10 元。這樣，今年的 100 元在效用上應等於明年的 110 元，其中增加的 10 元，就是 100 元的時間價值。由此可見，貨幣的時間價值（Time Value of Money，TVM）是指當前所持有的一定量貨幣比未來獲得的等量貨幣具有更高的價值。貨幣之所以具有時間價值，至少有兩個方面的原因：一方面，貨幣可用於投資，獲得利息，從而在將來擁有更多的貨幣量；另一方面，貨幣的購買力會因通貨膨脹的影響而隨時間改變。

與貨幣時間價值相聯繫的兩個重要概念是現值（Present Value）和終值（Future Value）。現值是指將來得到或支付的某筆資金的現在的價值；終值是指當前得到或支付的某筆資金在將來某時刻的價值。終值的計算方法分為單利計算和複利計算，其中複利計算又可以分為分期複利和連續複利。

（一）單利

如果用單利計息，那麼存貸款的支付利息等於最初本金總額乘以年利率，再乘以到期期限年數。

例 2-2：如果有一筆 100 元的 6 個月存款，年利率為 6%，單利情況下的利息所得為：

利息 = 100×(0.06×0.5) = 3（元）

存款的終值為：100×(1+0.06×0.5) = 103（元）

單利情況下，計算貨幣終值的一般公式為：

$$FV = P[1+(r \times n)] \qquad (2-3)$$

式中，FV 代表貨幣終值，P 代表最初本金總額，n 代表存款年限，r 代表年利率。

（二）複利

複利計息是指在計算利息時，把得到的利息加到本金，因此這部分利息作為擴大的本金按相同的利率獲取利息收入。中國對此俗稱為「利上加利」或「利滾利」。

例 2-3：一筆 1,000 元的 2 年期存款，每年計一次複利，年利率為 5%。依題意，第一年年末，可以得到利息 50 元（1,000×5% = 50），將其增加到本金中，在第二年開始，以本金 1,050 元來獲取利息。因此，2 年期存款的終值可以表示為：

終值 = 1,000×(1+0.05)² = 1,102.5（元）

利息為：

利息 = 1,000×(1+0.05)² − 1,000 = 102.5（元）

每年計息一次複利情況下，計算貨幣終值的一般公式為：

$$FV = P(1+r)^n \qquad (2-4)$$

現實生活中，複利計算的頻率可能比每年一次要多，如按月支付利息的情況，這個時候每月所得到的月利息可以更快地納入下一個月的計息本金中，因此其最終所得到的利息會更多。

例 2-4：一筆 1,000 元的 2 年期存款，每月計一次複利，年利率為 5%，則這筆資金的終值和利息分別為：

終值 = $1,000 \times \left(1+\dfrac{0.05}{12}\right)^{12 \times 2}$ = 1,000×(1+0.004,2)²⁴ = 1,105.8（元）

$$利息 = 1,000 \times \left(1+\frac{0.05}{12}\right)^{12 \times 2} - 10,000 = 105.8 \text{（元）}$$

當複利計算的頻率多於一年一次的時候，計算貨幣終值的公式可以修改為：

$$FV = P\left(1+\frac{r}{m}\right)^{m \times n} \tag{2-5}$$

式中，m 表示每年的計息頻數，我們發現，當計息頻數變得越大的時候，其最終得到的利息也相應增加。例如，每年計息 12 次得到的利息比每年計息一次得到的利息多 3.3 元。那麼，當計息頻數趨向無窮大的時候，我們得到的利息收入是否會趨向無窮大呢？實際上是不可能的。簡單的數學轉換可以很好地說明這個問題。

$$FV = P\left(1+\frac{r}{m}\right)^{m \times n} = P \times e^{\ln\left(1+\frac{r}{m}\right)^{m \times n}} = P \times e^{mn \times \ln\left(1+\frac{r}{m}\right)} = P \times e^{mn \times \frac{r}{m}} = Pe^{rn} \tag{2-6}$$

當 m 趨向無窮大的時候，$\ln(1+\frac{r}{m}) \approx \frac{r}{m}$；$e$ 表示自然對數，約等於 2.718,28。很多金融理論中需要用到連續複利假設。另外，把不同計息頻率的金融工具的利率統一轉化為相應的連續複利也便於利率之間的比較。

現在我們知道計算某筆資金的將來某時刻的價值就是用單利或者複利計算該筆資金所能得到的利息收入，進而再加上其最初本金。計算現值則剛好相反。貨幣的時間價值使得不同時期的不同現金流的價值無法進行比較。為此，我們需要計算這些現金流的現值。現值和終值的關係應該是如果按照現時可得利率進行投資，到到期日會得到和承諾價值相同的終值。我們也可以把現值理解為貼現值，即將來某時刻的貨幣金額根據現時可得利率計算出的相當於現在的價值。複利計算中的本金就是現值，複利中用到的利率就是貼現率。

按年計息的現值公式為：

$$PV = \frac{FV}{(1+r)^n} \tag{2-7}$$

例 2-5：假設 3 年后可取得一筆 1,000 元的投資收入，金融市場上的現時利率為 5%，則現值為：

$$PV = \frac{FV}{(1+r)^n} = \frac{1,000}{(1+0.05)^3} = 863.856 \text{（元）}$$

如果每年計息頻率為 m，則現值公式：

$$PV = \frac{FV}{(1+r/m)^{n \times m}} \tag{2-8}$$

如果把上面例子改為每年計息 4 次（按季度計息），那麼：

$$PV = \frac{FV}{(1+r/m)^{n \times m}} = \frac{1,000}{(1+0.05/4)^{12}} = 861.485 \text{（元）}$$

二、到期收益率

在衡量利率的幾種常用方法中，到期收益率是一個非常重要的利率概念，它甚至被稱為衡量利率的最精確的指標。為了理解到期收益率，我們要具體學習 3 種信用市

場工具的到期收益率的計算。

（一）息票債券的到期收益率

息票債券指定期支付定額利息、到期償還本金的債券。之所以稱之為息票債券，是因為過去債券持有人通常從債券上撕下所附的息票，送交債券發行人，後者見票後向持有人支付利息。息票債券到期前每期都有現金流產生。根據概念，息票債券的到期收益率公式表示為：

$$P=\frac{C}{1+r}+\frac{C}{(1+r)^2}+\frac{C}{(1+r)^3}+\cdots+\frac{C+F}{(1+r)^n} \qquad (2-9)$$

式中，C 代表每一期所得到的定額利息，F 代表最後一期所得到的票面金額，r 代表到期收益率，n 代表該息票債券的期限。事實上，任何一張息票債券，其票面金額、期限和息票率（即定額利息）都是事先給定的，只有到期收益率和現期價格是未知數值。

例2-6：一張3年期的票面金額為1,000元的息票債券，其息票率為10%。表2-1列出了幾種息票債券現期價格條件下的到期收益率的計算結果，從中可以發現它們之間的關係。

表2-1　　　　　　　　　息票債券現期價格條件下的到期收益率

息票債券的現期價格(元)	到期收益率(%)	息票債券的現期價格(元)	到期收益率(%)
700	25.48	800	19.41
900	14.33	1,000	10.00
1,100	6.24	1,200	2.94

（1）如果債券的現期價格和面值相等，則到期收益率就等於息票利率。

（2）債券的現期價格與到期收益率之間存在負相關關係。從表2-1可以發現到期收益率越大，債券的現期價格將會越低。這個關係如果用曲線表示，則更加明顯（如圖2-4所示）。

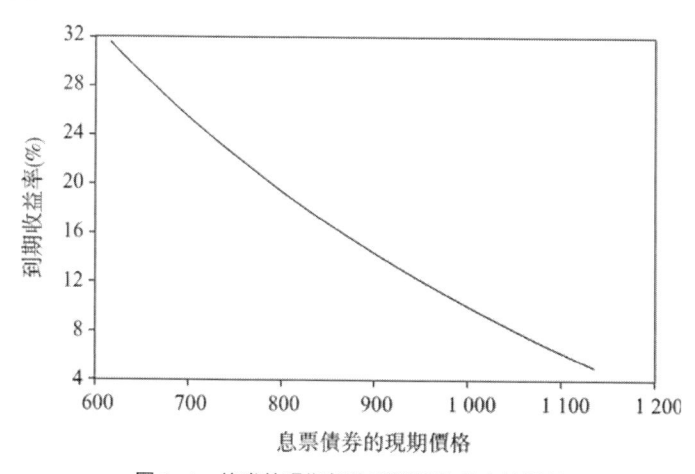

圖2-4　債券的現期價格與預期收益率的關係

（3）當債券的現期價格低於其票面價格，到期收益率要高於其息票率；當債券的現期價格高於其票面價格，到期收益率要低於其息票率。

以上3項發現對於任何息票債券都成立。

（二）貼現債券的到期收益率

貼現債券是期限比較短的折現債券，又稱貼息債券，投資者購買的以貼現方式發行的債券，到期按債券面額兌付而期間不另付定額利息。因此，其到期收益率的計算公式為：

$$P=\frac{F}{(1+r)^n} \qquad (2-10)$$

例2-7：票面金額為1,000元的2年期貼現債券，如果該債券的現期價格為800元，則其到期收益率為：

$$r=800=\frac{1,000}{(1+r)^2} \Rightarrow r=11.8\%$$

當該債券的現期價格為900元，則其到期收益率為：

$$r=900=\frac{1,000}{(1+r)^2} \Rightarrow r=5.41\%$$

這說明貼現債券的到期收益率和債券的現期價格之間也存在負相關關係，這與息票債券的結論是相同的。

（三）永續債券的到期收益率

永續債券又稱永久債券，該類債券不規定到期期限，持有人也不能要求債券發行人清償本金，但可以按期取得利息。永續債券在金融市場中非常少見，一般僅限於政府債券。永續債券的到期收益率的計算公式為：

$$P=\frac{C}{1+r}+\frac{C}{(1+r)^2}+\frac{C}{(1+r)^3}+\cdots \qquad (2-11)$$

事實上，可以把永續債券每期產生的現金流現值看成一組等比數列，其公比等於 $\frac{1}{1+r}$。根據無窮等比數列的求和公式①，永續債券的到期收益率的計算公式可簡化為：

$$P=\frac{C}{r} \qquad (2-12)$$

根據公式，可以發現永續債券的到期收益率和現期價格之間也存在負相關關係，作為分母的到期收益率越大的時候，債券的現期價格則越低。舉個例子：每年可以得到固定利息收入10元，現期價格為100元的永續債券，其到期收益率為10%。

第四節　利率的決定

由於利率是連接貨幣因素與實際經濟因素的中間變量，是調節經濟活動的重要槓桿，因此利率水平怎樣決定和受到哪些因素的影響，就成為貨幣金融理論中一個極其

---

① 等比數列求和公式為：$S_n=\frac{a_1(1-q^n)}{1-q}$。

重要的課題。本節引入兩個重要的利率決定理論——債券供求理論和貨幣供求理論（即流動性偏好理論）。雖然兩個理論關注點有所不同，但是兩種利率決定理論實質上是統一的。

一、債券供求理論

分析利率決定的第一種方法是通過研究債券市場的債券價格的決定機制。在前面一節中，我們發現債券的現期價格都對應著一個特定的利率（即到期收益率），到期收益率和債券的現期價格之間存在負相關關係。由此給我們提供了一個研究市場利率決定的視角，因為當債券現期價格上升的時候，我們知道利率將下降，當債券現期價格下降的時候，我們知道利率將上升。

（一）債券市場的供給和需求

1. 債券的需求曲線

在分析債券的需求決定因素時，我們重點關注債券的收益率和債券需求量之間的關係，而把其他影響因素假定為不變的。債券的收益率越高，債券的需求量也就越大。而債券的收益率越高，則相應的債券價格就越低。由此我們可以推導出：債券價格越低的時候，債券的需求量越大。我們把反映債券價格和債券需求量負相關關係的曲線定義為債券的需求曲線，因此債券需求曲線的斜率為負，呈向下傾斜。債券需求曲線包含一個重要假定：除了債券的價格、利率（債券的價格決定了其相應的利率）和需求量之外，其他的所有經濟變量都保持不變。

2. 債券的供給曲線

在分析債券的供給決定因素時，我們也重點關注債券的收益率和債券供給量之間的關係，而把其他影響因素假定為不變的。應該注意，債券的收益率是相對於投資者（債券的購買人）而言的，而對於融資者（債券的發行人）而言，可以理解為融資成本。當利率越高時，相對應的融資成本也越高，則公司更不願意以發行債券方式進行融資，導致債券的供給量減少。債券價格越低意味著對應的債券利率越高。因此，債券價格越低，債券的供給量越少。我們把反映債券價格和債券供給量正相關關係的曲線定義為債券的供給曲線。顯然，債券供給曲線的斜率為正，呈向上傾斜。

和其他商品一樣，當債券需求和供給相等時，債券市場達到均衡，如圖2-5所示，

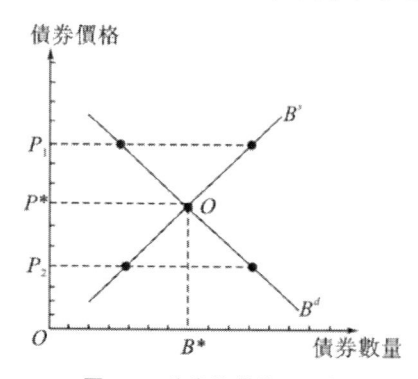

圖2-5 債券的供給和需求

債券價格為 P^* 時，債券市場的供給等於需求。當價格高於 P^* 時（如 P_1），債券供給大於債券需求，意味著市場存在超額供給，這時候債券價格將下降；反之，當價格低於 P^* 時（如 P_2），債券供給小於債券需求，意味著市場存在超額需求，這時候債券價格將上升；均衡點 O 決定的債券價格被稱為均衡價格，這一均衡價格對應的債券利率便是市場均衡利率。顯然，價格 P_1 對應的債券利率低於市場均衡利率，而價格 P_2 對應的債券利率高於市場均衡利率。

（二）債券需求（供給）曲線位移的外生因素

傳統的供求分析法一般只關注於商品價格和商品供求量之間的關係。在債券的供求分析法中，模型決定的變量有債券價格（及由債券價格而決定的利率）和債券數量。這些由模型本身決定的變量被稱為內生變量。外生變量是指由模型以外的因素決定的已知變量，是模型據以建立的外部條件。內生變量可以在模型體系中得到說明，外生變量本身不能在模型體系中得到說明。為了區分內生變量和外生變量對債券供求的影響，我們必須明確需求量（供給量）變動和需求（供給）變動是兩個完全不同的概念。需求量（供給量）變動是由模型中內生變量——債券價格變化引起的數量變化，其變化活動沿著需求（供給）曲線進行。需求（供給）變動是由模型中外生變量引起的數量變化，它將導致整條需求（供給）曲線發生位移。

1. 債券需求曲線的位移

影響債券需求的外部因素很多，簡單地可以歸納為四種：第一，財富。當我們持有的財富增加的時候，我們便擁有更多的資源和能力去購買包括債券在內的各種資產。因此，在其他因素都保持不變的條件下，財富的增加會導致資產需求的增加。通常，經濟處於擴張期、儲蓄的增加、經常項目盈餘都會使財富增加。第二，預期的作用。理性的投資者都在控製一定投資風險的基礎上，追求投資收益的最大化。在其他因素都保持不變的條件下，如果債券的預期回報率上升，則債券的需求將提高。然而預期通貨膨脹率的提高，將導致投資的實際回報率的下降，使得債券的需求減少。第三，風險。絕大多數投資者都是風險規避者，相對於其他可替代性資產，債券的風險水平上升將會導致其需求的減少。第四，流動性。流動性是指某種資產以較低成本變現的能力。相對於其他可替代性資產，如果債券的流動性高（如國庫券），則其需求就會增加。

值得說明的是，這裡我們講的預期回報率指債券持有者獲得的票面利息再加上債券價格的變化金額，表示為債券購入價格的一定比率。其公式表示如下：

$$R = \frac{C + P_{t+1} - P_t}{P_t} = \frac{C}{P_t} + \frac{P_{t+1} - P_t}{P_t} \tag{2-13}$$

式中，R 表示從 t 到 $t+1$ 時刻之間持有債券獲得的回報率，P 表示債券價格，C 表示債券的固定利息。上式也可以簡單概括為：

回報率＝當期收益率＋資本利得率

其中：資本利得率＝（現期價格－初始購入價格）/初始購入價格

例 2-8：面值 1,000 元的息票債券，其息票率為 5%，而購入價格為 900 元。在持有一年後，該息票債券以 1,100 元的價格被出售，其回報率應該是多少？

債券持有人息票利息收入為 50 元，債券價格變化為 1,100-900＝200 元，將這兩

項相加並表示為購入價格 900 元的百分數，即可得到回報率約為 27.78%。當預期市場利率下降則債券的下一期價格將提高，投資者獲得的資本利得率也將提高，因此投資的預期回報率也將提高。

2. 債券供給曲線的位移

影響債券供給的外部因素很多，簡單地可以歸納為三種：第一，投資項目的預期盈利能力。投資項目的預期盈利能力一方面受到投資項目本身的因素影響，另一方面宏觀經濟因素也會直接或間接地影響到企業的經營及其投資獲利能力。當經濟週期處於擴張階段，特別是企業對將來的經濟走勢持樂觀態度，企業進行下一輪擴大再生產的欲望就會增強，債券供給將會增加。第二，預期通貨膨脹率。預期通貨膨脹率的上升將會導致企業實際融資成本下降，會促使企業發行更多債券。第三，政府預算赤字。當政府預算赤字越大，債券供給數量就會越多。

當債券需求曲線和供給曲線發生位移的時候，會對債券市場的均衡價格產生影響。因為利率和債券價格之間存在負相關關係，所以當債券的均衡價格上升時，其均衡利率將會下降。相反，如果債券的均衡價格下降，那麼其均衡利率就會上升。我們可以把影響需求曲線和供給曲線移動的外部因素及所產生的市場影響總結如表 2-2 所示。

表 2-2　　　　　　　　　　債券供求變動的外生因素

外生因素的變動	其他因素不變的情況下，債券供應的變動	曲線的位移情況
需求曲線的位移		
財富（↑）	債券需求增加	需求曲線向右移動
預期回報率（↑）	債券需求增加	需求曲線向右移動
預期通貨膨脹率（↑）	債券需求減少	需求曲線向左移動
與可替代性資產相比，債券的風險水平（↑）	債券需求減少	需求曲線向左移動
與可替代性資產相比，債券的流動性（↑）	債券需求增加	需求曲線向右移動
供給曲線的位移		
投資的盈利能力（↑）	債券供給增加	供給曲線向右移動
預期通貨膨脹率（↑）	債券供給增加	供給曲線向右移動
財政赤字（↑）	債券供給增加	供給曲線向右移動

（三）應用分析——預期通貨膨脹率和名義利率的關係

根據債券供求理論，我們可以分析預期通貨膨脹率和名義利率的關係。從債券需求來看，當預期通貨膨脹率上升，在其他影響因素不變的條件下，債券的實際收益率將會下降，導致債券的需求減少，債券需求曲線向左移動。從債券供給來看，預期通貨膨脹率的上升使得債券發行人的實際融資成本下降，導致債券供給增加，債券供給曲線向右移動。如圖 2-6 所示，最終債券的均衡價格從 P_1 下降到 P_2，意味著市場均衡利率水平的上升。因此，預期通貨膨脹率和名義利率呈正相關關係。

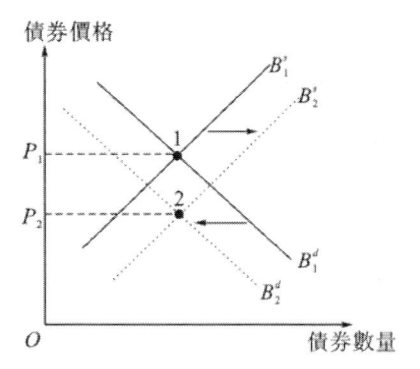

圖 2-6 預期通貨膨脹率變動的影響

二、流動性偏好理論

約翰·梅納德·凱恩斯提出的流動性偏好理論，主要在於研究影響貨幣需求的因素。凱恩斯認為，人們對貨幣的需求主要出於三個動機——交易動機、預防動機和投機動機。交易動機強調人們在當期持有貨幣的動機是需要用貨幣購買商品或服務。預防動機則強調人們在將來可能需要貨幣進行突發性的支付行為。交易動機和預防動機都是基於貨幣具有交換媒介的職能。投機動機則是基於貨幣具有價值儲藏的職能。

（一）貨幣市場的供求曲線和均衡

約翰·梅納德·凱恩斯認為貨幣是流動性最強的資產，因此人們願意持有貨幣在手中。凱恩斯的流動性偏好理論假定：人們持有財富的方式只有兩種——貨幣和債券。持有貨幣的收益率為零，而持有債券可以獲得一定的利息收入。因此，人們可以在貨幣和債券之間進行合理的資產配置。凱恩斯定義的貨幣既包括流通中的現金，也包括各種類型的活期存款。在凱恩斯的年代，活期存款一般沒有利息或者利息很少。[①] 因此，人們必須在貨幣（便利性）和債券（收益率）之間進行權衡。人們持有貨幣的同時，就意味著放棄持有債券所能帶來的利息收入。當債券利率上升，持有貨幣的機會成本也會提高，因此人們持有貨幣的意願會降低，貨幣需求數量將減少。在其他影響因素不變的條件下，利率和貨幣需求量之間存在負相關關係，刻畫它們關係的曲線就是貨幣需求曲線。凱恩斯的流動性偏好理論中，把貨幣供給量假定成外生變量，即不受利率影響的外部給定的變量。這種假設具有一定的合理性，因為貨幣供應量由中央銀行直接控制。圖 2-7 顯示的是貨幣需求曲線和供給曲線以及由兩條曲線決定的貨幣市場的均衡。

[①] 即便活期存款有很少的利息收入，只要持有貨幣的機會成本（持有債券的利息收入大於持有貨幣的利息收入）為正，人們還是需要在貨幣和債券之間進行權衡。

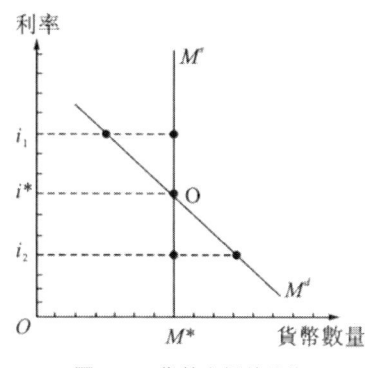

图 2-7　货币市场的均衡

当市场利率為i_1時，貨幣供給大於貨幣需求，貨幣市場出現超額貨幣供給，這意味著人們實際持有的貨幣數量超過了其希望持有的數量，這時候人們會通過購買債券來減持多餘的貨幣量，這會導致債券需求的增加，從而推高債券的市場價格，使對應的市場利率下降。當市場利率為i_2時，貨幣需求大於貨幣供給，貨幣市場出現超額貨幣需求，這意味著人們希望持有的貨幣數量高於其實際持有的貨幣數量，這時候人們會通過出售債券來換取更多貨幣，這會導致債券需求的減少，從而導致債券的市場價格下降，使對應的市場利率上升。只有當貨幣市場上不存在超額的貨幣供給或需求的時候，即貨幣供給和貨幣需求相等的時候（位於點O），市場利率便不會再有下降或者上升的壓力，這時貨幣市場達到了均衡。值得注意的是，雖然債券市場的供求理論和貨幣市場的供求理論從不同的視角分析市場利率的決定機制，但它們在本質上是一致的，即債券市場處於均衡狀態時，貨幣市場同樣也必定處於均衡狀態。這是因為流動性偏好理論假定經濟體中只有兩種用於儲藏財富的資產——貨幣和債券，所以經濟體中財富的總量等於貨幣總量和債券總量之和。顯然，人們能購買的資產數量不能超過其可用資源的數量，因此人們對貨幣和債券的需求量必然等於財富總量，即：

$$B^s + M^s = B^d + M^d$$

簡單地變換，上式可以改寫為：

$$B^s - B^d = M^d - M^s$$

通過上式，我們可以發現，當債券市場處於均衡狀態時（$B^s = B^d$），貨幣市場也必定處於均衡狀態（$M^d = M^s$）。

（二）貨幣需求（供給）曲線位移的外生因素

1. 貨幣需求曲線的位移

在分析貨幣需求曲線時，我們只關注於市場利率和貨幣需求量之間的關係。實際生活中，許多因素會對貨幣需求產生影響。在貨幣供求理論的框架下，這些因素都被認為是外生變量，外生變量的變化會導致整條貨幣需求曲線發生位移。凱恩斯認為，除了利率，收入和物價水平都會影響人們對貨幣的需求。收入的增加，意味著交易規模的擴大，人們將希望持有更多的貨幣作為交換媒介，用於購買商品或服務。因此，收入的增加會導致在每個既定的利率水平下的貨幣需求的增加，貨幣需求曲線向右移

動。物價水平的提高,也會導致人們希望持有更多的貨幣。這是因為物價水平的提高導致貨幣的實際購買力下降,為了購買同樣數量的商品,人們必須持有更多的名義貨幣。因此,物價水平的提高會導致在每個既定的利率水平下的貨幣需求的增加,貨幣需求曲線向右移動。

2. 貨幣供給曲線的位移

流動性偏好理論假定貨幣供給完全由中央銀行控制,因此貨幣供給曲線是一條不受市場利率影響的垂直於橫軸的曲線。當中央銀行採取擴張性貨幣政策時,貨幣供給量增加,貨幣供給曲線向右移動。當貨幣需求曲線和供給曲線發生位移的時候,會對貨幣市場的均衡利率產生影響。在其他因素不變的條件下,貨幣需求曲線向右移動,會導致市場均衡利率水平提高;而貨幣供給曲線向右移動,會導致市場均衡利率水平下降。我們可以把影響需求曲線和供給曲線位移的外部因素及產生的市場影響總結如表 2-3 所示。

表 2-3　　　　　　　　　　貨幣供求變動的外生因素

外生因素的變動	其他因素不變的情況下,貨幣供求的變動	曲線的位移情況
需求曲線的位移		
收入（↑）	貨幣需求增加	需求曲線向右移動
物價水平（↑）	貨幣需求增加	需求曲線向右移動
供給曲線的位移		
貨幣供給量（↑）	貨幣供給增加	供給曲線向右移動

(三) 應用分析——貨幣供應量與利率的關係

根據流動性偏好理論,我們可以分析貨幣供應量與利率之間的關係。當中央銀行採取擴張性貨幣政策,貨幣供應量的增加推動貨幣供給曲線向右移動,使得均衡利率下降(如圖 2-8 所示)。這種貨幣供應量增加導致市場利率下降的經濟效應被稱為流動性效應。

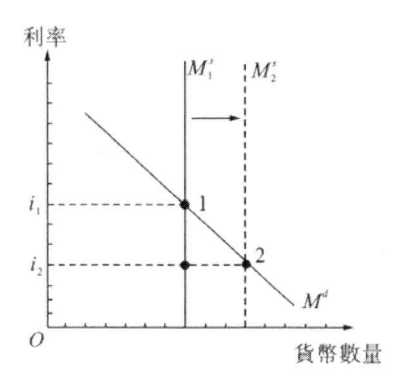

圖 2-8　貨幣供給量增加產生的影響

但是，實際收集得到的數據卻和理論分析所得結論不符。圖2-10顯示了中國貨幣供應量增長比率和市場利率的實際情況。我們發現，它們之間並不存在顯著的負向關係。米爾頓·弗里德曼給出了合理的解釋，即貨幣供應量的增加不能保證其他外生變量不發生變化，而這些外生變量的變化又會對利率產生新的影響。弗里德曼研究發現，除了流動性偏好效應，當貨幣供應量增加時，還存在三種影響利率的經濟效應：第一，收入效應。貨幣供應量的增加會提高國民收入，而國民收入水平的提高會導致利率的上升（如圖2-9所示）。第二，物價效應。貨幣供應量的增加會提高物價水平，而物價水平的提高也會導致利率的上升（如圖2-9所示）。第三，預期通貨膨脹效應。貨幣供應量的增加會使得人們對未來物價水平有更高的預期，導致預期通貨膨脹率上升。根據債券供求理論，預期通貨膨脹率會導致利率上升。綜上所述，實際貨幣供應量和利率的關係，是四種效應共同作用的結果。四種效應對利率的作用速度也不盡相同。首先，流動性效應的作用要先於收入效應和價格效應。根據 $IS-LM$ 模型，擴張性貨幣政策首先導致市場利率下降，進而通過促進投資支出的增加來拉動經濟增長，引發國民收入的增加和價格水平的提高。因此，只有先產生流動性偏好效應，利率隨之下降，才能引致收入效應和價格效應。其次，預期通貨膨脹效應的作用速度是不確定的，其視市場的預期通貨膨脹調整速度而定，政府也可能進行市場預期管理，影響預期調整的速度。根據四種效應的作用速度特徵，我們可以得出如下結論：

（1）當貨幣供應量增加，最初導致市場利率下降，而隨著時間的推移，利率雖有上升趨勢，但最終利率仍低於原先水平。我們可以認為，流動性效應始終強於其他三種類型的效應。

（2）當貨幣供應量增加，最初導致市場利率下降，而隨著時間的推移，利率逐漸上升，最終利率高於原先水平。我們可以認為，最初流動性效應較強，隨著時間的推移，收入效應和價格效應（也可能包括預期通貨膨脹效應）超過了流動性效應。

（3）當貨幣供應量增加，最初導致市場利率上升，則只有一種合理的解釋，那就是預期通貨膨脹率調整速度很快，效果強於流動性效應。這使得在最初的時候，市場利率就呈現出上升的趨勢。隨著時間的推移，收入效應和價格效應還會把利率推向更高的水平。

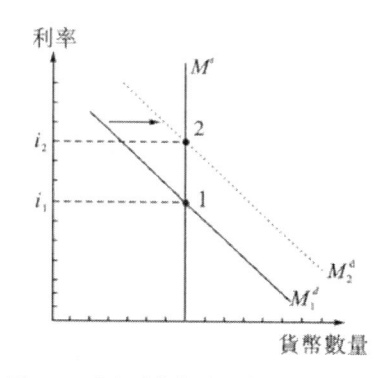

圖2-9 收入或物價水平變動產生的影響

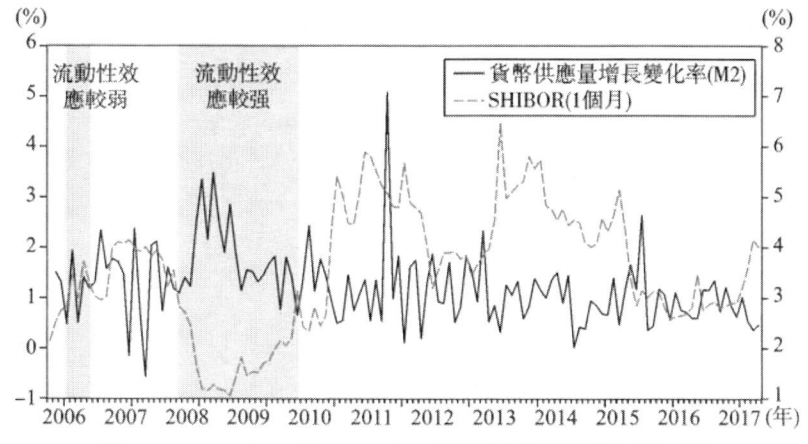

图 2-10　2006 年 10 月—2017 年 4 月的貨幣供應量變化率和利率

資料來源：Wind 金融資訊終端。

拓展閱讀

低利率為何存在？

為何利率如此之低？它們很快上漲的概率有多大？這些問題不僅對央行官員和金融家們重要，而且對商人、儲戶以及一般人也很重要。讓我們先來看一些事實。高收入國家最重要的四家央行——美聯儲（Fed）、歐洲央行（ECB）、日本央行（BoJ）和英國央行（BoE）——的干預利率全都接近於零。在 2008 年 9 月和 10 月全球金融危機全面爆發之後不久，這些利率就一直處於極低的水平。此外，為了降低較長期政府債券的利率，這些國家和地區的央行全都擴張了它們的資產負債表——或者就歐洲央行和日本央行而言，仍在擴張資產負債表。這在一定程度上也造成常規債券的長期利率也降至極低水平。2015 年 9 月中旬，日本 10 年期政府債券的收益率為 0.3%；德國債券的收益率為 0.7%，法國債券的收益率是 1%，義大利和英國債券的收益率是 1.8%，而美國債券的收益率是 2.1%。這不僅僅是名義利率偏低的故事。自 2000 年以來，全球安全債券的實際利率平均僅為 2%。而現在它們已經離零利率不太遠了。美國 10 年期通貨膨脹保值債券（TIPS）在 2015 年 9 月末的收益率為 0.6%，即便是 30 年期 TIPS 的收益率也僅為 1.3%。英國央行首席經濟學家安迪·哈德恩（Andy Haldane）稱，這些實際利率是 5,000 年來最低的。這就是約翰·梅納德·凱恩斯（John Maynard Keynes）所說的「食利者的安樂死」。並不令人意外的是，食利者憎恨這種低利率。至於為何出現這種高度刺激性的貨幣政策、名義和實際利率超低以及沒有通脹跡象的組合，有三種宏觀的解釋。一是貨幣因素，二是實際因素，三是實際因素加上貨幣和金融因素。最後一點是《轉折與衝擊》（*The Shifts and the Shocks*）一書中闡述的核心觀點。

第一種解釋由國際清算銀行（Bank for International Settlements）的解釋。該行在其年度報告中辯稱：「低利率並非僅僅反映出當前的疲弱，它可能通過助長代價高昂的金融繁榮和蕭條，在一定程度上加劇了當前的疲弱。結果是過多的債務、增長乏力以及利率水平極低。簡言之，低利率導致了更低的利率。」這種觀點站不住腳的一個理由

是，它基於這樣一個假設：貨幣政策能夠持續幾十年一直扭曲長期利率——長期利率處於最重要的價格之列。它還假設：實施此類超級寬鬆政策將完全不會體現在通脹壓力上，而只是體現在金融體系的行為上。這似乎完全說不通。

第二種解釋的核心在於儲蓄和投資意願的轉變。這是美聯儲前主席本·伯南克（Ben Bernanke）的「儲蓄過剩」假說。哈德恩將這種假說概括為「東方儲蓄過剩，西方投資不足，人口結構趨勢日益惡化，不平等程度不斷加劇」。這種分析的問題在於，它沒有對此次金融危機做出解釋。如果有人堅持這種解釋，他不得不辯稱，危機只是愚蠢的放鬆監管及不負責任的金融行業瘋狂逐利的結果。這似乎也不太可信。人們不得不質問：為什麼如此巨大的危機偏偏在那個節骨眼上爆發？

第三種解釋由其他兩種解釋綜合而成（這種解釋是正確的）。最簡單的綜合是凱恩斯的觀點：經濟中的短期均衡由實際因素和貨幣因素共同決定。實際因素決定了均衡（或稱自然）利率，央行隨即尋求提供這樣的利率。然而，為了在高經濟活動水平下提供儲蓄和投資均衡所需的貨幣條件，央行不得不鼓勵信貸增長。但那種信貸增長可能極大地破壞穩定（在最近幾十年就是如此），因為它需要龐大的槓桿（尤其是對房地產資產），導致金融盛衰。因此，正確的解釋是實際因素與貨幣和金融因素共同作用的結果。儲蓄過剩是一個誘因，但其影響是通過貨幣政策和金融體系傳遞的，進而通過金融盛衰產生衝擊。

那麼，這種觀點對未來的世界利率意味著什麼？這裡有五個方面的含義。第一，人們覺得，儲蓄必須有價值。一般來說確實如此。但在邊際領域，儲蓄沒有價值。所有物品的價格都由邊際領域決定。在這種情況下，儲蓄的價值是零。第二，高收入經濟體的信貸泡沫破裂導致又一個巨大的信貸泡沫。第三，在中國信貸泡沫結束之後，全球儲蓄過剩現象可能在今后幾年加劇。中國國民儲蓄與國內生產總值（GDP）之比接近50%，但其幾乎同樣高的投資比率似乎必然會下降。第四，西方以及隨后的中國信貸繁榮遺留了巨額債務，足以在很長時期內遏制支出。第五，要想實現全球經濟的更強勁增長，我們似乎需要其他地方再來一場信貸繁榮。但是可能在哪裡呢？一個明顯的候選地將是美國。若果真如此，疲弱的全球需求可能讓美國利率保持在極低水平。

資料來源：馬丁·沃爾夫. 低利率為何存在？[N]. 鄒策，譯. 金融時報，2015-10-14.

第五節 利率的風險結構和期限結構

上節介紹的兩種利率決定理論主要是從整個經濟的角度來分析平均利率水平的決定問題，它們都假定市場上只有一種利率。但事實上，正如第二節所提出的，市場上的利率是多種多樣的，以上兩種利率決定理論不能夠說明和解釋這個問題。本節將從理論角度進一步解釋市場複雜的利率結構是如何形成或決定的，說明為什麼不同期限的債券有不同的利率，即使是同樣期限的債券也可能有不同的利率，特別是要分析利率的期限結構，即長期利率和短期利率的形成原因或決定因素以及兩者之間的相互關係，由此形成了利率的風險結構和期限結構理論。

一、利率的風險結構

利率的風險結構（Risk Structure of Interest Rates）是指相同期限的債券不同利率水平之間的關係。如果僅僅按照利息是信貸的報酬，或者利息是貨幣的時間價值的說法，同樣期限的債券似乎應該有相同的利率，但實際上，同樣期限的債券有著各種不同的利率（如圖2-11所示），這些利率之間的差額還會隨時間的不同而變動。其原因在於期限相同的各種債券有著不同的違約風險、流動性、稅收和信息成本等因素。

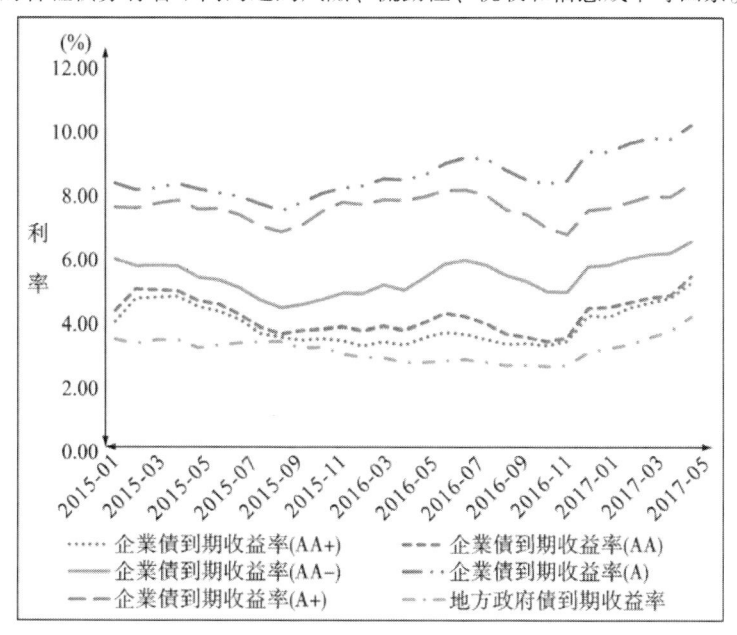

圖2-11　3年期的各種債券的到期收益率比較

資料來源：Wind金融資訊終端

（一）違約風險

投資者購買一張債券，首先面臨的是債券發行人有可能違約，即不能支付利息或在債券到期時不能清償票面規定金額，這是債券具有的風險，會影響債券的利率。公司如果遭受巨大的損失，很可能延遲支付，甚至無法支付債券利息。因此，公司債券的違約風險較大。相反，國債幾乎沒有什麼違約風險。因為政府可以通過增加稅收或印刷鈔票來償付其債務。這類債券被稱為無違約風險債券。有違約風險債券與無違約風險債券利率的差額，稱為風險升水，即人們持有某種風險債券必須獲得額外的利息。因此，具有違約風險的債券通常具有正值的風險升水，違約風險越大，風險升水也越大。無違約風險的國債更受歡迎，需求增加，價格會上升，利率會下降。因此，無違約風險債券的利率一般都比公司債券的利率要低。現在，我們可以斷定：有違約風險的債券總是具有正值的風險升水，其風險升水將隨著違約風險的增加而增加。

然而，一般的投資者不可能全面地瞭解市場上交易的各種債券的具體情況，因此需要一些專門的機構對它們進行調查，給予投資者相關信息，從而導致專業性的、獨

立性的評級機構產生。評級機構對債券的級別劃分是投資者防範違約風險的重要參考。圖2-11顯示，具有不同信用評級的公司債券具有不同的到期收益率，顯然它們之間存在利差。關於評級機構及其評級將在第三章討論。

(二) 流動性

影響債券利率的一個重要因素是流動性。資產的流動性是指必要時可以迅速轉換成現金而不使持有人發生太大損失的能力。不同的資產有著不同的流動性。國債交易廣泛、容易出手、交易費用低廉，具有很強的流動性。公司債券的交易量都小於國債，故其流動性也相對較低，在緊急情況下可能難以迅速找到買主，就算找到買主，其最終的交易價格也可能較低。如果某公司債券的流動性降低，市場需求較小，則其價格會下降，利率會上升，結果與國債的利差擴大。政府債券同公司債券的利差，不僅反映了它們在違約風險上的差別，而且反映了它們的流動性不同。由於人們總是偏好於流動性較高的資產，以便在必要的時候能夠將其迅速變現，因此在其他條件不變的情況下，流動性越高的債券利率將越低。在許多實證研究中，利差被用來作為衡量金融市場風險的代理指標，正是因為利差反映了公司債券的違約風險及其流動性。

(三) 稅收

相同期限的債券之間的利差還緣於稅收因素的影響。因為債券持有人真正關心的是稅后的實際利息收入，所以不同種類債券的利息收入的稅率不同，其稅后利率也不同。假定有債券A和債券B，它們的違約風險和流動性均相同，但是債券A利息收入的所得稅率為T_A，而債券B利息收入的所得稅率為T_B，那麼債券A的稅后利率就等於$i_A(1-T_A)$，債券B的稅后利率就等於$i_B(1-T_B)$，其中i_A、i_B分別為債券A和債券B的稅前利率，因此要使這兩種債券的稅后利率相等，就必須有：

$$i_A = i_B(1-T_B)/(1-T_A)$$

從上式中可以清楚地看出，稅率越高的債券，其稅前利率也應該越高。

自20世紀40年代以來，美國政府國債的利率一直比美國許多州和地方政府債券的利率水平要高，其原因在於根據美國稅法，州和地方政府債券的利息收入可以免交聯邦所得稅，因此其稅前利率自然要低於利息收入要交聯邦所得稅的聯邦政府債券的利率。因此，有些投資者寧願選擇免稅的州和地方政府債券，而不選擇要交稅的聯邦政府債券、外國政府債券以及美國和外國公司的債券，儘管這些應徵稅債券的利率可能比免稅的州和地方政府債券的利率要高很多。

(四) 信息成本

信息成本因素也是導致利率差異的原因。這是因為信息不對稱現象的普遍存在，使貸款人要瞭解借款人的動機及行為所付出的成本比較昂貴，需要得到補償。因此，信息成本提高了利率。也正是因為如此，在同等條件下，大額貸款、大型著名公司和政府的借款利率比小額貸款、小型公司的借款利率要低。

二、利率的期限結構

影響債券利率的一個重要因素是債券的期限。利率的期限結構（Term Structure of Interest Rates）是指具有相同違約風險、流動性、稅收特徵和信息成本的債券，其利

率，即收益率與到期時間之間的關係。反映其關係的曲線稱為收益率曲線。收益率曲線主要有向上傾斜、水平、向下傾斜三種類型。如圖2-12所示，向上傾斜的收益率曲線，表明隨著期限的延長，利率越高，長期利率高於短期利率。呈水平狀的收益率曲線，表明長期利率應該和短期利率相等。向下傾斜的收益率曲線表明隨著期限的增加利率逐漸減少，即長期利率小於短期利率。收益率曲線也可以具有更複雜的形狀，可以先向上傾斜后向下傾斜，如駱駝峰狀或相反。利率期限結構理論要解釋以下三個重要的經驗事實，即一是不同期限的債券利率隨著時間的推進呈現趨同波動。二是如果短期利率較低，收益率曲線更趨於向上傾斜；如果短期利率較高，收益率曲線更趨於向下傾斜。三是收益率曲線通常是向上傾斜的。利率期限結構理論主要有預期理論、市場分割理論以及流動性溢價理論。

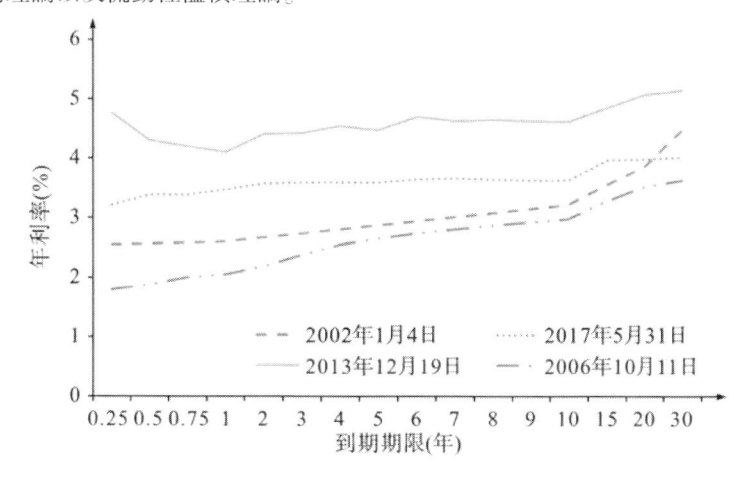

圖2-12 中國國債的收益率曲線

資料來源：Wind金融資訊終端。

(一) 預期理論

預期理論（Expectation Theory）最早由費雪於1896年在《美國經濟學會出版物》上發表的《判斷與利息》一文中提出，其基本觀點是收益率曲線的形狀是由人們對未來利率的預期決定的，長期利率是預期未來短期利率的函數，長期利率等於當期短期利率與預期的未來短期利率之和的平均數。

預期理論假定所有投資者都是利潤最大化的追求者，只要某種債券的預期收益率更高，投資者就會毫不猶豫地購買它，而不考慮其期限的長短。這意味著投資者對債券的期限沒有特殊偏好，可以進行完全替代，投資者只在乎投資的收益率。

為考察不同期限的債券是完全替代品這一假設如何導出預期理論，參見以下的例子。

例2-9：考慮一個簡單的投資問題：假設1元錢準備進行2年的投資，市場上有兩種投資方案可供選擇：

(1) 購買1年期債券，1年期滿時，再購買1年期的債券。

(2) 購買2年期債券保持至期滿。

此處，i_t 表示第 1 年的 1 年期債券利率（即期利率），i_{t+1}^e 表示預期下 1 年的 1 年期債券利率，i_{2t} 表示 2 年期債券的即期利率。金融市場套利行為的存在，會使得兩種投資方案所獲得的利息收入相等，即：

$$(1+i_t)(1+i_{t+1}^e) - 1 = (1+i_{2t})^2 - 1$$
$$(1+i_t)(1+i_{t+1}^e) = (1+i_{2t})^2$$

兩邊取自然對數可得：

$$\ln(1+i_t) + \ln(1+i_{t+1}^e) = 2\ln(1+i_{2t})$$

上式可近似為：

$$i_t + i_{t+1}^e = 2i_{2t}$$

即：

$$i_{2t} = \frac{i_t + i_{t+1}^e}{2}$$

這表示 2 年期債券的利率等於兩個 1 年期債券利率的平均值，上述的例子，我們只是簡單地分析 2 年期債券利率和 1 年期債券利率的關係，事實上，對於期限更長的債券，我們可以使用相同步驟得到以下結論：

$$i_{nt} = \frac{i_t + i_{t+1}^e + i_{t+2}^e + \cdots + i_{t+(n-1)}^e}{n} \qquad (2-14)$$

這意味著，n 年期債券的利率等於在 n 個週期的期限內 n 個 1 年期債券利率的平均值，這就是預期理論的核心內容。當我們預期未來短期利率上升，則長期利率就會高於短期利率，收益率曲線呈向上傾斜。當我們預期未來短期利率下降，則長期利率就會低於短期利率，收益率曲線呈向下傾斜。當我們預期未來短期利率不變，則當前長期利率就會等於當前短期利率，收益率曲線呈水平狀。

例2-10： 在當前市場上 1 年期債券的利率是 6%，預期明年的 1 年期債券的利率是 7%，預期后年的 1 年期債券的利率是 8%，那麼當前市場上 3 年期債券的利率應為：

$$3 \text{ 年期債券利率} = \frac{(6\% + 7\% + 8\%)}{3} = 7\%$$

預期理論的優點在於它可以解釋上述關於利率的前兩個事實。對於第一個事實的解釋：一般情況，如果短期利率上升將提高人們對未來短期利率上升的預期，而長期利率是短期利率與預期的未來短期利率之和的平均數，因此當短期利率上升，通過預期的作用，引致長期利率也上升，這就解釋了不同期限的利率呈趨同波動的事實。對於第二個事實的解釋：當短期利率處於較高水平，人們開始預期未來短期利率將要下降，從而使得長期利率下降，收益率曲線呈向下傾斜。而當短期利率處於較低水平，人們開始預期短期利率將要上升，從而使得長期利率上升，收益率曲線呈向上傾斜。顯然，預期理論無法解釋第三個事實，即收益率曲線為什麼通常向上傾斜。因為根據預期理論，典型的收益率曲線應當為水平形狀，而不是向上傾斜。

（二）市場分割理論

由於預期理論假定投資者對債券的期限沒有偏好，具有完全替代性。一些經濟學家認為這一假定並不完全符合現實，因為投資者不可能對債券的期限完全沒有偏好。

意願持有期限較短的投資者不可能偏好長期債券，意願持有期限較長的投資者可能更偏向於長期債券，至少可以省去反覆購買的繁雜手續和交易成本。市場分割理論（Market Segmentation Theory）最早由卡伯特森在1957年提出，該理論假設不同類型的投資者對特定期限的債券具有偏好。這些偏好與他們的債務結構或者風險厭惡程度有關。例如，一個壽險公司給它的保險單持有者以長期承諾，因而其願意投資於在一個較長時期內提供穩定收益率的債券。又如，商業銀行通常擁有短期負債，它們可能願意投資於短期流動性較強的債券。由於投資者的偏好，其只喜歡這種債券，而不喜歡另一種債券，故只關心偏好的期限債券的預期回報率，從而導致不同期限的債券不能完全替代。

由此可見，市場分割理論將不同期限的債券市場視為完全獨立和分割的市場。由於市場是分割的，資金不能在長短期市場上自由移動，這樣各種期限債券的利率就由該種債券的供求決定，而不受其他期限債券預期回報率的影響，即收益率曲線的不同形狀為不同期限債券的供求差異所決定。一般說來，如果投資者偏好期限較短的債券，對短期債券的需求比對長期債券的需求多，因此短期債券價格較高，利率較低，收益率曲線一般情況呈向上傾斜。但市場分割理論無法解釋第一個和第二個事實。市場分割理論雖然考慮到某些投資者偏好短期債券的事實，從而對於第三個事實給出了合理解釋，在一定程度上補充了預期理論的不足，但其最大缺陷是忽略了長、短期債券市場之間的聯繫。

（三）流動性溢價理論

流動性溢價理論假設不同期限的債券之間可以相互替代，但並非完全相互替代。可相互替代的假設類似於預期理論，意味著某種期限債券的預期收益率能夠影響其他期限債券的預期收益率。非完全相互替代的假設則類似於市場分割理論，意味著投資者對不同期限的各種債券確實存在一定偏好。由於投資者一般都是風險規避者，因此通常偏好於短期債券，只有對長期債券持有者給予一定的補償，即流動性溢價，投資者才願意購買長期債券。我們可以認為，流動性溢價理論是對預期理論的修正，它把市場分割理論假定投資者對債券期限的偏好加入到預期理論中，使該理論變得更加豐富。流動性溢價理論可以表示為：

$$i_{nt} = \frac{i_t + i^e_{t+1} + i^e_{t+2} + \cdots + i^e_{t+(n-1)}}{n} + l_{nt} \qquad (2-15)$$

例 2-11：假如在今後 5 年內，預期 1 年期利率分別為 6%、7%、8%、9% 和 10%，由於投資者偏好持有短期債券，這就意味著 1~5 年期債券應該有流動性溢價，假定該溢價分別為 0、0.25%、0.5%、0.75% 和 1.0%。這樣，2 年期債券的利率應為：

$$2 \text{ 年期債券的利率} = \frac{6\% + 7\%}{2} + 0.25\% = 6.75\%$$

5 年期債券的利率則為

$$5 \text{ 年期債券的利率} = \frac{6\% + 7\% + 8\% + 9\% + 10\%}{5} + 1\% = 9\%$$

對 1 年期、3 年期、4 年期的利率進行類似的計算，就能得出 1~5 年期的利率分別為 6%、6.75%、7.5%、8.25% 和 9%。將這些計算結果與預期理論的計算的結果相

比，不難發現由於投資者對短期債券的偏好，決定了流動性溢價理論的收益率曲線比預期理論的向上傾斜程度更大。根據流動性溢價理論，我們可以解釋圖2-13不同類型收益率曲線。圖2-13（a）中陡直向上傾斜的收益率曲線表明，預期未來短期利率將會上升，加上流動性溢價部分，則收益率曲線變得非常陡峭；圖2-13（b）中相對平緩的向上傾斜的收益率曲線表明，預期未來短期利率可能保持不變，即使加上流動性溢價部分，收益率曲線也不是很陡峭；圖2-13（c）中水平的收益率曲線表明，預期未來短期利率將輕微下降，加上流動性溢價部分，則收益率曲線呈水平狀；圖2-13（d）中向下傾斜的收益率曲線表明，預期未來短期利率將急遽下降，即使加上流動性溢價部分，收益率曲線也是向下傾斜的。

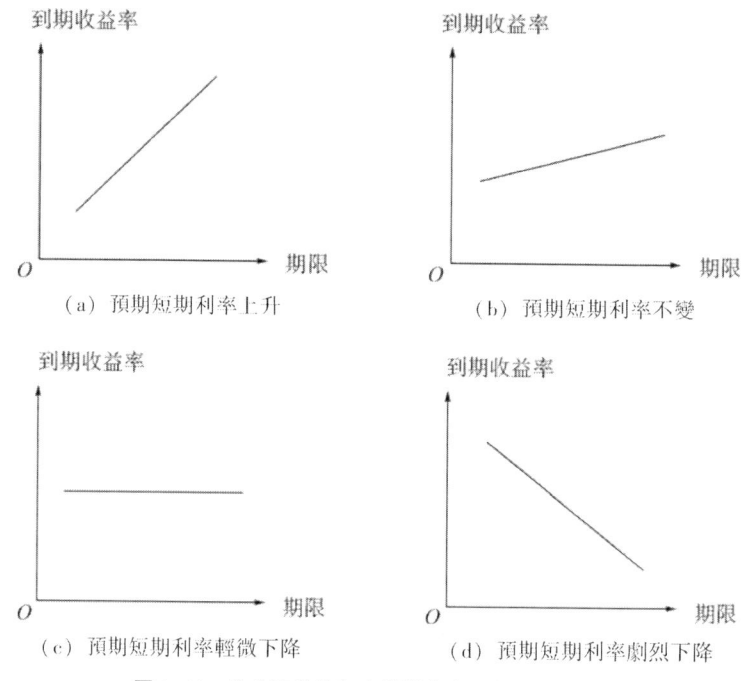

（a）預期短期利率上升

（b）預期短期利率不變

（c）預期短期利率輕微下降

（d）預期短期利率劇烈下降

圖2-13 收益率曲線和市場對未來短期利率的影響

流動性溢價理論可以解釋關於利率的三個事實。對第一個事實的解釋：短期利率上升，導致人們預期未來短期利率也將上升，使得長期利率上升。因此，不同期限的債券利率呈趨同波動特徵。對第二個事實的解釋：當短期利率偏低時，投資者通常會預期短期利率將觸底回升，即預期短期利率上升，長期利率將高於當期短期利率，收益率曲線向上傾斜。相反，如果短期利率偏高，人們通常預期短期利率將下降，長期利率將低於當前短期利率，收益率曲線向下傾斜。對第三個事實的解釋：投資者一般偏好短期債券，隨著債券期限的延長，應該給予相應更高的流動性溢價。因此，即使未來短期利率預期平均值保持不變，因為存在一個正的流動性溢價，所以長期利率一般高於短期利率，收益率曲線向上傾斜。

本章小結

1. 信用是一種以償還和付息為條件的借貸行為。各種具體的借貸關係特徵通過各種信用形式體現出來。在現代經濟中，這些形式從借貸主體角度看，主要有商業信用、銀行信用、國家信用、消費信用和股份公司信用。

2. 利率是借貸期內所形成的利息額與所貸資金額的比率，也是借貸資本的價格。現實生活中的利率都是以某種具體形式存在的，可以從不同角度進行分類。各種不同的種類構成一個有機體即是利率體系，基準利率是利率體系的核心。

3. 貨幣具有時間價值。與貨幣時間價值相聯繫的兩個重要概念是現值和終值。現值是指將來得到或支付的某筆資金的現在的價值；終值是指當前得到或支付的某筆資金在將來某時刻的價值。終值的計算方法分為單利計算和複利計算，其中複利計算又可以分為分期複利和連續複利。

4. 債券供求理論可以用來研究利率的決定機制。主要是因為債券價格與利率之間呈反向關係。影響債券需求的外部因素包括財富、預期回報率、預期通貨膨脹率、風險和流動性。影響債券供給的外部因素包括投資項目的預期盈利能力、預期通貨膨脹率和政府預算赤字。流動性偏好理論是解釋利率決定機制的另一種理論。該理論認為利率是持有貨幣的機會成本。當貨幣供應量增加時，市場均衡利率下降，這種效應被稱為流動性效應。此外，除了流動性效應，貨幣供應量的增加還具有收入效應、物價效應和預期通貨膨脹效應，這些效應都會導致利率上升。

5. 利率的風險結構指相同期限的債券不同利率水平之間的關係。同樣期限的債券似乎應該有相同的利率，但實際上，同樣期限的債券有著各種不同的利率。其原因在於期限相同的各種債券有著不同的違約風險、流動性、稅收和信息成本等因素。

6. 利率具有以下三個事實：一是不同期限的債券利率隨著時間的推進呈現趨同波動。二是如果短期利率較低，收益率曲線更趨於向上傾斜；如果短期利率較高，則收益率曲線更趨於向下傾斜。三是收益率曲線通常是向上傾斜的。利率期限結構理論包括預期理論、市場分割理論和流動性溢價理論。這些理論從不同假定出發，對利率的三個事實進行解釋。預期理論認為長期利率等於債券到期日以前預期短期利率的平均值；市場分割理論認為各種期限的債券之間完全不能替代，人們一般偏好期限較短的債券，致使短期債券價格較高，短期利率較低；流動性溢價理論認為長期利率等於債券到期日之前未來短期利率預期的平均值加上由期限決定的該種債券的流動性溢價。

重要概念

信用　商業信用　銀行信用　國家信用　消費信用　股份公司信用　基準利率　名義利率　實際利率　貨幣時間價值　現值　終值　機會成本　利率的風險結構　收益率曲線　利率的期限結構　預期理論　市場分割理論　流動性溢價理論

復習思考題

1. 什麼是信用？信用有哪些表現形式？各有何特點？
2. 如果你以950元購買一張面值為1,000元的一年期貼現債券，並持有到期，那麼相應的到期收益率是多少呢？
3. 如果債券的供給過剩，那麼其價格高於還是低於均衡價格？市場會如何進行調整使價格回到均衡水平？
4. 貨幣供應量的增加對利率會產生什麼影響？請具體說明。
5. 假設在接下來的3年中，1年期債券的預期利率分別為5%、6%和7%，由於投資者偏好持有短期債券，假設1年期至3年期債券的流動性偏好分別為0、0.25%和0.5%。根據預期理論和流動性溢價理論，1年期至3年期債券的利率分別為多少？
6. 利率期限結構的預期理論是如何解釋不同到期期限債券的利率隨時間一起波動的事實的？
7. 利率期限結構的市場分割理論是如何解釋收益率曲線通常向上傾斜這一事實的？
8. 經濟週期性擴張會推高利率嗎？

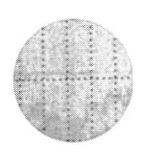

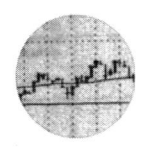

第三章　金融市場

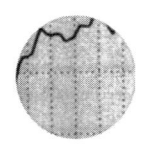

在現代市場經濟體系中，金融市場作為其中一個不可或缺的組成部分，不僅充當了經濟運行的潤滑劑，而且還成為控制、調節和促進經濟發展的有效機制，在整個經濟生活中起著舉足輕重的作用。

第一節　金融市場的結構與功能

一、金融市場的含義

在經濟體系中運作的市場基本上有三種類型：要素市場、產品市場、金融市場。其中，金融市場是在前兩個市場的基礎上派生出來的，是將要素市場上的儲蓄轉化為投資的通道，是保證整個經濟體系順暢運行的潤滑劑，在整個經濟生活中起著舉足輕重的作用。

所謂金融市場（Financial Market），最簡單地說，就是融通資金的場所，包括通過各類金融機構及個人實現的資金借貸活動，其中有對各種貨幣進行的交易，也有對各種有價證券進行的交易。隨著計算機與網路通信技術的發展，金融交易的場所日趨無形化。因此，廣義的金融市場可以理解為以各種金融資產作為標的物而進行交易的組織系統或網路，並由之引發的各種信用關係。如果進一步分析，我們可以給出金融市場的本質定義：金融市場是進行金融資產融通並從中生成金融資產價格機制的系統。在這裡，實現借貸資金的集中和分配，並由資金供給和資金需求的對比生成該市場的價格——利率。

二、金融市場的基本要素

與任何市場一樣，金融市場也有以下四個基本要素：交易的對象、交易的主體、交易的工具和交易的價格。

金融市場的交易的對象是貨幣資金。無論哪種金融交易，其最終的行為結果都是實現貨幣資金的轉移。金融交易與商品交易的最大區別在於商品交易表現為所有權和使用權的同時轉移，而金融交易大多是不改變所有權的貨幣資金使用權的轉移。

金融市場的交易主體包括個人、企業、政府和金融機構。其中，個人、企業和政府不以金融交易為業，不專門從事金融活動，參與交易的目的是為了滿足其自身的資金供求需要，它們之間發生的金融交易稱為直接金融或直接融資；金融機構是專門從事金融活動的組織，通過金融機構實現的金融交易稱為間接金融或間接融資。

金融市場的交易工具指的是作為債權債務關係載體的各類金融工具，如票據、債券、股票等。

金融市場的交易價格是利率。各類金融市場都有與之特性相適應的利率，如銀行同業拆借市場利率、貼現市場利率、國庫券市場利率等。它們的具體利率水平往往不相同，說明利率具有個性。同時，各種利率由於市場機制的作用具有聯動效應，各種利率在一般情況下，具有同方向變化的趨勢，說明利率也具有共性。

三、直接融資與間接融資

金融市場上的融資方式，按有無金融仲介參與，可分為兩種：一是直接融資，二是間接融資。

（一）直接融資

直接融資（Direct Finance）指的是資金盈餘單位和資金赤字單位直接結合來融通資金，其間不存在任何金融仲介機構涉入的融資方式。我們通常稱產生於直接融資的金融工具為初級證券（Primary Securities），也稱為直接證券、直接金融工具，如國庫券、股票、債券等。此種方式最大的局限就是每次交易行為必須要求交易雙方的資金數量與使用期限具有一致性，其中一方在找到另一方之前，必須承擔較大的尋找成本，而在找到之後，還要面臨定價評估成本，並且面臨借款人的逆向選擇風險與道德風險。這兩種風險都源於金融市場的信息不對稱問題。信息不對稱指交易的一方對交易的另一方缺乏充分的瞭解，從而使其在交易過程中難以做出準確決策。逆向選擇風險與道德風險是以時點來區分的，逆向選擇風險是交易成交前面臨的風險，指具有潛在的不良信用風險的人正是那些積極尋求貸款的人。二手車市場問題就是典型的逆向選擇問題。道德風險是交易成交后面臨的風險，指貸款者發放貸款后，借款者可能從事那些從貸款者觀點出發不能從事的高風險活動。道德風險在股權合約中表現為典型的委託-代理問題。

直接融資還有一種改進的交易形式，即增加了經紀人和交易商這一仲介環節。其作用就是將交易雙方從中撮合，從而減少信息成本。

在此，我們先區分一下經紀人和交易商的概念是很有必要的。經紀人在實質上只是信息出售者，不承擔「頭寸風險」；而交易商先是以合適的價位「吃進」赤字單位的證券，然后再伺機賣出，賺取差價，即買賣環節具有時滯，事實上承擔了「頭寸風險」，一旦買賣時出現失誤，則要遭受損失。此種方式有時被稱為半直接融資，它能降低雙方的信息成本。需要注意的是，這種方式的載體仍然是初級證券，成本雖然降低了，但風險並沒有降低，並且仍受初級證券的期限等特徵所約束，並不能有效擴展金融市場的廣度和深度。

（二）間接融資

正是直接融資的局限性促使了金融仲介機構的深度介入，金融仲介通過向市場參與者發行證券來籌集資金，然后進行投資，這種市場參與者通過金融仲介實現資金融通的方式就稱為間接融資（Indirect Finance）。

相對於經紀人和交易商，金融仲介提供了更為激烈競爭的交易方式。資金供給者先將資金使用權轉讓給銀行或其他金融機構，並獲得一種金融資產。其主要形式有存款帳戶、大額可轉讓定期存單和信託等。金融仲介機構隨后再將資金貸放給資金需求或購買資金需求者發行的直接證券，以此完成資金的融通。是否產生間接證券是判斷融資方式的一個核心標準。對於投資者來說，購買次級證券面臨的逆向選擇問題與道德風險遠小於初級證券，並且期限不受次級證券的限制，實質上是將借款者信用轉化為金融機構信用，這必然大大促進了金融市場的繁榮。因此，隨著間接融資手段的出現，大部分金融體系便逐漸發展為更依賴於間接融資的體系。

金融市場就是通過直接融資和間接融資兩種方式來實現盈餘部門的儲蓄向赤字部門的投資轉化的。其資金融通過程如圖3-1所示。

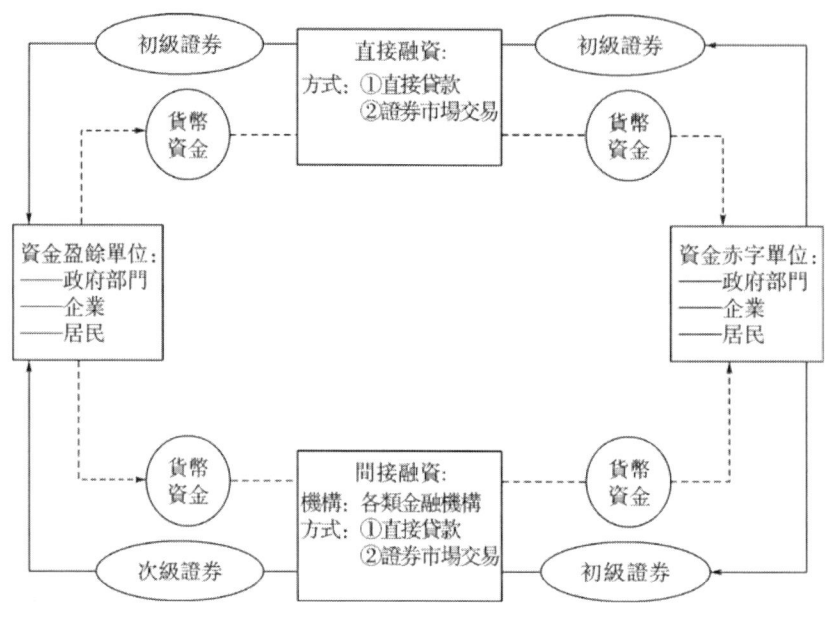

圖3-1 金融市場運作流程圖

（三）直接融資與間接融資的比較

問接融資是在直接融資的基礎上形成的，理論上可以提高融資效率，代表了一種更高層次的金融結構，由於金融仲介機構可以獲得規模經濟的優勢，能夠運用專門技術、雇用高級管理人才及拓寬融資市場，從而降低交易成本及提高收益率，更有利於降低金融市場的信息不對稱問題。從以上分析讀者似乎可以得出間接融資好過直接融資的結論，但實際情況是兩者互有優劣、互為補充。間接融資的實質是將千千萬萬的分散的直接風險聚焦到金融仲介機構中，這就需要一個高效、健全的金融仲介體系。而現實中，像銀行等金融仲介機構的行為會受到政府、利益集團等方方面面的外在影響，同時也不能保證每次信息分析無誤。應該說，其貸款成功率遠遠大於直接融資，而一旦出現失誤，由於其具有風險雪崩效應，會對社會經濟造成極大的負面影響。目前，在絕大多數發達國家，如美國、日本、德國和加拿大，企業融資以間接融資為主。中國在1979年之前只有一種融資形式即間接融資。在此之後的改革開放中，中國大力發展直接融資，從圖3-2可以看出目前中國非金融企業外部融資主要還是依靠金融機構的間接融資。

需要特別指出的是，在理論上區分直接融資和間接融資似乎並不困難。但在現實中，這兩種融資活動很難嚴格區分開來。例如，企業發行商業票據是一種直接融資活動。但是一旦銀行對企業的票據給予貼現，全部融資活動究竟屬於直接融資還是間接融資，就很難說得清楚。又如，當銀行面臨資產流動性不足時，以貸款證券化的方式出售其貸款，要對此融資行為歸類同樣不容易。

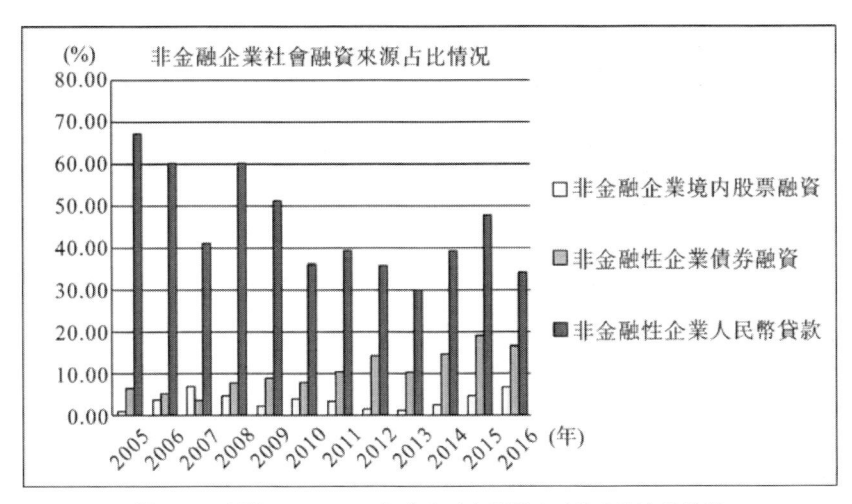

圖 3-2　中國 2005—2016 年非金融企業社會融資來源占比情況

資料來源：Wind 資訊金融終端。

四、金融市場的結構

金融市場這個系統實質上是由很多按不同性質定義的相互緊密聯繫的子系統構成的。因此從不同的角度，可將金融市場劃分為不同的類型。

依金融工具的性質不同，金融市場可劃分為債券市場與股權市場。債券市場的主要金融工具是形形色色的債券，債券持有人與債券發行人是債權人與債務人的關係；股票市場的主要金融工具是公司股票，股票持有人與股票發行公司是業主與代理人的關係。

依融資期限不同，金融市場可劃分為貨幣市場和資本市場。貨幣市場是指對 1 年或 1 年以內的證券或貸款進行交易的場所；資本市場是指期限大於 1 年的證券或貸款交易的場所。

依金融工具交易順序不同，金融市場可劃分為一級市場和二級市場。一級市場用於交易新發行的證券，實現資金由證券投資者向實物投資者的轉移，是資金的縱向轉移交易；二級市場用於交易已發行證券，實質上是資金在證券投資者之間的橫向轉移，可加強證券流動性，證券價格在二級市場的漲跌會對一級市場產生正相關影響，直接影響一級市場的發行額度和發行價格。

依交割的時間和性質不同，金融市場可劃分為即期市場、遠期市場、期貨市場與期權市場。在即期市場上，金融交易完成後立即交割（通常在一到兩個營業日內）；遠期市場或期貨市場是對要求在未來某一時段交割的金融工具合同進行交易，可在交割前提前鎖定價格減少風險；期權市場則給予投資者在期權有效期內的任何時候按保證的價格向期權的出售者買進或賣出指定證券的權利。

依交易場所的性質不同，金融市場可劃分為有形市場和無形市場。有形市場有固定的交易場所，交易活動要遵循交易所制定的管理制度；無形市場沒有固定的交易場所，由計算機通信網路等先進技術來保證市場信息的運行。

依地理位置不同，金融市場可劃分為國內金融市場和國際金融市場。國內金融市場是指在一個國家境內，以本幣為中心形成的各種資金交易場所；國際金融市場是指以國際貨幣為中心的經營和交易的場所，包括面向國際開放的證券市場、外匯市場和黃金市場等子市場。

五、金融市場的功能

（一）聚集和分配資金功能

在經濟運行中，由於各經濟主體面臨的環境不同，使其分化為資金盈餘單位和資金赤字單位兩類。如何將資金盈餘單位手中的資金轉移到資金赤字單位的手中用於經濟發展，是一國金融領域中最重要的問題，即所謂的儲蓄投資轉化機制問題。金融市場在這一轉化機制問題中起了重要作用。在金融市場中，資金供給方用資金購買金融工具，既保持了較高的流動性，又能為其帶來收益；而資金需求方則可以根據自身經營狀況有選擇地在金融市場上籌措各種資金，降低籌資成本，提高籌資效益。各類金融主體以金融市場為媒介，減少了信息不對稱，節約了交易成本，使資金流向最需要的地方，從而實現資金的合理配置。

（二）價格確定功能

金融工具一般都有面值，但除銀行券和一般銀行存款等可直接作為貨幣的金融工具的內在價值體現在其面值上以外，大多數的金融工具的票面上標註的面值並不能體現其內在價值，而在其交易中均有著不同於面值的價格。這個交易或轉讓的價格就是金融市場上金融工具的持有者與投資者買與賣兩種行為相互作用的結果。這種定價是否合理、是否能引導資源有效配置與市場的完善程度和效率有關。

（三）資金期限轉換功能

在現實生活中，資金盈餘者提供的資金與資金赤字者需要的資金在期限上往往難以達到恰好匹配，客觀上需要一種機制來實現部分期限資金的轉化和資金的橫向融通，金融市場為其提供了可能。通過股票、長期債券等長期投資工具可以將公眾手中的短期資金轉化為長期資金；同時也可以通過在二級市場上將長期證券出售，轉化為現金或短期證券等高流動性的資金，從而既可以滿足人們的流動性要求，又可以為生產發展提供足夠的資金。

（四）分散與轉移風險功能

由於金融市場中有各種在收益、風險及流動性方面存在差異的金融工具可供選擇，使投資者很容易採用各種證券組合的方式來分散風險，從而提高投資的安全性和盈利性。同時，金融市場為長期資金提供了流動的機會，為投資者和籌資者進行對沖交易、期貨交易、套期保值提供了便利，使其可以利用金融市場來轉移和規避風險。

（五）信息聚集功能

金融市場是一個經濟信息集聚中心，是一國金融形勢的「晴雨表」。金融市場的各種活動和態勢可以為個人、企業和國家提供大量信息資料。首先，金融市場能夠為資金供求雙方提供信息。證券投資者和籌資者通過發行、轉讓證券等行為來瞭解各種證券的行情和投資機會，並通過上市企業公布的財務報表來瞭解企業的經營狀況，從

而為投資決策提供充分的依據。其次，金融市場為企業提供信息。公眾對各產業、各行業的發展前景的預期可以從證券市場行情的漲跌中略見一斑。每個企業可以根據證券行市變動情況及預測信息及時調查本企業的經營戰略。最後，金融市場交易能直接或間接地反映出國家貨幣供應量的變動趨勢。中央銀行可以根據金融市場的信息反饋，通過公開市場業務、調整貼現率、調整存款準備金率等手段來調節資金的供求關係，從而保持社會總需求與總供給的均衡。

第二節　金融工具

一、金融工具的概念

各種形式的資金融通都需借助一定的金融工具進行。金融工具（Financial Instrument）是在信用活動中產生，能夠證明金融交易金額、期限、價格的書面文件。金融工具對於債權債務雙方應承擔義務與享有的權利均有法律約束意義。金融工具也稱信用工具，是伴隨信用關係而產生和發展的。

二、金融工具的特徵

金融工具一般具有償還期限、流動性、風險性和收益率幾個基本特徵。

（一）償還期限

償還期限是指債務人必須全部歸還本金之前所經歷的時間，但對於當事人來說，更有現實意義的是從持有金融工具起到該金融工具到期日為止所經歷的時間，也正是考察這個時間段來衡量其收益率。金融工具的償還期限可以有零和無限期兩個極端點。在一個極端點的是活期存款，在另一個極端點的是股票或永久債券，而其間是一個連續的區間，布滿了償還期各異的國庫券、公司債券、定期存款等金融工具，金融市場越發達，區間就越密集，密度也越大。

（二）流動性

流動性是指金融工具迅速變現而不致遭受損失的能力，二者缺一不可，流動性強的金融工具相當於貨幣，甚至被列入不同層次的貨幣供應數量的範圍之內，並成為中央銀行監控的目標。

（三）風險性

風險性是指購買金融工具所用的本金是否遭受損失的可能性。使本金受損的風險有信用風險和市場風險。信用風險是指債務人到期不能償還本金的可能性。例如，公司債券的信用風險是指發行債券的公司到期不能償還債券的本金的可能性。很多面臨破產的公司都存在著這種可能性。市場風險是指市場情況的變化導致金融工具的持有人面臨本金受損的可能性，這種風險是市場上所有金融工具都要面對的，而不是僅限定個別金融工具。例如，在國債市場上，如果利率發生波動，則市場上所有國債的價格都會發生波動，這樣國債的持有人就有可能損失，不僅僅在利息上發生損失，在本金上也有可能發生損失。

（四）收益率

收益率是指金融工具可使投資者取得利息或紅利以及資本利得等方面的收益，實

質上是金融工具持有者對金融工具發行者有一種要求獲取支付現金流量的權力。收益率是收益與本金的比率,一般有以下幾種不同的表現形式:

1. 票面收益率（票面利率）

票面收益率是指票面上規定每期應付的利息額與證券面值的比率,這是證券發行時就規定了的。例如,某債券面值為1,000元,票面利息為每年50元,則票面利率為50/1,000,即為5%。

2. 當期收益率

當期收益率是指票面利息與證券當期市場價格的比率,可用公式表示為:

$$當期收益率=票面利息/證券市場價格\times 100\% \qquad (3-1)$$

例3-1:某10年期債券面值為1,000元,當前市價是950元,票面年利息為50元,當期年利率則為50/950=5.3%。

3. 實際收益率

實際收益率即回報率,是指證券持有者獲得的票面利息再加上證券價格的變化金額,表示為證券購入價格的一定比率。其用公式表示如下:

$$R=\frac{C+P_{t+1}-P_t}{P_t}=\frac{C}{P_t}+\frac{P_{t+1}-P_t}{P_t} \qquad (3-2)$$

其中,R表示從t到$t+1$時刻之間持有債券所獲得的回報率;P代表債券價格,C代表債券的固定利息。(3-2)式也可以簡單概括為:

$$回報率=當期收益率+資本利得率$$

其中,資本利得率=(現期價格-初始購入價格)/初始購入價格。

例3-2:面值為1,000元的息票債券,其息票利息為5%,而購入價格為900元,在持有一年後,以1,100元的價格出售,其回報率應該是多少?此時,債券持有人息票利息收入為50元,債券價格變化為1,100-900=200元,將這兩項相加並表示為購入價格900元的百分數,即可得到回報率約為27.78%。

三、金融工具的種類

(一)原生工具

1. 票據

(1)票據的定義。票據是具有一定格式、載明金額和日期,到期由付款人對持票人或指定人無條件支付一定款項的信用憑證。

(2)票據的特徵。

第一,票據是一種有價證券。票據以一定的貨幣金額來表示價值。這種價值隨票據的設立而取得,隨票據的轉讓而轉讓。

第二,票據是一種設權證券。商業票據一經設立,票據關係人的權利和義務隨之確立。

第三,票據是一種要式證券。商業票據必須具備法定的形式和內容,並以確切的文字來表達,否則不發生效力。

第四,票據是一種無因證券。商業票據在運動過程中,只要要式具備,票據債務人

必須無條件支付。除非明知有重大過失取得者外，持票人不需證明取得票據的任何原因。

第五，票據是一種文義證券。商業票據上票據關係人的權利和義務，必須依據票據上記載的文義來確定其效力。

第六，票據是一種返還證券。商業票據債權人在受領給付之時，必須將票據交還債務人，使票據關係消滅。例如，票據所載金額是次債務人（背書人等）因被追索而償還，則債權人返還票據后，次債務人可以向其前手進行追索。

(3) 票據的種類。票據可以從各個角度進行分類（詳見圖3-3）。

按票據的性質分，票據主要分為匯票、本票和支票等幾類。若按出票人的身分割分，票據則可以分為商業票據和銀行票據兩類。凡是企業間因商品交易或其他行為引起的債權、債務關係，由企業簽發的票據稱為商業票據。而由銀行簽發、或由銀行承擔付款義務的票據稱為銀行票據。

匯票（Bill of Exchange）是由出票人（債權人）向債務人簽發的，要求即期或定期無條件支付一定款項給收款人的支付命令書（或信用憑證）。匯票的基本當事人有出票人（即簽發票據的人）、付款人（即債務人）、收款人（即持票人），匯票進入流通領域后，派生出的關係人有背書人、承兌人等。匯票的種類主要可按出票人的不同，分為銀行匯票和商業匯票；按付款期限的不同，分為即期匯票和遠期匯票或定期匯票。

本票（Promissory Note）又稱期票，是債務人（出票人）承諾在一定時間及地點無條件支付一定款項給收款人的支付承諾書或保證書。本票是以出票人自己為付款人的一種票據，基本當事人有出票人和收款人。

支票（Check）是銀行活期存戶對銀行簽發的，通知銀行在其存款額度內，無條件即期支付一定款項給指定人或持票人的書面憑證。

票據市場主要是指商業票據的交易。

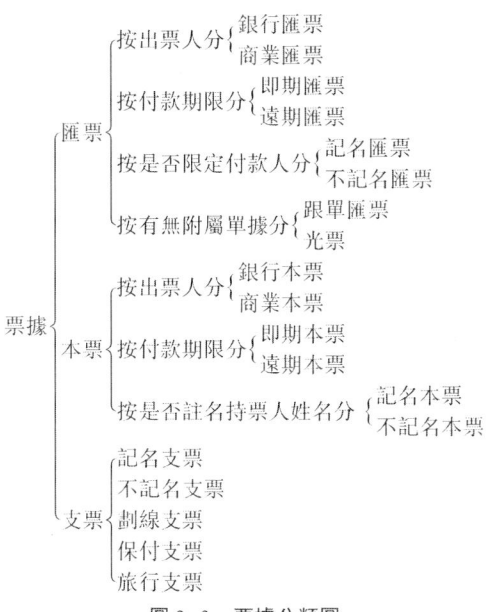

```
           ┌ 按出票人分 ┤ 銀行匯票
           │          └ 商業匯票
           │ 按付款期限分 ┤ 即期匯票
           │            └ 遠期匯票
      匯票 ┤ 按是否限定付款人分 ┤ 記名匯票
           │                  └ 不記名匯票
           │ 按有無附屬單據分 ┤ 跟單匯票
           │                └ 光票
票據 ┤
           ┌ 按出票人分 ┤ 銀行本票
           │          └ 商業本票
      本票 ┤ 按付款期限分 ┤ 即期本票
           │            └ 遠期本票
           │ 按是否註名持票人姓名分 ┤ 記名本票
           │                      └ 不記名本票
           ┌ 記名支票
           │ 不記名支票
      支票 ┤ 劃線支票
           │ 保付支票
           └ 旅行支票
```

圖3-3　票據分類圖

2. 股票

股票（Stock Certificate）是一種有價證券。股票是股份有限公司公開發行的，用以證明投資者的股東身分和權益，並據以獲得股息和紅利的憑證。股票具有不可償還性、收益性、流動性、風險性和參與性等基本特徵。

股份有限公司為了滿足自身經營的需要，同時根據投資者的心理，發行了多種多樣的股票。股票可以從不同角度進行分類（如圖3-4所示）。這裡主要從分紅權利的角度將其劃分為普通股與優先股。

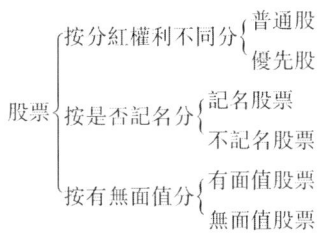

$$
股票\begin{cases}按分紅權利不同分\begin{cases}普通股\\優先股\end{cases}\\按是否記名分\begin{cases}記名股票\\不記名股票\end{cases}\\按有無面值分\begin{cases}有面值股票\\無面值股票\end{cases}\end{cases}
$$

圖3-4 股票分類圖

普通股（Common Stock）是指在公司的經營管理和盈利財產的分配上享有普通權利的股份，代表滿足所有債權償付要求與優先股股東的收益權及求償權之後，對企業盈利和剩餘財產的索取權，構成公司資本的基礎，是股票的一種基本形式，也是發行量最大、最為重要的股票。普通股股東享有以下權利：

（1）公司決策參與權。普通股股東有權參與股東大會，有表決權和選舉權。

（2）利潤分配權。普通股的股息不固定，由公司盈利狀況及其分配政策決定。普通股股東必須在優先股股東取得固定股息之后才有權享受股息分配權。

（3）優先認股權。如果公司需要擴張而增發普通股股票時，現存的普通股股東有權按其持股比例，以低於市價的某一特定價格優先購買一定數量的新發行股票，從而保持其對企業所有權的原有比例。

（4）剩餘資產分配權。當公司破產或清算時，若公司的資產在償還欠債后還有剩餘，其剩餘部分按先償付優先股股東、后償付普通股股東的順序分配。

優先股（Preferred Stock）是在籌集資金時，給予投資者某些優先權的股票。優先股有事先確定的固定股息，沒有選舉權、被選舉權和投票權，其優先權主要表現在利潤和剩餘財產的分配上。

由於歷史原因，經濟體制轉軌存在特殊性，中國曾存在股權分置問題。股權分置是指A股市場的上市公司股份按能否在證券交易所上市交易被區分為非流通股和流通股，此兩類股，同股不同權、同股不同利。國家股、法人股是不可流通的。國家股是指有權代表國家投資的部門或機構，以國有資產向股份有限公司投資形成的股票；法人股是指企業法人以其依法可支配的資產向股份公司投資形成的股票，或者具有法人資格的事業單位或社會團體以國家允許用於經營的資產向股份公司投資形成的股票。轉配股是指上市公司根據公司發展的需要，向原股東發行新股，原股東依照原有比例分配優先認購權。而轉配股是中國股票市場特有的產物，國家股、法人股的持有者放棄配股權，將配股權有償轉讓給其他法人或社會公眾，這些法人或社會公眾行使相應

的配股權時所認購的新股，就是轉配股。

由於股權分置扭曲資本市場定價機制，制約資源配置功能的有效發揮；公司股價難以對大股東、管理層形成市場化的激勵和約束，公司治理缺乏共同的利益基礎；資本流動存在非流通股協議轉讓和流通股競價交易兩種價格，資本運營缺乏市場化操作基礎。股權分置不能適應當前資本市場改革開放和穩定發展的要求，必須通過股權分置改革，對此兩類股東的股份予以重新確認，消除非流通股和流通股的流通制度差異。為此，2005年9月4日，中國證監會出抬了《上市公司股權分置改革管理辦法》。截至2015年10月，在上海證券交易所、深圳證券交易所上市的股票都完成了股權分置改革。

中國目前的股票類型按照股票的上市地點和所面對的投資者，可區分為A股、B股、H股、N股、S股。A股的正式名稱是人民幣普通股票，它是由中國境內的公司發行，供境內機構、組織或個人（不含中國港、澳、臺投資者）以人民幣認購和交易的普通股股票。B股的正式名稱是人民幣特種股票，它以人民幣標明面值，以外幣認購和買賣，在境內證券交易所上市交易的，原本限定投資者僅限境外或中國港、澳、臺地區投資者，不過2001年2月已面向境內自然人投資者開放。H股指的是註冊地在內地，上市地在香港的外資股，香港的英文是「Hong Kong」，取其第一字母，在港上市稱為H股。依此類推，在紐約和新加坡上市的股票分別稱為N股與S股。

此外，還有紅籌股的稱法。紅籌股這一概念誕生於20世紀90年代初期的香港股票市場。中國在國際上有時被稱為「紅色中國」，相應地，香港投資者和國際投資者把中國內地在境外註冊、在香港上市的那些帶有中國內地概念的股票稱為紅籌股。紅籌股公司可分為兩類：一類上市公司的主要業務在中國內地，其盈利中的大部分也來自該業務，那麼這家公司的股票為紅籌股；另一類上市公司為中資控股。早期的紅籌股主要是一些中資公司收購香港中小型上市公司后，改造而形成的。后期的紅籌股主要是內地一些省（市、區）將其在香港的窗口公司改組並在香港上市後形成的。

3. 債券

債券（Debenture Certificate）是政府、金融機構、工商企業等機構直接向社會籌措資金時，向投資者發行，承諾按一定利率支付利息並按約定條件償還本金的債權債務憑證。債券包括票面金額、發行價格、償還期限、債券利率等票面要素，具有償還性、流動性、安全性、收益性等基本特徵。

債券可以從不同的角度分類（如圖3-5所示）。

（1）按發行主體分類。

①政府債券。政府債券又可區分為中央政府債券和地方政府債券。政府債券以稅收保證支付利息，信譽度很高。因當時最初發行的英國政府債券帶有金黃邊，故被稱為「金邊債券」，后來「金邊債券」一詞泛指所有中央政府發行的債券，即國債。國債有短期、中期、長期之分，分別為1年以內、1~10年以及10年以上。國債因有國家信用作為擔保，通常被視為無風險債券。

②金融債券。金融債券是由銀行或非銀行金融機構發行的債券。發行金融債券的金融機構一般資金實力雄厚，資信度高。債券的利率要高於同期存款的利率水平，其期限一般為1~5年，發行目的主要是為了籌措長期資金。

```
                    ┌ 按發行主體不同分 ┤ 政府債券
                    │                  │ 金融債券
                    │                  └ 公司債券
                    │                  ┌ 附息債券
                    │ 按計息的方式不同分 ┤ 貼現債券
                    │                  └ 單利債券
                    │                  ┌ 國內債券
              債券 ─┤ 按債券的幣種不同分 ┤ 外國債券
                    │                  └ 歐洲債券
                    │ 按債券的利率是否浮動分 ┬ 固定利率債券
                    │                       └ 浮動利率債券
                    │                  ┌ 信用債券
                    └ 按有無抵押擔保分 ┤ 抵押公司債券
                                       └ 擔保債券
```

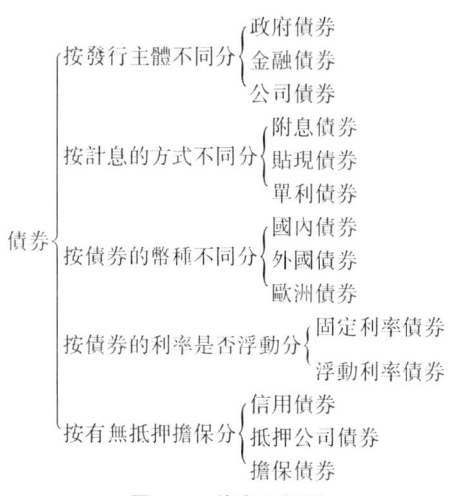

圖 3-5　債券分類圖

③公司債券。公司債券是由公司企業發行並承諾在一定時期內還本付息的債權債務憑證。目的是為了籌集長期資金，期限多為 10~30 年。其利率多採用固定利率，半年付息一次，但近年因存在日益嚴重的通貨膨脹，出現了浮動利率的公司債券。

（2）按計息的方式分類。

①附息債券。附息債券是指債券券面上附有各種息票的債券。息票上標明利息額、支付期限。一般以 6 個月為一期，到期時，持有人從債券上剪下息票並據此領取利息，實則是複利債券。

②貼現債券。貼現債券是指券面上不附有息票，發行時以低於票面價格出售，到期按票面價值償還本金的一種債券。貼現債券的發行價格與票面價值的差價即為貼現債券的利息。

③單利債券。單利債券是指債券利息的計算採用單利計算的方式，即按本金只計算一次利息。

（3）按債券的幣種分類。

①國內債券。國內債券是指一國政府、金融機構、工商企業在國內發行的以本國貨幣計值的債券。

②外國債券。外國債券是指一國政府、金融機構、工商企業在另一國發行的以當地國貨幣計值的債券。

③歐洲債券。歐洲債券是指一國政府、金融機構、工商企業在國外債券市場上以第三國貨幣為面值發行的債券。其發行人、發行地以及面值貨幣分別屬於三個不同的國家。目前，歐洲債券的比重遠遠超過了外國債券。

（4）按債券的利率浮動與否分為固定利率債券和浮動利率債券。

（5）按有無抵押擔保分為信用債券、抵押公司債券和擔保債券。

債券與股票都是籌資工具，具有流動性、收益性、風險性等共性，但兩者由於自身的特點，也存在重大差別。

第一，發行主體的範圍不同。債券的發行主體範圍非常廣，包括政府、社會團體

機構、一般的公司和企業；而股票則只能由股份制企業發行。

第二，反映的關係不同。債券表示的是持有人與發行人之間的債權、債務關係，債權人無權參與公司經營管理，唯一的權利就是按期索回本息；而股票持有者，即股東是公司的主人，與公司管理層是委託-代理關係。

第三，償還期限不同。債券一般都有明確的償還期限；而股票則沒有償還期限。

第四，收益風險程度不同。債券一般在票面上標明固定的利率，收益率穩定；而股票對收益沒有任何的承諾，收益率會隨時間的不同而時高時低。

第五，會計處理不同。債券的利息可以計入公司的成本；而股票的紅利不能計入成本，而是看成利潤的一部分，應計入企業的所得稅項目。

值得注意的是，還有一種債券稱為可轉換公司債券。它是投資者在一定時期內依據約定的條件可以轉換成股票的公司債券，如持有人不想轉股則可繼續持有債券，發行人將按規定還本付息。可轉換債券兼有債券和股票的特點，但也因兩者存在差別與一般債券與股票相比有如下不同：

一是可轉換性。可轉換債券在轉換期前是債權憑證，而在轉換期可按約定的條件，將債權轉換成股權，從而成為公司股東，如放棄這一權利，可繼續保持債權人身分。

二是利率較低。正由於可轉換債券具有轉化為股票的權利可使債權人獲得潛在收益，因此投資者也願意接受比一般債券略低的利率，而對發行人而言可降低發債成本。

三是收益的不確定性。債權人在持有期間可獲得利息收益，在轉化股票後可獲得股利收益，在出售債券中可獲得差價收益，可見投資者可能得到多種收益，同時也面臨收益的不確定性。

四是期限較長。可轉換債券是一種長期融資工具，期限一般在10年以上，由於長期債券的不確定因素較多，投資者通常不願購買，因此發行人提供「可轉化為股份」作為促銷手段，而中短期債券一般無此優惠條件。

垃圾債券（Junk Bonds）或稱非投資級債券（Noninvestment-grade Bonds）是指資信評級低於投資級或未被評級的高收益債券（High-yield Bonds）。現代垃圾債券市場始於20世紀70年代后期。隨著人們富裕程度的提高、投資者與創業者冒險欲望的增長和科技產業的發展，垃圾債券這種兼具投資與投機雙重特性的金融工具成為一種富有前景的商業冒險金融工具。

(二) 金融衍生工具

金融衍生工具（Financial Derivative Instrument）是指以一些原生工具的存在為前提，以這些原生工具為買賣對象，價格也由這些原生工具決定的金融工具。金融衍生工具是在20世紀70~80年代席捲全球的金融創新浪潮中，從原生工具派生出來的金融創新工具。這些相關的原生金融工具一般是貨幣、存單、股票、債券。金融衍生工具往往根據原生金融工具預期價格的變化定值，由於許多金融衍生產品交易在資產負債表上沒有相應科目，因此，也被稱為表外交易。國際上，金融衍生工具種類繁多，活躍的金融創新活動接連不斷地推出新的金融衍生工具。

1. 金融衍生工具的起源

金融衍生工具是在一定客觀背景中，在一系列因素的促動下產生的。20世紀70年代

固定匯率制——布雷頓森林體系的崩潰是刺激金融衍生工具產生的直接動因。自浮動匯率制實施后，匯率變動不居。1973年以后，平均變動率為每年9%，使得防範匯率風險成為必要。同時，以自由競爭和金融自由化為基調的金融創新浪潮席捲了整個西方世界，發達國家紛紛放寬或取消了對利率的管制，放鬆了對金融機構及其業務的限制。匯率、利率的頻繁波動使得金融市場的參與者時時刻刻生活在價格變動之中，迫切需要規避市場風險，而運用原生工具本身來規避匯率、利率風險卻是力所不能及的。事實上，若對原生工具進行證券組合投資，規避的只是非系統風險，並不能規避系統風險。早在1971年，美國芝加哥商品交易所的管理層就極有遠見地指出：今后，市場對於能夠規避金融風險的各種有效手段的需求將會急遽增加。在這一判斷的基礎上，其於布雷頓森林體系正式崩潰之前2個月，首次推出包括7種貨幣在內的貨幣期貨，這標誌著金融期貨的問世。

銀行的積極推動是金融衍生工具發展的一個重要因素，隨著金融自由化浪潮的興起，非銀行金融機構利用其新穎的、富有吸引力的金融工具與銀行展開了資金來源與信貸供給的爭奪戰，再加上大客戶利用信息技術通過直接融資去籌資，導致銀行客戶流失、效益下降，迫切需要設計新的金融衍生工具來收復失地。另外，銀行國際監管的外在壓力迫使銀行積極開拓新的利潤增長點。巴塞爾協議（Basle Agreement）要求銀行的資本充足率達到8%，核心資本充足率達到4%，銀行採用的最佳策略就是將表內資產表外化，減少傳統的資產負債業務，衍生交易作為表外業務，一方面不增加銀行負債，另一方面可收到豐厚的費用收入，從而補充資本。

隨著通信技術與計算機處理技術及金融工程的迅速發展，使得衍生品的價格能精確地計算出來，最終使金融衍生工具獲得了極大的發展。

2. 金融衍生工具的種類

以交易的特徵為基礎，金融衍生工具可分為遠期、期貨、期權、互換四類，現實中的很多產品可視為這些種類的綜合或混合。

(1) 遠期。遠期合約（Forward Contract）是指交易雙方約定在未來某一特定日期，按預先簽訂的協議交易某一特定資產的合約。該合約規定合約雙方交易的資產、交換日期、交換價格等。從技術上講，遠期合約是其他各種金融衍生品的基礎。按原生工具的種類不同，遠期合約又有以下兩類：

①遠期利率合約（Forward Interest Rate Contract）。它是一種利率的遠期合同，買賣雙方商定將來一定時間的協議利率並規定以何種利率為參照利率，在將來清算日，按規定的期限和本金額，由一方或另一方支付協議利率與參照利率的利息差額的貼現金額，其參照利率一般是金融市場上不易受人為操縱因素影響的權威利率，如英國倫敦銀行同業拆借利率（LIBOR）、美國的基準利率（Prime Rate）。遠期利率合約涉及的是金融工具將來的銷售，合約內容主要包括：對未來交割的實際金融工具的規定；交割的數量及價格（一般用利率表示）；交割日。

②遠期外匯合約（Forward Exchange Contract）。它是指外匯交易雙方成交時，雙方約定將來交割的幣種、金額、適用匯率及日期、地點等，並於將來某個時間進行實際交割的遠期合同。

遠期合約的優點在於可以靈活地滿足交易雙方的需求，但是遠期合約存在兩個方面問題，制約了其發展。第一，市場流動性較小，很難找到交易對手。第二，違約風險問題。合約履行過程中，當價格發生變化，不利的一方很可能發生違約，使合約無法履行。

（2）金融期貨。金融期貨（Financial Futures）是指買賣雙方事先就某種金融工具的數量、交割日期、交易價格、交割地點等達成協議，而在約定的未來某一時日進行實際交割的交易。

金融期貨市場的組織結構包括：

①金融期貨交易所。其提供一個有組織的市場，制定公平競爭原則，訂立統一交易規則、標準和時間，為會員提供合約及財務的擔保等。

②經紀行。其代客進行期貨交易。

③結算所。其通過向期貨合約的當事人買入合約從而成為買家或出售合約從而成為賣家的過程來完成結算。

按照交易的內容，金融期貨可分為以下三類：

①外匯期貨（Foreign Exchange Futures）是指在集中性的交易市場以公開競價的方式進行的外匯期貨合約的交易。外匯期貨合約是由交易雙方訂立的、約定在未來某個日期以成交時確定的匯率交收一定數量某種外匯的標準化契約。

②利率期貨（Interest Rate Futures）是以與利率有關的各種債券為交易對象的期貨。

③股票指數期貨（Stock Index Futures）簡稱期指，是以股票市場的股票價格指數為「商品」的期貨。

金融期貨是金融市場發展到一定階段的產物，其主要功能如下：

①風險轉移。金融期貨可將市場變化的風險通過套期保值由一部分人身上轉到另一部分人身上。套期保值（Hedging）是指商品經營者在現貨市場和期貨市場進行兩個在數量上相等、方向上相反的買賣，而將風險分散轉移的交易活動，此交易不以盈利為目的，純粹出於避險的動機。

②價格發現。期貨交易所集中市場的買家與賣家，由其公開競價達成的市場均衡價格，包含了對期貨商品生產、供求及對利率變化、匯率變化的看法，給現貨市場的經營提供了權威的指導價格。

（3）金融期權。金融期權（Financial Options）是指期權的買方有權在約定的時間或時期內，按照約定的價格買進或賣出一定數量的金融資產，也可以根據需要放棄行使這一權利。金融期權可分為兩種：買入期權與賣出期權。買入期權（Call Options）是指期權買方按照履約價格在一個特定時間內買進某種特定標的物的權利。賣出期權（Put Options）是指按照履約價格在一個特定時間內賣出某種特定標的物的權利。與期貨相似，期權同樣有套期保值和價格發現的功能。不同於期貨交易，期權交易是非對稱性的風險收益機制。期權買方有權決定履約，也有權決定違約，正是由於這種非對稱性的風險收益機制，因此在期權的設計上，期權買方可以實現「有限的」損失和「無限的」收益。如圖3-6所示，期權和期貨交易雙方的盈虧具有如下特點：

①期權買方最大損失就是期權費，因為當損失超過期權費，期權買方就會選擇放棄執行期權。期權賣方的最大收益也就是期權費。

②相比較而言，當市場價格高於執行價格時，期貨買方可以獲得比看漲期權買方更多的收益，該部分即是期權費，因此期貨的買方收益曲線很大部分位於看漲期權的買方收益曲線的上方。但是，市場價格遠低於執行價格時，期貨買方所受到的損失也將遠大於看漲期權買方，因為期貨買方不具有停止交易的權利。同理，期貨的賣方收益曲線很大部分也位於看跌期權收益曲線的上方，但是市場價格遠高於執行價格時，期貨賣方所受到的損失將遠大於看跌期權買方。

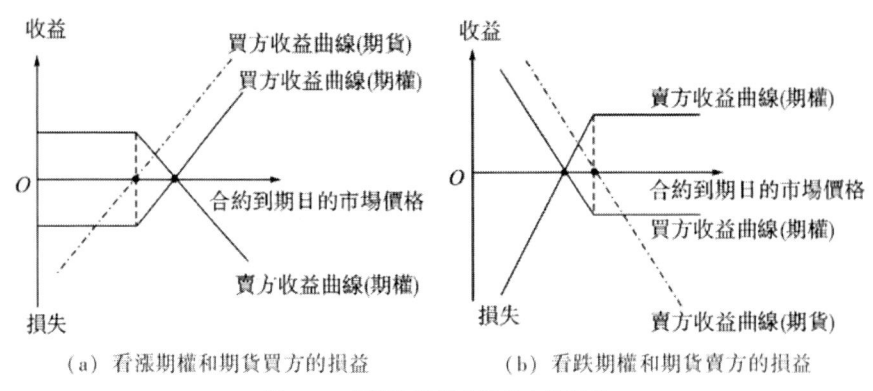

(a) 看漲期權和期貨買方的損益　　(b) 看跌期權和期貨賣方的損益

圖3-6　期權和期貨交易雙方的損益

(4) 互換。互換（Swap）是要求簽約雙方相互交換彼此現金流（並非資產）的合約。互換主要分兩種：貨幣互換和利率互換。貨幣互換（Currency Swap）是指按不同貨幣計價的現金流交換。利率互換（Interest Rate Swap）是指交易雙方在兩筆同種貨幣、金額相同、期限一樣、付息方法不同的資產或債務之間進行的相互交換利率的活動。它以交易雙方協商的本金為計算利息的基礎，在同種貨幣之間進行固定利率與浮動利率的互換。通過利率互換，能夠優化資產與負債的貨幣與期限結構，轉移和防範中長期利率風險。例如，某金融機構，其利率敏感型資產比利率敏感型負債少，在這種情況下，如果利率上升，資金成本的增加將大於資產利息收入的增加，如果該金融機構把固定利率資產與利率敏感型資產的利率進行互換，這樣當利率上升時，利息收入增加部分和利率成本增加部分剛好抵消，利率的變化對該金融機構的淨利息收入沒有影響。

3. 金融衍生工具的現狀和發展趨勢

金融衍生工具自誕生以來就獲得了高速發展，交易規模不斷上升，短短20多年來，就發展成餘額為20多億美元的龐大市場，而金融衍生工具品種則開發了1,200多種，而且可以為大客戶「量身定做」品種。英格蘭銀行2007年11月發布的一份報告顯示，全球金融衍生品市場的規模高達415萬億美元，衍生品市場規模已占全球生產總值的8~10倍。從目前的全球經濟發展趨勢來看，各國的匯率、利率仍將起伏波動，仍存在利率風險與匯率風險，因此衍生工具的外部生存環境仍存。國際金融業的競爭也日趨激烈，迫使金融機構不斷創造新的衍生工具來不斷滿足客戶的特殊需要，以便

在市場競爭中取得優勢，從而使衍生工具的內在發展動力仍存。再加上計算機信息處理技術的不斷更新，從而在技術上保障了衍生工具的創新，因此衍生工具有著廣闊的未來。

4. 金融衍生工具的風險

金融衍生工具出現的初衷是降低金融交易的不確定性，在其產生之初，人們較多注意的是其有利的方面，因此可以說，20世紀80年代是金融衍生品的勝利大進軍。然而進入到20世紀90年代，多宗大的金融風波都與金融衍生品脫不了關係，特別是爆發於美國的次貸危機也正是由次級抵押債券這一金融衍生工具引起的，此次危機凸顯了其交易的風險。因此，金融衍生工具的風險也就成為金融界探討的熱點。金融衍生工具主要涉及以下風險：

（1）市場風險（Market Risk）。市場風險，即因市場價格變動造成虧損的風險。衍生工具能降低原生工具交易風險的實質是將社會經濟中分散的風險全部集中在少數衍生市場上釋放，因此風險很大，由於保證金的槓桿作用，衍生品相當於一個放大「收益與風險」的變壓器，對各項經濟指標變化具有高敏感性。

（2）信用風險（Credit Risk）。信用風險，即交易對方無法履行合約的風險。這種風險主要表現在場外市場上，它不像交易所交易，具有嚴密的履約保證制度，場外市場的交易能否如期履約完全取決於買賣雙方的資信，容易發生信用風險。

（3）法律風險（Legal Risk）。法律風險是指因合約無法履行或草擬條文不足引致損失的風險。由於衍生工具處在不斷的創新中，各國的法律條文便難以及時跟上，一些衍生交易的合法性也難以保證。交易雙方可能因找不到相應的法律保護而遭到損失，再加上有部分衍生工具的設計動因就是使之遊離於法規監管之外，更是對法律監管的一大考驗。

可見，衍生金融工具是一把「雙刃劍」，一方面可以起到分割、轉移風險、提高金融市場整體效率的作用，另一方面與衍生工具形影相隨的投機又可能使風險集中，引致金融市場的動盪不安。金融衍生產品自身的特點和最初的設計初衷是為了避險，但是近些年來從開始的套期保值的避險功能已經開始向高投機、高風險轉化。衍生品的槓桿比率越來越高，風險越來越大。因此，我們不能低估金融衍生工具的風險，也不能固執於複雜的金融衍生產品，應加強監管和健全法規，積極合理地利用衍生工具，避免過度投機，趨利避害。

拓展閱讀

信用違約互換衍生品

信用違約互換（Credit Default Swap，CDS）又稱為信貸違約掉期，也叫貸款違約保險，是目前全球交易最為廣泛的場外信用衍生品。1998年，國際互換和衍生品協會（International Swap and Derivative Association，ISDA）創立了標準化的信用違約互換合約，在信用違約互換交易中，違約互換購買者將定期向違約互換出售者支付一定費用，而一旦出現信用類事件（主要指債券主體無法償付），違約互換購買者將有權利將債券以面值遞送給違約互換出售者，從而有效規避信用風險。由於信用違約互換產品定義簡單、容易實現標準化、交易便捷，自20世紀90年代以來，該金融產品在國外發

達金融市場得到了迅速發展。2016年9月23日，中國銀行間市場交易商協會正式發布了《銀行間市場信用風險緩釋工具試點業務規則》以及信用風險緩釋合約、信用風險緩釋憑證、信用違約互換、信用聯結票據四份產品指引，推出了信用違約互換產品。根據公告，信用違約互換產品交易時確定的信用事件範圍至少應包括支付違約、破產、可納入債務加速到期、債務潛在加速到期以及債務重組等其他信用事件；成為信用聯結票據創設機構需淨資產不少於40億元人民幣。該指引的推出填補了中國信用衍生產品市場的空白。

信用違約互換結構如圖3-7所示。

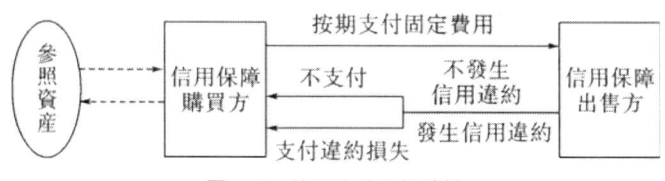

圖3-7 信用違約互換結構

第三節 貨幣市場

一、貨幣市場概述

（一）貨幣市場的概念

貨幣市場（Money Market）又稱為短期資金市場，是指對1年或1年以內的證券或貸款進行交易的場所，是金融市場的重要組成部分。這些短期金融工具因具有期限短、流動性強和風險小的特點，在貨幣供應層次劃分上被置於現金貨幣和存款貨幣之後，被稱為「準貨幣」，故將該市場稱為貨幣市場。

貨幣市場可用於滿足公司、金融機構與政府的短期現金需求，提供發放最短隔夜、最長1年的貸款的途徑；同時，也為那些持有短期現金，並希望暫時閒置的資金至少能賺取某些收益的投資者提供了一個資金出路。

由於貨幣市場具有高流動性，因此貨幣市場的參與者往往隨時段的不同，有時成為資金的需求者，有時成為資金的供給者。但是，有一個機構實質上經常處於貨幣市場的需求方，它就是政府。例如，美國財政部是世界上最大的貨幣市場借貸人。

貨幣市場的參與主體主要有財政部、中央銀行、商業銀行、非銀行金融機構、企業和居民。財政部參與貨幣市場主要是財政收支由於時間差和季節差導致資金盈餘和短缺，前一種情況表現為財政部償還到期短期債務，后一種情況表現為財政部發行債券；中央銀行參與貨幣市場主要是控製和調節貨幣供應量，達到管理貨幣和調控貨幣的目標，並通過貨幣市場的內在運行機制，將中央銀行調控經濟的意圖向其他金融市場乃至實際經濟部門傳遞和擴散開去；商業銀行參與貨幣市場主要是調節自身的流動性，實現經營管理中的利潤最大化和風險最小化；非銀行金融機構參與貨幣市場可調節長期投資和短期投資的結構，改善資產匹配；企業和居民參與貨幣市場是由於企業和居民收支的不同步性形成貨幣資金的暫時閒置或短缺，通過貨幣市場投資或籌集資金，提高了資金的整體使用效率。

(二) 貨幣市場的特點

相對於資本市場，貨幣市場有其自身的特點：

1. 貨幣市場的金融工具期限短、安全性高、流動性強

因為貨幣市場往往滿足的是短期現金需求，反映工商企業、政府短期週轉的需要，借款能在短期內歸還，風險較小。例如，短期國庫券，因為其具有政府信用，所以幾乎沒有風險，常被稱為無風險債券。

2. 貨幣市場是資金批發市場

貨幣市場往往被相對少數的大金融機構所控製，個別交易涉及巨額資金，大多數交易都有數百萬美元，這些投資者深諳投資技巧，能在巨額交易和瞬息萬變的價格中獲取利潤。

3. 貨幣市場是一個巨大的無形市場

貨幣市場是通過電話或計算機安排交易的。大多數業務在幾秒鐘或幾分鐘內進行，而且幾乎立即進行支付。而各國中央銀行都通過網路時刻監視著整個貨幣市場，確保交易有序地進行。

4. 貨幣市場的廣度和深度極強，能吸引大量的交易

投資者能夠在很短的時間內，往往在幾分鐘內，很容易地賣出大部分貨幣市場工具，是最有效率的市場之一。貨幣市場的金融工具擁有利率趨同性。各金融工具相關係數大，其選擇替代性強，由於套利者的存在，使收益率同升同降、趨於一致。如果一種證券價格低估，哪怕是極微小的暗示，通常就會使大量的買單流入，使之快速迴歸均衡價位。

(三) 貨幣市場的重要性

關於貨幣市場的重要性問題，可以從微觀和宏觀兩個層面分析。

從微觀上，就資金供求雙方來看，一方面，對於資金盈餘者，因為貨幣具有時間價值，閒置會承受利息收入的機會成本。例如，1,000萬美元的閒置資金一星期不投資，利息按年利率10%計算，則利息收入損失大約是2萬美元。另一方面、企業、金融機構、政府等資金需求者因為其本身的收支具有時滯，表現為某一時段資金盈餘、某一時段資金短缺，從而導致社會整體經濟運行不暢。正是貨幣市場扮演了超前或延時信號發生器的作用，從而使資金復位，緩解了經濟活動中短期資金的供求矛盾。

從宏觀上，也是更重要的，貨幣市場的完善程度直接決定了中央銀行貨幣政策實施的效果。中央銀行進行宏觀調控採用的工具主要是在貨幣市場上起作用，貨幣市場為各種工具的操作提供了場所。例如，貼現率的變動、公開市場業務操作等都是通過影響貨幣市場的基準利率和資金量，從而影響長期利率、貨幣總量和總投資來實現的。此外，由於貨幣市場的金融工具大多可以扮演準貨幣的角色，直接影響中央銀行的貨幣供應量。如果中央銀行對貨幣市場失控，將往往引發貨幣供應量的劇烈變動，對宏觀經濟產生巨大衝擊；反之，如果調控得好，就使宏觀經濟平穩運行。

二、貨幣市場體系

貨幣市場可以根據投資工具的不同分為票據市場、同業拆借市場、可轉讓大額定

期存單市場、國庫券市場和回購市場。

（一）票據市場

票據市場是專門辦理票據交易的場所。此市場上的票據主要包括商業匯票和商業本票兩類。

1. 商業匯票市場

該市場的具體業務主要是承兌和貼現。

（1）承兌。如前所述，商業票據主要有商業匯票和商業本票。因為匯票是支付命令，其特點是「三方當事人，承兌方生效」，未經承兌的匯票是沒有法律保障的。承兌是指商業匯票開出后，付款人或銀行按照匯票票面記載事項，包括匯票的金額、付款時間等，做出保證到期無條件兌付款項的表示，即在匯票票面上簽字蓋章。這種經付款人或銀行簽字蓋章做出承認兌付的匯票稱為承兌匯票，未經承兌的匯票不僅銀行不會辦理抵押貸款或貼現，並且也不能背書轉讓進入流通，因為法律上無法保證其合法性，到期付款人不予支付也無法追究。

承兌匯票有兩種：一種是商業承兌匯票，即付款人作為匯票的承兌人，在票面上辦理了承兌手續的匯票；另一種是銀行承兌匯票，即銀行作為匯票承兌人，在票面上做出承兌手續的匯票。承兌銀行不僅要向承兌申請人收取承兌費用，同時要求承兌申請人在匯票到期前必須將該筆款項如數交存承兌銀行；如果承兌申請人在匯票到期前不能如數交存票款，承兌銀行就得墊付，然后向承兌申請人追索票款。這樣就把商業信用轉化為銀行信用，提高了商業匯票的信譽。因此，銀行承兌匯票比商業承兌匯票更具有權威性，使用和流通範圍也更廣，尤其是在國際商業信用活動中，更是被廣泛地採用。

（2）貼現。商業匯票經背書可流通轉讓，其方式可以用於購買商品而支付或清償債務，也可以是出售給銀行，換取現款，即貼現。

①貼現種類。票據市場貼現種類按貼現關係人和貼現環節的不同，可分為貼現、轉貼現和再貼現。

貼現是匯票持有人將已承兌的未到期的匯票轉讓給銀行，銀行扣除貼息后付給持票人現款的一種行為。

轉貼現是指貼現銀行在需要資金時，將已貼現的票據再向同業其他銀行辦理貼現的票據轉讓行為，是商業銀行之間的資金融通。

再貼現是指商業銀行將貼現過的票據向中央銀行申請放款的行為。再貼現體現的是中央銀行與商業銀行之間的交換關係，是中央銀行對商業銀行融通短期資金的一種方式，是中央銀行作為「最后貸款人」的角色和地位的具體體現。

從微觀來看，此三種貼現方式都是經濟主體之間的票據轉讓行為。不過，從宏觀經濟分析，三者對社會貨幣供應量和社會經濟生活的影響程度則有明顯差別。貼現和轉貼現過程中，授信主體是商業銀行，用於貼現與轉貼現的資金只是在持票人與銀行、銀行與銀行之間發生轉移，並不對社會中的貨幣供應量發生影響。而中央銀行的再貼現則是中央銀行投放基礎貨幣的重要渠道，並通過商業銀行體系得到多倍擴張，從而提高全社會貨幣供應量。因此，與貼現、轉貼現相比，再貼現並非僅僅作為資金融通

形式而存在，更重要的是，再貼現是中央銀行調節貨幣供應量，實施金融宏觀調控的重要手段。

各國普遍重視貼現市場，特別是在英國，貼現市場的地位頗為重要和獨特，其在英國貨幣市場中處於核心地位。英國的貼現市場歷史悠久，至今已走過了100多年的發展歷程，其參與者眾多，包括票據貼現所、承兌所、企業、商業銀行和英格蘭銀行。票據貼現所在倫敦貼現市場上有13家，是貼現市場的主要成員。最初，票據貼現所只充當商業匯票交易的仲介人，從中賺取佣金。后來，票據貼現所開始從事商業匯票的貼現業務，並使貼現的票據種類逐步增加。一方面，票據貼現所接受客戶的商業票據，為其辦理貼現；另一方面，票據貼現所又把手中未到期的匯票拿到商業銀行或英格蘭銀行那裡，辦理轉貼現和再貼現。因為英格蘭銀行只對票據貼現所辦理再貼現，所以英格蘭銀行的再貼現政策效能的發揮主要是通過票據貼現所這個窗口得以實現的。票據貼現所的獨特地位使其成為連接貼現市場各個經濟主體的橋樑和紐帶。

②貼現率和貼現付款額。在貼現和轉貼現的過程中，使用的是市場貼現率，它是指商業銀行辦理貼現時預扣的利息與票面金額的比率。貼現率由商業銀行主要根據三個因素決定，即短期資金的供求狀況、再貼現率的變化和票據的信譽程度。在再貼現中，使用的是中央銀行確定的再貼現率，它反映貨幣政策的意向。銀行在辦理貼現業務時，要在扣除從貼現日起到票據到期日止的利息（貼水）后，將票據餘款付給貼現申請人。銀行貼現付款額的計算公式為：

$$\text{銀行貼現付款額(或發行價格)} = \text{票據面額} - \text{貼水} \quad (3\text{-}3)$$

$$\text{貼水} = \text{票據面額} \times \text{年貼現率} \times (\text{未到期天數}/360\text{天}) \quad (3\text{-}4)$$

$$\text{年貼現率} = \text{貼水}/\text{票據面額} \times 360\text{天}/\text{未到期天數} \times 100\% \quad (3\text{-}5)$$

$$\text{實際收益率} = \text{貼水}/\text{銀行貼現付款額(或發行價格)} \times 360\text{天}/\text{未到期天數} \times 100\%$$

$$(3\text{-}6)$$

2. 商業本票市場

如前所述，本票是一種允諾支付的票據。這裡的商業本票是指具有高信用等級的公司發行的一種無擔保的融資性短期債券，其最長期限一般不超過9個月。商業本票市場通常稱為商業票據市場，該市場形成於19世紀。當時，工業企業為了在銀行短期貸款之外尋求新的短期資金來源，於是在貨幣市場上發行短期債券，進行直接投資。此後，信用較高的大公司一直是商業本票市場的主要發行人。20世紀20年代和20世紀60年代，分別又有消費者金融公司和銀行持股公司入市。

商業票據的風險大於國庫券，因此通常要接受評級，根據評級結果而在利率上有別，以補償風險損失。商業票據因期限短，發行后一般較少轉讓，因此二級市場很弱。

（二）同業拆借市場

1. 同業拆借市場的形成與發展

同業拆借市場是金融機構之間進行短期、臨時性頭寸調劑的場所。其主要表現為銀行同業之間買賣在中央銀行存款帳戶上的準備金額，用以調劑準備金頭寸的餘缺。同業拆借市場最早出現在美國，其形成的根本原因在於法定存款準備金制度的實施。按照美國1913年通過的《聯邦儲備法》的規定，加入聯邦儲備銀行的會員銀行必須按

存款數額的一定比率向聯邦儲備銀行繳納法定存款準備金。此外，各會員銀行為了方便清算，也願意將一部分資金存入央行。而各商業銀行資產負債的變動必將引起其在央行的存款準備金在短期內出現不足或盈餘，由於央行對存款準備金不支付利息，因此擁有超額儲備的銀行在沒有合適的投資機會時就希望將這部分資金短期融出，以獲取收益並保持一定的流動性；而在央行的存款準備金未達到法定要求的銀行，則希望臨時性融入一部分資金來彌補準備金缺口，否則就會因延繳或少繳準備金而受到中央銀行的經濟處罰。在這種情況下準備金多餘或不足的銀行，在客觀上需要互相調劑。此后，這種拆借活動在拆借方式、期限等方面不斷豐富，最終逐漸發展成為各銀行調節流動性的主要場所——同業拆借市場。1921年，在美國紐約形成了最早的同業拆借市場——聯邦基金市場。

英國倫敦同業拆借市場的形成則是建立在銀行間票據交換過程基礎之上的。各家銀行在軋平票據交換的差額時，有的銀行頭寸不足，從而就有必要向頭寸多餘的銀行拆入資金，由此使不同銀行之間出現經常性的資金拆借行為。

2. 同業拆借市場的主要參與者

現代同業拆借市場參加者相當廣泛，眾多的市場參與者履行其自身職能，一起構築合理的市場結構，維繫著同業拆借市場的正常、有序地運行。具體來說，同業拆借市場的參與者主要包括以下三類：

(1) 資金需求者。在同業拆借市場上，資金需求者主要是一些大商業銀行。原因在於：第一，商業銀行作為一國金融組織體系中的主體力量，承擔著重要的信用仲介和支付仲介職能，同時又是中央銀行金融調控的主要對象，有進入同業拆借市場的主觀要求和基本動力。第二，進入拆借市場融資的拆入方一般無需提供抵押或擔保，因此該市場對拆入方的信譽要求很高，而大型商業銀行則恰恰具有雄厚的資金實力和良好的社會信譽。第三，進入拆借市場，融資過程簡便、快捷，並且無需繳納法定存款準備金，這為商業銀行施行主動性負債和流動性管理提供了有利條件。

除了大商業銀行之外，一些非銀行金融機構也涉足拆借市場。隨著同業拆借市場的發展，很多方面都發生了深刻變化，從拆借目的來看，不僅僅限於補足存款準備金和軋平票據交換頭寸，金融機構若在經營過程中出現暫時的、臨時性的資金短缺，也可以進行拆借。

(2) 資金供給者。同業拆借市場上的資金供給者主要是有閒置超額儲備的金融機構，包括大型商業銀行、地方性中小型銀行及非銀行金融機構等。同業拆借已成為銀行實施資產負債管理的有效工具。由於同業拆借的期限較短、風險較小，許多銀行都把短期閒置資金投放於該市場，以利於及時調整資產負債結構，保持資產的流動性。特別是那些市場份額有限、承受經營風險能力脆弱的中小型銀行，更是把同業拆借市場作為短期資金經常性運用的場所，力圖通過這種做法提高資產質量、降低經營風險、增加利息收入。

(3) 市場仲介人。當拆入方與拆出方彼此瞭解時，便可以直接協商成交，而不需要仲介機構介入。這種成交方式交易成本低、成交迅速、拆借利率的彈性也較大。不過，當拆入方拆入資金數額較大，對市場上的資金供求信息及拆借行情不甚瞭解時，

則往往要借助市場仲介人來完成成交過程，但因為需要支付給仲介人佣金，所以交易成本較高，並且拆借利率的彈性也較小。

同業拆借市場的仲介人可以分為兩類：一類是專門從事拆借市場及其他貨幣市場子市場仲介業務的專業經紀商；另一類是非專門從事拆借市場仲介業務的兼營經紀商，其大多由商業銀行擔當。同業拆借市場的仲介人在引導資金合理流動和平衡市場供求關係方面，發揮著重要作用，對同業拆借市場的正常運行和健康發展是必不可少的。從這個意義上也可以說，同業拆借市場仲介人隊伍的存在和發展壯大，是構造結構健全、運作規範的同業拆借市場的基本條件，是同業拆借市場走向成熟的重要標誌。

3. 同業拆借市場的類型

同業拆借市場可按拆借目的分成以下兩類：

（1）頭寸拆借。這是銀行同業拆借的最初內容，指銀行為了補足法定存款準備金頭寸和票據清算資金頭寸而在同業拆借市場上相互進行資金融通。相比於向中央銀行再貼現貸款而言，頭寸拆借的成本無疑要小得多，並且融資便捷。此類融資期限極短，一般為日拆，即今日借、明日還，又稱同業隔夜拆款。

（2）同業借貸。隨著同業拆借市場的進一步發展，市場功能也逐漸增強，同業拆借不再僅局限於軋平頭寸，還可對臨時性或季節性的資金餘缺相互調劑。此類拆借期限較長，最長可達一年。

4. 同業拆借的價格及其決定

同業拆借的價格——利率也因關係人的不同而分為兩種情況：一種是由拆借雙方當事人協定，而不通過公開市場競價確定。這種機制下形成的利率彈性較大，主要取決於拆借雙方拆借資金願望的強烈程度；另一種是拆借雙方借助於仲介人——經紀商，通過市場公開競價確定。這種機制下的利率彈性較小，主要是由經紀商根據市場中拆借資金的供求狀況來決定，而拆借雙方則基本上是這一利率水平的接受者。

拆借利率一般而言要低於再貼現率。如果高於再貼現率，那麼一方面，拆入方就不再需要從同業中拆入資金，而可以直接向中央銀行申請再貼現貸款；另一方面，這又會使市場中產生套利機會，因為一部分銀行可能無法從中央銀行獲得足夠的資金支持，從而即使拆借利率高於再貼現率，它們也必須從同業那裡拆入資金，這樣那些能從中央銀行獲得足夠多的再貼現資金的銀行就可以通過先從中央銀行融入再貼現資金，再將其拆借給同業的操作程序來獲得利差收入。顯然，這違背了中央銀行再貼現政策的設計初衷。當然，有時在同業拆借市場上也會出現拆借利率高於再貼現率的情況，這是因為兩種利率的決定機制相互獨立而導致的。再貼現率是根據貨幣政策而制定的，而拆借利率則主要取決於同業拆借市場中的短期資金供求狀況，如果在某一時刻同業拆借市場中短期資金需求很大，則就會導致拆借利率上升並可能高於再貼現率。

同業拆借市場對資金供求狀況十分敏感，利率變動頻繁，直接反映了準備金的供求狀況，間接反映了銀行信貸、市場銀根和整個經濟的狀況。因此，同業拆借市場被中央銀行當成反映貨幣市場情形的重要指標之一。

(三) 可轉讓大額定期存單市場

1. 可轉讓大額定期存單的推出和發展

可轉讓大額定期存單（Large-denomination Negotiable Certificates of Deposit，CD）是銀行或其他存款機構發行的一種融資金融工具。它是金融市場的一項重大創新。

CD 是在 20 世紀 60 年代發展起來的，是美國的銀行逃避「Q 條例」管制的產物。20 世紀 50 年代末，美國的銀行仍要遵循美國聯邦儲備委員會「Q 條例」規定的法定利率上限的約束，而當時利率上揚，許多銀行發現其大客戶紛紛提出存款，轉而購買國債、回購協議和其他貨幣工具。為了扭轉這種不利局面，紐約花旗銀行首先於 1961 年開始為其大公司客戶提供 CD 業務，同時一小部分的證券經紀人願意為面額超過 10 萬美元的 CD 建立二級市場。

CD 的推出可稱得上是一個真正的成功傳奇。1996 年，美國 CD 餘額已超過 4,000 億美元，成為貨幣市場的重要組成部分。從投資者來看，購買 CD 可以獲得高於定期存款利率水平的收益；同時，一旦急需資金，就可以在二級市場上轉讓 CD 兌現。而從銀行來看，一方面，可繞過「Q 條例」的限制，吸收更多的資金，緩解銀行資金不斷枯萎的壓力；另一方面，因 CD 是一種主動性負債工具，不像普通存單那樣只能被動地等客戶，而是主動出擊，並且 CD 具有很高的流動性，從而增加了銀行調整資產負債結構的靈活性，為銀行的資產負債管理提供了現實基礎，因此銀行對發行 CD 樂此不疲。

2. CD 的特點

CD 與普通定期存款不同，集中了活期存款和定期存款的優點。其特點如下：

(1) 面額大。在美國，CD 最小面額為 10 萬美元，而二級市場交易的 CD 面額通常為 100 萬美元，CD 在美國法定為大額存款，無須支付存款準備金。

(2) 可轉讓。CD 本質上是一種數量大的定期存款存折，但一般的定期存款存折卻不能在市場上轉讓流通，因為其是記名的，並且只是存款人才可以提款，而 CD 卻不記名，可以在市場上流通轉讓。

(3) 期限短且靈活。大部分 CD 期限在一年以內，最短的只有 14 天，一般可分為 30 天、60 天、90 天、120 天、150 天、180 天、一年等。

(4) CD 的利率較一般存款利率略高，也高於同期國庫券利率，並且還有固定利率存單和浮動利率存單。

可以想像得到，銀行最初決定開展 CD 這種創新服務時，是經歷了一番痛苦才做出如此抉擇的，因為 CD 極大地提升了銀行的籌資成本。然而，如果銀行不這麼做，就會失去數以億計的利率敏感性存款。事實上，銀行別無選擇，只有這樣才能將那些流失的存款吸收回銀行系統。

3. CD 的發行與流通

CD 的發行方式分為兩類：一類是批發，即發行銀行把發行總額、利率、發行日期、到期日和存單的面額等預先公布，供投資者認購；另一類是零售，即為滿足不同投資者的需要，隨時發行，利率也可以根據市場利率協定。

因為 CD 面額較大，一般中小投資者無力問津，所以發行對象主要是機構投資者，

一般採用發行銀行直接將CD出售給機構的形式，而不借助於交易商。CD的期限大多都在6個月之內，很多投資者會持有CD直至到期，由實力雄厚的大銀行發行的優等CD在二級市場上交易活躍。

（四）國庫券市場

1. 國庫券市場概述

貨幣市場中的國庫券（Treasury Bill-TB）是指中央政府發行的期限不超過一年的短期證券，是貨幣市場上重要的融資工具。中央政府發行國庫券的主要目的在於應付國庫季節性需要，而成為一種經常性的手段。

國庫券由於是中央政府發行的，以國家信用為基礎，故投資風險小、流動性強，並且有些國家規定投資收益可以免納個人所得稅，個人投資者都樂意對其投資。商業銀行也經常持有相當數量的國庫券資產，並將其視為二級儲備，一方面可獲得穩定的收益，滿足盈利性需要，另一方面可隨時將其在二級市場上變現以滿足流動性需要。更為重要的是，這為中央銀行的公開市場業務、控製基礎貨幣提供了操作平臺。

2. 國庫券的發行與流通

國庫券的發行方式，通常實行招標制，即每次發行前，財政部根據近期短期資金的需要量、中央銀行實施貨幣政策調控的需要等因素，確定國庫券的發行規模，然后向社會公告。投標有兩種方式，一是競爭性投標，二是非競爭性投標。前者是指各投標人在規定的發行規模的約束下，分別報出自己擬購買的價格和數量。在眾多的投標人中，出價最高者首先中標，之后按出價順序，由高到低依次配售，直至售完為止。後者則是一些小規模的金融機構，無力或不願意參與競爭性投標，按投標最高價和最低價的平均數購買。

國庫券因期限較短，往往採用貼現發行，即以低於票面金額的價格發行，到期是按票面金額償還。國庫券發行價格的計算公式如下：

$$發行價格 = 面值 \times (1 - 貼現率 \times 發行期限/360) \tag{3-7}$$

美國是一個十分重視運用國庫券籌資的國家，國庫券在政府的融資機制中佔有重要地位。在美國，3個月和6個月的國庫券每周發行一次，由於發行量大、頻率高，為節約發行成本，一般並不印製國庫券本券，而只是以收款憑證代替。

國庫券的發行利率既牽涉政府的付息負擔，同時又是投資者進行投資決策的重要依據，它受物價水平、貨幣政策、其他相關利率的制約。國庫券期限很短，從而利率或市場風險小，並且有國家的稅收作為擔保，沒有信用風險，因此國庫券利率往往是貨幣市場工具中最低的利率，是貨幣市場中反映短期資金供求關係的有代表性的短期利率，構成貨幣市場基準利率之一，對整個貨幣市場的利率水平具有重要的牽動作用。

國庫券有一個異常發達的流通市場，在國庫券流通市場上，市場的參與者有商業銀行、中央銀行、證券交易商、企業和個人投資者。國庫券行市的變動，要受景氣動向、國庫券供求關係、市場利率水平等諸多因素的影響。在美國，證券交易商在進行國庫券交易時，通常採用雙向式掛牌報價，即在報出以單位買入價的同時，也報出一交易單位的賣出價，兩者的差額即為交易商的收益，交易商不再附加佣金。在英國，票據貼現所是國庫券二級市場上最為活躍的市場主體。持有國庫券的機構和個人如需

轉讓，可向貼現所申請貼現。英格蘭銀行實施公開市場操作，也以票據貼現所為仲介，先向票據貼現所買進或賣出國庫券，然后票據貼現所再對商業銀行進行買賣。

（五）回購市場

1. 回購協議概述

回購協議是指交易者在融通資金時按照交易雙方的協議，由賣方將一定數額的證券臨時性地出售給買方，並承諾在以后某一時間將該證券如數購回。其中，買回價格可以大於出售價格，也可以等於出售價格。在前一種場合，買價和賣價之間的差額就是回購收益；而在后一種場合，回購方需要另付利息。回購協議實質上是一種有抵押物的短期資金融通方式。充當抵押物的通常是政府債券和政府機構債券為主，債券收益仍然歸原持有者所有。

回購市場的參與者比較廣泛，包括商業銀行、非銀行金融機構、中央銀行、企業和交易商。其中，交易商和銀行是主要的出售者。因為對於它們來說，回購協議是一種較優的短期資金來源選擇，通過回購交易可以大大增強融資的安全性和盈利性，而且無需繳納存款準備金，從而可以更好地實施資產負債管理。對於中央銀行來說，回購交易是公開市場操作的一種方式。對於企業來說，回購市場使短期閒置資金得到合理有效地運用。

回購協議根據期限不同可分為隔夜、定期和連續性三種合約，其中以隔夜占多數。隔夜指賣出與買回相隔一天，相當於日拆。定期是指賣出和買回之間的時間間隔在一天以上，但一般也不會超過30天。連續性合約是指每天按不同利率連續幾天的交易，這種方式可減少利率風險。根據交易的主動性可分為正回購與逆回購。從交易發起人的角度來看，凡是抵押出有價證券，借入資金的交易就稱為正回購；凡是主動借出資金，獲取抵押證券的交易就稱為逆回購。作為回購當事人的正、逆回購方是相互對應的，有進行主動交易的正回購方就一定有接受該交易的逆回購方。由此，可以簡單認為：正回購方就是抵押出證券，取得資金的融入方；而逆回購方就是接受證券質押，借出資金的融出方。

2. 回購協議的收益與風險

因為回購協議有政府證券作為抵押品，所以回購協議的利率一般低於同業拆借利率。投資者的收益為：

$$回購收益 = 投資金額 \times 利率 \times 天數 / 360 天 \qquad (3-8)$$

儘管回購協議交易是一種高質量的抵押貸款，但仍然具有一定的信用風險和利率風險。其中，信用風險是指由於回購協議的賣方到期不履行按價回購的協定，或賣方到期不願將證券買回，給對方帶來損失的可能性。而利率風險則是指因市場利率的變化而導致所持有的抵押品市值發生變動的可能性。回購協議的期限越長，這種風險就越大。

通常可以採用以下兩種方法來減輕風險：一是要求抵押品的證券市值大於借款額，其差額一般為借款額的 1%～3%。二是當證券的市值增加或減少某一百分比時，就相應地調整回購協議。

第四節　資本市場

一、資本市場概述

（一）資本市場的概念

資本市場（Capital Market）是指期限大於 1 年的證券或貸款交易的場所，包括證券市場和中長期信貸市場。其參與者主要是企業、政府、金融機構和個人，其融通的資金主要作為擴大再生產的資本使用，因此稱為資本市場。其中，中長期信貸市場屬於間接融資，主要在商業銀行業務中體現，而證券市場是資本市場的重要組成部分，我們這裡討論的資本市場主要是指證券市場。

（二）資本市場的特點

在資本市場上融通資金的工具主要是種類繁多的債券和股票，它們與貨幣市場工具相比有以下不同的特點：

（1）長期性。其金融工具期限大於 1 年，像股票則是永久不歸還的，其安全性、流動性均不如貨幣市場工具，公司融通資金的目的是作為長期投資之用，資金週轉期長。

（2）金融工具的性能差異很大。由於發行者的信用、工具期限、發行條件等方面存在差別，故資本市場上的工具不具有同質性和利率趨同性，即使同一經濟主體發行的融資工具，其「價格」差異也很大。

（3）工具的交易市場往往採用有形與無形相結合的方式，既有大量證券在證券交易所中進行，也有規模巨大的場外無形市場。

（三）資本市場的重要性

從微觀上看，一方面，企業通過資本市場發行長期證券把分散在社會上的閒置資金集中起來，形成巨額的可供長期使用的資本，用於支持社會化大生產和大規模經營，加速資本集中，實現儲蓄向投資的轉化。同時，從外部對企業施以壓力，股東能以「用腳投票」的方式來實現資金的良性運作，資金最終總是流向那些效益好的公司，並通過資本市場，企業實行兼併收購，促進產業結構的優化。另一方面，資本市場也提供了分散風險的途徑，企業通過資本市場工具將其經營風險部分地轉移和分散給投資者，實現了風險的社會化。

從宏觀上看，通過國債市場，政府可實施赤字財政政策，加強交通、能源等基礎設施的建設，改善經濟瓶頸，為經濟的長期穩定打下基礎。同時，股市指數往往是經濟運行的先行指標，政府可監控股指的變化，從而作為制定經濟政策的重要依據。

總體來說，資本市場的最大貢獻就是提供了一條儲蓄向投資轉化的有效途徑，即資本市場通過價格機制合理地引導和分配資金，提高資源的配置效率。因此，資本市場的完善與否影響到一國的投資水平和投資結構，影響到資源的合理分配和有效使用，乃至整個經濟的協調發展。

二、資本市場體系

(一) 證券發行市場

1. 定義

證券發行市場是政府或企業發行債券或股票以籌集資金的場所，是以證券形式吸收閒散資金，使之轉化為生產資本的場所。這是新證券第一次上市的市場，因此證券發行市場又被稱為一級市場或初級市場，是儲蓄轉化為投資的關鍵。證券發行市場是無形市場，不存在具體形式的固定場所，由發行人、投資人和仲介人等要素構成。

2. 證券的發行方式

(1) 公募與私募。籌資者在發行證券時，可以選擇不同的投資者作為發行對象。由此，可將證券發行分為公募和私募兩種形式。

公募又稱公開發行，是指發行人通過仲介機構向不特定的社會公眾廣泛地發售證券。為了保障廣大投資者的利益，各國對公募發行都有嚴格的要求，如發行人要有較高的信用，並符合證券主管部門規定的各項發行條件。公募發行籌資數量大，適合於證券發行額較大的場合，但要求發行人公布財務經營狀況、還本付息能力等信用資料。同時，只有公募證券方可申請在交易所上市，這類證券流通性也較強，容易形成二級市場。

私募又稱內部發行，是指面向少數特定的投資人發行證券的方式。私募發行的對象主要有金融機構、與發行人來往密切的工商企業、發行人內部職工等。私募發行有確定的投資人，發行手續簡單，可以節省發行時間和費用，不足之處是投資者數量有限，證券知名度低，流通性較差。在西方，隨著養老基金、共同基金和保險公司等機構投資者的迅速增長，私募發行近年來呈逐漸增長的趨勢。

(2) 代銷和包銷。當籌資人通過證券市場籌資時，往往要委託證券發行仲介來幫助其銷售證券。投資銀行或證券公司是專營證券業務的金融機構，在發行市場上的地位非常重要。其在幫助籌資人銷售證券時，主要採取代銷和包銷等方式。

代銷是指仲介機構與發行人之間建立代理委託關係，如承銷未售出部分退還發行人，承銷商不承擔任何發行風險，因此佣金很低。代銷發行適合於信譽好、知名度高的企業。

包銷是指發行人與仲介機構簽訂合同，由仲介機構買下全部或銷售剩餘部分的證券，承擔全部銷售風險。與代銷相比，包銷的成本也相應較高。對發行人而言，採用全額包銷方式既能保證如期得到所需要資金，又無需承擔發行風險，因此成為證券發行市場中最常用的方式。

(3) 證券信用評級。進行證券信用評級的最主要原因是方便投資者進行證券投資決策。對廣大投資者來說，由於受時間、知識、信息的限制，面臨信息不對稱風險，因此需要專業機構對證券還本付息的可靠程度進行客觀、公正和權威的評定。而對發行者來說，經過評級的證券才易為公眾所接受並打開銷路，可減少信譽高的發行人的籌資成本，一般來說，信用等級越高的證券越能夠以較低的利率出售，從而減少籌資成本。

目前，國際上最具權威性的三大評級機構是穆迪、標準普爾和惠譽（其債券評級的級別標準見表3-1）。它們都是獨立的私人企業，不受政府控製，也獨立於證券交易所和證券公司。其做出的信用評級不具有向投資者推薦這些債券的含義，只是供投資者決策時起參考作用。因此，它們對投資者僅負有道義上的義務，而不承擔任何法律上的責任。目前，穆迪的業務範圍主要涉及國家主權信用、美國公共金融信用、銀行業信用、公司金融信用、保險業信用、基金以及結構性金融工具信用評級等幾方面。穆迪在全球26個國家和地區設有分支機構。標準普爾目前對126個國家和地區進行了主權信用評級。美國失去AAA評級后，目前擁有AAA評級的國家和地區有澳大利亞、奧地利、加拿大、丹麥、芬蘭、法國、德國、中國香港、馬恩島、列支敦士登、荷蘭、新西蘭、挪威、新加坡、瑞典、瑞士和英國。惠譽的國際業務範圍包括金融機構、企業、國家、地方政府和結構融資評級。

表 3-1　　　　　　　　穆迪、標準普爾、惠譽的債券信用評級

	穆迪	標準普爾	惠譽	級別含義
投資等級	Aaa	AAA	AAA	質量最高，風險最小，償還利息和本金的能力很強
	Aa1	AA+	AA+	還本付息能力很強但風險性比前者略高
	Aa2	AA	AA	
	Aa3	AA−	AA−	
	A1	A+	A+	中上等級別，安全性良好，還本付息能力一般，有潛在的導致風險惡化的可能性
	A2	A	A	
	A3	A−	A−	
	Baa1	BBB+	BBB+	中下等級別，短期內還本付息無問題，但在經濟不景氣時風險增大
	Baa2	BBB	BBB	
	Baa3	BBB−	BBB−	
投機等級	Ba1	BB+	BB+	有投機因素，不能確保投資安全，情況變化時還本付息能力波動大，不可靠
	Ba2	BB	BB	
	Ba3	BB−	BB−	
	B1	B+	B+	高度投機，不適合作為投資對象，在還本付息及遵守契約條件方面都不可靠
	B2	B	B	
	B3	B−	B−	
	Caa1	CCC+	CCC+	安全性極低，無法還本付息的危險很大，聲望很差
	Caa2	CCC	CCC	
	Caa3	CCC−	CCC−	
	Ca	CC	CC+	極度投機性
		C	CC	可能違約
			CC−	
	D	D	DDD	

對證券的評級主要評價該種證券的發行質量、證券發行公司的資信和證券投資者承擔的投資風險。證券評級公司在證券評級過程中主要考慮以下三方面：

①證券發行公司的償債能力，即考察公司的預期盈利、負債比例、能否按期還本付息和分紅情況等。

②證券發行公司的資信，即考察公司在金融市場上的聲譽、歷次償債記錄、歷史上是否有過違約情況發生。

③投資者承擔的風險，即主要是分析公司破產的可能性大小，另外還要預計在公司一旦破產或發生其他意外情況下，債權人根據破產法和公司法所能受到的法律保護程度和所得到的投資補償程度。

從美國次貸危機中我們注意到，信用評級機構的信用評級在金融市場上的作用和影響已越來越大，信用評級也是資產證券化過程中必要和重要的環節，信用評級是否客觀公正、是否真正瞭解金融工具、是否存在著利益衝突和道德風險等，這些因素都會對全球金融市場產生重大影響。因此，需要加強對信用評級機構等仲介機構的風險認識，實施有效監管。

擴展閱讀

穆迪將中國信用評級下調至 A1

穆迪投資者服務公司（Moody's Investor Services）下調了中國的信用評級，理由是穆迪預期隨著債務的上升未來幾年中國的財政實力會「受到一定程度的損害」，但穆迪同時將其對中國的展望從負面調整為穩定。這條消息引發了中國股市的下跌，並導致人民幣匯率在早盤交易時段走弱。

中國長期本幣發行人評級被從 Aa3 下調至 A1，與捷克、愛沙尼亞、以色列、日本和沙特阿拉伯同級。中國現在的 A1 評級要比一些主權借款者低一檔，而比百慕大、博茨瓦納、波蘭、斯洛伐克等高一檔。穆迪在解釋此次下調的依據時表示，中國的潛在增長未來幾年很可能會放緩，導致經濟更加依賴政策刺激。穆迪還表示，因為貨幣政策受到引發新一輪資本外流的風險制約，所以至少在短期內，政府將主要依靠財政政策來支持經濟增長，造成政府和政府相關實體——包括政策性銀行和國有企業——的支出上升。穆迪警告稱，這樣的刺激將導致整體經濟體系的債務增加。穆迪預計，未來幾年中國經濟體系整體槓桿率將進一步上升，改革計劃「不足以迅速產生影響來遏制經濟槓桿率上升和經濟增長放緩共同對信用實力的損害」。此次下調後，穆迪對中國的評級與對手機構惠譽（Fitch）達到一致。惠譽自 2007 年 11 月以來對中國的評級為 A+，與穆迪的 A1 相當。標準普爾（Standard & Poor's）最近將中國的評級上調至 AA-，相當於比穆迪的最新評級高一檔。

資料來源：彼得·韋爾斯. 穆迪將中國信用評級下調至 A1 [N]. 何黎，譯. 金融時報，2017-05-24.

（二）證券流通市場

1. 證券流通市場及其重要性

證券流通市場是指已發行證券買賣、轉讓和流通的市場，又稱為二級市場或次級市場。證券流通市場是為瞭解決融資期限的矛盾而出現的。證券到期前，其持有者若有資金需求，不必向發行者索回資金，而可以轉手給資金閒置者，這就滿足了雙方的

所需期限。證券流通市場的重要性表現在：

（1）該市場的交易價格是公司選擇發行時機和制定新證券發行價格的基礎。因為證券在二級市場上的價格可以體現投資者對發行人的證券的接受程度。當其市價上漲、交易活躍時，發行人才有可能增資擴股，同時在一級市場增發新股的發行價格才可能水漲船高，只需要較小的籌資成本就可獲得較大資本。而其證券一旦在二級市場表現不佳時，證券發行人要麼無法售出新證券，要麼支付高水平的收益率作為對投資者放棄流動性現金的補償，從而大大增加了發行人籌資成本。

（2）該市場賦予了證券流動性。任何投資者都可以在該市場按合理的價格出售手中的證券，流通市場越發達，交易越活躍，證券的流通性就越強。

2. 證券流通的組織方式

（1）證券交易所。證券交易所是證券市場發展到一定程度的產物，是依據國家有關法律、經政府主管機關批准設立的證券集中交易的有形場所，也是集中交易制度下，證券市場的組織者和一線監管者。在此市場的證券買賣是集中、公開進行的，採用雙邊競價的方式達成交易，其價格在理論上是近似公平、合理的，因此可以作為各種相關經濟活動的重要依據。

證券交易所是法人，其本身並不參與證券買賣，只不過提供交易場所和服務，同時也兼有管理證券交易的職能，是非金融性的法人機構。其組織形式主要有以下兩種：

①會員制證券交易所，它是不以盈利為目的的社團法人，其會員由證券公司、投資公司等證券商組成，會員對證券交易所的責任，僅以其繳納的會費為限，在會員制證券交易所中，只有會員公司才能進入證券交易所大廳直接參與交易活動。中國上海證券交易所、深圳證券交易所均實行會員制。

②公司制證券交易所，它是以盈利為目的的公司法人，公司制證券交易所是由銀行、證券公司、投資信託機構等共同出資入股建立起來的。由於實行公司制，證券交易所必然以營利為目的，在營業收入及盈利方面考慮較多，對參加買賣的證券商來說，負擔較大。

證券交易所的基本功能如下：

①提供一個集中的、設施齊全的交易場所。
②制定有關交易的各項規章制度，維持一個有秩序和公平競爭的市場。
③收集和發布市場價格變動信息及其他相關信息。
④仲裁交易中的各種糾紛。

（2）場外交易市場。

①場外交易市場的定義。場外交易市場（Over-the-counter Market）也稱櫃臺交易市場或店頭交易市場，是證券市場的一種特殊形式，是指證券經紀人或證券商不通過證券交易所，將未上市或已上市的證券直接同顧客進行買賣的市場。它是一個證券自營商市場，自營商們報出持續的價格，時刻準備以買方或賣方的身分出現在任何一筆交易中。

②場外交易市場的特徵。

第一,分散性。場外交易是各證券商的店頭交易,而證券商又分散於全國許多地區,場外交易市場沒有像證券交易所那樣設立的中央市場,場外交易市場實際上是遍布於各地,通過電話、網路系統聯結起來的無形市場。

第二,買賣的證券大多是未上市證券。因為證券交易所上市的證券標準較高,因此未獲批准的上市證券只能通過場外市場來流通。

第三,場外交易風險大。因為在場外交易市場交易的證券大多質量未達到在證券交易所上市的標準,經營此類證券可能會冒較大的風險;另外,由於場外交易是「一對一」議價,不是集中競價,由於信息阻塞等原因,從而增加了交易風險。

③場外交易市場的類型。

第一,櫃臺交易市場。櫃臺交易市場是指在證券公司的證券櫃臺上從事未在證券交易所上市的證券交易的市場,也就是狹義上的場外市場。但計算機的引進,使場外市場形成一個整體,這極大地提高了市場的有效性。著名的全美證券交易商協會自動報價系統(National Association of Securities Dealers Automated Quotations,NASDAQ)就是場外市場,它通過應用先進的計算機網路技術和為加強競爭性而實施的「做市商」制度,使得該市場最大限度地保證了證券市場的流動性、有效性和公開性。NASDAQ如今已成為外國公司在美國上市的主要場所,是全球股市與高科技產業的風向標。

第二,第三市場。第三市場是指在店頭市場上從事已在交易所掛牌上市的證券交易。第三市場的出現是與證券交易所固定佣金制密切相關的。因為對大機構來說,最低佣金制的要求超過了安排大宗交易的邊際成本,而交易所之外的證券商則不受證券交易所佣金制的限制,因此大量證券交易都在交易所之外的第三市場上進行,而且此市場經過改進,交易時間不像交易所那樣固定,即使某證券在交易所已經停牌,很多機構投資者也仍可在第三市場交易該證券。

第三,第四市場。第四市場是指很多機構投資者摒棄了交易仲介和經紀人而直接進行證券交易的形式。因為不使用仲介人,所以交易成本低,同時有利於保密性,目前只有在美國有所發展,它通過在一種稱為「Instinusa」的自動計算機通信系統來從事交易,這一系統可自動報價,自動執行。

3. 股票的轉讓價格和股票價格指數

(1) 股票的轉讓價格。金融工具不僅絕大部分都有面值,並且除鈔票和一般銀行存款之外,在其交易中均有不同於面值的價格。證券交易或轉讓價格是證券持有者賣出證券與投資者買入證券這兩種行為結合的結果。從理論上說,證券轉讓價格的形成,主要由預期的證券收益與市場利率兩個因素決定,即只有在售價收入存入銀行所能得到的利息收益不低於股利收益的條件下,證券持有者才願意賣出證券,投資者也只有在購買證券所能得到的證券收益不低於利息收益的條件下,才願意買入證券。證券價格與證券預期收益、市場利率之間的關係可用公式表示:

$$證券轉讓價格 = 預期證券收益 / 市場利率 \qquad (3-9)$$

因此,從理論上說,證券轉讓價格與證券收益成正比,與市場利率成反比。股票

的理論價值，就是股票未來利潤的現值，取決於股票收入和市場收益率。股票理論價值的計算公式為：

$$v = d_1/(1+i) + d_2/(1+i)^2 + d_3/(1+i)^3 + \cdots + d_n/(1+i)^n$$
$$= d[1/(1+i) + 1/(1+i)^2 + 1/(1+i)^3 + \cdots + 1/(1+i)^n]$$

當 $n \to \infty$ 時：

$$v = d/i \qquad (3-10)$$

其中，v 為股票的內在價值，i 為市場收益率，d 為每年的股息。

因為影響股票市場價格的因素錯綜複雜，所以實際中的股票價格與由靜態分析得出的內在價值相去甚遠。

由於證券收益是預期的，市場利率是經常變動的，因此一切影響證券收益大小與市場利率高低的因素，包括經濟的、政治的、心理的及其他因素，也都影響著證券的轉讓價格，而且這些因素有時還有超常規的放大效應，使證券價格發生驚人的變動。

（2）股票價格指數。股票價格指數（Stock Price Indexes）是指金融服務機構用統計學中的指數方法，編制的通過對股票二級市場上一些有代表性的公司發行的股票價格進行平均計算得出的數值，是對股市動態的綜合反映。這不僅對上市公司、投資者、證券商、市場管理機構等有著重要意義，而且對分析宏觀經濟運行態勢、預測宏觀經濟未來走勢等也具有重要意義，成為具有決策依據功能的指數。股票價格指數的形成要經過下列三個程序：首先，選出列入指數計算的成分股票，通常這些股票要具有代表性，數額占該股市總值的比例較大，其漲跌往往能帶動整個股市的變化。其次，確定計算方法。最后，確定以什麼時間為基期、基數是多少，股票價格指數用「點」表示。

股價指數的編制，採用股價平均數方法（Stock Price Average）進行。這一方法在具體運用中，分為如下類型：

①簡單平均法。簡單平均法又稱算術平均法，是指在計算出各個樣本股票各自價格指數的基礎上加總求其平均值的方法。由這個方法求得的數值，稱為相對指數。採用這種方法計算股價指數，雖然計算方法簡單易行，所得數值能反映股價的短期變動並有利於判斷股票投資的獲利狀況，但由於沒有考慮不同的股票在市場中的地位、影響力不同，從而對股價總水平的影響是不同的，計算的數值又容易受發行量或交易量較少的股票的價格變動影響，因此難以反映股價的長期動態和股市的真實動向。

②綜合平均法。這種方法是將樣本股票在基期或報告期的價格分別加總，然後，用報告期股價總額除以基期股價總額，以所得數值作為股價指數。

③加權平均法。前兩種方法的一個重要缺陷在於在計算股價指數中，無法考慮各個樣本股票的權數對股價總值的影響，難以真實準確地反映股票二級市場的總體價格變動及走勢，因此需要用加權平均法予以完善。主要的加權平均法有拉氏公式（Laspegres Formula）、費雪公式（Fisher's Ideal Formula）和貝氏公式（Pasche Formula）。

（3）世界主要價格指數。目前，世界各地的證券二級市場都編制了自己的股票指數，其中影響較大的股價指數有如下幾種：

①道·瓊斯股價指數。這是最有影響也最為公眾所熟悉的股價指數。該指數由道·瓊斯公司的創始人查爾斯·道（Charles H. Dow）於1844年創立編制，以在紐約證券交易所上市的股票為樣本股票的選擇範圍，以1928年10月1日為基期，基期值為「100」，以后各期股票價格同基期相比算出的百分數就成為各期的股價指數。1889年以后，在國際金融市場上最有影響的新聞媒介——《華爾街日報》上發布。道·瓊斯股價指數共分四組，即工業平均指數、運輸業平均指數、公用事業平均指數和平均價格綜合指數。在這四種指數中，最常見的（也是人們用得最多的）是工業平均指數。

②標準普爾股價指數（Standard & Poor Stock Price Indexes）。這是美國最大的證券研究機構——標準普爾公司編制發表的股價指數，始於1923年，最初樣本股票共233種，1957年擴大為500種。目前，標準普爾股價指數每小時公布一次，美國《商業周刊》每期予以刊載。該指數以1941—1943年間的平均市價總額為基期值，選擇加權平均法進行計算，基期值為「10」。由於該指數選擇的500種股票的總市值占紐約證券交易所股票總市值的80%以上，因此有著廣泛的代表性。美國商業部出版的《商情摘要》一直把標準普爾股價指數作為預測經濟週期變化的12個先行指標之一。

③倫敦《金融時報》股價指數。這是由英國倫敦《金融時報》編制的指數。這一指數能夠較全面地反映倫敦股票市場的價格變動，因此在英國有較大的影響。

④日經股價指數。這是由日本經濟新聞社編制的反映日本股票市場價格變動的指數。日經股價指數以1950年9月7日為基期，採用的計算方法是道·瓊斯股價指數所用的修正法。這一指數由於樣本數量多，具有廣泛的代表性，因此是全面分析日本股市走勢和產業變動的重要標誌。

⑤香港恒生股價指數。這是由中國香港恒生銀行於1969年11月24日開始編制的。香港恒生股價指數以1964年7月31日為基期，採用修正的加權綜合法計算，基期值為「100」。香港恒生股價指數從在香港聯交所上市的股票中選擇33種樣本股票進行計算。這些樣本股票分為四類：金融業4種，公用事業6種，房地產業9種，工商業（包括航運業、酒店業等）14種。由於樣本面廣泛，時間延續較長，因此香港恒生股價指數成為分析香港股市變動的重要指標。

中國的股價指數主要還有上證綜合指數、上證180指數、上證50指數、A股指數、B股指數、新上證綜指（上證綜指當前由滬市所有G股組成，此后實施股權分置改革的股票在方案實施后的第二個交易日納入指數，指數以總股本加權計算，新上證綜指於2006年1月4日發布）、深證成分指數、深證綜合指數、中小板指數、深證新指數、深證100指數、滬深300指數等。

本章小結

1. 金融市場是資金融通的場所，並從中生成資金借貸的價格——利率。資金的融通通常有直接融資與間接融資兩種方式，兩者優劣互補。一個具有高效率的金融市場能有效地促進經濟發展。

2. 作為債權、債務關係載體的金融工具具有償還期、流動性、風險性和收益率等特徵。其種類繁多，按產生的時間先後大體可將其分為原生工具和衍生工具兩大類。原生工具主要有銀行券、票據、股票、債券等，而衍生工具則主要有遠期、期貨、期權、互換等。衍生工具是一把「雙刃劍」，一方面，可以起到分割、轉移風險，提高金融市場整體效率的作用；另一方面，如果監管制度和交易規則存在缺陷或決策失誤，投機過甚又可能使風險集中，引致金融市場的動盪不安。

3. 貨幣市場是短期金融工具交易的市場，不僅對資金供求雙方，而且對中央銀行的金融宏觀調控，都具有非常重要的意義。

4. 貨幣市場體系主要由票據市場、同業拆借市場、可轉讓大額定期存單市場、國庫券市場和回購市場構成。票據市場是專門辦理票據交易的場所。同業拆借市場是金融機構之間進行短期、臨時性頭寸調劑的場所。可轉讓大額定期存單市場是可轉讓大額定期存單市場發行和轉讓的市場。國庫券市場是短期國庫券發行和流通的市場。回購協議是指交易者在融通資金時按照交易雙方的協議，由賣方將一定數額的證券臨時性地出售給買方，並承諾在以后某一時間將該證券如數購回。

5. 資本市場是長期金融工具交易的市場，能實現儲蓄向投資的轉化。其中的證券市場可分為發行市場和流通市場。證券發行市場是政府或企業發行債券或股票以籌集資金的場所。證券的發行通常採取公募和私募兩種方式，而且一般要有評級。證券流通市場是指已發行證券買賣、轉讓和流通的市場。證券的流通有兩種組織方式，即交易所方式和場外交易方式。

6. 證券的轉讓價格與其理論價格不一致，受諸多因素影響，變幻莫測。股票價格指數是反映股市綜合動態的一個核心指標。

重要概念

金融市場　直接融資　間接融資　逆向選擇　道德風險　原生工具　股票
普通股　優先股　債券　國庫券　公司債券　金融債券　衍生工具　遠期
期貨　期權　互換　可轉換債券　垃圾債券　貨幣市場　票據市場　同業拆借市場
LIBOR　CD 市場　國庫券市場　回購市場　資本市場　證券交易所　場外交易市場
股票理論價值　債券理論價值　股票價格指數　一級市場　二級市場　私募
公募　證券評級

復習思考題

1. 你是願意以 2.5% 的利率把資金存入銀行的儲蓄帳戶，還是願意以 10% 的利率將此款項貸給你的鄰居，為什麼？
2. 解釋股票與債券的區別。
3. 哪些公司最可能通過銀行而不是發行債券和股票來為其活動融資？為什麼？
4. 如何認識金融市場在經濟中的功能？
5. 就中國目前的股票市場而言，其效率如何？
6. 如果你預測到近幾年利率將會下降，此時你是願意購買長期債券還是短期債券？
7. 如何看待衍生工具？如果中國引入衍生工具，就目前條件而言，是利大於弊，還是弊大於利？

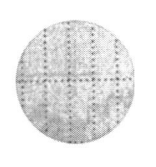

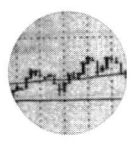

第四章　金融機構體系

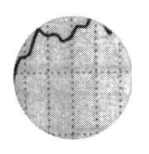

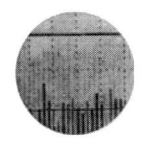

金融機構體系是金融體系中的重要組成部分，正是金融機構從事的有關資金融通活動，促進和實現了資源在經濟社會中的配置，使整個經濟在較高的效率下進行。本章主要分析金融機構產生的原因、主要職能，闡述金融機構體系的基本構成體系。

第一節　金融機構體系概述

一、金融機構概述

（一）金融機構的概念

一個健康而充滿活力的經濟需要一個完善的金融體系，以便能有效地把閒置資金配置到擁有生產性投資機會的人們手中。而這個完善的金融體系主要是由各種金融機構及其活動組成的。所謂金融機構（Financial Institution）是指專門從事各種融資活動或為融資活動提供有關服務的各類組織。

金融機構主要從事或提供以下一種或多種服務：

（1）將從市場上獲得的金融資產改變並構建成不同種類的更易接受的資產，成為金融機構的負債。這是金融機構中最重要的類型——金融仲介的基本功能。

（2）代理客戶進行金融資產交易。

（3）進行金融資產自營交易。

（4）協助客戶開發金融資產，並將其銷售給金融市場中的其他參與者。

（5）為其他市場參與者提供投資建議，並為其進行資產組合管理。

（二）金融機構體系的構成

世界各國金融體系的結構和功能都是十分複雜的，各自均有一個規模龐大的金融體系，擁有種類繁多、形式各異的金融機構。

1. 銀行金融仲介與非銀行金融仲介

按服務領域的不同，金融機構可分為主要服務於間接金融領域的金融仲介（即金融媒介體）和主要服務於直接金融領域的普通仲介。

服務於間接金融領域中的金融仲介主要是資金餘缺雙方進行金融交易的媒介體，又可分成銀行金融仲介和非銀行金融仲介。本斯頓和史密斯（Benston & Smith, 1976）及法瑪（Fama, 1980）提出，銀行是對金融契約和證券進行轉換的仲介。銀行金融仲介包括中央銀行、商業銀行、專業銀行和政策性銀行。非銀行金融機構包括保險公司、投資銀行、信用社、信託投資公司、財務公司和基金公司等。

銀行金融仲介和非銀行金融仲介無本質的區別，都是以信用方式集聚資金，並投放出去，達到盈利的目的。兩者都執行著信用仲介的職能，起著金融仲介的基本作用。但是，從其最初的劃分標準來看，銀行金融仲介主要從事存款、放款、匯兌業務的經營，而大多數非銀行金融仲介初始並不經營存款等業務。然而，近年來隨著各國金融管制的放鬆，各類金融仲介的服務業務範圍在不斷擴大，銀行金融仲介與非銀行仲介的區別並沒有類別上的差異，而只是在程度上有所不同，即各類金融資產的流動性、

便利性以及存在的風險不同。

服務於直接金融領域的普通仲介是為籌資者和投資者雙方牽線搭橋的媒介體，包括證券公司、證券經紀人和證券交易所等。

服務於間接金融領域的金融仲介和服務於直接金融領域的金融機構的根本區別在於前者要通過各種負債業務集聚資金，然后再通過各種資產業務活動分配這些資金；后者主要是促成貸款人和借款人接上關係，而並非主要在借貸雙方之間進行資產負債的業務經營活動。

2. 存款性金融機構和非存款性金融機構

按資金是否主要來源於存款，金融機構可分為存款性金融機構和非存款性金融機構。

存款性金融機構（Depository Financial Institutions）是從個人和機構接受存款並發放貸款的金融仲介機構，主要包括商業銀行、儲蓄貸款協會（S&L）、儲蓄銀行和信用合作社。其收入來源包括貸款和證券投資收入、手續費收入。

非存款性金融機構（Nondepository Financial Institutions）是指利用自行發行證券的收入或來自於某些社會組織及公眾的契約性存款，並以長期投資作為其主要資產業務的金融仲介機構。非存款性金融機構包括保險公司、投資公司、養老金和財務公司等。

存款性金融機構和非存款性金融機構的主要區別在於：第一，從負債業務來看，存款性金融機構的資金來源於個人和機構的存款，非存款性金融機構的資金來源於自行發行證券的收入或某些社會組織及公眾的契約性存款。第二，從資產業務來看，存款性金融機構主要是對各類經濟實體提供貸款和投資於證券，非存款性金融機構主要是投資於多樣化的證券投資組合。存款性金融機構和非存款性金融機構的資產負債情況如表 4-1 所示。

表 4-1　　　　　　　　　金融仲介機構的主要資產和負債

金融機構類型	主要債務（資金來源）	資產（資金運用）
存款性金融機構		
商業銀行	存款	工商信貸和消費者信貸、抵押貸款、政府證券和市政債券
儲蓄貸款協會	存款	抵押貸款
儲蓄銀行	存款	抵押貸款
信用合作社	存款	消費者信貸
非存款性金融機構		
保險公司	保費	公司債券、政府證券、市政債券、抵押貸款、股票
投資公司	股份	債券、股票
養老金	雇員和雇主繳款	公司債券和股票
財務公司	商業票據、股票、債券	消費者信貸和工商信貸

二、金融仲介產生和發展的原因

金融仲介從最終貸款人手中借錢,又貸款給最終借款人。金融仲介居於貸款人——儲蓄者與借款人——投資者之間,幫助雙方轉移資金。這是現代經濟的一個顯著特點。傳統理論認為,就是金融仲介的這種行為提高了融資效率,從而使得金融仲介成為經濟體系中不可或缺的機構。然而這似乎有一個明顯的悖論,因為貸款人無需使用金融仲介就可以直接貸款給借款人。那麼,為什麼存在金融仲介呢?它們履行怎樣的職責呢?

近年來出現的關於金融仲介的存在與發展的「新」理論解釋了上述問題。該理論來源於交易成本經濟學和信息經濟學。該理論認為,由於金融市場存在著很大的交易成本和信息成本,貸款者與借款者無法直接完成金融交易,於是便誕生了金融仲介。金融仲介的存在減輕了信息不對稱的程度,大大降低了金融交易中的各項成本。

(一)交易成本與專門技術

1. 規模經濟

交易成本(Transaction Cost)是指在金融交易過程中花費的時間和金錢,它是計劃借出其富餘資金的人所面臨的主要問題。例如,木匠卡爾需要1,000美元購買新工具,而且你瞭解這確實是一個很好的投資機會。你現在擁有現金,也希望把錢借給他。然而,為了保護你的投資安全,你需要聘律師來起草一份貸款合同,明確規定卡爾向你支付利息的時間和金額及償還1,000美元本金的時間。為了獲得這樣一份合同,你需要支付500美元。在對這筆貸款進行成本核算之後,你發現從這筆交易中無法獲得收益(你要支付500美元的成本來獲得100美元的潛在收益),你不得不遺憾地通知卡爾去找別人借款。

這個例子表明,諸如你這樣的小額儲蓄者或者諸如卡爾這樣的潛在借款者可能會被排除在金融市場之外,從而難以從中獲利。誰能夠幫助你們擺脫這種困境呢?金融仲介機構能夠做到這一點。

交易成本高昂問題的解決辦法之一,是把眾多投資者的資金匯集起來,從而使他們可以利用規模經濟效應,即隨著交易規模的擴大,降低每一美元投資的交易成本。通過把投資者的資金匯集起來,使每個投資個體的交易成本都降低了。因為在金融市場上當交易規模擴大時,執行某項交易的總成本僅有少量提高,所以會出現規模經濟現象。由於金融仲介機構具備降低交易成本的專業技術,具有龐大的規模,能夠實現規模經濟(Economies of Scale),即隨著交易規模的擴張,攤在每一美元之上的成本也隨之降低,因此它們可以大幅度地降低交易成本。舉例來說,銀行知道如何聘請優秀的律師起草一份嚴謹的貸款合同,這份合同可以在其後的貸款交易活動中反覆使用,從而降低每一筆交易的法律成本。銀行不會只花費500美元設計一份貸款合同(這樣的合同可能並不完善),它們會支付5,000美元聘請一流的律師來設計一份嚴謹、完整的貸款合同,以滿足2,000筆貸款的需要,因此每筆貸款的成本降到了2.5美元。在每筆貸款的成本只有2.5美元的條件下,由金融仲介機構向卡爾發放1,000美元貸款就能夠獲利了。由於金融仲介機構可以大幅度地削減交易成本,你就可以(通過它

們）間接地將資金提供給諸如卡爾這樣擁有生產型投資機會的人。

金融市場中的規模經濟現象，有助於解釋金融仲介機構得以發展並且成為金融結構重要的組成部分的原因。規模經濟效應促進金融仲介機構發展的最顯著的例證還有共同基金。共同基金是向個人出售基金份額，將匯集的資金投資於股票或者債券交易活動的金融仲介機構。由於能夠購買大量的股票或者債券，共同基金具有交易成本較低的優勢。在共同基金扣除其因管理帳戶活動而收取的管理費之後，這些成本節約的好處就落到了個體投資者手中。對個體投資者而言，共同基金的另一個優勢在於其規模十分龐大，因而能夠購買高度分散化的證券投資組合。對於個體投資者而言，更加分散化的投資降低了其風險程度，提高了其福利水平。規模經濟在降低金融機構完成工作所必需的資源成本方面也十分重要，如降低金融機構借以實現交易活動的計算機技術成本。一旦大型共同基金斥巨資建立起通信系統，這一系統就能夠以低廉的單筆交易成本實現大量的交易。

2. 專門技術

金融仲介機構的優勢還在於它們能夠通過開發專門技術來降低交易成本。舉例來說，金融仲介機構在計算機方面的專門技術，使其能夠向客戶提供各種服務便利，如客戶可以通過撥打免費電話號碼瞭解自己的投資狀況，或者可以依據其帳戶簽發支票。

較低的交易成本使得金融仲介機構能夠為其客戶提供流動性服務，這種服務使得其客戶能夠更加便捷地從事交易活動。例如，貨幣市場共同基金，不僅向基金份額持有者支付較高的利率，而且允許其簽發支票來支付帳單。

（二）風險分擔

金融機構交易成本低廉的另一個優勢在於其有助於降低投資者面臨的風險（Risk）水平，即投資者從資產中獲得收益水平的不確定性。金融仲介機構可以通過風險分擔（Risk Sharing）過程來實現這一功能。通過創造和出售具有客戶能夠接受的風險水平的資產，金融仲介機構籌集到了資金，它們使用這些資金去購買風險水平更高的資產。低廉的交易成本使得金融仲介機構能夠以很低的成本分散風險，從而獲取利潤，這一利潤來源於它們從高風險資產上獲得的回報和支付已出售資產的成本之間的差額。因為從某種意義來說，投資者的風險資產變得更加安全，所以風險分擔過程有時也稱為資產轉換（Asset Transformation）。

風險包括個人不確定性（Private Uncertainty）和社會不確定性（Social Uncertainty）。當個人不確定性在某種程度上結合起來，表現為經濟社會總體的不確定性時，社會不確定性就產生了。無論是社會不確定性還是個人不確定性，都是經濟社會固有的，從某種意義上講，個人並不能通過使用其他資源來減少由不確定性引起的成本。

1. 個人風險

（1）投資不確定性。當個人投資結果不確定，而經濟社會總體投資結果是事先已知的時候，就產生了投資不確定性。一般來說，投資者是風險厭惡型的，其總是通過持有多項投資來減少不確定性，從而達到投資收益的最大化。但是，這會發生額外的成本。此外，個人投資者由於受到資金的限制，不能同時持有多項投資。

金融仲介的存在可以減少個人持有多樣化組合資產的成本。當投資者越多時，金

融仲介分散給投資者的成本越小,其作用也就越大。

(2)個人消費風險。個人消費風險,即個人消費的不確定性。個人投資者在制定投資決策時,並不知道自己將會在何時需要用所投入的資金來進行消費。如果僅在投資的第一期後就由於投資者的個人消費使得生產被迫中斷的話,則其收益將低於原定的水平;否則,投資者只有被迫不消費。因此,投資者投入資金的流動性較小。

金融仲介的出現則可以解決上述矛盾。金融機構所起到的作用是這樣的:金融機構先從眾多的投資者那裡聚集資金,然後再將聚集的資金投入需要資金的生產部門進行生產。當某些投資者需要資金進行消費時,與沒有金融媒介的情況相比,其可以對早消費的投資者支付較多,而對晚消費的投資者支付較少。這樣對眾多的投資者來說,提高消費可使其投資得到的收益不會損失太多。這種支付方式使得每個人都更喜歡與仲介機構打交道。金融仲介機構的出現可以為投資者提供流動性服務,使投資者在不打斷生產的同時進行個人消費,而沒有過多的收益損失。

2. 社會風險

除了在個人投資方面存在不確定性之外,在整體經濟投資結構方面也存在著不確定性,這種不確定性就是社會風險。投資者對待這種風險的態度是不同的,因此投資者可能會依據其接受風險的意願程度來改變風險在彼此之間的分佈,即在投資者之間進行債權交換。在沒有仲介機構的情況下,投資者之間也可以進行債權的交易,但是存在著很高的交易成本。分析交易成本的影響取決於成本的本質。由於仲介機構擁有相對完全的信息,其具有規模經濟的優勢,因此其成本的增加低於組合規模的成比例增長。因此,金融仲介的存在能夠以較低廉的成本分散社會風險,降低投資者之間債權轉換的成本。

(三)信息成本

金融市場中除了存在著交易成本和不確定性成本外,還存在著信息不對稱(Ssymmetric Information)。舉例來說,與貸款者相比,獲得貸款資金的借款者對於投資項目的潛在風險和收益更為瞭解,即交易的一方對交易的另一方不充分瞭解,因此影響準確決策的做出。這是金融市場上的一個重要現象,也是金融仲介產生和發展的一個重要原因。金融市場中的交易者往往對交易對手缺乏瞭解,這種信息的缺失將會導致金融系統中的兩個方面出現問題:交易發生之前和交易發生之后。

1. 逆向選擇

在交易發生之前,信息不對稱會導致逆向選擇(Adverse Selection)。金融市場上的逆向選擇指的是那些最可能造成不利(逆向)結果,即造成信貸風險的借款人,常常就是那些尋找貸款最積極、最可能得到貸款的人。儘管金融市場中存在著信譽良好的借款人,但由於逆向選擇使信貸資金面臨極大的損失風險,貸款的發放者可能決定不發放任何一筆貸款。

解決金融市場中逆向選擇問題的辦法是向資金供應方提供那些正在為投資尋求資金的個人或公司的詳細情況,以消除信息不對稱的影響。使貸款者獲得這種材料的途徑之一,就是設立私人公司,由它們負責收集和生產出能夠區別優質公司和劣質公司的信息,然後賣給貸款者。在美國,如標準普爾公司、穆迪公司和價值線(Value

Line）之類的公司都在從事此類工作，它們將各種公司的資產負債表及其投資活動的信息收集起來，再將這些數據整理分析，並賣給金融仲介機構。使貸款者獲得這種材料的途徑之二是由政府來生產信息，幫助投資者識別優質公司和劣質公司，並免費提供給公眾。然而，信息披露要求並不是經常能夠發揮作用的，安然公司破產案就是實例（見參考資料「安然破產案」）。可見，由私人生產的信息及旨在鼓勵提供信息的政府監管只能減少卻不能完全消除金融市場中的逆向選擇問題。那麼，在信息不對稱問題存在的條件下，金融機構要怎樣才能夠促使資金流向有生產投資機會的人呢？

參考資料

安然破產案

直至2001年，專業從事能源貿易的安然公司從表面上看起來仍然是一家非常成功的公司。2000年8月，安然公司占據了1/4的能源市場份額，市值達到770億美元（距離其破產僅有1年多一點兒的時間），是當時美國的第七大公司。然而到2001年年底，安然公司卻已經破產了。2001年10月，安然公司宣布第三季度虧損6.18億美元，並披露存在會計「失誤」。此後，針對由其前任財務總監主導的安然公司與其合夥人之間開展的金融交易活動，美國證券交易委員會展開了正式的調查。調查很快發現，安然公司通過一系列複雜的交易活動，將大量的債務和金融合約排除在資產負債表之外，而這些交易讓安然公司能夠掩蓋其財務困境。儘管通過證券交易從摩根大通公司（JP Morgan Chase）和花旗集團（Citigroup）獲得了15億美元的新增融資，但安然公司還是被迫在2001年12月宣布破產，成為迄今為止美國歷史上最大的破產案。

安然公司破產案表明，雖然政府監管能夠減少信息不對稱問題，卻無法完全將其消除。由於公司經理層具有掩飾公司問題的強烈動機，導致投資者很難瞭解公司的真實價值。

安然公司的破產不僅使金融市場對公司披露的有關會計信息的質量更為關注，而且使該公司的許多前雇員陷入困境，因為他們發現自己的養老金已經蕩然無存。公眾對安然公司管理層的欺詐行為極為憤怒，許多管理層人士被起訴，其中一部分已經定罪入獄。

資料來源：弗雷德里克・S.米什金. 貨幣金融學［M］. 蔣先玲，等，譯. 北京：機械工業出版社，2016：145.

金融仲介機構（如銀行）是生產公司信息的專家，能分辨出信用風險的高低，進而能夠從存款者那裡獲得資金，再將資金貸放給優質公司。由於大部分銀行貸款是發放給那些優質公司的，因此銀行通過發放貸款獲得的收益將會高於支付給存款者的利息。銀行因此獲得盈利，進而促使銀行從事此類信息的生產活動。銀行之所以具有從信息生產中獲利的能力，一個重要因素在於銀行主要是通過發放私人貸款而不是購買在公開市場上交易的證券，銀行作為仲介機構，持有大量不可交易的貸款，這是銀行得以成功地在金融市場上減少信息不對稱問題的關鍵。

上述對逆向選擇的分析表明，金融機構（尤其是擁有大量不可交易貸款的銀行）在向公司轉移資金方面，比證券市場發揮了更大的作用，這也從一個角度解釋了為什

麼間接融資比直接融資更重要，以及為什麼銀行是企業外部融資最重要的來源。①

此外，當借款者不能償還貸款而違約，導致貸款者蒙受損失時，逆向選擇就會干擾金融市場的有效運行。抵押品（Collateral），即在借款者違約的情況下承諾交付貸款者支配的財產，由於在出現違約的情況下能夠減少貸款者遭受的損失，因此抵押品降低了逆向選擇產生的不良影響。如果借款者出現貸款違約，貸款者可以出售抵押品，並且利用出售收入來彌補貸款的損失。淨值［Net Worth，也稱權益資本（Equity Capital），即公司資產（其具有所有權的財產和債權）與負債（其債務）之間的差額］也具有與抵押品類似的作用。如果公司的淨值較高，即使其從事的投資活動出現虧損，導致在償付貸款過程中發生違約，那麼貸款者依然可以取得公司淨值的所有權，將其出售，使用銷售所得補償一些貸款損失。

2. 道德風險

在交易發生之後，信息不對稱會導致道德風險（Moral Hazard）。金融市場上的道德風險指的是借款者可能從事從貸款者的觀點來看不希望看到的那些活動的風險，因為這些活動使得這些貸款很可能不能歸還。

降低這種道德風險的辦法之一，就是進行一種特殊類型的信息生產來監督公司的活動。

經常對公司進行審計，核查經理層的行為有利於解決道德風險問題。與逆向選擇問題一樣，可以私人生產與銷售信息，但當一些人不必支付費用卻能夠獲取其他人付費得到的信息時，就產生了搭便車問題（Free Rider Problem）。這使私人生產和銷售信息的體系並不能完全而只能部分地解決道德風險問題。政府也有動機去減少由信息不對稱造成的道德風險問題，這為金融體系受到嚴格監管的原因提供了一個方面的解釋。世界各國都制定了相關法律，要求公司遵循標準的會計準則，以便實行利潤核算。各國政府還頒布法律，對那些從事隱瞞和騙取利潤的欺詐行為施以嚴厲的刑事懲罰。然而，這些措施的實際效果十分有限。由於那些進行欺詐活動的經理具有強烈的動機來隱瞞真相，導致政府機構難以發現或證實這些欺詐行為，因此發現這些欺詐行為並不容易。

淨值和抵押品也有利於解決道德風險問題。如果借款者的淨值很高，或者其交付給貸款者的抵押品具有較高的價值，那麼道德風險問題，即違背貸款者意願行事的誘惑將會大幅度降低，因為如果這樣做的話，借款者自己也將蒙受巨大的損失。換言之，如果借款者和貸款者成為利益共同體，由於借款者的淨值和抵押品價值較高，其一般不會拿貸款人的資金去冒險。② 此外，一些限制性條款（如限制不符合或鼓勵符合貸

---

① 這一分析還解釋了一個重要的事實，即在某些發展中國家的金融體系中，與證券市場相比，銀行發揮了更為重要的作用。我們已經知道，如果關於公司的信息質量越高，信息不對稱問題的影響就越小，公司發行證券就會更加容易。與工業化國家的公司相比，投資者較難獲取那些關於發展中國家私人公司的信息，因此其證券市場發揮的作用就更小一些，導致銀行等金融仲介機構能夠發揮更為重要的作用。

② 對於較高的淨值和抵押品有助於解決道德風險的現象，有一種解釋是，它使得債務合約形成了激勵相容（Incentive Compatible）。也就是說，它使得借款者和貸款者的動機統一起來了。借款者的資產淨值越大，抵押品的價值越高，借款者按照貸款者的希望和意願行事的動力就越大，債務合約中的道德風險就會越小，而個人和公司獲得借款也就越容易。相反，借款者的資產淨值越低，抵押品價值越小，道德風險就越大，獲得借款也越發困難。

款者意願行為、抵押品保值、提供信息等方面的條款）的監督和強制執行能夠直接降低道德風險，但還是無法完全杜絕其發生。我們幾乎不可能制定出一份能夠排除所有風險活動的合約。另外，借款者也許十分精明，他們總能夠在限制性條款中找到一些漏洞，從而導致其無法生效。限制性條款的另一個問題在於其必須通過監管和強制執行來實現。如果借款者知道貸款者不會核查，或者不願意支付訴諸法律的費用，那麼借款者就會違約，從而使這些限制性條款失去意義。由於監督和強制執行限制性條款的成本高昂，不管是股票市場，還是債券市場，都會出現搭便車的問題。如果知道其他債券持有人對於限制性條款實施了監管和強制執行活動，就能夠搭其便車。然而，其他債券持有人也可以這樣做，因此最可能出現的結果是，無法投入足夠的資源對限制性條款進行監督和強制執行。因此，道德風險依然是可流通債務工具面臨的一個嚴重問題。

金融仲介機構特別是銀行，只要主要發放私人貸款，就可能有效避免搭便車問題。私人貸款是無法進行交易的，沒有人能夠搭金融仲介機構的便車來監督和強制執行限制性條款。因此，這些提供私人貸款的金融仲介機構就能夠從其監督和強制執行活動中受益，從而減少債務合約中潛在的道德風險。道德風險的概念可以為我們提供另一個角度的解釋，說明了在從儲蓄者向借款者轉移資金的過程中，金融仲介機構發揮了比可流通證券更大的作用。這也成為間接融資如此重要的另一個原因。

對於金融市場的健康運行而言，逆向選擇和道德風險會成為嚴重的障礙。從上面的分析可以看到，金融仲介機構能降低信息不對稱帶來的此類問題的發生。此外，金融仲介機構還能降低信息成本。

3. 金融仲介機構能降低信息成本

為了避免逆向選擇和道德風險，投資者必須搜尋有效益的項目，並對其投資效益進行評估，這就產生了識別成本。此外，投資者還必須親自監督和實施與借款人簽訂的合同，這就會產生監督與實施成本。識別成本和監督與實施成本構成了信息成本。

（1）識別成本。識別成本包括搜尋成本和核實成本。搜尋成本是指尋找投資機會的成本。核實成本是指一旦投資項目經鑑別之后對最終投資效益進行評估的成本。

金融仲介的優勢在於可以將搜尋成本分散在眾多投資者中。在孤立狀態下，每個投資者在找到有收益可能的投資項目之前，都要發生一筆尋找投資機會的搜尋成本。金融仲介也要在投資項目之間進行搜尋，但是金融仲介一旦找到了某個有效益的項目，便可與其他投資者一同分享。因此，金融仲介的存在可以大大減少搜尋成本。

此外，金融仲介的所有人還以其部分財富對金融仲介的資產組合做出承諾，並承擔保證投資者對此資產具有優先要求權的義務。這樣投資者可以降低其準確性，因為一旦投資失敗，金融仲介必須將其持有的資產補償其對投資者的債務，所以金融仲介的存在可以減少核實成本。

（2）監督與實施成本。監督成本發生在整個投資過程中，確保資金使用的既定目標以及關於使用補充投入的承諾得以兌現。一旦投資結果已知，而且到期應當償付了，就需要發生實施成本以促使借款人履行其償還義務。

對監督與實施成本的解釋和對核實成本的解釋是類似的。金融仲介作為監督和實

施責任的代理人，保證對其存款人進行固定金額的支付，而收入的其餘部分則成為自己的收益。金融仲介的建立就把監督和實施問題從最終投資者那裡轉到代理人自己的層面上來，從而減少投資者的監督與實施成本。

總之，金融仲介的產生與發展是因為金融仲介可以減輕信息不對稱及其帶來的逆向選擇與道德風險問題，降低金融市場上的各項交易成本、信息成本和風險。貸方無需監督借方的行為或核實自己的債權，而只需將這些工作交給金融仲介，並同時關注金融仲介的行為即可。因此，金融仲介的產生增進了經濟效率。

閱讀專欄

信息不對稱問題及其解決方法

金融市場中存在的信息不對稱導致了逆向選擇和道德風險問題，從而影響了市場的有效運行。解決這些問題的辦法包括由私人來生產和銷售信息、旨在增加金融市場信息的政府監管、債務合約中抵押品和淨值的重要作用以及使用監督措施和限制性條款等。從我們的分析中可以得到一個關鍵結論：諸如股票和債券等可流通證券存在的搭便車問題，意味著金融仲介機構尤其是銀行在企業融資活動中發揮了比證券市場更為重要的作用。表4-2總結了各種信息不對稱問題及其解決方法。

表4-2　　　　　　　　　　信息不對稱問題與其解決方法

信息不對稱問題	解決方法	解釋的特徵編號
逆向選擇	由私人來生產和銷售信息	(1)(2)
	旨在增加金融市場信息的政府監管	(5)
	金融仲介機構	(3)(4)(6)
	抵押品和淨值	(7)
股權合約中的道德風險（委託—代理問題）	信息的生產：監督	(1)
	旨在增加信息的政府監管	(5)
	金融仲介機構	(3)
債務合約中的道德風險	債務合約	(1)
	抵押品和淨值	(6)(7)
	限制性條款的監督與強制執行	(8)
	金融仲介機構	(3)(4)

特徵列表如下：
(1) 股票不是最重要的外部融資來源
(2) 可流通證券不是外部融資的首要來源
(3) 間接融資比直接融資更為重要
(4) 銀行是最重要的外部融資來源
(5) 金融體系受到嚴格的監管
(6) 只有規模龐大和組織完善的公司才能夠進入證券市場
(7) 抵押品在債務合約中十分普遍
(8) 債務合約中包含眾多限制性條款

資料來源：弗雷德里克·S.米什金. 貨幣金融學 [M]. 蔣先玲, 等, 譯. 北京：機械工業出版社, 2016：152. （引者略作改動）

第二節　銀行金融仲介

一、中央銀行

中央銀行（Central Bank）是由政府出面組織或授權集中管理貨幣儲備並統一鑄造和發行貨幣的銀行，是國家最高級別的、最具有權威性的金融機構。在當今世界上，大多數國家的金融體系中均設有中央銀行或類似於中央銀行的金融管理機構。它們均處於該國金融體系的核心地位，代表國家發行通貨、制定和執行貨幣金融政策、處理國際性金融事務、對整個金融體系實施監管等。因此，其對整個國民經濟發揮著宏觀調控作用，本書將在第六章、第十章、第十一章、第十二章分別專門論述。

二、商業銀行

從一般意義上講，商業銀行（Commercial Bank）是依法接受活期存款，並主要為工商企業和其他客戶提供貸款以及從事短期投資的金融仲介。其主要功能是引導資金從盈餘單位流向赤字單位。商業銀行系統在整個金融系統中具有舉足輕重的地位，並成為各國中央銀行控制的重點。其原因在於商業銀行能以派生存款的形式創造貨幣和收縮貨幣，而且創造和收縮貨幣的功能非常強勁。這也是商業銀行的主要特徵。關於商業銀行，本書將在第五章專門論述。

三、專業銀行

專業銀行是指定有專門經營範圍和提供專門性金融服務的銀行。這類銀行一般都有其特定的客戶，並具有某一方面的專門知識和專門職能。專業銀行種類較多，如儲蓄銀行、合作銀行、抵押銀行等。

（一）儲蓄銀行

1. 儲蓄銀行及其組織形式

儲蓄銀行（Savings Banks）是專門經辦居民儲蓄、以儲蓄存款為其主要資金來源的專業銀行。世界上第一家地方儲蓄銀行是在 1817 年由慈善團體在荷蘭建立的。英國、德國等國於 18 世紀末 19 世紀初也相繼設立了儲蓄銀行。

2. 儲蓄銀行的職能

傳統意義上的儲蓄銀行有信用仲介、貨幣-資本轉換、引導消費和服務四大職能。

（1）信用仲介職能是指儲蓄銀行充當資金供給者和資金需求者之間借貸媒介者的職能。儲蓄銀行媒介的對象主要是個人或家庭，它吸收個人或家庭的閒置貨幣收入，並通過貸款提供給個人或家庭借款人使用。

（2）貨幣-資本轉換職能是儲蓄銀行的一個重要功能，就是把分散、小額的貨幣收入集中起來並將其轉化為能夠在生產過程中發揮作用的追加資本。

（3）引導消費功能是指儲蓄銀行通過對個人和家庭提供貸款，引導人們延期消費、集中消費、提前消費和擴大消費，並引導人們的消費方向。

（4）服務功能是指儲蓄銀行能夠為小儲蓄者提供多樣化的儲蓄便利，並以較優惠

的條件對其提供融資服務。

此外，儲蓄銀行還在家庭財務收支計劃、個人投資等方面對儲戶提供諮詢和信息服務等。

(二) 合作銀行

1. 合作銀行及其組織形式

合作銀行（Cooperative Bank）是指由私人和團體組成的互助性合作金融機構。儘管其地位和作用遠遠遜於商業銀行，但卻獨具特色。合作銀行的組織形式有以下幾種：

(1) 按照社員承擔的責任不同，合作銀行可分為無限責任制合作銀行、有限責任制合作銀行和保證責任制合作銀行。

無限責任制是合作銀行的組織形式之一。在這種組織形式下，合作銀行的社員要以其擁有的全部財產對銀行及其債權人負責。當銀行經營失敗而銀行自己的財產又不足以償還其債務時，各社員必須負連帶無限清償責任，即各社員必須以其所有財產來清償銀行的所有其他債務，而不問其他社員應負擔的部分如何。

在有限責任制合作銀行的這種組織形式下，社員對銀行債務承擔的清償責任不是無限的，而是有限的。這一界限是社員的認股額，即社員只承擔以其所認股金額為界限的清償責任。目前，多數合作銀行均採取這一組織形式。

保證責任制是介於無限責任制和有限責任制之間的一種合作銀行組織形式。在這種組織形式下，社員對銀行債務承擔的清償責任既不是無限制的，也不是僅以其認股金額為限，而局限在其認股額及其保證額的範圍內，超過這一範圍社員不承擔清償義務。保證責任制的優缺點也是介於無限責任制和有限責任制之間。從最小損失的策略出發，保證責任制是一種較為理想的合作銀行組織形式。

(2) 按照其組織體制的不同，合作銀行可分成單一制合作銀行和系統持股制合作銀行。

單一制是合作銀行的一種外部組織形式。在這種組織形式下各家銀行均相互獨立、互不關聯，同時每家銀行的業務經營均限於銀行本部，不設分支機構。在西方國家，早期的合作銀行多屬於這一類型。單一制銀行規模普遍過小，因此限制了銀行的融資功能，使其抵禦風險的能力十分低下，同時妨礙了銀行技術水平和服務質量的提高。此外，單一制下合作銀行的高度分散性加大了貨幣當局對其監管的難度。由於上述原因，在西方國家，單一制合作銀行已被系統持股制合作銀行所取代。

系統持股制是指通過自下而上逐級參股而形成銀行集團的一種銀行外部組織體制。這種系統持股制合作銀行有兩個基本特徵：一個特徵是合作銀行自成體系，系統本身則由若干層次的銀行構成，有的劃分為基層銀行和中央銀行兩個層次，有的則劃分為地方銀行、地區銀行和中央銀行三個層次；另一個特徵是自下而上的參股，即下一級銀行充當社員提供股金而形成上一級銀行的實體組織，這種組織形式的合作銀行體系是通過各層次銀行自下而上逆向參股而形成的。

(3) 按照其是否獨立，合作銀行可劃分為獨立型合作銀行和混合型合作銀行。

獨立型合作銀行是指合作銀行呈現為一個完全單獨運行的系統，在組織體制上並不依附於任何經濟組織，也不是作為任何經濟組織的子系統而存在。上述的單一制和

系統持股制合作銀行均屬這一類型。

混合型合作銀行是指合作銀行並不是一個完全獨立的系統，而是寓於農業合作組織中。儘管銀行本身也有自己的組織體系，但在組織歸屬上卻是作為農業合作組織中的一個子系統而存在。日本和韓國的農村信用合作組織就是實行這種體制。

2. 合作銀行的職能

（1）信用仲介職能。一方面，合作銀行通過存款業務將社員分散的資金集中起來；另一方面，合作銀行又通過貸款將動員的資金提供給需要借款的社員使用，從而客觀上促進著資金的融通，充當著借貸仲介人的角色。銀行充當信用仲介的目的不在於盈利，而是為了實現社團範圍內的資金互助，幫助社員解決生產經營過程中的資金困難。

（2）補充職能。補充職能，即補充商業性金融體系不足的職能。商業性金融機構以利潤最大化為其經營目的，因此其放款的目標就把農民和小生產者排除在外。而由個體農民和小工商業者等聯合起來組建的合作銀行可對社員提供資金融通，填補了商業性金融機構留下的一部分業務空缺，彌補了商業性金融體系的不足。

（3）服務職能。合作銀行是由社員組成的利益共同體，是社員進行自我服務的金融組織。合作銀行不以獲取利潤為目的，而是為全體組織成員提供其所需要的各種金融服務。

3. 合作銀行的變革

合作銀行自 19 世紀中後期產生至今已有 100 多年的歷史。進入 20 世紀 60 年代以後，合作銀行發生了非常明顯的變化，這主要表現在地位的提高、業務品種的創新、經營範圍和活動區域的擴大以及合作宗旨和原則的異化等方面。

（三）抵押銀行

抵押銀行（Mortgage Bank）是不動產抵押銀行的簡稱，是以土地、房屋等不動產作為抵押辦理放款業務的專業銀行。

抵押銀行的資金來源不是靠吸收存款，而是靠發行不動產抵押證券。這種不動產抵押證券以抵押在銀行的土地及其他不動產作為保證，可以買賣轉讓。當借款人到期不能償還貸款時，則由銀行對抵押品進行處理，以收回貸款。

不動產抵押銀行的資產業務可分為兩類：一類是辦理以土地為抵押的長期放款，這主要是給土地所有者或購買土地的農業主提供的貸款；另一類是辦理以城市房屋為抵押的長期放款，這主要是給房屋所有者或經營建築業的企業提供的貸款。例如，法國的房地產信貸銀行、德國的私人抵押銀行和公營抵押銀行均屬於此類抵押銀行。這類銀行除了以土地和房屋作為其抵押品之外，也收受股票、債券和黃金作為貸款的抵押品。

四、政策性銀行

（一）基本特徵

政策性銀行（Policy-related Bank）是由政府投資設立的，根據政府的決策和意向專門從事政策性金融業務的銀行。其基本特徵如下：

1. 組織方式上的政府控製性

從組織形態方面來觀察，世界各國的政策性銀行基本上均處於政府的控製之下。一方面，多數政策性銀行都是由政府直接出資創立，完全歸政府所有；另一方面，雖然一些政策性銀行並不完全由政府出資設立，但也往往由政府參股或保證，並在實質上為政府所控製。

2. 行為目標的非營利性

政策性銀行與政府的經濟職能相聯繫，是貫徹政府政策的工具。因此，政策性銀行一般被要求從事若干具有較高金融和商業風險的融資活動、承擔資產結構不符合正常商業性標準的項目、現金流轉不能符合銀行正常支付條件的項目、提供的證券沒有價值或價值很小的融資項目以及沒有經營業績的企業所籌資的項目等。這決定了政策性銀行並不以自身盈利作為其最終的行為目標。

3. 融資準則的非商業性

政策性銀行的行為目標決定了其融資準則具有明顯的非商業性。這主要表現在：第一，主要或全部提供廉價資金，有些甚至低於籌資成本，並不能按期償本付息，由此而發生的虧損則由政府補貼，以避免其受利潤的誘惑和干擾；第二，不介入商業性金融機構能夠從事的項目，主要承擔商業性金融機構不願涉足項目的資金融通；第三，對其他金融機構從事的符合政策目標的金融活動給予償付保證、利息補貼或再融資。

4. 業務領域的專業性

政策性銀行在政府經濟政策導向的支配下具有業務對象的特定性，如業務領域的專業性，因此也有政策性專業銀行之稱。

5. 信用創造的差別性

政策性銀行由於不實行存款準備金制度，一般不辦理活期存款業務。其負債是銀行體系已經創造出來的貨幣，其資產一般為專款專用，因此通常不具有派生存款和增加貨幣供給的功能。可以說，能否創造信用是政策性銀行和商業銀行在職能上的最大差別。

(二) 組織形式

政策性銀行的組織形式可按不同標準來劃分。按資本構成來劃分，有國有獨資銀行和國家參股銀行；按外部組織形態劃分，有單一制銀行和分支行制銀行。

1. 國有獨資銀行

國有獨資銀行是由政府出全資而建立的政策性銀行。國有獨資銀行是政策性銀行的最主要類型。目前，世界各國的政策性銀行絕大多數都是由政府提供全部資本金，直接歸政府所有。例如，韓國開發銀行、韓國進出口銀行、韓國中小工業銀行和韓國住房銀行都是由政府出全資建立的；又如，美國進出口銀行最初的10億美元資本金同樣也是由聯邦政府撥付的。

2. 國家參股銀行

由國家參股建立政策性銀行有以下兩種情況：

(1) 政府直接參股。在這種形式中，政府只提供資本總額的一部分，其餘資本由政府以外的其他有關各方提供，但政府參股的比例較高，處於控股者地位。例如，在

德國復興信貸銀行的全部資本金中，聯邦政府出資的比例達80%。又如，印度工業信貸和投資公司的資本中，政府持有81%的股份，其餘19%為私人所有。

（2）政府間接參股。政府不直接出資，而是由國有機構（中央銀行、國有商業銀行）聯合其他民間組織共同提供政策性銀行的股本。例如，法國對外貿易銀行的資本總額中，法蘭西銀行、信託和儲蓄銀行各持股25%，國家信貸銀行持股16%，國家農業信貸銀行持股10%，巴黎國民銀行、里昂信貸銀行和興業銀行各持股8%。

3. 單一制銀行

所謂單一制，就是經營業務的銀行均以獨立個體的形式而存在的一種銀行組織體制。在這種體制下，各家銀行除本行外均不設任何分支機構。目前世界各國的政策性銀行主要是採用此種單一制。例如，美國的進出口銀行、日本的「二行九庫」、韓國和菲律賓的開發銀行等均為單一制銀行，都沒有設立分支機構或成員機構。

4. 分支行制銀行

在這種組織體制下，各家銀行遍設分支機構進行業務經營，從而形成了總行-若干分行-大量支行-眾多業務網點的金字塔式的業務經營機構體系。這種組織體制在政策性銀行的組織形式中占次要地位，主要存在於農業部門和中小企業領域的政策性銀行中。例如，美國農民家計局在許多州、縣設有辦事處，其總數達1,700多個。又如，泰國農業銀行和農業合作社有62個省級分行、600個辦事處。中國農業發展銀行亦屬此類組織體制。

值得指出的是，一國的政策性銀行究竟採取何種組織形式，既取決於各國不同的政治、經濟、金融制度，也取決於各種政策性銀行業務領域、業務對象的特殊性。

（三）職能

1. 信用仲介職能

充當信用仲介是金融機構最基本的職能。政策性銀行作為一種金融機構也具有這一職能，但一般不接受社會活期存款，其資金來源多為政府供給和在國內外金融市場籌集的長期穩定資金。其資金運用多為中長期的貸款和資本投放。由此決定了政策性銀行一般不具備信用創造和支付仲介功能。

2. 經濟結構調節職能

在市場經濟條件下，金融領域中的市場機制同樣存在著作用邊界和失效現象，因此商業性金融機構按市場原則配置金融資源的行為並不能完全解決金融資源的有效配置問題。政策性銀行的作用正是彌補市場機制的這一缺陷。政策性銀行從整個國民經濟的利益出發，通過逆向配置資源而發揮經濟結構調節者的功能，推動國民經濟各產業、各部門、各地區的均衡發展。

3. 執行政府經濟政策職能

政策性銀行以貫徹國家產業政策和區域發展政策為主要職能和任務。這表現在政策性銀行通常以優惠的利率水平、貸款投資期限和融資條件對國家政策與持續發展的產業和地區提供資金支持，並圍繞國家政策導向深入進行調查研究，把產業政策和區域發展戰略具體化為相應的金融政策，落實到具體的投融資過程中。

（四）分類

在各國的金融制度中，政策性銀行可以依不同的標準加以分類。按業務活動範圍

劃分，有全國性政策性銀行和地方性政策性銀行；按業務領域劃分，有農業、中小企業、進出口、住宅業、基礎產業、經濟開發領域的政策性銀行等。一般來說，大多數國家成立的政策性銀行主要有開發銀行、農業政策性銀行、進出口政策性銀行。

1. 開發銀行

開發銀行是指那些專門為經濟開發提供長期投資貸款的金融機構。第一家開發銀行於 1822 年誕生於比利時，主要職能是促進新工業的創立。1852 年，法國信貸動產銀行成立，該行通過接受存款和出售股票來動員資金投資於長期開發項目，然後再將這些項目股份向公眾出售。它被視為現代開發銀行的先驅。第二次世界大戰後，為了適應經濟發展的需要，各國都普遍開設開發性金融機構。

開發銀行所有權性質大多為政府所有或控制，部分為公私合營，少數為私人所有。即便是私人所有，其也依賴於政府開發性金融機構或政府部門。

2. 農業政策性銀行

為貫徹配合政府農業政策，為農業提供特別貸款，主要是低利中長期優惠性貸款，促進和保護農業生產與經營的農業金融機構一般稱為農業政策性銀行。

美國在 20 世紀 20~30 年代，通過聯邦政府的資助，以合作信用為基礎，建立了具有政策性的農業信貸體系。日本現代健全完善的農業金融制度是在第二次世界大戰後建立的。德國是世界最早建立農業金融制度的國家，至今已有 200 多年的歷史。

3. 進出口政策性銀行

進出口政策性金融機構是一個國家支持和推動進出口尤其是出口，促進國際收支平衡、帶動經濟增長的重要金融機構。其多為官方或半官方所有，極少數為私營機構。它們承擔著商業性金融機構和普通出口商不願或無力承擔的高風險，彌補商業性金融機構的不足，改善本國出口融資條件，增強本國商業出口競爭力。

第三節 非銀行金融仲介

一、保險公司

(一) 概述

保險是以社會互助的形式，對因各種自然災害和意外事故造成的損失進行補償的方式。專門經營保險業務的金融機構稱為保險公司（Assurance Company）。保險公司的資金來源是其收取的保費。保費是由保險公司按照大數定律對被保險標的發生損失風險的概率進行精確計算后確定的。發生意外損失的風險是必然的，但是具體發生在何時、何地、何人卻是偶然的，因此人們才會有被保險的要求，而保費扣除賠償支出和經營管理費用，剩餘的就是保險公司的利潤，這樣保險公司才會有經營和發展保險業務的積極性。

保險業的發源地在英國，早在 1668 年英國就有了海上保險業務，但直到 1871 年成立勞埃德保險社（簡稱勞合社），保險公司才登上歷史的舞臺。此外，美國也是世界上保險業最發達的國家之一，擁有世界上最大的人壽保險公司。

(二) 保險公司的分類

按其保險標的的不同，保險公司可分為兩大類：壽險公司、財產意外險公司。

1. 壽險公司

壽險公司（Life Company）是為投保人因意外事故或傷亡造成的經濟損失提供經濟保障的金融機構。

2. 財產意外險公司

財產意外險公司（Property and Casualty Insurance Company，P & C）是對法人單位和家庭住戶提供財產意外損失保險的金融機構。世界上最著名的財產意外險公司是英國的勞合社。

(三) 中國的保險公司

根據《中華人民共和國保險法》（以下簡稱《保險法》）的規定，中國把保險分成人身保險和財產保險兩類（廣義的財產保險包括了責任保險在內）。

在中國的保險市場上，保險公司大致有三類：中資保險公司、外資保險公司分公司以及中外合資保險公司。1995年，《中華人民共和國保險法》開始施行。1998年，中國保險監督管理委員會（以下簡稱保監會）成立，加強了對保險公司的監管。1999年，保險公司獲準通過購買證券投資基金間接進入證券市場。

截至2016年年末，保險業淨資產達17,240.61億元，較2016年年初增長7.15%。2016年，已開業全國保險機構共203家，較2016年年初增加9家。其中，保險集團公司12家，新增1家；財產險公司79家，新增6家；人身險公司77家，新增1家；保險資產管理公司22家，新增1家。再保險公司8家，出口信用保險公司1家。[1] 原保險保費收入30,959.10億元，同比增長27.50%，其中產險公司原保險保費收入9,266.17億元，同比增長10.01%；壽險公司原保險保費收入21,692.81億元，同比增長36.78%。產險業務原保險保費收入8,724.50億元，同比增長9.12%；壽險業務原保險保費收入17,442.22億元，同比增長31.72%；健康險業務原保險保費收入4,042.50億元，同比增長67.71%；意外險業務原保險保費收入749.89億元，同比增長17.99%。產險業務中，交強險原保險保費收入1,699.58億元，同比增長8.19%；農業保險原保險保費收入417.71億元，同比增長11.42%。另外，壽險公司未計入保險合同核算的保戶投資款和獨立帳戶本年新增交費12,799.13億元，同比增長53.86%。賠款和給付支出10,512.89億元，同比增長21.20%，其中產險業務賠款4,726.18億元，同比增長12.68%；壽險業務給付4,602.95億元，同比增長29.11%；健康險業務賠款和給付1,000.75億元，同比增長31.17%；意外險業務賠款183.01億元，同比增長20.53%。資金運用餘額133,910.67億元，較2016年年初增長19.78%，銀行存款24,844.21億元，占比18.55%；債券43,050.33億元，占比32.15%；股票和證券投資基金17,788.05億元，占比13.28%；其他投資48,228.08億元，占比36.02%。總資產151,169.16億元，較2016年年初增長22.31%，產險公司總資產23,744.14億元，較2016年年初增長28.48%；壽險公司總資產124,369.88億元，較2016年年初增長25.22%；再保險公司總資產2,761.29億元，較2016年年初減少46.77%；資產管理公司總資產426.29億元，較2016年年初增長20.97%。[2]

---

[1] 保監會. 2016年保險統計數據報告 [EB/OL]. (2017-02-22) [2017-08-08]. http://www.circ.gov.cn/web/site0/tab5179/info4060001.htm.

[2] 保監會. 2016年保險統計數據報告 [EB/OL]. (2017-02-22) [2017-08-08]. http://www.circ.gov.cn/web/site0/tab5179/info4060001.htm.

二、投資銀行

(一) 投資銀行的產生和發展

投資銀行（Investment Bank）是專門從事發行長期融資證券業務的非銀行金融機構。不同的國家對投資銀行的稱謂不同，如英國稱為商人銀行，日本稱為證券公司，法國稱為私人承兌公司等。

(二) 投資銀行的特徵

從總體上來看，現代投資銀行具有明顯的靈活性、專業性、集中性、創新性、多樣性和國際性的特徵。

1. 投資銀行的經營策略具有市場靈活性

投資銀行業具有極強的獲利傳統和生存能力，它們的組織結構靈活、經營決策迅速、決策實施敏捷，一旦金融市場上某些部類業務盈利下降，它們馬上就會轉向其他活躍部類的業務繼續得以生存。

2. 投資銀行的技術具有高度的專業性

由於投資銀行的業務是面向公司、政府等大客戶所在的批發市場，往往需要「量體裁衣」「特色服務」。因此，現代化的投資銀行，特別是大型的投資銀行，在業務多樣化、交叉化發展的同時，也各有所長地向專業化方向發展。

3. 投資銀行機構的發展具有集中性

第二次世界大戰後，隨著經濟的復甦與成長和各大財團的競爭與合作，金融資本越來越集中。在這一過程中，投資銀行也呈現出向集中化發展的明顯特點。

4. 投資銀行的業務具有創新性

投資銀行是一個勇於創新的行業。從主觀上來說，這是由投資銀行增強其競爭能力、擴大其利潤來源的目的所決定的；從客觀上來說，投資銀行內部匯集了大量熟悉金融市場和金融業務、擁有豐富的信息資源並具有創新精神的專家，他們成為推動整個投資銀行業不斷創新發展的先鋒。

5. 投資銀行經營的業務具有多樣性

現代投資銀行除了經營傳統的業務，即代理發行證券業務、經銷證券業務和經紀業務之外，還開展了公司理財業務、資金管理和投資諮詢業務等。

6. 投資銀行的活動範圍具有國際性

由於國際證券市場的蓬勃發展、資本在國際上的自由流動、現代科技與通信技術的廣泛應用以及國際性金融工具和金融業務的創新，發達國家的投資銀行均紛紛進行了經營戰略的調整，通過建立國際網路組織進行跨國經營，或者通過和其他國家及銀行組成某種形式的聯合來擴大其經營規模，以增強其競爭能力。

(三) 投資銀行的組織形式

從投資銀行的資本構成來看，投資銀行的組織形式可分為四種：合夥制投資銀行、股份制投資銀行、合資投資銀行和國有投資銀行。

1. 合夥制投資銀行

合夥制投資銀行產生於中世紀的家庭企業，這些家庭式的商號由各個繼承人共同

經營，形成了一種合夥企業。由於投資銀行是從早期的商人演變而來的，因此初期的投資銀行採取了這種家庭經營的合夥制組織形式。

2. 股份制投資銀行

股份制投資銀行包括股份有限公司和有限責任公司兩種形式。

與家族式的合夥制相比，股份制投資銀行有如下優點：第一，股份制使投資銀行的集資能力增大，有利於擴充其資本實力；第二，股份制投資銀行通過向社會發行股票及其之間的兼併，能促進投資銀行資本集中和大銀行的建立與形成；第三，投資銀行的持股人只能轉讓其股份，而不能退股，因此股份制使得投資銀行實體組織的穩定得到了可靠的保證；第四，股份制下所有權和經營權分離，因此可以促進投資銀行經營管理效率和經營管理水平的提高。

3. 合資投資銀行

合資投資銀行主要是指兩個或兩個以上國家或地區的出資人共同出資組建的投資銀行。合資投資銀行主要存在於發展中國家和地區，如韓國、馬來西亞、臺灣及其他新興國家和地區。

合資投資銀行的組建，有利於發展中國家或地區引進外資，獲得新的外來資金，可以引進外國投資銀行業的融資經驗和融資技術，同時還可以引進國際金融人才，並以此促進本國或本地區投資銀行經營管理人員業務素質的提高，促進金融市場和經濟的發展。

4. 國有投資銀行

國有投資銀行是指由國家出資建立的投資銀行。國有投資銀行主要存在於社會主義國家，如中國改革開放後出現的證券經營機構多是由各國有銀行出資組建的，在實行分業經營後，這些證券公司仍未改變其國有性質。

國有投資銀行的組建，有利於國家金融方針、政策和政府意圖的貫徹實施，有利於國家對經濟、金融進行宏觀調控，有利於增強投資銀行的實力，有利於保證金融業的穩定，有利於掌握和控製投資銀行的利潤，從而增加國家資金累積。

（四）投資銀行的業務

1. 投資銀行的負債業務

投資銀行的負債業務主要是發行自己的股票和債券。此外，投資銀行還利用短期借款進行證券融資，短期借款的基本手段是回購協議。回購協議是指證券出售時賣家向買家承諾在未來某個時間以預先約定的價格再把證券買回來。實際上，這是一種抵押貸款。有些國家的投資銀行還允許接受存款（主要是定期存款）。

2. 投資銀行的資產業務

投資銀行的資產業務可分為本源業務和派生業務兩大類。前者是指投資銀行的傳統業務，如證券的發行、經銷與經紀業務；後者則是在本源業務的基礎上逐步派生和發展起來的業務，如風險投資、基金管理、項目融資以及公司財務顧問等。

（1）證券承銷業務。證券承銷業務是投資銀行最傳統、最核心的業務。狹義的證券承銷業務只包括承銷股票和債券。證券承銷（Underwriting）一般是指全額承銷，即投資銀行按照商議的價格將發行者發行的所有證券一次性全部買入，然后再向公眾出

售或利用承銷商和銷售集團轉售給公眾投資者；或者是由牽頭人或承銷辛迪加集團作為代理人，對銷售出去的證券收取佣金，並負責購入任何未售出的剩餘證券。根據證券經營機構在承銷過程中承擔的責任和風險的不同，承銷又可分為代銷和包銷兩種形式。代銷（Best-efforts Underwriting）是指發行人委託承擔承銷業務的證券經營機構（又稱為承銷機構或承銷商）代為向投資者銷售證券。在代銷過程中，承銷機構與發行人之間是代理委託關係，承銷機構不承擔銷售風險，因此代銷佣金很低。代銷發行比較適合於那些信譽好、知名度高的大中型企業。包銷（Firm Commitment）是指發行人與承銷機構簽訂合同，由承銷機構買下全部或銷售剩餘部分的證券，承擔全部銷售風險。對發行人來說，包銷不必承擔證券銷售不出去的風險，而且可以迅速籌集資金，因此適用於那些資金需求量大、社會知名度低而且缺乏證券發行經驗的企業。與代銷相比，包銷的成本相應較高。

（2）證券經紀業務。證券經紀業務就是投資銀行代客戶進行證券買賣、從中收取佣金的業務，是投資銀行最重要的基礎性業務之一。如果只從事為客戶（零售客戶或機構客戶）買賣證券而沒有融資功能的公司，則被稱為證券公司（Securities Firms）或經紀公司（Brokerage Firms）。如果證券公司只經營經紀業務，則稱之為經紀商；如果證券公司既經營經紀業務（經紀商），也經營自營業務（自營商），則稱之為綜合性券商。

（3）證券自營業務。投資銀行除了經營一級市場上的承銷業務和二級市場上的經紀業務，還在二級市場上從事證券的自營業務。自營業務是指專營自營業務或兼營自營與經紀業務的投資銀行為自己買入或賣出證券的交易活動。在自營業務中，投資銀行一方面從證券賣者手中買入證券，另一方面又向證券買者賣出證券，賺取買賣差價。

（4）項目融資業務。項目融資業務是指投資銀行為某一特定的項目策劃並安排一攬子融資的業務。在項目融資中，投資銀行作為融資項目的牽頭安排人，需要提供多項服務，如對項目的財務、經濟效益和風險進行評估，幫助組建合營項目實體和項目法律機構，制訂符合項目需要和貸款人要求的財務計劃等。

（5）企業併購業務。企業的併購雖然極其複雜，但是由於投資銀行精通併購的法律和規則、熟悉併購方式和程序、善於評估併購資產和進行財務處理、擅長併購談判，其在企業的併購中起著非常重要的作用。其主要業務是：安排兼併和收購，並作為併購方的財務顧問；實施反併購和反收購措施，為目標公司設計出一套防禦措施和策略來防禦和抵抗敵意收購方的進攻；確定並收購條件，包括併購價格、付款方式和併購后企業的資產重組；提供融資安排，負責收購方的資金籌措。投資銀行通過從事企業併購的仲介活動，收取手續費。

（6）公司財務顧問業務。公司財務顧問業務是指投資銀行向公司提供各種類型的收費諮詢與顧問服務的業務，包括充當項目融資、企業併購等活動中的財務顧問，充當公司重組、國有公司私有化中的財務顧問以及受聘作為公司的常年財務顧問等。

（7）基金管理業務。基金管理業務是指投資銀行受投資人的委託，根據基金特定的投資目標，在各種股票、債券、期權合同、準現金票據、商品和不動產中進行組合投資，以實現分散風險、提高收益的目標。例如，第一波士頓資產管理公司是第一波

士頓投資銀行設立的基金管理公司。

（8）商人銀行業務。當投資銀行運用自有資金投資公司股權或成為公司債權人時，這一活動稱為商人銀行業務（Merchant Banking）。如果參與的是股權，該項投資通常有巨大的升值潛力。對客戶提供的債務資金的利率，尤其是過橋貸款的利率很高，它反映了與這一貸款活動相關的高風險。例如，第一波士頓公司為俄亥俄州床墊公司槓桿收購提供的4.5億美元過橋貸款說明了投資銀行過橋貸款的風險性。當槓桿收購結束時，俄亥俄州床墊公司需要永久性債務融資來償還過橋貸款時，第一波士頓公司卻無法賣掉證券，結果因這筆貸款而陷入困境。因此，過橋貸款不僅有較高的潛在利息收入，也是吸收槓桿收購客戶的重要融資工具。

三、信用合作社

（一）概述

信用合作社（Credit Cooperative）是由個人自發、集資聯合組成，以互助為主要宗旨的合作金融組織。信用合作社是個人合作與自助的協會，而不是以利潤為動機的金融機構。在美國，信用合作社是美國第三大對個人與家庭分期貸款機構的供給人，僅次於商業銀行與金融公司，大約占美國消費者分期貸款的1/8。這些機構是以居民為導向的金融仲介，向個人與家庭提供存款與信貸服務。它們能長期生存主要在於能夠向其客戶提供低的貸款利率和高的存款利率。

（二）信用合作社的分類

按照地域的不同，信用合作社可分為農村信用合作社和城市信用合作社。

1. 農村信用合作社

農村信用合作社作為農村集體金融組織，其特點集中體現在由農民入股、由社員民主管理、主要為入股社員服務三個方面。其主要業務活動是經營農村個人儲蓄及農戶和個體經濟戶的存款、貸款和結算等。在上述活動中，農村信用合作社貫徹自主經營、獨立核算、自負盈虧、自擔風險原則是基本要求。

中國的農村信用社普遍建立於20世紀50年代，一度是作為國家銀行的基層機構存在，並由農業銀行管理。1996年，國家對其進行了改革：第一是與農業銀行脫鉤；第二是規範了農村信用社，恢復了其合作制的性質。

2. 城市信用合作社

作為城市集體金融組織，城市信用合作社是為城市集體企業、個體工商戶以及城市居民服務的金融企業，是實行獨立核算、自主經營、自負盈虧、民主管理的經濟實體。

在中國，城市信用社的經營業務有：辦理城市集體企業和個體工商戶的存、放、匯業務；辦理城市個人儲蓄存款業務；代辦保險及其他代收代付業務及中國人民銀行批准的其他業務；等等。實踐中，由於絕大部分城市信用社從一開始其合作的性質即不明確，因此改組成地方性商業銀行是必然的出路。改組之初，其採用了「城市合作銀行」的過渡性名稱，通常冠以城市名稱來命名。

四、信託投資公司

（一）概述

信託投資公司（Trust Company）是指以代人理財為主要經營內容、以受託人身分經營現代信託業務的非銀行金融機構。信託是指財產的所有者為本人或他人的利益，將其財產交與受託人，委託受託人根據一定的目的對財產做妥善的管理和有利的經營。信託投資公司受委託人的委託，為委託人的利益管理、支配信託財產。經營風險由委託人或受益人承擔，收益一般歸受益人，公司收取手續費。

現代信託公司最早發源於英國，1886年英國成立了第一家信託公司——倫敦受託遺囑執行和證券保險公司。其后，信託公司在美國、日本、加拿大等國家也得到很大的發展。美國、英國等國除了一些專營信託公司外，相當一部分的信託業務是由各商業銀行的信託部門來辦理。日本、加拿大的情況與美國、英國有所不同，政府從法律上限制商業銀行和信託機構的業務交叉，實行銀行業務與信託業務相分離的政策。因此，美國、英國兩個國家的信託公司（或信託銀行）具有資本雄厚、經營穩健以及管理有序等特點。

信託投資業務不同於一般委託、代理和借貸業務。信託投資業務具有收益高、責任重、風險大、程序繁瑣以及管理複雜等特點。因此，對一般重點辦理投資業務的信託投資公司，在機構設置、經營管理水平、人員素質、信息來源和信息處理能力等方面都有很高的要求。

（二）中國的信託投資公司

中國的信託投資公司是在經濟體制改革後開始創辦起來的。從其初創歸屬來看，相當大部分的信託投資公司屬於銀行系統所辦。此外，還有些信託投資公司是各級政府以及計委、財政等部門出面組建的。自1995年以來，根據分業經營與規範管理的要求，國家陸續進行了對信託投資公司的調整改組、脫鉤以及重新登記工作。絕大部分信託投資公司直接被撤銷、轉讓或轉為銀行的分支機構。

五、金融公司

（一）概述

金融公司（Financial Companies）是通過在貨幣市場上發行商業票據、在資本市場上發行股票和債券或從銀行借少量貸款的方式來籌集資金，並將這些資金貸放給購買耐用消費品、修繕房屋的消費者及小企業的金融機構。金融公司是西方國家金融體系中的一類極其重要的金融機構。其金融媒介過程的特點是以大額借入，卻常以小額貸出。

金融公司在18世紀始創於法國，后美國、英國等國相繼開辦。在西方國家，金融公司作為非銀行的金融機構，受管制極少，並且受益於20世紀80年代票據市場的發展，能以低成本籌資，因而能比商業銀行更好地安排其貸款以滿足消費者的需要，也因此大大提高了競爭優勢。金融公司是近幾年發展最快的金融機構。

（二）業務與類型

金融公司有如下三種類型：

(1) 銷售金融公司（Sell Financial Companies）。銷售金融公司是一些大型零售商或製造商建立的旨在以提供消費信貸的方式來促進其產品銷售的公司。例如，福特汽車公司組建的福特汽車信貸公司向購買福特汽車的消費者提供消費信貸。

(2) 消費者金融公司（Consumer Financial Companies）。消費者金融公司是一種專門向消費者發放小額貸款，以滿足其購買家具、裝修住房等資金需要的公司。借款者通常是那些幾乎沒有其他資金來源渠道的消費者。

(3) 工商金融公司（Business Financial Companies）。工商金融公司是一種主要向工商企業貼現應收帳款、發放以存貨和設備為擔保的抵押貸款的公司。現在，西方金融公司業務範圍逐步擴大到包銷證券、經營外匯、投資諮詢和不動產抵押貸款等。

（三）中國的金融公司

中國香港特別行政區的金融公司又稱為註冊接受存款公司和持牌接受存款公司，大量產生於20世紀70年代。根據香港地區的有關規定，除銀行以外的所有接受存款的機構都必須向財政司所屬的銀行監理處登記註冊，註冊后的吸存機構便成為註冊接受存款公司，已註冊的接受存款公司若符合相關法規所規定的條件，並且最低資本達到1億港元，即可申請持牌資格，成為持牌接受存款公司。

在中國，金融公司主要是比較早建立的被稱為財務公司的非銀行金融機構。金融公司是由企業集團內部集資組建的，其宗旨和任務是為本企業集團內部各企業籌資和融通資金，促進其技術改造和技術進步，如華能集團財務公司、中國化工進出口財務公司、中國有色金屬工業總公司財務公司等。其業務有存款、貸款、結算、票據貼現、融資性租賃、投資、委託以及代理發行有價證券等。財務公司在行政上隸屬於各企業集團，是實行自主經營、自負盈虧的獨立企業法人。

此外，中國的金融公司還有汽車金融公司。2003年10月3日，銀監會出抬了《汽車金融公司管理辦法》，同年11月出抬了《汽車金融公司管理辦法細則》，同年12月29日批准了上汽通用汽車金融有限責任公司、大眾汽車金融（中國）有限公司和豐田汽車金融（中國）有限公司的成立。消費者、汽車生產和銷售公司都將從中受益。

2009年5月12日，銀監會公布《消費金融公司試點管理辦法（徵求意見稿）》公開徵求意見，並決定一個月后在北京、上海、成都和天津四地開展消費金融公司試點工作，接受開辦公司申請，監管則由非銀行監管部負責。這意味著消費金融公司這個誕生於西方的古老事物，正承載著「金融創新」和「刺激內需」的雙重使命降臨中國。

六、投資公司

（一）投資公司概述

投資公司（Investment Company）也稱投資基金，是一種集合投資機構，是由代理投資機構以法定文件為依據通過向投資者發行股份或受益憑證籌集資金，按照信託契約的規定將籌集的資金適當分散地投資於各種金融商品等以謀取最佳投資收益，並將投資收益按基金份額分配給投資者的非銀行金融仲介。最早的投資公司是1868年英國

投資者組建的「海外殖民政府信託」組織。而現代投資公司的發展是與現代金融市場的發展緊密聯繫的,馬柯維茲的資產組合理論更是為投資基金資產組合提供了理論依據,使投資公司的收益性、流動性提高,投資風險降低,增加了投資公司對投資者的吸引力,投資公司發展更加迅猛。

(二) 投資公司的分類

投資公司可分為三類:開放型基金、封閉型基金和單位信託投資公司。

1. 開放型基金

開放型基金(Open-end Fund)通常被稱為共同或互助基金,它們隨時向公眾賣出新股並根據股東的要求以每日市場收盤時的每股淨資產的公允股價為交易價贖回發行在外的股份。互助基金的股份價格是在其每股淨資產值(Net Asset Value per Share,NAV)基礎上確定的。每股淨資產值等於組合市價減去互助基金負債后再除以互助基金發行在外份額的值。

2. 封閉型基金

與互助基金不同,封閉型基金(Close-end Fund)向其他公司出售股份,但通常不贖回它們的股份。封閉型基金的股份既可以進行有組織的交易,也可在場外交易。封閉型基金的一個特徵是投資者必須承擔承銷基金股份發行的巨大成本。

3. 單位信託投資公司

與封閉型基金相同,單位信託(Unit Trust)在單位投資憑證的數目是固定的。單位信託一般投資於債券,但和專門投資於債券的互助基金以及封閉型基金有幾點不同。第一,在單位信託的資產組合中不存在債券的活躍交易。一旦單位信託由發起人(通常是經紀公司或債券承銷商)成立並移交給受託人管理后,受託人將持有所有的債券直到發行人贖回時為止。當發行者的信用等級急遽下降的時候,受託人才可以從資產組合中賣出它的債券。這意味著經營單位信託的成本通常比開放型基金和封閉型基金所發生的成本小。第二,單位信託有一個固定的終止期限,而開放型基金和封閉型基金則沒有。第三,與開放型基金和封閉型基金的投資者不同,單位信託的投資者知道資產是由特定的債券組合組成的,不必擔心受託人會改變資產組合。所有的單位信託都收取一定的銷售佣金。

此外,投資基金還可以從其他角度進行分類。按組織形態的不同,投資基金可分為公司型投資基金和契約型投資基金。公司型投資基金是具有共同投資目標的投資者組成以營利為目的的股份制投資公司,並將資產投資於特定對象的投資基金;契約型投資基金也稱信託型投資基金,是指基金發起人依據其與基金管理人、基金託管人訂立的基金契約,發行基金單位而組建的投資基金。

根據投資風險與收益的不同,投資基金可分為成長型投資基金、收入型投資基金和平衡型投資基金。成長型投資基金是指把追求資本的長期成長作為其投資目的的投資基金;收入型基金是指能為投資者帶來高水平的當期收入為目的的投資基金;平衡型投資基金是指以支付當期收入和追求資本的長期成長為目的的投資基金。

根據投資對象的不同,投資基金可分為股票基金、債券基金、貨幣市場基金、期貨基金、期權基金、指數基金和認股權證基金等。股票基金是指以股票為投資對象的

投資基金；債券基金是指以債券為投資對象的投資基金；貨幣市場基金是指以國庫券、大額可轉讓存單、商業票據、公司債券等貨幣市場短期有價證券為投資對象的投資基金；期貨基金是指以各類期貨品種為主要投資對象的投資基金；期權基金是指以能分配股利的股票期權為投資對象的投資基金；指數基金是指以某種證券市場的價格指數為投資對象的投資基金；認股權證基金是指以認股權證為投資對象的投資基金。

（三）中國的投資公司

在中國，投資公司一般稱為投資基金，其產生於20世紀80年代后期，幾十年來得到了迅速的發展。1997年11月，經國務院批准，中國人民銀行發布了《證券投資基金管理暫行辦法》，使中國的基金市場進入了一個新的階段。1998年3~7月，規模均為20億元的第一批5家證券投資基金試點陸續發行和上市。此后，又不斷有新的、規模更大的證券投資基金推出。截至2000年12月底，中國已有證券投資基金34只，總規模達550億元。新基金的誕生有助於維持中國證券市場的增量資金，改善投資者的結構，也有助於推進證券市場管理的市場化、信息披露的規範化、促進投資理念由短期炒作轉向中長期投資。2000年10月8日，證監會發布《開放式證券投資基金試點辦法》，對開放式基金的公開募集、設立、運作及其相關活動做出規定，標誌著中國證券投資基金試點即將進入開放式基金試點的新階段。截至2016年年底，中國的基金管理公司有113家，其中中外合資公司44家，內資公司64家；取得公募基金管理資格的證券公司或證券公司資管子公司共12家，保險資管公司1家。以上機構管理的公募基金資產合計8.74萬億元。中國證券投資基金業協會已登記私募基金管理人17,433家；已備案私募基金46,505只，認繳規模10.24萬億元，實繳規模7.89萬億元；私募基金從業人員27.20萬人。截至2016年12月底，按正在運行的私募基金產品實繳規模劃分，管理規模在20億~50億元的私募基金管理人有439家，管理規模在50億~100億元的私募基金管理人有157家，管理規模大於100億元的私募基金管理人有133家。[①]

七、養老基金

養老基金在執行資產轉換金融仲介職能的同時，還為公眾提供另外一種保障：退休時按期支付收入。雇主、工會和個人都可以設立養老金計劃，其資金來源於計劃參與者的繳費。由於養老基金每年支付的退休金具有高度可預測性，因此養老基金多投於債券、股票和長期抵押貸款等長期債券。養老基金的管理主要圍繞資產管理。養老基金的經理人試圖持有高預期回報的資產，並通過多樣化投資來降低風險。他們還利用風險管理技術來管理信用和利率風險。養老基金的投資戰略隨著時間推移發生了根本的改變。第二次世界大戰之后，養老基金持有的大部分資產是政府債券，持有的股票份額不到1%。然而，20世紀50~60年代股票市場強勁的表現給養老基金帶來了高額的回報，這促使養老基金將資產組合轉向了股票。在美國，目前股票資產在養老基金中所占比重達到2/3。因此，現在養老基金成為股票市場上重要的力量。20世紀50年代初期，養老基金只持有公司股票的1%，目前這一比率達到15%。養老基金與

---

① 中國證券投資基金業協會2017年年度報告。

共同基金現在一同成為股票市場上的主導力量。

1. 私人養老金計劃

私人養老金計劃由銀行人壽保險公司或者養老基金經理人管理。在僱主發起的養老金計劃中，繳費通常由僱主和僱員共同分擔。許多公司的養老金計劃為非完全累積型，因為其計劃在退休金到期時，由公司的常期收益來履行養老金支付義務。只要公司有足夠的收益，就不會遇到籌資不足的問題；但如果公司沒有足夠的收益，就難以履行養老金支付義務。

2. 公共養老金計劃

公共養老金計劃是社會保障計劃（老年和遺屬保險基金），幾乎覆蓋了私人部門所有僱員。例如，在美國，根據《聯邦保險繳費法案》（Federal Insurance Contribution Act, FICA），工人從工資中扣繳和僱主從營業稅中扣繳的養老金構成了其資金來源。社會保障包括退休收入、醫療費和為殘疾人提供的援助。

八、對沖基金

對沖基金（Hedge Fund）屬於一種特殊類型的共同基金。在美國，據估計，其資產超過2萬億美元。著名的對沖基金包括都鐸投資公司和喬治·索羅斯的量子基金集團。對沖基金的投資者都是有限合夥人，其將資金交由負責管理的合夥人（主要合夥人）來開展投資活動。對沖基金與傳統共同基金的差異主要在於：

（一）最低投資要求

在美國，對沖基金規定了10萬~2,000萬美元不等的最低投資要求，通常為100萬美元。聯邦法律要求對沖基金的投資者不得超過99人（有限合夥人），並且擁有不低於每年20萬美元的穩定收入，或擁有100萬美元以上的住宅之外的資產淨值。這些限制條件的理由是富人會更加謹慎地看管自己的資產，因此對沖基金在很大程度上不受監管。5,000家對沖基金中的很多家都設在海外以避免監管。

（二）投資者在較長的期限內（通常為幾年）放棄資產的使用權

這個要求旨在為經理人制定長期戰略創造寬鬆的環境。對沖基金通常會向投資者收取高昂的費用。一般來說，在美國，對沖基金就其資產收取2%的年費及20%的利潤。

（三）風險更大

對沖基金的名稱帶有誤導性，因為「對沖」通常表明規避風險的投資戰略。儘管其名稱是對沖基金，但實際上這些基金能夠並且承擔了很大的風險。許多對沖基金追求「市場中性」戰略，它們購入看上去便宜的某種證券，如債券，同時賣出數量相等的價值被高估的相似證券。如果利率整體上升或下跌，基金的風險就被對沖掉了，因為一種證券價值的下降與另一種證券價值的上升是相對應的。然而，基金需要推測兩種證券之間的差價是否按照基金經理人預測的方向變化。如果基金賭輸，就可能損失慘重，尤其是如果基金使用槓桿運作其頭寸，即借入大量資金，以致其資本相對投資組合的規模相當小。

九、私募股權投資基金和風險投資基金

私募股權投資基金（Private Equity Fund）是進行長期投資、投資於非上市公司，

并有著類似對沖基金結構的投資基金。私募股權投資基金的投資者屬於有限合夥人（如非常富有的個人、養老基金、金融機構和大學捐贈基金），其將資金交由負責管理的合夥人（主要合夥人）進行投資。私募股權投資基金有兩種類型：風險投資基金和併購基金。風險投資基金（Venture Capital Funds）投資於新成立的公司，通常投資於科技產業。併購基金（Capital Buyout Funds）很多情況下投資於已建成的公司，通過槓桿收購（Leveraged Buyout）來購買上市公司，通過購買其所有股份使上市公司變為私有，同時通過增加公司槓桿（負債）來籌集資金。著名的風險投資基金和併購基金包括科爾伯格·克拉維斯集團（KKR）、貝恩資本和黑石集團。

私募股權投資基金與投資上市公司相比較的優勢主要在於：第一，私募股權投資基金不需要受那些有爭議並且耗費成本的監管。第二，私募股權投資基金的管理者沒有賺取當前利潤的壓力，因而可以將眼光投向長期的盈利能力。第三，私募股權投資基金給予其管理者更多的公司股份以更好地激勵管理者最大化公司價值。第四，私募股權投資基金克服了搭便車問題。相比之下，上市公司股權分散，其所有者彼此間樂於搭便車，風險投資基金和併購基金獲得幾乎所有監管公司的好處，因此其有動力去確保公司運行的平穩。

對於風險投資基金和併購基金來說，一旦它們初創或購買的公司獲得成功，基金便可以通過將公司賣給其他公司或通過首次公開上市后售出而獲利。私募股權投資基金的主要合夥人也會獲得豐厚的回報。在美國，像對沖基金一樣，私募股權投資基金通常可以獲得2%左右的管理費和20%的利潤，這被稱為附帶權益（Carried Interest）。風險投資基金和併購基金能夠獲得很高的利潤。近年來，由於風險投資公司為許多成功的高科技企業融資，包括蘋果電腦公司、思科系統公司、基因泰克公司和太陽微系統公司（被甲骨文收購），因而成為推動經濟增長的一個十分重要的動力。

參考資料

中國金融業資產簡表如表4-3所示。

表4-3　　　　　　　　　　中國金融業資產簡表[①]

（2015年12月31日）　　　　　　　　　　單位：萬億元

項　目	資產
金融業	240.36
中央銀行	31.78
銀行業金融機構	199.35
證券業金融機構	4.40
保險業金融機構	12.36

註：證券業金融機構資產指不包含客戶資產的證券公司總資產。

數據來源：中國人民銀行金融穩定分析小組估算。

---

① 資料來源：中國人民銀行金融穩定分析小組《中國金融穩定報告2016》。

本章小結

1. 金融機構是指專門從事各種與融資活動有關的組織或個人。金融機構體系是由多種不同功能的金融機構組成的。按服務領域不同，金融機構可分為主要服務於間接金融領域的金融仲介和主要服務於直接金融領域的普通仲介人，其中前者又可分為銀行金融仲介和非銀行金融仲介；按資金是否主要來源於存款，金融機構可分為存款性金融機構和非存款性金融機構。由於金融市場存在著很大的交易成本和信息成本，貸款者與借款者無法直接完成金融交易，於是便誕生了金融仲介，金融仲介的存在大大降低了信息不對稱的程度，減少了金融交易中的各項成本。

2. 銀行金融仲介包括中央銀行、商業銀行、專業銀行和政策性銀行。專業銀行是指定有專門經營範圍和提供專門性金融服務的銀行。專業銀行種類甚多，如儲蓄銀行、合作銀行、抵押銀行等。政策性銀行是指由政府投資設立的、根據政府的決策和意向專門從事政策性金融業務的銀行。

3. 非銀行金融仲介主要有保險公司、投資銀行、信用社、信託投資公司、養老基金等各種投資公司等。專門經營保險業務的金融機構稱為保險公司。投資銀行是專門從事對工商業投資和長期信貸業務的非銀行金融仲介。信用合作社是由個人集資聯合組成、以互助為主要宗旨的合作金融組織。信託投資公司是指以代人理財為主要經營內容、以委託人身分經營現代信託業務的非銀行金融機構。投資公司是一種集合投資機構，是由代理投資機構以法定文件為依據通過向投資者發行股份或受益憑證籌集資金，按照信託契約的規定將籌集的資金適當分散地投資於各種金融商品等以謀取最佳投資收益，並將投資收益按基金份額分配給投資者的非銀行金融仲介。

重要概念

金融機構　銀行金融仲介　非銀行金融仲介　存款性金融機構　交易成本
規模經濟　信息成本　識別成本　監督與實施成本　中央銀行　商業銀行
專業銀行　儲蓄銀行　合作銀行　抵押銀行　開發銀行　政策性銀行　保險公司
壽險公司　財產意外險公司　承銷　包銷　代銷　信用合作社　信託投資公司
投資公司　貨幣市場基金　開放型基金　封閉型基金　單位信託投資公司
養老基金　對沖基金　私募股權投資基金　風險投資基金

復習思考題

1. 簡述金融機構及其體系構成。
2. 運用交易成本經濟學和信息經濟學的原理，試說明金融仲介產生和發展的原因及其發展趨勢。

3. 什麼是專業銀行？它可分為哪幾類？
4. 請說明政策性銀行的基本特徵、組織形式、職能、分類和業務特點。
5. 試述中國三家政策性銀行的主要業務。
6. 什麼是保險公司？其特點和分類如何？
7. 簡述投資銀行的特徵和主要業務。
8. 試述近年來投資銀行間存在的競爭與挑戰，並說明如何重新確定其業務活動的類型以提高其自身的競爭力。
9. 簡述中國信託投資公司的發展狀況。
10. 試述投資公司的分類，並說明各類的特點及其區別。
11. 請分析對金融業課以重稅的利弊。
12. 為什麼人們預期損失會比保費少，但是仍選擇購買保險？
13. 保險公司如何規避逆向選擇和道德風險問題帶來的損失？
14. 為什麼財產和意外傷害保險公司持有大量市政債券，而人壽保險公司沒有持有？
15. 「與私人養老金計劃相比，政府養老金計劃很少是不足額的。」這個觀點是正確的、錯誤的還是不確定？解釋你的答案。
16. 為什麼社會保障體系處於最終瓦解的危險中？
17. 證券經紀人、交易商、投資銀行、有組織的交易所和金融仲介的區別在哪裡？
18. 為什麼貨幣市場共同基金允許它的股東以一固定價格贖回份額而其他共同基金不允許？
19. 共同基金的哪些特點及投資環境使得共同基金在過去 30 年得到快速發展？
20. 對厭惡風險的人而言，投資銀行是一個好職業嗎？為什麼？
21. 共同基金和對沖基金的區別是什麼？
22. 「對沖基金沒有風險，就如同它們的名字所顯示的一樣，是用來對沖風險的。」這句話是正確、錯誤的還是不確定？
23. 私募股權投資基金的四點優勢是什麼？

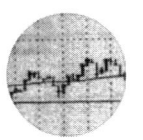

第五章　商業銀行

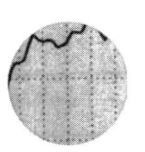

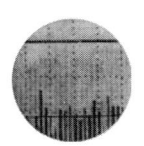

商業銀行是以獲取利潤為經營目標，以經營存貸款為主要業務，具有綜合服務功能的金融企業。商業銀行具有創造和收縮存款貨幣的功能，對社會經濟生活影響極大，對國民經濟的發展起著重要作用。本章著重闡述了商業銀行的起源、性質、功能與作用、業務經營與管理的基本原理。

第一節 商業銀行概述

一、商業銀行的產生和發展

（一）中世紀銀行業的萌芽

銀行產生於貨幣兌換業，在古代社會就已經出現了。隨著商品貨幣關係的發展，必然產生國與國之間、地區與地區之間的商品交換。商人為了完成支付行為，就必須進行貨幣的兌換。最初，貨幣兌換商與其他商人一樣為了獲取利潤，收取貨幣兌換手續費。隨著貨幣兌換業的進一步發展，兌換商除了為商人辦理貨幣兌換外，還為商人保管暫時不用的貨幣，進而接受他們的委託，代理支付與匯兌。由於兌換、保管、匯兌業務的擴張，貨幣兌換業者手中聚集了大量的貨幣。這些資金就為他們從事貸款業務提供了基礎。當他們不僅依靠上述古老業務所聚集的貨幣資金貸款，而且還要向貨幣持有者以提供服務和支付利息為條件吸收存款來擴展貸款業務時，則意味著古老的貨幣兌換業向銀行業的轉變。

近代銀行的出現，是在中世紀的歐洲，當時歐洲的貿易已很發達。最早的銀行是義大利的威尼斯銀行，建於1171年，隨后又有了1407年成立的熱亞那銀行，1609年在荷蘭成立的阿姆斯特丹銀行，1619年在德國成立的漢堡銀行。英國的早期銀行是由金匠業發展而來的。17世紀中葉，美洲大陸的發現使大量金銀流入英國，帶來了金匠業的高度發達。為了安全起見，人們經常將金銀鑄幣送金匠鋪代為保管。金匠便替顧客保管金銀，並簽發保管收據，收取手續費。金匠在業務經營過程中發現保管的金銀除一部分用於顧客支取外，餘下的部分相當穩定，可以將其貸放出去，賺取高利。這一轉變使得金匠的職能發生了變化，具有了信用仲介功能，演變成早期的銀行。這些早期的銀行是產生在封建社會生產方式基礎上的，大都具有高利貸性質。例如，在17世紀，英國的貸款年利率大都在20%～30%，有的甚至更高。隨著資本主義生產關係的確立和資本主義商品經濟的發展，高利貸性質的銀行已不能適應資本擴張的需要。高利貸不僅侵吞了資本主義企業的大部分利潤，而且嚴重地阻礙了資本主義經濟的發展。因此，新興的資產階級一方面展開反對高利貸的鬥爭，另一方面呼喚適應資本主義發展需要的新型銀行。正是在這兩大因素的推動之下，現代銀行應運而生。

（二）現代銀行的產生

現代資本主義銀行主要通過兩條途經產生：一條是舊的高利貸性質的銀行業，逐漸適應新的經濟條件轉變為資本主義銀行；另一條是按資本主義經營原則組織起來的股份制銀行。其中，起主導作用的是后一條途徑。1694年成立的英格蘭銀行是最早出

現的股份制銀行，該行在一開始就正式規定貼現率在 4.5%～6%，大大低於早期銀行的貸款利率。英格蘭銀行的成立，標誌著現代銀行制度的建立，也意味著高利貸在信用領域的壟斷地位被打破。

與早期銀行比較，現代銀行表現出三個特徵：一是利率水平低；二是業務範圍擴廣；三是信用創造功能。最能體現銀行特點的是其仲介作用。「信用仲介」是早期銀行已經具備的功能，而「信用創造」則是現代銀行區別於早期銀行的本質特徵。

(三) 商業銀行的發展

銀行作為經營貨幣信用業務的企業，是隨著資本主義生產方式的發展而產生和發展起來的，是商品貨幣經濟發展的產物。隨著資本主義經濟從自由競爭發展到壟斷，生產的集中和壟斷也促進了銀行的集中和壟斷。這是因為：第一，隨著生產的集中，企業大規模的生產需要大量的資金，這只有大銀行才能提供。第二，大企業在資金週轉過程中遊離出來的閒置資本較多，又為銀行提供了大量的存款來源，從而為大銀行的產生創造了客觀條件。銀行的集中是通過競爭的途徑實現的。在競爭中，大銀行資本雄厚、信譽高、分支機構多、技術先進，能為客戶大規模提供信用資本，提供多種服務。大銀行通過對中小銀行的吞並，使其成為自己的分支機構，不斷擴大自己的業務內容和經營規模。信用日益集中於大銀行，幾家大銀行逐漸壟斷了企業的信貸，這就使銀企聯繫更加密切。大企業更加依賴於少數大銀行，銀行進一步加強對企業的監督和控製。

銀行的集中與壟斷並不會消除競爭。在市場經濟條件下，競爭與壟斷是並存的，壟斷使競爭更加激烈。20世紀90年代中期以來，隨著金融領域競爭的加劇，銀行業的合併和集中又出現了新的特點，主要表現為強強聯合型的銀行合併，組成具有壟斷型的超大銀行，使得商業銀行的業務不斷開拓創新，大大突破原有的業務範圍，並向多元化、全能化、綜合化方向發展。

二、商業銀行的性質和職能

(一) 商業銀行的性質

商業銀行是特殊的企業。之所以說商業銀行是企業，是因為它與普通企業一樣，以追求利潤作為經營目標。之所以說商業銀行是特殊企業，是因為它與普通企業的經營對象和活動領域不同。一般企業的經營對象是普通商品，而銀行經營的則是貨幣這種特殊商品，同時銀行的活動領域不是普通的商品生產和流通領域，而是貨幣信用這個特殊的領域。

(二) 商業銀行的職能

1. 充當信用仲介

充當信用仲介是銀行的最基本職能。一方面，銀行動員集中社會各種暫時閒置的貨幣資金，成為銀行最重要的資金來源；另一方面，銀行將動員集中起來的貨幣資金再貸放出去投向需要資金的企業。銀行實際上成為貨幣資金的貸出者和借入者之間的仲介人。銀行的信用仲介職能對於國民經濟的正常運轉和發展有著重要意義。銀行克服了經濟主體之間直接信用的局限性，實現了資本的再分配，把閒置的貨幣資本集中

起來，轉化為現實的職能資本，使資本得以最充分有效地運用，從而大大提高了全社會對資本的使用效率，促進了生產的發展。

2. 充當支付仲介

銀行在辦理與貨幣資金運動有關的技術性業務時，充當支付仲介。例如，辦理貨幣的收付和轉帳結算等。這一職能的發揮能加速資金週轉，節省流通費用。

3. 創造信用工具

隨著社會經濟的不斷發展，需要交換媒介和支付手段的增加。銀行最初創造的信用工具是銀行券，而后支票又逐步成為現代經濟社會最主要的支付工具。這些信用工具的出現，既滿足了經濟發展對流通手段和支付手段的需要，又節省了流通費用。同時，銀行利用銀行券和支票等信用工具的流通，擴大信用規模，為經濟發展提供必要的貨幣量。

4. 提供廣泛的金融服務

市場經濟的高速發展和人們生活質量的不斷提高，使得各行各業甚至家庭生活都對金融業提出了更多和更高水平的服務需求，如代理收付、保管、信息諮詢、電腦處理等。這些業務不僅能為客戶提供全面的金融服務，促進商品經濟的發展，而且還能夠使商業銀行通過開展廣泛的金融服務來擴展自己的資產負債業務。

三、商業銀行的組織制度

由於各國政治經濟情況不同，商業銀行的組織制度也有所不同。縱觀世界各國的商業銀行組織制度，基本可以概括為三種類型，即單一銀行制度、總分支行制度和銀行持股公司制度。

(一) 單一銀行制度

單一銀行制度（Unit Banking System）是指商業銀行業務只由一個獨立的銀行機構經營而不設立分支機構的銀行組織制度。美國曾長時期實行單一銀行制度。單一銀行制度之所以在美國能夠存在，主要是與美國的聯邦政治制度有關。美國獨立后，不少立法者都標榜聯邦政體，主張各州自治，反對集中。這反映到金融體制上就表現為：第一，強調多頭管理，借以防止某一管理體系採取過嚴的管理措施；第二，推行單一銀行制度，反對商業銀行跨州設立分支機構。其原因是擔心銀行出現壟斷，從而影響美國經濟和金融決策及其管理。但隨著經濟的發展，地區經濟的不斷加強以及金融業競爭的加劇，許多州對銀行開設分支機構的限制逐漸放寬。尤其是20世紀80年代開始，以美國為首的西方國家紛紛進行了以放鬆管制為特徵的金融自由化改革。美國國會於1994年通過了《銀行跨州經營與跨州設立分支機構效率法案》，規定從1997年6月開始允許商業銀行主要以收購的方式，在全美範圍內設立分支機構。這表明美國長期實行的單一銀行制度向總分支行制度發展的趨勢已經形成。

(二) 總分支行制度

總分支行制度（Branch Banking System）是指銀行在大城市設立總行，並在該城市及國內或國外各地設立分支機構的制度。在這種體制下，分支行的業務和內部事務統一遵照總行的規章和指示辦理。目前世界各國基本上都採用這種銀行組織制度，其中

尤以英國最為典型。總分支行制度具有以下優點：第一，銀行作為一個經營貨幣資本的特殊企業，其規模越大，可能籌措的貨幣資金越多，貸放貨幣資金時，可選擇的對象就越廣泛；其「產出」所消耗的單位成本越低，所獲得的收益就越大。第二，銀行規模大，有利於現代化設備的採用，便於提供各種方便的金融服務。第三，銀行數量少，便於國家控製和管理。

（三）銀行持股公司制度

銀行持股公司制度（Banking Holding Company System）是指專以控製和收購一家或多家銀行股票所組成的公司。被控股的銀行在法律上是獨立的，但其業務經營活動則由股權公司控製。銀行持股公司按持股公司控製銀行的數目，可以分為單一銀行持股公司和多銀行持股公司。前者是只控製一家銀行的持股公司，后者則是控製兩家以上銀行的持股公司，又稱集團銀行。銀行持股公司按持股公司的組織者劃分為兩種類型，即非銀行性持股公司和銀行性持股公司。前者是由大企業因擁有銀行的股份而組織起來的；后者是由一家大銀行組織持股公司，然後持有小銀行的股份。

銀行持股公司是美國銀行體系中一種獨特的，同時也是占相當優勢的組織制度。它是美國單一銀行制度下的特殊產物。銀行持股公司出現於20世紀初期。由於銀行持股公司可以逃避禁止銀行跨州設立分支機構的限制，並可以超越商業銀行的經營範圍開展一些其他金融或與金融有關的業務，因而美國絕大多數商業銀行都相繼組成了單一銀行持股公司和多銀行持股公司。目前在美國，幾乎所有的大銀行都歸屬於銀行控股公司。例如，花旗銀行全資附屬於花旗銀行公司，美洲銀行全資附屬於美洲銀行公司，大通曼哈頓銀行全資附屬於大通曼哈頓公司等。目前，持股公司所擁有的銀行有了美國全部商業銀行存款的90%以上。金融混業之後，金融控股公司大都由銀行持股公司發展而來。

四、商業銀行業務範圍向全能方向發展趨勢

從西方資本主義各國商業銀行發展的歷史來看，按其經營業務的範圍劃分，商業銀行大致有兩種模式：職能分工型和全能型。

所謂職能分工，是針對一國金融體制而言的。其基本特點是法律限定金融機構必須分門別類，各有專營業務，如有專營短期、中長期信貸業務的，有專營有價證券買賣業務的，有專營保險業務的，等等。在這種體制下的商業銀行主要經營短期、中長期信貸業務，但不得經營證券、保險業務，即實行分業經營。採用這種模式的國家以美國、英國、日本為代表。

全能型商業銀行又稱綜合性商業銀行，是指商業銀行在業務領域內沒有什麼限制。它可以經營所有金融業務，包括商業銀行各種業務和全面的證券業務。其最大特點是不實行商業銀行業務與投資銀行業務的嚴格區分，即實行混合經營。德國是實行全能銀行制的典型代表。

按照金融業的自然發展狀態來講，無論是從金融服務需求者的便利偏好出發，還是從金融服務供給方規模經濟的要求考慮，「全能化」應是金融業發展的內在規律和要求。因此，在1929—1933年資本主義經濟危機之前的歐洲和美國，所有的金融服務

都是通過「全能銀行」來提供的，金融業顯然處於一種「合」的狀態。然而1929年開始的經濟危機，結束了金融業的這種自然狀態。大危機中，成千上萬家銀行倒閉，從而引發歷史上最大的一次貨幣信用危機。不少經濟學家將此歸咎於銀行的綜合性業務經營，認為商業銀行、投資銀行兩者在機構和資金上的混用是引發大危機的主要原因之一。在此背景下，美國國會通過了《格拉斯-斯蒂格爾法》（Glass-Steagall Act），將商業銀行業務範圍和投資銀行業務範圍明確劃分，以嚴格兩者的分工。在美國的示範下，英國、日本等國家和地區也紛紛仿效，先後實行了銀行業、證券業分業經營。

20世紀70年代開始，美國、英國和日本等主要西方國家，紛紛進行了以放鬆管制為特徵的金融自由化改革。各國放鬆管制的程度與進度不盡相同，主要內容均涉及放鬆金融機構業務領域、放鬆商業銀行與投資銀行嚴格分業經營限制等方面。1981年，日本通過了新的《銀行法》，該法打破了銀行業、證券業分離的傳統，允許商業銀行經營證券業務。1999年，美國國會通過了《金融服務現代化法案》，其主要內容是允許銀行、證券與保險之間聯合經營。該法案的通過，意味著在美國實行了近70年，並由美國傳播到世界各地的對國際金融格局產生重大影響的金融分業經營制度走向終結。為了滿足客戶日益增長的各方面需求，各國銀行業紛紛以各種金融工具與交易方式創新為客戶提供多元化和系統化的金融服務。這已成為國際銀行業的發展方向。

第二節　商業銀行業務

商業銀行業務可分為負債業務、資產業務和表外業務三大類。

一、負債業務

商業銀行負債業務是指形成其資金來源的業務。商業銀行的全部資金來源包括自有資本和吸收的外來資金兩部分。

（一）自有資本

自有資本又稱銀行資本或資本金，是指銀行為了正常營運而自行投入的資金。它代表著對銀行的所有權。

1. 自有資本的構成

商業銀行資本的構成主要有：

（1）股本（Equity Capital）。股本是銀行資本的主要部分和基礎，包括普通股和優先股。

（2）盈餘（Surplus）。盈餘是由於銀行內部經營和外部規定而產生的，分為營業盈餘和資本盈餘兩種。營業盈餘是商業銀行從每年的營業利潤中逐年累積而形成的。資本盈餘是商業銀行在發行股票時，發行價格超過面值的部分，即發行溢價。

（3）未分配利潤（Undistributed Profit）。未分配利潤是銀行稅後利潤減去普通股股利后的餘額。

（4）準備金（Reserve）。準備金是商業銀行為了應付意外事件的發生，而從稅後收益中提取的資金。準備金又分為資本準備（Capital Reserve）和壞帳準備（Loan-loss

Reserve)。資本準備是商業銀行為應付股票資本的減少而提留的。壞帳準備是商業銀行為了應付資產的損失而提留的。

(5) 資本票據和債券 (Capital Note and Debenture)。資本票據 (指償還期限較短的銀行借據) 和債券是商業銀行的債務資本，屬於附屬資本。商業銀行用發行資本票據和債券的方式籌集資本的有利之處在於可以減少銀行的籌資成本。因為銀行的這部分債務不必保持存款準備金，銀行對資本票據和債券支付的利息要少於對普通股和優先股支付的股息。其不利之處在於這部分資本屬於非永久性資本，有一定的期限，限制了銀行對此類資本的使用。

2. 自有資本的功能

商業銀行是追求利潤的企業，自有資本在銀行的經營中起著十分重要的作用。一般來講自有資本具有以下三大功能：

(1) 保護性功能。保護性功能，即保護存款人利益。由於商業銀行的經營資金絕大部分來自於存款，當銀行資產遭受損失時，自有資本可以及時補充，起到緩衝器的作用，以保護存款人的利益。下面舉例看看銀行的資本金在防範銀行破產倒閉方面的作用。

如何看待銀行資本防範銀行倒閉的運行機制，現以美國銀行體系的兩家銀行為例。[①] 我們來考察這兩家銀行，資本規模較大的銀行 (其資本佔資產總額的比率為10%) 和資本規模較小的銀行 (其資本佔資產總額的比率為4%)，除此之外，這兩家銀行資產負債表的其他方面都是一致的 (見表5-1和表5-2)。

表5-1 資本規模較大的銀行帳戶 a

資產	負債
準備金 1,000 萬美元	存款 9,000 萬美元
貸款 9,000 萬美元	銀行資本 1,000 萬美元

表5-2 資本規模較小的銀行帳戶 a

資產	負債
準備金 1,000 萬美元	存款 9,600 萬美元
貸款 9,000 萬美元	銀行資本 400 萬元

假定這兩家銀行都捲入了房地產市場的熱潮，隨後都發現自己有500萬美元的房地產貸款已經一文不值。在核銷這些壞帳 (其價值為零) 的時候，資產總值減少了500萬美元。結果是，作為資產總額與負債總額之間差額的銀行資本也減少了500萬美元。這兩家銀行的資產負債表如表5-3和表5-4所示。

表5-3 資本規模較大的銀行帳戶 b

資產	負債
準備金 1,000 萬美元	存款 9,000 萬美元
貸款 8,500 萬美元	銀行資本 500 萬美元

表5-4 資本規模較小的銀行帳戶 b

資產	負債
準備金 1,000 萬美元	存款 9,600 萬美元
貸款 8,500 萬美元	銀行資本 -100 萬元

因為最初擁有的1,000萬美元的資本能夠起到良好的緩衝作用，所以這家資本規模較大的銀行可以承受這500萬美元的資本損失。即使遭受這500萬美元的損失之后，

---

① 弗雷德里克·S.米什金. 貨幣金融學 [M]. 蔣先玲，等，譯. 北京：機械工業出版社，2016：169-170.

這家銀行現在仍然具有 500 萬美元的正淨值（銀行資本）。然而，資本規模較小的銀行卻會因此陷入困境。現在，其資產價值已經低於負債價值，淨值為負的 100 萬美元。由於其淨值為負，所以這家銀行已經資不抵債（破產）了，即它已經沒有足夠的資產來償付所有債權人了。在銀行資不抵債的時候，政府的監管者就會關閉銀行，拍賣其資產，並且解雇這家銀行的經理。由於資本規模較小銀行的所有者會發現其投資已經蕩然無存，因此其情願銀行持有較多的資本金作為緩衝，以便能夠像資本規模較大的銀行那樣吸收這一損失。因此，我們發現了銀行保持充足資本金的一個重要原因在於銀行持有銀行資本可以減少其資不抵債的可能性。

（2）經營性功能。自有資本是銀行經營的最初資金來源，銀行自有資本扣除購置固定資產後的剩餘資金可作為銀行的營運資金。營運資金的多少對銀行業務的發展和盈利的大小有一定的影響。如果是股份制商業銀行，銀行資本規模就會影響股票持有者收益情況的運行機制。我們仍以美國的銀行體系為例。[①]

由於銀行的所有者必須要瞭解銀行的管理狀況，因此其需要能夠準確衡量銀行盈利能力的指標。衡量銀行盈利性的基本指標是資產回報率（Return on Asset, ROA），即每一美元資產的稅後淨利潤：

$$ROA = 稅後淨利潤 / 資產 \tag{5-1}$$

由於資產回報率反映了每一美元的資產平均產生的利潤水平，因此其提供了銀行運營效率的信息。然而，銀行所有者（股東）最關心的還是其股權投資獲得的利潤數量。通過另一個衡量銀行盈利能力的基本指標，即股權回報率（Return On Equity, ROE）來顯示這一信息，它是每一美元股權（銀行）資本的稅後淨利潤：

$$ROE = 稅後淨利潤 / 股權資本 \tag{5-2}$$

資產回報率（它衡量的是銀行經營狀況）和股權回報率（它衡量的是所有者的投資回報）之間存在著直接的聯繫。這一聯繫是以所謂的股本乘數（Equity Multiplier, EM）來體現的，它等於每一美元股權資本所對應的資產數額：

$$EM = 資產 / 股權資本 \tag{5-3}$$

我們注意到：

$$\frac{稅後淨利潤}{股權資本} = \frac{稅後淨利潤}{資產} \times \frac{資產}{股權資本}$$

由定義可知：

$$ROE = ROA \times EM \tag{5-4}$$

（5-4）式告訴我們，在銀行資產給定的情況下，資本規模較大的銀行最初擁有 1 億美元資產和 1,000 萬美元的資本，其股本乘數為 10（=1 億美元/1,000 萬美元）。相比之下，資本規模較小的銀行只有 400 萬美元的資本，其股本乘數較高，具體為 25（=1 億美元/400 萬美元）。假設這兩家銀行經營水平相當，從而獲得了同樣的資產回報率 1%，那麼資本規模較大的銀行的股本收益率為 1%×10=10%，而資本規模較小的銀行的股權回報率為 1%×25=25%。資本規模較小的銀行的股東顯然比資本規模較大的銀行的股東高興得多，因為其收益水平是後者的兩倍多。這就是銀行的所有者不

[①] 弗雷德里克·S.米什金. 貨幣金融學 [M]. 蔣先玲，等，譯. 北京：機械工業出版社，2016：170-171.

願意持有過多資本的原因。在資產回報率給定的條件下，銀行的資本越少，銀行股東的回報率就越高。

（3）管理性功能。管理性功能，即金融管理當局通過規定和調整自有資本的各種比率，限制銀行任意擴張其資產規模，實現對商業銀行的監督和管理。

自有資本的功能決定了它是保證整個銀行體系健康運轉的基礎，因此各國金融管理當局大都以法律的形式規定了適量資本標準。這樣銀行既能夠承受一定的呆帳損失，又能夠保持銀行穩健運行和正常的盈利水平。關於資本適量標準，它隨著時間的推移而在變化，而且不同國家標準也不盡相同。銀行監管機構也制定了相應的規定，要求銀行必須持有（一定數量的）資本。但如前所述，持有資本金將會產生較高的成本，因此一般來說銀行經理願意持有的資本規模要低於監管機構的要求。在這種情況下，只有通過法定資本金規定來決定銀行資本的（最低）規模。

政府強制性的資本要求是實現金融機構道德風險最小化的一種方法。如果強制要求金融機構持有較大規模的股權資本，那麼一旦金融機構破產，其自身就會遭受更多的損失，因此其傾向於從事那些低風險的業務活動。此外，在負向衝擊出現的時候，資本可以作為一種緩衝來降低金融機構破產的可能性，由此直接增加金融機構的安全性和穩定性。

銀行的資本要求具有兩種形式。第一種形式是槓桿比率（Leverage Ratio），即資本與銀行資產總額之間的比率。銀行槓桿比率必須高於5%，才能被認定為資本充足；如果槓桿比率較低，尤其是低於3%的時候，監管當局就會對其加強管制。例如，在20世紀80年代的大部分時間裡，美國商業銀行最低資本要求僅通過設定最低槓桿比率來規定。

在現代銀行中，自有資本往往是商業銀行資金來源的一小部分，而其資金來源的大部分主要是靠外來資金。外來資金的形成渠道包括吸收存款和借款。

（二）吸收存款

吸收存款是商業銀行的傳統業務，也是商業銀行最重要的負債業務。可以說，吸收存款是銀行與生俱來的基本特徵。銀行的自有資本總是有限的，如果沒有存款，銀行的經營將受到極大限制，也不可能獲得較高的收益。

西方各國商業銀行存款種類劃分很靈活，各國銀行劃分標準也不盡相同。一般來說，常用的傳統分類是將存款概括為活期存款、定期存款和儲蓄存款三大類。

1. 活期存款

活期存款（Demand Deposit）是一種不需要事先通知，憑支票便可隨時提取或支付的存款，因此也稱支票存款。活期存款主要是為滿足客戶支取方便，靈活運用的需要，同時也是客戶取得銀行貸款和服務的重要條件。活期存款的特點是存戶可以隨時存取，流動性強。由於活期存款存取頻繁，銀行提供服務所費成本較高，因此目前世界上多數國家的商業銀行對活期存款一般不支付利息或以較低的利率支付利息。

活期存款是商業銀行的主要資金來源。商業銀行通過吸收活期存款，可以取得短期的可用資金以用於短期的貸款和投資業務，可以取得比較穩定的活期存款餘額以用於中長期的貸款和投資業務。雖然活期存款時存時取，流動性強，但在數量巨大的資金流中總會形成一部分數量穩定的「最低不動餘額」，這部分資金，銀行可以用於中

長期借貸。商業銀行只有經營活期存款業務，才具有「創造」存款貨幣的能力。

2. 定期存款

定期存款（Time Deposit）是存戶預先約定期限，到期前一般不能提取的存款。定期存款的特點是穩定性強、流動性低。定期存款是商業銀行獲得穩定資金來源的重要手段。定期存款的利率與存款期限的長短有密切的關係，一般存款期限越長，利率越高。

定期存款多採用定期存款單的形式，也有採用存摺形式的。傳統的定期存款單是不能轉讓的。20 世紀 60 年代以後，由於金融業的激烈競爭，商業銀行為了更廣泛地吸收存款，推出了「可轉讓」的定期存單，這種存單於到期日前可在市場上轉讓。

3. 儲蓄存款

儲蓄存款（Saving Deposit）是城鄉居民個人將其貨幣收入的結餘存入銀行而形成的存款。儲蓄存款分為活期和定期兩種。儲蓄存款通常由銀行發給存戶存摺，以作為存款和提款的憑證。儲蓄存款一般不能簽發支票，支用時只能提取現金或先轉入存戶的活期存款帳戶。

在中國，國有控股商業銀行以及其他股份制商業銀行的負債中，儲蓄的地位十分突出。隨著中國經濟的不斷發展和居民收入的不斷提高，儲蓄存款不斷增加，儲蓄存款在全部存款中的比重持續上升。到 2015 年年底，中國城鄉居民儲蓄存款餘額超過 140 萬億元，為銀行提供了大量的資金來源。表 5-1 是中國 2000—2015 年城鄉居民儲蓄存款餘額。

表 5-5　　　　　中國城鄉居民儲蓄存款餘額（2000—2015 年）　　　　　單位：億元

年份	餘額
2000	46,332.4
2001	73,762.4
2002	86,910.6
2003	103,617.3
2004	119,555.4
2005	141,051.0
2006	161,587.3
2007	172,534.2
2008	217,885.4
2009	260,771.7
2010	303,302.5
2011	343,635.9
2012	406,191.05
2013	1,040,000.4
2014	1,130,000.9
2015	1,411,500.99

資料來源：《統計年鑒》2016 年統計數據。

近年來，隨著西方國家銀行業務的不斷創新，存款形式越來越多，出現了模糊上述三個類別之間界線的新型存款帳戶，如可轉讓定期存單、可轉讓支付命令帳戶、自動轉帳服務帳戶、貨幣市場存款帳戶等。

(三) 銀行借款

各類非存款性借入款也是商業銀行負債業務的重要組成部分。銀行用借款的方式籌集資金，途徑主要有以下幾種：

1. 中央銀行借款

中央銀行是銀行的銀行，是銀行的「最后貸款人」。當商業銀行資金不足時，可以向中央銀行借款。西方國家中央銀行對商業銀行所提供的貸款一般是短期的。中央銀行對商業銀行提供貸款多採用兩種形式，即再貼現和抵押貸款。再貼現是把商業銀行辦理貼現業務買進的未到期票據再轉賣給中央銀行。抵押貸款是用商業銀行持有的有價證券作為抵押品向中央銀行取得借款。

2. 銀行同業拆借

銀行同業拆借是指商業銀行之間以及商業銀行與其他金融機構之間相互提供的短期資金融通。在這種拆借業務中，借入資金的銀行主要是用以解決本身臨時資金週轉的需要，期限較短，多為1～7個營業日。

同業拆借一般都通過各商業銀行在中央銀行的存款準備金帳戶，由拆入銀行與拆出銀行之間，用電話或電傳通過專門的短期資金公司或經紀人來安排等方式進行。

3. 國際貨幣市場借款

近年來，各國商業銀行在國際貨幣市場上尤其是歐洲貨幣市場廣泛地通過辦理定期存款、發行大額定期存單、出售商業票據、銀行承兌票據及發行債券等方式籌集資金，以擴大國內的貸款和投資規模。歐洲貨幣市場自形成之日起，就對世界各國商業銀行產生了很大的吸引力。其主要原因在於它是一個完全自由的、開放的、富有競爭力的市場。歐洲貨幣市場資金調度靈活、手續簡便、各國的管制寬鬆，同時該市場不受存款準備金和存款利率最高額的限制。因此，其存款利率相對較高，貸款利率相對較低，具有交易量大、成本低、利潤高等特點。

4. 結算過程中的臨時資金占用

這是指商業銀行在辦理中間業務及同業往來過程中，臨時占用的他人資金。以匯兌業務為例，從客戶把一筆款項交給匯出銀行起，到匯入銀行把該款項付給指定的收款人止，中間總會有一定的間隔時間，在這段時間內，該款項匯款人和收款人均不能支配，而為銀行所占用。隨著銀行管理水平和服務效率的提高，特別是電子計算機運用於資金清算調撥，使銀行占用客戶或同業資金的週期不斷縮短，占用機會也相對減少。但由於商業銀行業務種類不斷增加，銀行同業往來更加密切，因此占用資金仍然是商業銀行可供運用的資金來源。

5. 發行金融債券

發行金融債券是商業銀行籌集資金來源的主要途徑。金融債券具有不記名、可轉讓、期限固定、收益較高的特點。對銀行來說，發行金融債券有利於籌集穩定的長期資金，提高負債的穩定性，從而提高銀行資金使用效率和效益。

二、資產業務

商業銀行資產業務是指商業銀行對通過負債業務所集聚起來的資金加以運用的業務，是其取得收益的主要途徑。商業銀行的資產業務主要有現金資產、貸款、貼現和證券投資。

(一) 現金資產

現金資產（Cash Asset）也稱第一準備（Primary Reserve），是滿足銀行流動性需要的第一道防線。現金資產是銀行資產中最具流動性的部分，是銀行的非盈利性資產。現金資產包括庫存現金、在中央銀行的存款、存放同業資金和托收未達款。

1. 庫存現金

庫存現金是銀行金庫中的現鈔和硬幣，主要用於應付日常業務支付的需要（如客戶以現金形式提取存款等）。庫存現金屬於不生利的資產，因此銀行一般只保持必需的數額。現金太多，影響銀行收益，增加銀行費用；現金太少，不能應付客戶提取現金的需求，甚至造成擠提存款，增加銀行風險。

2. 在中央銀行的存款

在中央銀行的存款是指商業銀行的法定存款準備金和超額準備金。法定存款準備金（Reserve on Deposit）是商業銀行按法定存款準備金比率，把吸收的存款繳存中央銀行的部分。規定繳存存款準備金的目的最初主要是為了保證商業銀行有足夠的資金應付客戶的存款提現，保證存款人的利益和維護銀行業的穩定。現在，調整法定存款準備金比率是中央銀行進行宏觀金融調控的一種重要的政策工具。超額準備金（Excess Reserve）是商業銀行的總準備金減去法定存款準備金的差額。由於法定存款準備金一般不能動用，商業銀行能動用的只是超額準備金部分。通常，超額準備金的多少決定了商業銀行能夠再度進行貸款和投資規模的大小。商業銀行保留超額準備金的目的，主要是為了銀行之間票據交換差額的清算，應付不可預料的現金提存和等待有利的貸款與投資機會。

3. 存放同業資金

存放同業資金是銀行為了自身清算業務的便利，在其他銀行經常保持一部分存款餘額而相互開立的活期性質的存款帳戶。

4. 托收未達款

托收未達款是指銀行應收的清算款項。具體來講，托收未達款是商業銀行收到以其他商業銀行為付款人的票據，已向票據交換所提出清算或已向其他商業銀行提出收帳但尚未正式記入存放同業或記入在中央銀行存款帳戶中的款項。這部分款項在收妥前不能抵用，但收妥後，或增加同業存放的存款餘額，或增加該銀行在中央銀行準備金帳戶上的存款餘額，成為可以動用的款項。因此，托收未達款與現金的作用差不多。

(二) 貸款

貸款（Loan）是銀行將其吸收的資金，按一定的利率貸放給客戶並約期歸還的業務。貸款在資產業務中的地位，如同存款在負債業務中的地位一樣。一方面，貸款的規模大小和運用情況如何，直接決定著銀行利潤的大小；另一方面，貸款的規模和結

構，對銀行的安全性、流動性具有關鍵性的意義。商業銀行貸款業務種類很多，按不同的標準劃分，至少有以下幾種：

1. 按貸款期限劃分

按貸款期限劃分，商業銀行貸款可分為短期貸款、中期貸款和長期貸款。短期貸款（Short-term Loan）是指貸款期限在1年以內的貸款，如季節性貸款、臨時性貸款。中期貸款（Medium-term Loan）是指貸款期限一般在1~5年的貸款。長期貸款（Long-term Loan）則是期限更長的貸款。中長期貸款主要是各種固定資金貸款、開發性貸款。

2. 按貸款的保障程度劃分

按貸款的保障程度劃分，商業銀行貸款可分為抵押貸款、擔保貸款和信用貸款。抵押貸款（Mortgage Loan）是指借款人以一定的有價值的商品物質和有價證券作為抵押保證的貸款。抵押品包括商品或商品憑證（如提單、棧單）、不動產和動產以及各種有價證券等。如果借款人不按期償還貸款，銀行可以出售抵押品。擔保貸款（Guarantee Loan）是指由借貸雙方以外的有相應經濟實力的第三方為擔保人而發放的貸款。這種貸款無需提供抵押品，銀行憑藉客戶與擔保人的雙重信譽而發放。如果借款人不能按期償還貸款，由擔保人承擔償還責任。信用貸款（Credit Loan）是指銀行完全憑藉客戶的信譽而無需提供抵押品而發放的貸款。

3. 按貸款對象劃分

按貸款對象不同劃分，商業銀行貸款可分為工商業貸款、農業貸款、不動產貸款和消費者貸款。按照貸款對象的不同來劃分貸款種類，也是西方國家商業銀行比較通行的劃分方法。工商業貸款（Commercial and Industrial Loan）是商業銀行對工商企業發放的貸款。工商業貸款一般在商業銀行貸款總額中比重最大。農業貸款（Agriculture Loan）是商業銀行發放給農業企業、個體農戶和農村個體工商戶的貸款。短期的農業貸款主要用於資助農民的季節性開支，如購買種子、化肥、農藥、飼料等。不動產貸款（Real Estate Loan）是以土地、房屋等不動產作為抵押品而發放的貸款。這類貸款主要用於土地開發、住宅公寓、大型設施購置等方面。其特點是期限長（通常為10年，最長可達30年），風險較大，但收益高。消費貸款（Consumer Loan）是向個人提供的、用於購買耐用消費品和支付其他各種費用的貸款。消費貸款按用途可以分為住宅貸款、汽車貸款、助學貸款、度假旅遊貸款等。以貸款對象的不同劃分貸款的種類，有利於考察銀行信貸資金的流向和在國民經濟部門行業間的分佈狀況，有利於分析銀行信貸結構與國民經濟結構的協調情況。

（三）貼現

貼現（Discount）是銀行買進未到期票據的業務。貼現業務是商業銀行重要的資產業務。貼現業務的做法是銀行應客戶的要求，買進未到期的票據，銀行從買進日起至到期日止，計算票據的貼現利息，從票面金額中扣除貼現利息以後，將票面餘額付給持票人，銀行在票據到期時，持票向票據載明的付款人索取票面金額的款項。貼現付款額的計算公式見（3-3）式。

商業銀行票據貼現業務從形式上看是一種票據的買賣，實際上是一種信用業務，

是債權的轉移。因為在貼現前,票據是債務人對票據持有人的一種負債,貼現後則變成了債務人對銀行的負債,票據所有權發生轉移,銀行成了債權人。因此,商業銀行進行票據貼現,實質上是向客戶提供了間接形式的貸款。

(四) 證券投資

證券投資 (Securities Investment) 是指商業銀行以其資金在金融市場上對收益證券的買賣。證券投資是商業銀行重要的資產業務,也是利潤的主要來源之一。商業銀行證券投資的目的有兩個:一個目的是為了增加資產的流動性,即充當第二準備。第二準備是滿足商業銀行流動性需要的第二道防線,當商業銀行的資產不夠滿足流動性需要時,可拋售短期證券。作為第二準備的短期資產,既能保持一定的盈利,又能在短期內變現。另一個目的是為了增加銀行收益。目前,商業銀行投資的證券主要有國庫券、中長期國債、地方政府債券和政府機構債券等。

商業銀行的上述資產負債業務都在其資產負債表中反映出來,但具體到每一家商業銀行,其資產負債表的細目還是存在些微差異的。

閱讀與比較

中外商業銀行簡化資產負債表對比

中外商業銀行簡化資產負債表對比如表 5-6 和表 5-7 所示。

表 5-6　　　美國商業銀行資產負債表 (各項占總額的百分比,2014 年 6 月)

資產 (資金用途)[注]	(%)	負債 (資金來源)	(%)
準備金和現金項目	19	支票存款	11
證券		非交易性存款	
美國政府和政府機構證券	13	小額定期存款(少於10萬美元)+儲蓄存款	47
州和地方政府以及其他證券	6	大額定期存款	11
貸款		借款	20
工商企業貸款	12	銀行資本	11
房地產貸款	25		
消費者貸款	8		
銀行間同業拆放	1		
其他貸款	7		
其他資產 (比如實物資產)	9		
合計	100	合計	100

註:按照流動性遞減排序。

資料來源:www.federalreserve.gov/releases/h8/current/.

表 5-7　　　　　　　　　中國商業銀行的資產負債表

資產	所有者權益與負債
準備金和現金項目	銀行資本
庫存現金	存款
在中央銀行存款	活期存款

表5-7(續)

資產	所有者權益與負債
在其他存款類金融機構存款和在途待收現金	定期存款
貸款	儲蓄存款
工商企業貸款	借款
不動產貸款	其他負債
消費者貸款	
其他貸款	
證券	
公債	
地方政府證券及其他證券	
其他資產	
資產總計	所有者權益與負債總計

三、表外業務

商業銀行表外業務（Off-Balance Sheet）是指商業銀行從事的未列入銀行資產負債表內，並且不影響資產負債總額的業務。表外業務的實質是在保持資產負債表良好外觀的條件下，商業銀行利用其在信息、技術、資金、人才、信譽等方面的優勢，擴大銀行的資金來源與資金運用，以增加銀行的利潤收入。近年來，隨著競爭環境的日益激烈，銀行已經開始通過積極地開展表外業務來獲取利潤。表外業務活動包含金融工具的交易活動及從收費服務和貸款銷售中獲得收入的業務活動，這些業務活動能夠影響銀行的利潤水平，但是不在其資產負債表中得以體現。實際上，表外業務對銀行的重要性日益提高。例如，從1980年以來，美國的銀行從表外業務中獲得的收入占其資產的百分比已經增長了近一倍。

表外業務種類很多，廣義的表外業務包括四大類：傳統的中間業務、擔保業務、承諾業務以及金融工具創新業務（表外業務創新）。狹義的表外業務通常專指金融工具創新業務。

(一) 傳統的中間業務

商業銀行傳統的中間業務包括結算業務、代理業務、信託業務、租賃業務、銀行卡業務、信息諮詢服務等。

1. 結算業務（Settle）

結算又稱為貨幣結算，是銀行應客戶要求為其經濟往來所引起的貨幣收付和債權債務關係進行清算。客戶到銀行存款（特別是活期存款）除了安全保值的目的外，更多的是為了利用銀行在轉帳結算方面的便利。商業銀行為了吸收更多的存款，提高資金的運用能力，也盡可能地加強和完善結算業務工作，為客戶提供優質、迅速的結算服務。商業銀行結算方式很多，主要有：

(1) 支票結算。支票結算是客戶根據其銀行的存款和透支限額開出支票，命令銀行從其帳戶中支付一定款項給受款人，從而實現資金劃轉、支付、了結債權債務關係

的一種結算方式。同城結算是通過票據交換所（銀行之間支票清算的機構）進行支票結算。商業銀行在異地結算中主要採用匯兌、托收、信用證和電子資金劃撥系統等幾種結算方式。

(2) 匯兌結算（Remittance）。匯兌結算是由付款人委託銀行將款項匯給異地收款人的一種結算方式。銀行收到付款人的匯款請求后即收下款項，然後通知收款人所在地自己的分行或代理行，請其向收款人支付一定數額款項。

(3) 托收結算（Collection）。托收結算是指債權人或收款人為向異地債務人或付款人收取款項而向其開出匯票，並委託銀行代為收取的一種結算方式。

(4) 信用證結算（Letter of Credit）。信用證是銀行根據客戶的要求，按其指定的條件開給賣方的一種保證付款的憑證。信用證結算方式是付款人（買方）把一定款項預先交存開戶銀行作為結算保證金，委託銀行開出信用證（信用證上註明支付貨款時所應審查的事項，包括貨物規格、數量、發貨憑證等），通知異地收款人（賣方）的開戶銀行通知收款人，收款人按信用證所列條件發貨后，銀行即按信用證規定代付款人付款。信用證作為商業活動中重要的結算工具，在異地採購，尤其是國際貿易中得到廣泛的發展，成為貿易貨款的主要結算方式之一。

(5) 電子資金劃撥系統（Electronic Transfer of Fund）。隨著計算機大型化和遠距離通信網路化，實現了商業銀行通過電子資金系統進行異地結算，使資金週轉速度大大加快，業務費用大大降低。西方國家較有名的電子資金劃撥系統有美國聯邦儲備局主辦的「聯邦儲備通信系統」（Fed Wire），美國、加拿大多家商業銀行組織的「銀行通信系統」（Bank Wire）。跨國的電子資金劃撥系統有中心位於紐約的「票據清算所同業支付系統」（Clearing House Interbank Payment System，CHIPS）和由遍及北美、歐洲、亞洲50多個國家與地區的1,000多家銀行組成的國際性銀行資金清算系統「全球銀行間金融電訊協會」 （Society of Worldwide Interbank Financial Telecommunication，SWIFT）。SWIFT每日可完成30萬筆交易，每筆業務從發出到確認只需一兩分鐘時間。作為一種高效能、大範圍的國際電信網路系統，SWIFT確實是具備了快速、可靠、準確和保密的特點。

(6) 承兌業務（Acceptance）。承兌業務是銀行為客戶開出的匯票或票據簽訂承諾，保證到期一定付款的業務。銀行經營這種業務，一般並不需要投入貨幣資金而是用客戶的資金辦理，因此這種業務實際上只是銀行的一種擔保行為，是以其自身的信譽來加固客戶的信用。

2. 代理業務（Proxy）

代理業務是商業銀行接受客戶委託，以代理人的身分代理委託人指定的經濟事務的業務。商業銀行經辦代理業務時，即形成了委託人與商業銀行之間的一種基於法律行為或法律規定的「代理關係」。在這種由於代理行為產生的代理關係中，必須以被代理人和代理人雙方互相信任為基礎，代理活動要受到信用契約的法律約束。代理業務主要有代理收付款業務、代保管業務、代客買賣業務等。

3. 信託業務（Trust）

信託是商業銀行受委託人的委託，為指定的受益人的利益，依照契約的規定，代

為管理、經營或處理財產和事務的一種業務。

4. 租賃業務（Lease）

租賃是由所有權和使用權的分離而形成的一種借貸關係，即由財產所有者（出租人）按契約規定，將財產的使用權暫時轉讓給承租人，承租人按期繳納一定租金給出租人的經濟行為。

銀行租賃業務的形式主要有以下幾種：

（1）融資性租賃（Financial Lease）。融資性租賃是以融通資金為目的的租賃。具體做法是：先由承租人直接向製造廠商選好所需設備，再由出租人購置后出租給承租人使用，承租人按期交付租金。這種租賃由於是由出租人支付了全部資金，等於向承租人提供了全額信貸，因此又叫資本性租賃。

（2）槓桿租賃（Leverage Lease）。槓桿租賃也稱代償貸款租賃，是由承租人選定所需的機器設備，並談妥條件，然后找出租人要求租賃。出租人只需籌集購買該設備的一部分資金（一般為購買機器設備所需全部資金的 20%～40%），其餘部分可以向銀行申請貸款，並將此設備作為抵押品以取得貸款，並用該設備的租金來償還貸款。

（3）操作性租賃（Operating Lease）。操作性租賃也稱服務性租賃，即銀行作為出租人買下設備、車船、電子計算機等，然后向承租人提供短期使用服務。

（4）轉租賃（Sub Lease）。轉租賃也稱再租賃，是將設備進行兩次重複租賃的金融租賃方式。其具體做法是：一般由出租人根據用戶需要，先從其他租賃公司（通常為國外的公司）租入設備，然后再轉租給承租人使用。

5. 銀行卡業務

銀行卡（Bank Card）是商業銀行向社會公開發行，具有消費信用、轉帳結算、存取現金等全部或部分功能，作為支付結算工具的各類卡的統稱。銀行卡種類很多。常見的銀行卡一般分兩種：借記卡和貸記卡。前者是儲蓄卡，后者是信用卡。[①] 隨著信用卡業務在世界各地不斷發展和現代通信條件及電子技術在銀行的應用，信用卡已成為一種國際通用的支付方式。雖然中國銀行卡業務發展很快（見「參考資料　中國的銀行卡業務」），但從目前來看，銀行卡在交易額、人均持卡比例、使用率及銀行卡業務的經濟效益等方面與發達國家相比都還有一定差距，與中國國民經濟發展的整體水平還不相適應，銀行卡應有的作用還遠未發掘出來。因此，中國銀行業應充分利用現有資源，進一步改善用卡環境，以促進信用卡業務的發展。

參考資料

中國的銀行卡業務

中國的銀行卡業務起步較晚，但發展很快。從 1985 年中國銀行發行第一張信用卡開始，30 餘年來中國的銀行卡業務蓬勃發展。截至 2016 年年末，全國累計發行銀行卡 62 億張，較 2015 年年末增長 14.5%，連續十年保持了兩位數以上的增長。2016 年，全國銀行卡跨行交易筆數和金額分別達到 271.1 億筆和 72.9 萬億元，同比分別增長 16.8%和 35.2%，高於其他國家的增長速度。

---

① 參閱第二章中的消費信用。

在受理市場方面，2016年，全國聯網商戶和銷售終端（POS）分別超過2,000萬戶和2,400萬臺，自動提款機（ATM）終端近80萬臺。目前中國銀行卡滲透率接近49%，超過了部分發達國家的水平。以銀行卡消費金額測算，中國銀行卡產業規模在全球占比已超過30%。一些支付產業起步較晚的國家開始以中國為榜樣，借鑑中國經驗，引進中國支付技術與標準。過去十餘年，中國銀聯圍繞「全球網路、國際品牌」的戰略願景，不斷加快國際化進程。截至2016年末，銀聯卡全球受理網路已延伸到160餘個國家和地區，境外累計開通商戶近2,000萬戶、ATM終端超過130萬臺，境外累計發卡超過6,800萬張，市場規模日益壯大，銀聯品牌已逐漸成長為國際主要的支付品牌之一。

2016年，中國銀聯繼續積極支持國家「一帶一路」戰略，緊緊抓住戰略機遇，不斷拓展沿線國家支付網路。目前，在「一帶一路」沿線的65個國家和地區，中國銀聯已在其中近50個市場開展業務，部分國家銀聯網路覆蓋率達到九成以上。在受理業務方面，哈薩克斯坦、土耳其等大部分「一帶一路」沿線國家均已開通銀聯卡受理業務，蒙古、阿聯酋等國家更是實現了銀聯卡受理全覆蓋；在發卡業務方面，東南亞東盟十國均已實現銀聯卡本地發卡，蒙古、尼泊爾、巴基斯坦、也門、黎巴嫩等也實現了銀聯卡發卡的突破；在清算業務方面，中國銀聯在俄羅斯提供人民幣清算業務，更好地滿足了發卡機構的清算服務需求。

2016年，銀聯支付技術標準「走出去」取得了新的重大突破。在老撾、泰國協助建立本地銀行卡支付系統之後，中國銀聯又與亞洲支付聯盟（APN）的會員機構達成芯片卡標準授權合作，新加坡、泰國、韓國、馬來西亞、印度尼西亞、菲律賓等國家的主流轉接網路將把銀聯芯片卡標準作為受理、發卡業務的技術標準。這標誌著中國金融技術標準「走出去」取得新突破。

資料來源：2016年全國銀行卡發卡62億張，同比增14.5%［EB/OL］.（2017-03-06）［2017-08-08］. http://www.ebrun.com/20170306/219820.shtml.

6. 信息諮詢服務

商業銀行自身機構多，在信息獲取方面具有得天獨厚的條件。銀行通過對資金流量的記錄和分析，對市場行情變化有著靈活的反應，再加上商業銀行先進的電腦設備和齊備的人才，使得銀行成為一個名副其實的信息庫。銀行大力發展信息諮詢服務業務，給自身帶來了豐厚的利潤。

7. 貸款銷售

近年來，有一種類型的表外業務活動的重要性在日益提高，它是通過貸款銷售活動來賺取收益。貸款銷售（Loan Sale）也稱為二級貸款參與，它是一項關於全部或部分出售特定貸款現金流的合約，從而將這筆貸款從銀行資產負債表的資產項目中抹去。銀行通過以略高於貸款初始金額的價格銷售貸款，從中獲得收益。由於其利率較高，因此這種業務吸引了大量機構投資者購買這些貸款。儘管略高的價格意味著這些機構購買者獲得的利潤要稍微低於原始的貸款利率，通常為0.15個百分點。

（二）擔保業務

商業銀行的擔保業務（Guarantee）是擔保人做出的在締約一方不履行或違反合同

條款時而代付一筆確定款項的承諾。銀行擔保書多數是不可撤銷的。擔保業務有一部分屬於傳統的中間業務；有一部分是近年來產生的，往往會對銀行資產負債業務構成潛在的影響，涉及的信用風險較大。例如，簽發備用信用證，也稱擔保信用證(Standby Letters of Credit) 等，其要求提供的抵押品、信用等級標準等程序，均與直接貸款相同。只要風險實際不發生，擔保業務就不會影響到銀行的資產負債業務，而為銀行創造大量的擔保費收入。通常，擔保是以開具保函的形式進行的，在世界各國經濟交往中，產生了各類保函（擔保），如投標保函、履約保函、還款保函、付款保函、賠償保函等。

(三) 承諾業務

承諾（Commitments）是銀行與借款客戶達成的一種具有法律約束力的正式契約，銀行將在正式的有效承諾期內，按照雙方商定的金額、利率，隨時準備應客戶需要提供信貸便利。同時，作為提供承諾的報酬，銀行通常要向借款人收取一定的承諾佣金。票據發行便利（Note Issuance Facilities，NIFs）是替發行票據的公司、政府機構提供籌資承諾，即商業銀行代理借款者發行票據，然后將發行票據籌資金交付借款者使用。一旦通過發行票據籌集資金的計劃不能如期實現，銀行便需按約向票據發行者提供貸款，以滿足其資金需要。

(四) 金融工具創新業務（表外業務創新）

20世紀70年代後西方各國商業銀行表外業務範圍不斷擴大的過程，也是表外業務不斷創新的過程。在金融創新廣泛湧現以前，金融機構從事的表外業務活動主要是傳統的中間業務，但從20世紀60年代開始，金融市場上的個人和金融機構面臨著經濟環境的巨大變化：通貨膨脹和利率急速上漲，並且更加難以預測，這改變了金融市場上的需求狀況。計算機科技的迅猛發展也改變了供給狀況。此外，金融監管制度也變得日漸煩冗。金融機構發現其許多原來的業務活動已經不再具有盈利能力，其向公眾提供的金融服務和金融產品不再有銷路。許多金融仲介機構發現其已經難以依靠傳統的金融工具來籌集資金，而如果沒有這些資金的支持就意味著其不久將無法生存。為了能夠在新的經濟環境中生存下去，金融機構就必須研究和開發新的產品和服務，以滿足客戶需求並獲取利潤，這個過程就是金融工程（Financial Engineering）。在這種情況下，需求是創新之母。

金融創新主要有三種基本類型，即適應需求變化的金融創新、適應供給變化的金融創新以及規避管制的金融創新。[1]

1. 適應需求變化的金融創新

近年來，經濟環境中最顯著的變化就是利率波動性的日益增強，這改變了金融產品的需求狀況。20世紀50年代，美國的3個月期國庫券利率波動的幅度在1.0%~3.5%；而到了20世紀80年代，其波幅已經擴大至5%~15%。利率的大幅度波動產生巨額資本損益，並且增加了投資回報的不確定性。與利率走勢和回報率的不確定性相關的風險就是利率風險。利率波動越大，利率風險也越大。利率風險的上升，加大了

---

[1] 弗雷德里克·S.米什金. 貨幣金融學 [M]. 蔣先玲，等，譯. 北京：機械工業出版社，2016：203-211.

對能夠控製這種風險的金融產品和服務的需求。經濟環境的改變由此促進了金融機構對於具有盈利性的金融創新的研究和開發，以滿足這種新的需求，進而促進了那些能夠降低利率風險的新型金融工具的誕生。20世紀70年代，可變利率抵押貸款和金融衍生工具的誕生就是其例。

（1）可變利率抵押貸款。1975年，美國加利福尼亞州的儲貸協會開始發放可變利率抵押貸款，即抵押貸款的利率隨著某種市場利率（通常為國庫券利率）的變化而變化。可變利率抵押貸款的初始利率可能為5%，而6個月後該利率可能按照某種利率（比如6個月期國庫券利率）的波動進行同等幅度的變動，抵押貸款的償付金額也由此進行相應調整。由於可變利率抵押貸款給抵押貸款機構提供了一種可能，即在利率上升時，獲得更高的利息收益，從而在整個利率提高的時期內，始終保持著較高的利潤。可變利率抵押貸款這種誘人的特點鼓勵抵押貸款機構在初始時按照比傳統固定利率抵押貸款更低的利率發放可變利率抵押貸款，因此受到居民的普遍歡迎。

（2）金融衍生工具。各種新型的金融工具，如互換、遠期利率協議、期權、期貨等是銀行新開發的表外業務。這其中尤其是對有風險業務的拓展，近年來更令人矚目。這些新型的金融工具能改善資本比率，有利於提高銀行收益與競爭能力。但表外業務所具有的高風險也必須引起重視。關於這些金融衍生工具已在本書第三章述及，此處不再贅述。

2. 適應供給變化的金融創新：信息技術

推動金融創新的供給狀況中最重要的變化就是計算機和通信技術的迅猛發展。這種技術被稱為信息技術，具有兩方面的影響。一方面，它降低處理金融交易過程的成本，使得金融機構能夠從這種為公眾創建新型金融產品和服務的過程中獲取利潤。另一方面，它降低投資者獲取信息的難度，從而使公司更容易發行證券。信息技術的迅猛發展產生不少新型的金融產品和服務，主要如下：

（1）銀行信用卡和借記卡。信用卡和借記卡前已述及，此處不再贅述。

（2）電子銀行業務。現代計算機技術的發展使得客戶可以通過電子銀行設施而非人工服務來完成與銀行之間的業務往來，從而降低銀行的交易成本，如自動提款機（Automated Teller Machine，ATM）、家庭銀行（Home Banking）、虛擬銀行（Virtual Bank）。虛擬銀行沒有實際營業場所，而是存在於網路空間中。它利用互聯網提供一系列的銀行服務，如吸收支票和儲蓄存款、銷售定期存單、發行ATM銀行卡、提供帳單支付便利等。這樣虛擬銀行將家庭銀行向前推進了一步，使客戶能夠在家中一天24小時享受全方位的銀行服務。

（3）資產證券化與影子銀行體系。在過去的20年中，證券化（Securitization）是伴隨著信息技術進步產生的最重要的金融創新之一。證券化是將規模較小且流動性較差的金融資產（如居民貸款、汽車貸款、應收信用卡帳款等，它們是銀行賴以生存的根基）轉換成可在資本市場流通的證券的過程。證券化也是影子銀行體系的基礎。

①影子銀行體系的運行。在傳統銀行業，一個經濟實體的資產轉化即是通過發行不同特質的負債（高流動性低風險的存款）進行籌資併購買不同系列的資產（低流動性高回報的貸款）。另外，證券化便是不同金融機構一起運作的資產轉化過程。這些機

構構成了影子銀行體系。也就是說，資產轉化通過證券化完成，而影子銀行體系也並不是「行走於黑暗之中」，它們就如同傳統銀行一樣存在。例如，一個抵押貸款交易商（更常被稱為貸款發起人）會安排一個金融機構為居民辦理住房抵押貸款服務（即收集利息和本金）。這樣的服務商會將這個抵押貸款賣給另一個金融機構，後者會將許多抵押貸款捆綁組合起來。這個收集者收取貸款組合的利息和本金，將組合傳遞給第三方。收集者會去找分銷者（一般是投資銀行），分銷者將組合分割成標準化的數額，並將標準化后的證券賣出，一般是賣給影子銀行的其他金融機構，如貨幣市場共同基金或者養老金公司。證券化的過程可以按照如下順序：

形成貸款 → 服務 → 捆綁 → 分銷

由於證券化過程起始於貸款，最終形成證券發行，因此證券化也被稱為發起-分銷模型（Originate-to-Distribute Business Model）。

在證券化的每一步中，貸款發起者、服務者、收集者、分銷者都提取手續費。這四種機構構成了金融仲介特殊的一部分。影子銀行體系包含了資產證券化過程中的所有金融機構，因此若交易成本和手機信息的成本較低時，這一過程非常具有盈利性。更低的獲取信息的成本使賣出資本市場證券變得更加容易，而更低的交易成本使金融機構收取利息本金再賣給證券持有人的成本更加低廉。

②次級貸款市場。次級貸款（Subprime Mortage）是21世紀初在資產證券化和影子銀行體系下發展出的一個極為重要的金融創新。它是向信用記錄不那麼優秀的借款人提供的新的居民貸款。在2000年之前，只有信用記錄良好的借款者才能獲得住房抵押貸款。而計算機技術的進步和新的統計手段（數據挖掘）使人們更容易地度量居民貸款借款人的信用風險。擁有信用記錄的居民現在可以被分配到一個數字評分，即FICO分數（以開發出它的Fair Isaac Corporation命名），這一分數可以預測該居民的違約情況。由於現在獲得次級貸款比較容易，因此可以將它們打包成抵押貸款證券，提供新的融資來源。我們將會在第十二章中看到，次級貸款爆發是導致2007—2009年全球金融危機的重要因素。

3. 規避管制的金融創新

由於金融業受到的管制遠比其他行業嚴重，因此政府管制極大地促進了這一行業的創新活動。在美國，兩類規章制度嚴格限制了銀行的盈利能力：法定準備金制度和對存款利率的限制。

首先，法定準備金實際上是對存款徵收的稅金。由於2008年之前美聯儲不為準備金支付利息，持有準備金的機會成本就是銀行將這些準備金貸放出去可能賺取的利息。對於每一美元的存款，法定準備金給銀行帶來的成本就是銀行將準備金貸放出去的利率i和存款中準備金比例r的乘積。銀行承擔的成本$i \times r$就像對銀行存款徵收的稅金，稅率為$i \times r$。銀行為了提高利潤，積極從事那些能夠規避法定準備金制度對存款徵稅的金融創新活動。

其次，對於存款利息支付的限制。1980年以前，美國大多數州的法律禁止對支票存款帳戶支付利息，聯邦儲備委員會根據《Q條例》對定期存款的利率設置上限。假如市場利率上漲超過此利率上限，存款人就會從銀行提取資金，而將其投資於收益率

更高的證券。銀行體系存款的流失限制了銀行可以放貸的資金規模［稱為金融脫媒（Disintermediation）］，從而使銀行利潤受到制約。為了規避利息支付限制和法定準備金稅務效應，引發的兩項重要的金融創新如下：

（1）貨幣市場共同基金。它是以國庫券、大額可轉讓存單、商業票據、公司債券等貨幣市場短期有價證券為投資對象的基金。發行的股份可以通過簽發支票的形式，按照固定價格（通常為1美元）贖回。例如，如果你用5,000美元購買5,000股貨幣市場共同基金股份，該基金將這些資金投資於短期貨幣市場證券，並且向你支付利息。除此之外，你能夠就該基金的股份簽發上限為5,000美元的支票。儘管該基金股份能夠發揮支票帳戶存款的功能，可以賺取利息，但是從法律上講，它們還不是存款，因此不受法定準備金制度的約束，也不受利息支付的限制。因此，支付的利率高於銀行存款利率。第一家貨幣市場共同基金是由華爾街兩位特立獨行的人布魯斯·本特和亨利·布朗於1970年創立的。1977年，貨幣市場共同基金的資產還不到40億美元；目前，貨幣市場共同基金資產大約為2.7萬億美元。貨幣市場共同基金是一項成功的金融創新。2008年次貸危機期間，由布魯斯·本特創建的一家貨幣市場共同基金執行的一項極具諷刺意味的高風險投資活動，幾乎斷送了整個貨幣市場共同基金行業。

（2）流動帳戶（Sweep Account）。在這種帳戶下，每當工作日結束時，企業支票帳戶上任何高於規定金額的餘額都會被「清掃出」該帳戶，用於隔夜支付利息的證券投資。由於「清掃出」的資金不再屬於支票存款，因此它們不受法定準備金制度的約束，不用「納稅」。流動帳戶還有一個優勢就是，銀行實際上是向企業支票帳戶存款支付利息，而在現行的規章制度下，這是不允許的。流動帳戶非常受歡迎，它降低了銀行所需繳納的法定準備金數額。

閱讀與思考

金融創新和傳統銀行業務的衰落

作為傳統金融仲介的銀行所扮演的角色就是吸收短期存款和發放長期貸款，這就是資產轉換過程，即通常所說的「借短貸長」。這裡我們考察金融創新如何加劇了銀行業經營環境的競爭程度，導致該行業發生巨大變化，即傳統銀行業務的逐漸萎縮。

在美國，商業銀行作為非金融企業借款人資金來源的重要性已經急遽下降。在1974年，商業銀行為這些借款人提供了接近40%的資金，而到了2014年，商業銀行的市場份額下降到27%以下。儲蓄機構市場份額下降得更為迅速，從20世紀70年代後期的20%以上下降到今天的2.5%。要理解傳統銀行業務規模和盈利能力的降低，我們需要考察前面提到的金融創新如何損害銀行在獲取資金方面的成本優勢與資產方的收入優勢。成本優勢和收入優勢的同時削弱，導致傳統銀行業盈利能力的下降，從而促使銀行竭力削減這些傳統業務，積極從事新的更具盈利能力的業務。

1. 資金獲取（負債）成本優勢的下降

在1980年之前，銀行一直受到存款利率上限的限制，即不能對支票存款支付利息。在美國，根據《Q條例》的規定，對定期存款支付的最高利率只能略高於5%。直到20世紀60年代，這些限制性規定都是有利於銀行的，因為銀行主要的資金來源

是支票存款（超過60%），支票存款的零利率意味著銀行資金成本非常低。不幸的是，銀行的這種低成本優勢沒有能夠維持多久。20世紀60年代末始發的通貨膨脹率的上升，推動利率升高，使得投資者對不同資產之間收益率的差異更加敏感。結果就產生了金融脫媒過程：由於支票存款和定期存款的低利率，於是人們將其資金從銀行中提取出來，投資於收益率較高的資產。同時，規避存款利率上限和準備金要求的強烈願望導致金融創新，產生貨幣市場共同基金。由於存款人在貨幣市場共同基金帳戶上，既可以得到類似支票帳戶的服務，又能獲取高利率，從而使銀行處於更加不利的境地。對於銀行而言，作為低成本資金來源的支票存款的重要性急遽下降，其占銀行負債的比例從60%以上降至今天的11%以下，這有力地證明了金融體系發生的上述變化。

銀行在籌資方面的難度不斷增大，因此在它們的支持下，美國於20世紀80年代取消了《Q條例》對定期存款利率上限的規定，並允許對支票存款支付利息。儘管這些規則的變化有助於增強銀行在獲取資金方面的競爭力，但同時也意味著它們獲取資金的成本大幅上升，因此進一步削弱了先前銀行相對於其他金融仲介機構的低成本優勢。

2. 資金運用（資產）收入優勢的下降

美國銀行負債方成本優勢的削弱是銀行競爭力降低的一個原因，然而資產方的收入優勢也遭受到垃圾債券、證券化和商業票據市場的發展等金融創新的衝擊而下降，使其競爭力進一步受到削弱。銀行資產收入優勢的下降導致其市場份額的減少，促進了影子銀行體系的發展，使出借資金者能利用金融創新繞過傳統銀行業進行金融活動。

我們已經看到，信息技術的發展使得公司能夠更容易地直接向公眾發行證券。這意味著銀行的很多優質客戶不再依賴銀行滿足短期信貸需求，而是去商業票據市場上尋求成本更低的資金來源。此外，商業票據市場的發展使得財務公司能夠迅速擴展其業務。財務公司主要依賴商業票據市場籌集資金，這樣就損害了銀行的業務。財務公司的貸款對象中許多是與銀行重合的。相對於銀行而言，財務公司的市場份額不斷擴大。1980年之前，財務公司發放給企業的貸款大約相當於銀行工商業貸款的30%，而目前該數值已經上升到32%以上。

垃圾債券市場的擴張也替代了銀行的部分貸款業務。信息技術的發展使公司更容易繞開銀行直接向公眾銷售債券。《財富》500強公司早在20世紀70年代就開始採取這一行動。現在，由於有了垃圾債券市場，低質量的企業借款人對銀行的依賴程度也大為降低。

我們已經看到，計算機技術的發展促進了證券化的趨勢。這樣，銀行貸款和抵押貸款等流動性較低的金融資產就可以轉換成可流通證券。計算機使得其他金融機構也能夠發放貸款，因為其他金融機構能夠用統計模型準確地評價信用風險；同時，計算機還可以大大降低交易成本，於是銀行也可以將貸款捆綁在一起，作為證券銷售出去。一旦計算機能夠準確地評估違約風險，銀行在發放貸款方面的優勢就消失殆盡了。喪失了上述優勢，即使銀行本身也捲入證券化的進程，銀行的部分貸款業務也會流失到其他金融機構手裡。證券化對儲貸協會等抵押貸款發放機構而言，是一個尤為嚴重的問題，因為大多數住宅抵押貸款現在都被證券化了。

3. 銀行的反應

對於任何一個行業,盈利能力的下降通常會導致行業退出(通常是由大範圍的破產引起的)和市場份額的縮減。20世紀80年代,美國銀行業出現了這樣的情況,那就是由銀行併購和破產引起的。

為了生存和維持足夠的盈利水平,很多美國銀行面臨以下兩種選擇:

第一,它們可以涉足新的高風險貸款領域,從而維持傳統的貸款業務活動。例如,美國銀行增加發放商業不動產貸款的比例,這在傳統上屬於風險較高的貸款類型,因而會承擔更高的風險。此外,銀行還增加對企業接管和槓桿收購等高槓桿率交易貸款的發放。銀行傳統業務活動盈利能力的降低導致了2007—2009年的全球金融危機。

第二,擴展更具盈利能力的表外業務活動。美國商業銀行在20世紀80年代早期就是如此操作的,表外業務等非利息收入業務的收入在銀行總收入中的份額增加了一倍以上。非傳統銀行業務可能具有較高的風險水平,以致銀行承擔過大的風險。實際上,在次貸危機期間這些非傳統銀行業務給銀行的資產負債表造成了嚴重的損失。

銀行傳統業務活動的減少意味著銀行業必須尋求新的業務。這樣做能夠使銀行保持活力和健康,因此是有利的。事實上,直到2007年,銀行的盈利能力一直保持在高水平上,非傳統的表外業務在銀行利潤回升方面發揮著重要作用。不過,銀行業的這種新發展趨勢也增加了銀行的風險,傳統銀行業務的減少要求監管當局更加謹慎。這也給銀行監管者提出了新的挑戰,現在銀行監管者必須更加關注銀行的表外業務活動。

4. 其他工業化國家傳統銀行業的衰退

其他工業化國家與美國面對同樣的壓力,導致傳統銀行業務的萎縮。其他工業化國家的銀行在存款領域的壟斷力同樣遭受到巨大衝擊。全世界範圍內的金融創新及放鬆管制為存款人和借款人提供了更多的選擇。比如在日本,放鬆管制使得公眾得以面對一系列新的金融工具,導致日本出現與美國類似的金融脫媒過程。在歐洲國家,金融創新逐步侵蝕了保護銀行免於競爭的傳統防線。

在其他國家,銀行同樣也面臨著由於證券市場的擴張而帶來的日益激烈的競爭。金融業管制的放鬆和經濟基本面的力量使人們能更加容易地得到證券市場的信息,企業能夠更容易地以低廉的成本通過發行證券而不是向銀行借款來為其業務活動融資。此外,即使在那些證券市場並不發達的國家,銀行也流失了部分貸款業務,因為它們的優質企業客戶可以進入外匯市場和歐洲債券市場等離岸資本市場籌資。對於一些更小的經濟體,如澳大利亞,儘管還不具備很完善的公司債券市場和商業票據市場,但銀行的貸款業務還是有一部分流失到了國際證券市場上。此外,推動美國證券化的力量同樣也在其他國家發揮作用,削弱了這些國家傳統銀行業的盈利能力。並不是只有美國銀行面臨著更為複雜的競爭環境,因此儘管美國較早出現了傳統銀行業衰落的過程,但同樣的力量也促使其他國家傳統銀行業務的萎縮。

資料來源:弗雷德里克‧S.米什金. 貨幣金融學[M]. 蔣先玲,等,譯. 北京:機械工業出版社,2016:211-213(引者略作改動).

第三節 商業銀行的經營原則與管理

商業銀行是企業，企業的性質決定了其經營的動機和目標是追求最大限度的利潤。商業銀行又是經營貨幣資金的特殊企業，資金來源中絕大部分是負債。營運對象的特殊性使商業銀行的經營原則和管理方法有別於普通工商企業。

一、商業銀行的經營原則

在現代市場經濟中，作為金融企業，商業銀行和普通企業一樣，必然也以盈利作為自己的經營目標。同時，銀行在經營活動中，由於其面臨著變幻無常的市場環境，也會存在許多風險，因而要盡量規避風險，保證資金的安全。另外，商業銀行要應付客戶提款、貸款及自身經營管理中對現金的需要，就必須保證其資產的流動性。因此，商業銀行在業務經營活動中必須遵循三條原則：盈利性、安全性和流動性。

（一）商業銀行經營的盈利性

所謂盈利性，是指商業銀行在其業務經營活動中必須力求獲取最大限度利潤的要求。追求盈利是商業銀行的經營目標，是其改進服務、開拓業務和改善經營管理的內在動力。如前所述，商業銀行的盈利水平通常用資產回報率（Return On Asset, ROA）來表示，它是商業銀行在一定時期內的稅后淨利潤與資產總額的比率，公式見(5-1) 式。

（二）商業銀行經營的安全性

所謂安全性，是指銀行在經營中要盡可能避免資產遭受風險損失。實現安全經營，不僅關係到存款人的利益，而且直接關係到銀行的生存和發展。衡量銀行安全性的主要指標有不良資產率等。

（三）商業銀行經營的流動性

所謂流動性，是指銀行能隨時應付客戶提取存款的支付能力。商業銀行為了使經營活動能夠順利進行，必須保證具有足夠的流動性。原因在於銀行經營業務的主要資金來源是吸收存款負債。銀行與一般企業不同的負債結構，使銀行不可能將大量資金投放於高收益資產。銀行如果不能及時滿足客戶提款要求，就會對銀行信譽造成嚴重損害，甚至有破產倒閉的危險。衡量商業銀行流動性高低的指標通常為流動比率，即能夠較快變現的流動性資產與負債總額的比率。

任何銀行都希望達到最大限度的安全性、流動性和盈利性，但這三者之間是既互相聯繫又互相制約的。一項資產的潛在收益率越高，其流動性和安全性也就越低，銀行不得不保持一定比率的流動性資產，又總是試圖減少流動性資產。因此，商業銀行經營管理的核心就是對安全性、流動性和盈利性三者的協調做出最佳選擇。

二、商業銀行資產管理理論與管理方法

（一）資產管理理論（Asset Management Theory）

資產管理理論是早期西方商業銀行的經營管理理論。這種理論認為，應當將商業

銀行經營管理的重點放在資產方面。負債是資產運用的前提，而負債業務主要取決於客戶的存取意願，銀行處於被動地位。因此，銀行只能對資產進行主動管理，努力實現資產結構的優化調整。由於經濟環境的變化和銀行業務經營的發展，資產管理理論經歷了以下三個發展階段：

1. 商業貸款理論（或稱真實票據理論）

商業貸款理論是最早的資產管理理論，產生於18世紀后期。這種理論認為，商業銀行只適宜發放自償性的短期商業貸款（所謂自償性，是指隨著再生產的進行，貨物銷售出去，貸款將從銷售收入中自動得到償還），而且這種貸款一定要以真實交易為基礎，必須以真實票據作為抵押，一旦企業不能按期還貸時，銀行可以處理抵押品不致遭受更大損失。該理論還認為，這種自償性貸款會隨著貿易額的增減變化而自動收縮，因而對貨幣和信用量也有自動調節的作用。

2. 轉換理論

轉換理論產生於20世紀初。轉換理論認為，銀行要保持資產的流動性，不必將資產業務限於短期自償性商業貸款，主要看其掌握的資產能否在金融市場上隨時出賣而變現。銀行掌握的資產應該是那些信譽度高、期限短、流動性強、易於出售的短期債券（如國庫券等），在需要資金時，隨時轉讓出去以保持資產的流動性。轉換理論為銀行提供了保持流動性的新方法，使商業銀行資產業務向多元化發展，業務經營更加靈活多樣。

3. 預期收入理論

預期收入理論產生於20世紀40年代末。該理論認為，一筆好的貸款，應以根據借款人未來收入制訂的還款計劃為基礎，而不必將資產業務局限於自償性商業貸款和易於出售的短期債券。因為貸款最終能否按期償還主要取決於借款人的還款能力，只要借款人的預期收入有保證，無論借款期限長短，都不會影響銀行資產的流動性。這種理論的提出，為商業銀行資產業務向經營中長期貸款、消費貸款等方面的拓展提供了理論指導依據。

（二）資產管理的一般方法

1. 資金匯集法（Pool of Funds Approach）

資金匯集法是20世紀30~40年代西方商業銀行資金管理中普遍運用的方法。資金匯集法的基本內容是把存款和各種來源的資金匯集起來，然後再將這些資金在各種資產之間按優先權進行分配。這種方法要求銀行首先確定資產流動性和盈利性需要的比例，然後把資金分配到最能滿足這些需要的資產上。按流動性優先的順序將資產設置為三個部分：流動性資產、貸款、其他證券。

2. 資金分配法（The Funds Allocation Approach）

資金分配法是20世紀50年代作為資金匯集法的一種改進而在商業銀行資金管理中被廣泛運用的方法。資金分配法的基本內容是把現有資金分配到各類資產上時，應使這些資金來源的週轉速度與相應的資產期限相適應。換句話說，就是銀行的資產與負債的償還期應保持高度的對稱關係。

三、商業銀行負債管理理論

負債管理理論（Liability Management Theory）產生於 20 世紀 60 年代初。負債理論是在金融創新中發展起來的理論。20 世紀 60 年代以前，商業銀行的資金來源除了自有資本外，主要是吸收存款，銀行無法主動安排負債。從 20 世紀 60 年代開始，金融市場利率節節高升，而《Q 條例》等金融法規的存在，又阻礙了商業銀行為吸引存款而做的努力，從而引起「脫媒」現象的發生。如前所述，「脫媒」（Disintermediation）是指當市場利率高於《Q 條例》規定的存款利率最高限時，存款者發現直接購買國庫券、商業票據或債券等能獲得更高的收益，於是紛紛提款直接購買有價證券，從而使得存款機構的存款大量流失，信用收縮，贏利減少。面對這種情況，銀行已不可能再忽視資金來源的性質、成本來進行資金運用決策。現實迫使銀行不得不以創新方式去獲取新的資金來源。

負債管理的核心思想就是主張以借入資金的辦法來保持銀行的流動性，從而增加資產業務，提高銀行收益。負債管理理論認為，商業銀行要保持其流動性，不僅可以通過加強資產管理獲得，還可以向外借款，通過負債管理來增加資金，增強流動性，擴大商業銀行資產規模。負債管理理論的產生，使西方商業銀行的負債業務從被動轉向主動，開創了保持銀行流動性的新途徑。但銀行過多依賴借入資金，提高了負債成本，也增加了銀行的經營風險。

四、資產負債管理理論與管理方法

20 世紀 70 年代以後，由於市場利率大幅度上揚，負債管理在負債成本提高及經營風險加大等方面的缺陷越來越明顯。於是，一種將資產和負債管理理論在更高層次上綜合，並從整體考慮銀行經營管理理論，即資產負債管理理論（Asset-Liability Management）應運而生。資產負債管理本質上是對過去多年商業銀行管理理論、各種管理方法的總結和綜合運用。資產負債管理理論認為，商業銀行應根據經營環境的變化將資產和負債兩個方面進行分析對比，運用現代技術加以綜合管理，使兩方面保持協調。這樣才能在保證銀行資產流動性和安全性的前提下實現利潤最大化。

（一）資產負債管理的目標

資產管理是以負債總規模和負債結構主動權在客戶手裡，銀行是被動的為前提。在這一前提下，資產管理理論認為，銀行要保持流動性，以應付客戶提款，這就必須「量入為出」，使資產規模受制於負債規模，資產結構受制於負債結構。負債管理以既定的目標——資產增長需要為前提。在此前提下，負債管理理論認為，要保持銀行的適度流動性，就必須採取主動負債（或借款）的管理方式。可見，資產管理、負債管理，儘管著力點不同，但動機相同，都是為了保持銀行適度流動性。在對待流動性、安全性和盈利性上，以流動性為主，而盈利性只能從屬於流動性。

商業銀行的經營原則是保持「三性」的協調。這就要求把流動性、安全性和盈利性放在同等層面上去考慮，而單獨的資產管理、負債管理無法做到。因此，就必須把資產管理和負債管理聯合應用。資產負債管理的目標就是「三性」並重。

(二) 資產負債管理的一般方法

資產負債管理的核心變量是淨利差（Net Interest Margin），即利息收入和利息支出之差額。商業銀行資金管理理論認為，淨利差是商業銀行主要的利潤來源。淨利差受資金額、利率和兩者混合的影響，其中利率是關鍵，利率與淨利差有直接的關係，對銀行淨利差的影響最大。因此，唯有控製利率敏感型資產（Rate-Sensitive Assets）或稱可變利率資產與利率敏感型負債（Rate-Sensitive Liabitoies）或稱可變利率負債，才能控製住銀行淨利差。西方商業銀行創造了許多利率敏感型資產管理的方法，其中最主要的是「資金缺口管理」方法（Fund Gap Management）。

所謂資金缺口，是指利率敏感型資產與利率敏感型負債之間的差額。資金缺口有三種可能的情況：零缺口，即利率敏感型資產等於利率敏感型負債；負缺口，即利率敏感型資產小於利率敏感型負債；正缺口，即利率敏感型資產大於利率敏感型負債。缺口管理的運用，使商業銀行根據對市場利率趨勢的預測，及時發現並改正在固定利率和可變利率的資產與負債之間的任何不平衡，並適時地對兩者進行調節，以保持銀行盈利，同時降低風險。當預測利率將處於上升階段時，資金管理者應為商業銀行構造一個資金正缺口（圖5-1），這樣大部分資產將按較高利率重新定價，而只有較小部分資金來源按高成本定價。當預測利率將處於下降階段時，資金管理者應為銀行構造資金負缺口（圖5-2），使更多的資產維持在較高的固定利率水平上，而資金來源中卻有更多的部分利用了利率不斷下降的好處。

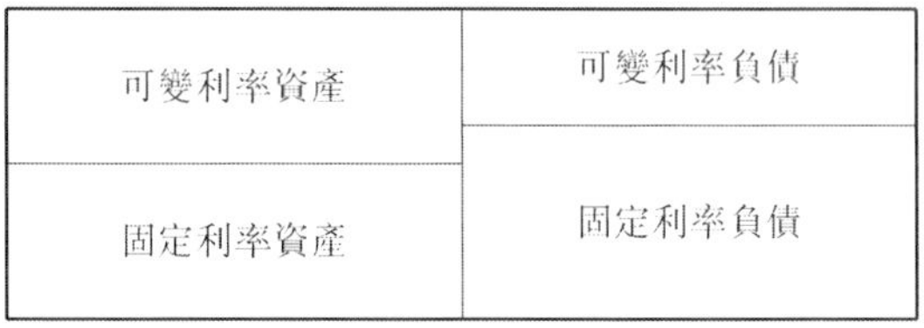

可變利率資產	可變利率負債
固定利率資產	固定利率負債

圖5-1　資金缺口管理（正缺口）簡圖

可變利率資產	可變利率負債
固定利率資產	固定利率負債

圖5-2　資金缺口管理（負缺口）簡圖

例5-1：為了全面瞭解利率風險，讓我們觀察A銀行的資產負債表情況（見表5-8）。

表5-8　　　　　　　　　　A銀行　　　　　　　　　單位：萬元

資產		負債	
利率敏感型資產	2,000	利率敏感型負債	5,000
可變利率貸款和短期貸款		可變利率大額定期存單	
短期證券		貨幣市場存款帳戶	

表5-8(續)

資產		負債	
固定利率資產	8,000	固定利率負債	5,000
準備金		支票存款	
長期貸款		儲蓄存款	
長期證券		長期大額定期存單	
		股權資本	

表5-8中，總額2,000萬元的資產屬於利率敏感型，其利率變動比較頻繁（每年至少變動一次）；8,000萬元的資產屬於固定利率，其利率長期（1年以上）保持不變。在負債項目中，A銀行擁有5,000萬元的利率敏感型負債，並且擁有5,000萬元的固定利率負債。如果利率提高了5個百分點，即平均利率水平從10%提高到15%。該銀行資產的收益增加了100萬元（=5%×2,000萬元的利率敏感型資產），而其償付負債的金額則增加了250萬元（=5%×5,000萬元利率敏感型負債）。於是，A銀行的利潤減少了150萬元（=100萬元-250萬元）。相反，如果利率下降了5個百分點，通過同樣的推理過程，我們可以知道A銀行的利潤將會增加150萬元。這說明了如果銀行擁有的利率敏感型負債多於利率敏感型資產，那麼利率的提高將會導致其利潤下降，而利率的下降將會使得其利潤增加。

資金缺口管理對商業銀行增加收益、降低成本的效果是明顯的，但銀行在運用缺口管理方法時應注意：第一，必須對缺口絕對大小進行控製，使其隨著利率變化的不同階段而擴張或收縮。第二，高度重視利率預測的準確性。預測的難度是很大的，一旦商業銀行的預測失敗，而商業銀行卻是按照其預測的結果從事缺口管理，那麼就會給商業銀行帶來極大的風險。

五、全面風險管理

進入20世紀80年代以後，金融自由化浪潮高漲，大量的金融衍生工具被廣泛地應用於金融實踐，銀行間的激烈競爭和業務發展的全球化，導致銀行業在經營管理上面臨的風險種類和風險水平迅速增加和提高。人們逐漸認識到市場環境的這些變化都顯現出原有資產負債管理理論存在的局限性。商業銀行在風險管理實踐中發現，銀行不能僅僅從某項業務某個部門考慮風險，而必須貫穿整個銀行進行全面風險管理（ERM）。全面風險管理是在銀行風險管理中一種較新的理念，是在銀行內控的基礎上發展和完善起來的，代表了銀行業風險管理發展的新趨勢。

全面風險管理的一個重要特點是其作為金融機構內部管理的一個組成部分，在整個管理體系中的地位已上升到金融機構發展戰略的高度。對於商業銀行來說，規範化的全面風險管理對其生存和發展具有更為重要的意義。全面風險管理的核心是對銀行內部在全球業務範圍內各個層次的業務單位、各個種類的風險進行統一衡量和通盤管理。全面風險管理能夠全面動態地識別和測量風險，使銀行各層次做出更好的風險管理決策，從而成為銀行風險管理的發展趨勢。

全面風險管理在風險管理方法上，更多地應用數學、信息學和工程科學等方法，深化了風險管理作為一門管理科學的內涵，其無論是手段、內容，還是機制、組織，都出現了質的飛躍。全面風險管理主要包括以下幾個主要方面的內容：

（一）信用風險管理

逆向選擇和道德風險等經濟學概念提供了一個分析框架，有助於我們理解銀行為減少信貸風險和發放優質貸款所必須遵守的原則。

信貸市場中，信息不對稱會帶來逆向選擇和道德風險問題，提高了貸款違約風險。為了獲得利潤，金融機構必須應用甄別和監督、建立長期客戶聯繫、貸款承諾、抵押品和補償餘額要求、信貸配給等多種信用風險管理原則來嘗試解決這些問題。

1. 甄別和監督

為了進行有效的甄別活動，貸款者必須收集那些潛在借款者的可靠信息。有效的甄別和信息收集工作共同構成了信用風險管理的一項重要原則。

2. 建立長期客戶聯繫

銀行和其他金融機構獲取有關潛在借款者信息的另一條途徑就是同客戶建立長期的聯繫，這是信用風險管理的另一項重要原則。長期客戶聯繫可以減少收集信息的成本，從而降低了甄別信用風險的難度。監督長期客戶的成本要低於監督新客戶的成本。這是因為銀行能更加容易地確定該潛在借款者的信用狀況，而且對該借款者的監督成本也比較小。對於銀行而言，還可以通過在未來不再提供新的貸款來威脅借款者。因此，長期客戶聯繫可以使銀行能夠防範那些意外道德風險。

3. 貸款承諾（Loan Commitment）

貸款承諾是銀行承諾（在未來的某一特定時期中）以某種與市場利率相關的利率向企業提供既定限額之內的貸款。大部分工商業貸款都是在貸款承諾安排下發放的。這種做法對企業的好處是在其需要貸款的時候擁有了信貸資金來源。對於銀行的好處在於貸款承諾促進了長期客戶聯繫的建立，便於其信息收集工作。此外，貸款承諾協議中的條款還要求企業持續提供其收入、資產負債狀況、經營活動等方面的信息。因此，貸款承諾協議是降低銀行甄別和信息收集成本的有力手段。

4. 抵押品和補償性餘額要求

對於貸款而言，抵押品的有關規定是信用風險管理的重要工具。在第四章的學習中，我們已知抵押品是借款者在違約的情況下，承諾提供給貸款者作為賠償的財產。由於在出現貸款違約的情況下，抵押品可以減少貸款者承受的損失，因此減輕了逆向選擇的不良影響。除了抵押品外，補償性餘額也可以提高貸款償還的可能性。這是因為其有助於銀行對借款者進行監控，從而降低道德風險的影響。具體來講，通過要求借款者使用該銀行的支票帳戶，這家銀行就可以觀察企業的支付活動，由此可以得到大量有關借款者財務狀況的信息。補償性餘額協議使得銀行能夠更容易地對借款者進行有效監控，它是信用風險管理的一項重要工具。

5. 信貸配給

信貸配給（Credit Rationing），即貸款者拒絕向借款者提供貸款，即使借款者願意按照規定利率甚至更高的利率來支付利息。信貸配給有兩種形式：第一種形式是即使

借款者願意支付更高的利率，銀行也拒絕發放任何貸款；第二種形式是銀行願意向借款者發放貸款，但是貸款數量低於借款者的要求。

(二) 利率風險管理

1. 基本缺口分析

前已述及，基本缺口分析可以用於直接測量銀行利潤對利率變化的敏感程度。缺口指的是利率敏感型資產與利率敏感型負債之間的差額。在例5-1中，這一計算結果（稱為「缺口」）是-3,000萬元（=2,000萬元-5,000萬元）。通過計算缺口與利率變動的乘積，我們立即可以得到利率變動對銀行利潤的具體影響。例如，當利率提高5個百分點時，利潤變化就是-3,000萬元×5%，即-150萬元，這與我們前面的計算結論一致。

2. 久期分析（Duration Analysis）

這是衡量利率風險的另一種方法，它衡量的是銀行總資產和總負債的市場價值對利率變化的敏感程度。久期分析建立在麥考利提出的久期概念基礎之上，它衡量了證券的支付流的平均生命週期。由於它能夠近似地估計出證券的市場價值對利率變動的敏感程度，因此久期是一個非常有用的概念。

$$證券市場價值變動的百分比 = -利率變動的百分比 \times 久期 \quad (5-5)$$

久期分析方法利用銀行資產和銀行負債的（加權）平均久期，來考察利率變動對銀行淨值的影響。

例5-2：假定A銀行1億元資產的平均久期為3年（即支付流的平均生命週期為3年），9,000萬元負債的平均久期為2年，銀行資本占其資產的比例為10%。當利率提高5個百分點時，銀行資產的市場價值下降了15%（=-5%×3），即其1億元的資產規模下降了1,500萬元。然而，銀行負債的市場價值下降了10%（-5%×2），即其9,000萬元的負債規模下降了900萬元。最終結果是，該銀行的淨值（資產市場價值與負債市場價值之間的差額）減少了600萬元，或者說其原始資產總值下降了6%。同樣，如果利率下降5個百分點，A銀行的淨值將出現其原始資產總值6%的增長。

例5-2清楚地表明，久期分析和缺口分析都說明A銀行將會從利率提高中遭受損失，而從利率下降中獲得收益。由於金融機構的經理能夠以此分辨出這些機構受到利率風險的影響程度，因此久期分析和缺口分析都是重要的分析工具。[1]

本章總結

1. 銀行起源於貨幣經營業。現代資本主義銀行主要通過兩條途經產生：一條是舊的高利貸性質的銀行業，逐漸適應新的經濟條件而轉變為資本主義銀行；另一條是按資本主義經營原則組織起來的股份制銀行。

2. 商業銀行是特殊的企業。銀行的基本職能是信用仲介。吸收活期存款並且創造派生存款作為傳統的金融學理論認為是現代銀行區別於早期銀行的本質特徵。

---

[1] 弗雷德里克·S.米什金. 貨幣金融學 [M]. 蔣先玲，等，譯. 北京：機械工業出版社，2016：176-177.（有刪改）

3. 現代商業銀行的組織制度，可概括為三種類型：以美國為代表的單一銀行制度、以英國為代表的總分支行制度和起源於美國的銀行持股公司制度。

4. 自有資本是商業銀行營運的基礎。在資金來源中，各類存款所形成的資金比重最大。在資金運用中，貸款佔有重要的地位，它是銀行利潤的主要來源。表外業務種類很多，廣義的表外業務包括四大類，即傳統的中間業務、擔保業務、承諾業務以及金融工具創新業務。狹義的表外業務通常專指金融工具創新業務。

5. 商業銀行經營管理的核心就是對安全性、流動性和盈利性三者的協調做出最佳選擇。

6. 資產管理理論是早期西方商業銀行的經營管理理論。資產管理理論經歷了三個不同的發展階段。負債管理理論產生於20世紀70年代初，負債理論是在金融創新中發展起來的理論。進入利率波動的20世紀70年代後，資產負債管理理論應運而生。

7. 全面風險管理是銀行風險管理中一個較新的理念，是在銀行內控的基礎上發展和完善起來的，代表了銀行業風險管理發展的新趨勢。

重要概念

單一銀行制度　總分支行制度銀行　持股公司制度　自有資本　活期存款
儲蓄存款　貼現　抵押貸款　表外業務　租賃　擔保　承諾　貸款銷售
貨幣市場基金　流動帳戶　貸款承諾　缺口分析

復習思考題

1. 簡述自有資本在商業銀行經營中的地位和作用。
2. 簡述表外業務受到重視的原因。
3. 說明現代商業銀行的表外業務在其經營中的地位及發展動力。
4. 簡述商業銀行經營管理理論的歷史演變及發展趨勢。
5. 結合當前的金融危機說明商業銀行為什麼要加強風險管理。
6. 如果一家銀行發現它持有的資本金太多，而導致回報率太低，該銀行將採取什麼行動來提高股權回報率？
7. 為什麼非利息收入能夠成為銀行經營收入的一部分？
8. 當一家銀行決定擴大資本規模時，其帶來的成本和收益各是什麼？
9. 按照流動性高低排序下列銀行資產：
①商業貸款；②證券；③準備金；④固定資產。

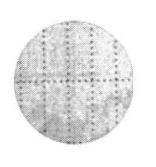

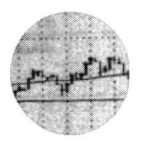

第六章　中央銀行

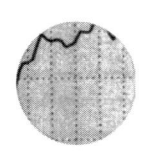

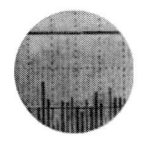

中央銀行在現代經濟、金融體系中的地位和作用極為突出。中央銀行在一國金融體系中居於主導地位，對整個國民經濟發揮著宏觀調控作用。

第一節　中央銀行的形成與發展

一、中央銀行的形成

中央銀行的形成有其客觀的經濟基礎。19世紀初，隨著資本主義工業的迅速發展，資本主義銀行業也進一步發展。股份銀行數量增多和資本擴大，促使小銀行倒閉，給金融市場帶來一系列的矛盾。這些矛盾是：第一，有關銀行券的發行問題。最初每個銀行均可發行銀行券，隨著資本主義競爭的加劇，使流通領域過剩，銀行無法保證兌現其所發的銀行券，從而造成生產與流通的阻滯。第二，有關票據交換問題。隨著銀行業務擴大，各銀行之間債權債務關係日益複雜，無論異地結算或同城結算均產生極大困難。第三，貸款的支持問題。經濟的發展日益要求貸款數量增加、期限延長，致使商業銀行本身的存貸業務難以滿足社會經濟發展的需要，往往因支付能力不足而導致擠兌和破產的事件發生。為此，在客觀上需要有一個資金雄厚並具有權威的銀行，它既能統一發行在全國流通的貨幣，又能統一從事票據交換和債權債務清算、統一存儲各銀行的準備金，以備其他銀行有困難時給予貸款支持。同時，隨著銀行業和金融市場的發展，政府需要有一個專門機構對金融業和金融活動進行有效的管理和監督。這些正是中央銀行產生的客觀條件。

中央銀行產生於17世紀后半期，到19世紀初期，形成中央銀行制度。最初誕生的幾個國家的中央銀行情況為：

1. 瑞典銀行（The State Bank of Sweden）

瑞典銀行成立於1656年，最初是以私人資本形式出現的。1661年，瑞典銀行開始發行銀行券。1668年，瑞典銀行由政府出資並改組為瑞典國家銀行。1830年后，其他銀行相繼成立，並且有28家銀行擁有銀行券發行權。1897年，瑞典政府通過法案，將發行權集中於瑞典銀行，並責令其他銀行逐步收回已發行的鈔票，於是瑞典銀行逐漸演變為中央銀行。

2. 英格蘭銀行（The Bank of England）

英格蘭銀行成立於1694年，最初由倫敦1,268家商人出資合股建立，是英國第一家私人股份制商業銀行。英格蘭銀行成立之初，擁有一般商業銀行的業務，如存款、貸款和貼現等，與商業銀行也只處於一般的往來關係。但不同的是，英格蘭銀行享有一般銀行不能享有的特權：一方面，它向政府放款，抵補英國連年殖民戰爭的資金需要；另一方面，它獲準以政府債券為抵押，發行等值銀行券。這樣英格蘭銀行就成為第一家無發行保證卻能發行銀行券的商業銀行。雖然當時其他許多銀行也能發行鈔票，但英格蘭銀行最終獨攬了在英格蘭和威爾士發行鈔票的大權。英格蘭銀行除對政府放款以外，還代理國庫和管理政府證券，並於1752年管理國家債券。由此看出，英格蘭

銀行從一開始，其實力和聲譽就高於其他銀行，並且同政府有著特殊的關係，它是「國家銀行和私人銀行之間的奇特的混合物」[①]。

18世紀，英格蘭銀行就已經發展成為一家政府銀行，掌管了大多數政府部門的銀行帳戶。政府國債的籌集和管理也主要由英格蘭銀行負責。1844年7月29日，英國議會通過了《英格蘭銀行特許條例》，為最終將銀行券的發行權集中到英格蘭銀行和在貨幣發行上為英格蘭銀行行使中央銀行職能奠定了基礎。19世紀後期，英國連續出現了幾次銀行危機，英格蘭銀行在危機中，真正負起了「最后貸款人」（Lender of Last Resort）的責任。到了19世紀末，英格蘭銀行終於發展成為一家名副其實的中央銀行，並被稱為「近代中央銀行的鼻祖」。

3. 美國聯邦儲備體系（The Federal Reserve System of U.S.A）

（1） 美國在聯邦儲備體系設立之前，沒有大銀行體系，經歷過一個混亂時期。

1790年12月14日，美國財政部部長漢密爾頓（A. Hamilton）向國會提出建立國家銀行的法案，並決定建立美國第一銀行，美國第一銀行（The First Bank of the United States）正式建立。美國第一銀行在聯邦註冊執照有效年限為20年。美國國會授權該行代理國庫、發行銀行券、對其他銀行的業務活動進行總體監督和管理。由此可見，美國第一銀行帶有中央銀行的某些性質，但是由於沒有一個統一的金融管理機構，各州銀行仍然可以繼續發行自己的銀行券。在當時的情況下，每當美國第一銀行收到州銀行的銀行券時，就立即向發行銀行收款，從而迫使各州銀行保持足夠的現金儲備，以保證償付所發行的銀行券。因此，州銀行認為美國第一銀行侵擾了它們的業務活動，因此美國第一銀行遭到州銀行的強烈反對。這樣，美國第一銀行不得不在1811年執照期滿時停業。

1816年4月，針對美國第一銀行停業后，各州銀行濫發紙幣，造成幣值大跌的混亂局面，美國國會通過設立美國第二銀行法案。1817年1月，美國第二銀行（The Second Bank of The United States）成立。其組建的方式、授權範圍和美國第一銀行基本相同。美國第二銀行也是在聯邦註冊，執照期限為20年。美國第二銀行設立后，業務經營穩健活躍。但是，其又招致了與美國第一銀行同樣的窘況。1836年，美國第二銀行也在執照期滿后停業。自此美國進入自由銀行時期，1873年、1884年、1890年、1893年、1901年及1907年，美國連續爆發嚴重的經濟危機和金融恐慌，銀行不斷發生倒閉事件。金融恐慌使工商業受到損害，同時也暴露出美國銀行制度中存在的問題，尤其是沒有中央銀行的弱點。

（2）1913年，美國國會通過了《美國聯邦儲備法》，成立了美國的中央銀行——美國聯邦儲備體系。

鑒於多次金融恐慌，1908年美國國會組織了國家貨幣委員會，研究解決辦法。1912年，從兼顧美國銀行的傳統與特點以及銀行業必須集中管理的要求，美國制定出《美國聯邦儲備法》，並於1913年12月23日獲得美國國會的批准。根據這個法案，決定成立美國中央銀行——聯邦儲備體系。

---

① 馬克思恩格斯全集：第25卷 [M]．北京：人民出版社，1972：454．

二、中央銀行的發展

17世紀下半葉以後，中央銀行制度在全世界範圍內經歷了萌芽、創立、推廣、強化的一個過程。

(一) 中央銀行的萌芽

從1656年瑞典銀行問世，到1844年英國議會通過《英格蘭銀行特許條例》，一般被認為是中央銀行的萌芽時期。瑞典銀行1661年開始發行銀行券，但未能獨占發行特權。1868年改組為國家銀行後，瑞典銀行成為最早出現的中央銀行。

英格蘭銀行創立之初，只是從事一般銀行業務的商業銀行。直到1844年《英格蘭銀行特許條例》頒布前，英格蘭銀行長期處於中央銀行的萌芽階段。

(二) 中央銀行的創立

從1844年英國議會頒布《英格蘭銀行特許條例》，到1920年的布魯塞爾國際金融會議，被認為是中央銀行的創立階段。

由於瑞典銀行尤其是英格蘭銀行的啟示作用，許多國家紛紛仿效學習。例如，1860年創立的俄羅斯銀行、1875年創立的德國國家銀行、1879年創立的保加利亞國家銀行、1896年創立的烏拉圭銀行、1882年創立的日本銀行以及1905年創立的大清戶部銀行等，形成了一個世界性的創立中央銀行的新時期。

(三) 中央銀行的推廣

從1920年到1945年第二次世界大戰結束，被認為是中央銀行制度的推廣階段。

19世紀末20世紀初，中央銀行制度的基本特點是在政治上與政府密切聯繫，在業務上由集中發行準備，向「銀行的銀行」方向發展。第一次世界大戰後，各國金融都受到重大破壞。為了穩定幣值，醫治戰爭創傷，1920年各國在比利時首都布魯塞爾舉行國際金融會議，主要議決：第一，為穩定幣值，首先應使各國財政收支平衡，以割斷通貨膨脹的根源；第二，對於發行銀行則應脫離各國政府政治上的控製，按照穩健的金融政策開展活動。

按照這個精神，各國紛紛重新整頓金融管理秩序，中央銀行制度在世界範圍內迅速推廣。從1921年到1942年，世界各國改組、新設的中央銀行有42家，如表6-1所示。

(四) 中央銀行的強化

從1945年到現在，被稱為中央銀行的強化階段。第二次世界大戰後，中央銀行制度完善的進程繼續推進。在凱恩斯理論指導下，中央銀行制度得到強化。其主要特點為：

(1) 國家開始控製中央銀行。第二次世界大戰後，法國、英國、德國、荷蘭等許多國家中央銀行都逐步實行了國有化。這樣，中央銀行的整個經營，以政府管理金融市場的代理人身分出現，以社會的利益、經濟的發展為前提，而不以股東的利益為前提；中央銀行歸國家所有，發行收益完全歸於國家。

(2) 中央銀行制度得到強化。為了適應這個階段政治與經濟形勢的發展，中央銀行制度開始從歐美兩洲向亞非兩洲擴展。不管是計劃經濟或市場經濟，包括市場經濟與計劃經濟結合的經濟，都試圖通過控製貨幣供應量辦法調節國民經濟。

表 6-1　　　　　　　　1921—1942 年各國改組、新設的中央銀行

中央銀行名稱	設立時間	中央銀行名稱	設立時間
俄國國家銀行	1921 年	厄瓜多爾中央銀行	1927 年
立陶宛銀行	1922 年	玻利維亞中央銀行	1929 年
拉脫維亞銀行	1922 年	薩爾瓦多中央銀行	1934 年
奧地利國家銀行	1923 年	阿根廷中央銀行	1935 年
波蘭國家銀行	1924 年	加拿大銀行	1935 年
德國國家銀行	1924 年	巴拉圭中央銀行	1936 年
匈牙利國家銀行	1924 年	哥斯達黎加中央銀行	1937 年
阿爾巴尼亞國家銀行	1925 年	委內瑞拉中央銀行	1940 年
南斯拉夫國家銀行	1925 年	尼加拉瓜中央銀行	1940 年
捷克斯拉夫國家銀行	1926 年	中國中央銀行（廣州）	1924 年
愛沙尼亞國家銀行	1927 年	中國中央銀行（上海）	1928 年
保加利亞國家銀行	1927 年	伊朗國民銀行	1928 年
希臘銀行	1928 年	中華蘇維埃共和國國家銀行	1932 年
冰島銀行	1942 年	印度準備銀行	1935 年
愛爾蘭中央銀行	1942 年	土耳其中央銀行	1937 年
秘魯準備銀行	1922 年	阿富汗國民銀行	1941 年
哥倫比亞銀行	1923 年	泰國銀行	1942 年
烏拉圭中央銀行	1924 年	南非聯邦準備銀行	1921 年
墨西哥銀行	1925 年	埃塞俄比亞銀行	1942 年
智利中央銀行	1925 年	澳大利亞聯邦銀行	1924 年
危地馬拉中央銀行	1926 年	新西蘭準備銀行	1934 年

第二節　中央銀行的性質與職能

一、中央銀行的性質

　　中央銀行的性質，由其在國民經濟中所處的特殊地位決定，並隨著中央銀行制度的發展變化而發展變化。中央銀行不同於商業銀行和普通金融機構，中央銀行是特殊的金融機構，是一個代表國家制度、執行金融政策、負責宏觀調控和對其他金融機構進行監督管理的國家金融管理機構。

　　中央銀行作為國家金融管理機構，有如下特徵：

　　（1）中央銀行是一國金融體系的核心。中央銀行作為特殊的金融機構，處於整個金融體系的核心地位，具有發行的銀行、銀行的銀行、政府的銀行的特殊職能。

　　（2）中央銀行不以營利為經營目的。中央銀行負有調節經濟金融的特殊使命，在整個銀行系統中處於超然的領導地位，既不和一般銀行爭利潤，也不偏向哪一家銀行，始終以金融管理者的身分調節金融。

　　（3）中央銀行對存款一般不支付利息。中央銀行本身不以盈利為目的，對所有的存款都不計付利息。所有的存款都屬於存款準備的集中，對政府各種財政性存款，也不計付利息。

　　（4）中央銀行的業務經營對象是政府、銀行及其他金融機構。中央銀行不同於商業銀行，其經營對象主要面向政府和其他金融機構。而商業銀行及其他金融機構，其

經營對象是企業、單位和個人。

(5) 中央銀行的資產具有最大的流動性。中央銀行負有調節金融的職責，其資產必須具有最大的流動性。因為中央銀行對金融的調節，主要是通過貨幣政策工具來進行的，無論使用哪種貨幣政策工具（存款準備金政策、再貼現政策、公開市場業務），其最終結果必然是由中央銀行的資產變動而引起社會貨幣供應量的變動，以達到所要求的政策效果。在中央銀行資產中，不能含有長期投資，除保持適量的現金外，應保持一定數量的短期有價證券，如政府公債，以便隨時變賣，應付金融調控需求。

二、中央銀行的職能

中央銀行的職能是性質的具體體現。中央銀行的職能主要表現為它是發行的銀行、銀行的銀行、政府的銀行。

（一）中央銀行是發行的銀行

在現代銀行制度中，中央銀行首先是發行的銀行，即有權發行銀行券。壟斷貨幣發行，成為全國唯一的貨幣發行機構，是中央銀行的特權。

（二）中央銀行是銀行的銀行

中央銀行是商業銀行和非銀行金融機構的銀行。中央銀行作為銀行的銀行，這一職能具體表現在以下三個方面：

(1) 集中管理全國的存款準備金。法律通常規定，商業銀行及其他存款機構必須向中央銀行繳存一部分存款準備金。目的在於：一方面，保證存款機構的清償能力；另一方面，有利於中央銀行調節和控制貨幣供應量。同時，中央銀行有權根據宏觀調控的需要，調整法定存款準備金比率。

(2) 充當最後的貸款人。商業銀行繳存於中央銀行的存款準備金構成中央銀行吸收存款的主要部分，當商業銀行發生資金週轉困難，可向中央銀行申請借款，中央銀行則執行最後貸款人的職能。

(3) 組織全國範圍內的票據交換和清算。

（三）中央銀行是政府的銀行

中央銀行既作為管理全國金融的國家機關，制定和執行國家貨幣政策；又為政府服務，代理執行國庫出納職能。作為政府的銀行，中央銀行的職能主要表現在以下五個方面：

(1) 代理國庫。政府的收入與支出均通過財政部在中央銀行內開立的各種帳戶進行。其具體包括：第一，按國家預算要求代收國庫庫款；第二，按財政支付命令撥付財政支出；第三，向財政部門反映預算收支執行情況。

(2) 對政府融通資金，解決政府臨時資金的需求。

(3) 代理政府金融事務。中央銀行通常代理政府債券的發行及還本付息事宜；代理政府保存和管理國家的黃金、外匯儲備以及代理買賣黃金外匯業務。

(4) 代表政府參加國際金融活動，進行金融事務的協調、磋商。

(5) 充當政府金融政策的顧問，為國家經濟政策的制定提供資料、數據和方案。

第三節　中央銀行的組織形式與獨立性

一、中央銀行的組織形式

由於各國政治、經濟、社會狀況的差異，加之各國中央銀行的歷史與現實地位不同，因此形成了各種不同的中央銀行的組織形式。

(一) 單一中央銀行制度

單一中央銀行制度是指國家只設立一家中央銀行作為政府金融管理機構，履行全部中央銀行的職能。這類中央銀行的特點是權力集中、職能齊全，根據需要在全國各地建立分支機構。

世界上大多數國家的中央銀行，都是實行單一中央銀行制度。

(二) 複合中央銀行制度

複合中央銀行制度是指政府在中央和地方兩級設立中央銀行機構，按規定分別行使金融管理權。這類中央銀行的特點是權力和職能相對分散，分支機構不多。

實行聯邦制的國家，較多採用這種組織形式，如德國和美國。

(三) 準中央銀行制度

準中央銀行制度是指一個國家或地區還沒有建立通常意義上的中央銀行制度，或者由政府授權某個或幾個商業銀行行使部分中央銀行的權力。新加坡、中國香港屬於這種體制。新加坡設有金融管理局和貨幣委員會兩個機構來行使中央銀行職能。金融管理局在法律上並不具有中央銀行地位，其履行除貨幣發行以外的中央銀行的主要職能，被稱為「不發行貨幣的中央銀行」。貨幣委員會的常設機構是新加坡貨幣局，其任務是辦理貨幣發行。中國香港的金融管理局負責行使制定貨幣政策、實施金融監管以及支付體系管理等中央銀行職能，貨幣發行職能則由匯豐銀行、渣打銀行和中國銀行三家商業銀行履行。

(四) 跨國中央銀行制度

跨國中央銀行制度是指兩個以上主權獨立的國家共有的中央銀行。跨國中央銀行的主要職能是發行貨幣、為成員政府服務、執行共同的貨幣政策及其有關成員國政府一致決定授權的事項。

跨國中央銀行的特點是跨越國界行使中央銀行的職能。一般來講，跨國中央銀行制度通常與一定的貨幣聯盟相聯繫。

歐洲中央銀行是由歐盟中的15個成員國國家中央銀行組成的。歐洲中央銀行與歐元區成員國中央銀行（即歐洲中央銀行分行）並不隸屬於同一主權國家，歐洲中央銀行是一個管理超國家貨幣的中央銀行。獨立性是其一個顯著特點，歐洲中央銀行不接受歐盟領導機構的指令，不受各國政府的監督。歐洲中央銀行是唯一有資格在歐盟內部發行歐元的機構，1999年1月1日歐元正式啟動后，11個歐元國政府失去制定貨幣政策的權力，而必須實行歐洲中央銀行制定的貨幣政策。

二、中央銀行的組織結構

由於各國具體情況的差異，各國中央銀行的最高權力機構對中央銀行的貨幣政策、

業務方針、人事任免、規章制度以及所具有的決策權、執行權、監督權有所不同。因此，中央銀行的最高權力機構可以劃分為三種類型：

（一）最高決策機構和執行機構集中於理事會

英格蘭銀行、馬來西亞中央銀行等屬於這一類型。英格蘭銀行最高決策機構是理事會。理事會由總裁、副總裁和16名理事組成。其成員由政府推薦，英女王任命。總裁任期5年，理事任期4年，每年2月末輪流離任4人，從理事會中選出若干常務理事主持業務。理事會下設5個特別委員會，包括常務委員會、稽核委員會、人事委員會、國庫委員會以及銀行券印製委員會。其中最重要的是常務委員會，有總裁、副總裁以及5名理事組成，負責有關政府政策問題。

（二）最高權力機構分為決策機構和執行機構

美國聯邦儲備體系（簡稱美聯儲）、日本銀行、德意志聯邦銀行等屬於這一類型。美國聯邦儲備體系的最高決策機構是聯邦儲備委員會，聯邦儲備委員會設主席、副主席各一人，由總統在7名理事中任命，任期4年，可連任。理事任期14年，每隔2年有1人到期。聯邦儲備委員會的主要職能是負責制定貨幣政策和金融規章制度、決定主要利率、審查各聯邦銀行及有關金融組織的財務報表以及監督聯邦儲備券的發行和收回。

根據《美國聯邦儲備法》的規定，美國劃分為12個聯邦儲備區，成立12家聯邦儲備銀行，實際上相當於美聯儲的12個分行，是執行貨幣政策的機構。聯邦儲備銀行的主要職責是發行貨幣、負責貨幣政策的實施以及銀行監管、票據清算、代理國庫等。

公開市場委員會負責實施公開市場業務，決定聯邦儲備體系的外匯業務和國內外證券業務的活動。公開市場委員會是一個非常重要的機構，該委員會每年召開8次例會，最重要的是2月會議和7月會議，這兩次會議通常制定貨幣和信貸增長指標。

日本銀行的決策機構是日本銀行政策委員會，由7人組成，各委員任期5年，經國會同意、由內閣任命。政策委員會決定日本銀行貨幣政策的制定、政策工具的選擇、決定或變更貼現率和貸款利率、決定或變更存款準備金比率、決定日本銀行的經費預算和審定會計決策，等等。日本銀行的執行機構是日本銀行理事會。理事會由7名理事組成，總裁和副總裁由內閣任命。

（三）最高權力機構分為決策機構、執行機構和監督機構

瑞士國家銀行、比利時國家銀行、荷蘭銀行、法蘭西銀行等屬於這一類型。

法國的國家信貸委員會是金融政策的決策機構，法蘭西銀行總裁擔任該委員會副主席，主持該委員會的日常工作。法蘭西銀行理事會是執行機構，由法蘭西銀行總裁、副總裁和10名理事組成。銀行管理委員會是法蘭西銀行的監督機構，法蘭西銀行總裁任銀行管理委員會主席。

三、中央銀行的獨立性

實現國家的宏觀經濟目標，需要中央銀行與政府密切配合。但是，中央銀行承擔的任務與工作重點，並不是在任何時候、任何條件下都與政府承擔的任務和工作重點相一致，因此就產生了如何協調、處理兩者之間的關係問題。

在中央銀行與政府的關係中，最基本、最重要的問題就是中央銀行與政府之間既要保持協調，又要保持獨立，尋找兩者結合的均衡點。這就是中央銀行與政府關係的核心內容，即中央銀行的獨立性只是一種相對獨立性。

(一) 中央銀行相對獨立性的含義

現代中央銀行的獨立性不是指中央銀行完全獨立於政府之外，而是指中央銀行在政府或國家權力機構的控制和影響下的獨立性。因此，現代中央銀行的獨立性是一種相對獨立性，即中央銀行在國家權力機構或政府的干預和指導下，根據國家的總體的社會經濟發展目標，獨立制定和執行貨幣金融政策。

(二) 中央銀行保持相對獨立性的原因

1. 避免政治性經濟波動產生的可能

西方國家的政府一般都是每隔幾年要進行一次大選，執政黨政府為了爭取選票，爭取獲勝，往往要採取一些經濟措施以有利於政治目的的實現。經濟統計資料證明，高工資和高就業會給執政黨帶來不少選票，而執政黨往往又把放鬆銀根作為支持高工資和高就業的主要武器。因此，在大選前，中央銀行易於受到某種政治壓力，使貨幣政策偏離原定目標。在大選中，政府往往實行鬆的財政政策與貨幣政策，刺激經濟增長，以便爭取選票，結果導致通貨膨脹。繼續執政或另一政黨上臺，一般就面臨著治理通貨膨脹，不得不採取緊的財政政策與貨幣政策，以便穩定金融和經濟。如果中央銀行具有較強的獨立性就可以避免這類政治和經濟動盪對貨幣政策的干擾。

2. 避免財政赤字貨幣化的需要

中央銀行作為政府的銀行，有義務幫助政府平衡財政預算和彌補赤字。但財政活動的客觀結果並不一定是保持經濟的穩定增長和物價穩定。如果財政出現了赤字，中央銀行就要無條件地去彌補，就談不上獨立地執行貨幣政策。中央銀行制定的貨幣政策的主要目標是穩定貨幣，其對財政只能是一般支持，而不是無條件支持，更不能通過發行貨幣去彌補財政赤字，因為這樣的結果只能導致通貨膨脹。

3. 為了適應中央銀行特殊業務與地位的需要

中央銀行的活動領域主要在宏觀金融領域，業務具有高度的專業性和技術性，其貨幣政策直接影響國民經濟的各個部門。因此，中央銀行的最高層管理者必須具有豐富的國內外經濟知識、熟練的技術和經驗來制定政策，進行宏觀調控。

(三) 中央銀行獨立性的主要內容

1. 建立獨立的貨幣發行制度，以維持幣值的穩定

中央銀行應按經濟的原則獨立地發行貨幣，不能向財政透支，不能向財政長期融通資金，不能代為行使其他應由財政行使的職能，以保證貨幣發行權牢固地掌握在中央銀行的手中。

2. 獨立地制定和執行貨幣政策

中央銀行必須掌握貨幣政策的制定權和執行權。在制定貨幣政策時，中央銀行必須體現或考慮政府的宏觀經濟政策及意圖，盡可能使中央銀行的貨幣政策與國家的宏觀經濟政策保持一致性。在執行貨幣政策過程中，中央銀行必須保持高度的獨立性，不受各級政府和部門的干預。

3. 獨立地管理和控製整個金融體系和金融市場

中央銀行有權管理金融市場的交易、金融機構的建立和撤並，有權對金融機構的業務活動、經營狀況進行檢查。中央銀行有權對金融體系和金融市場進行監督、控製，使整個金融活動按貨幣政策的需要運行。中央銀行有權對違反金融法規、抗拒管理的金融活動和金融機構，給予經濟的、行政的制裁。

(四) 中央銀行與政府的關係

1. 中央銀行與政府負有共同的使命

為了發展本國經濟，各國政府一般都要制定相應的經濟政策，其中包括產業政策、外貿政策、物價政策、貨幣政策、財政政策等。而貨幣政策的具體制定和貫徹執行是由中央銀行完成的。

貨幣政策的變動會直接對經濟產生影響，特別是對穩定物價、經濟增長、國際收支平衡影響重大。因此，各國政府都十分重視貨幣政策的制定，將其納入與財政政策並列的最主要的經濟政策的行列，直接置於政府的控製之下。因此，政策的協調性決定了中央銀行與政府負有同樣的使命。

2. 中央銀行是國家制度的一個組成部分

任何國家的中央銀行都有其最基本的職責和權力。大多數國家在建立中央銀行制度時，或多或少地在有關法律文件中做出了規定，這些職責、權力和法律規定表明，中央銀行是合法的公共管理機構，其職責和權力具有國家政權的性質。因此，中央銀行是國家制度的組成部分之一。

3. 政府對中央銀行的控製與管理

中央銀行的金融宏觀調控管理工作有其獨特的、不可取代的專門技術性，中央銀行制定或參與制定的貨幣政策有著其他經濟政策無法比擬和取代的地位、作用。因此，中央銀行需要足夠的獨立性來完成這項工作。但是，中央銀行作為國家制度的組成部分，其基本職責就是要為國家的宏觀經濟政策服務，並接受政府的監督與管理。這具體表現在以下幾個方面：

(1) 最高權力機構及領導人的任命。政府擁有任命中央銀行最高權力機構成員的權力，並通過行使這項權力，直接影響中央銀行的工作傾向。例如，美國聯邦儲備委員會的成員經參議院同意后由總統任命；英格蘭銀行的理事經政府推薦由英女王任命；日本銀行政策委員會的成員經國會同意由內閣任命；等等。

(2) 法定的責任關係。在多數國家，中央銀行向政府負責，定期向政府匯報工作，接受政府的指示，如英國、日本、義大利等國家。在美國、德國和瑞士，中央銀行主要向國會負責。

(3) 政府派代表參與中央銀行最高決策機構。許多國家的中央銀行的最高決策層或管理機構內都有政府所派的代表，如法國、日本、瑞士、加拿大等國家。這些由政府派出的代表，對中央銀行獨立地行使權力起了限製作用。但政府代表的存在不僅能夠充分地闡釋政府的政策，溝通政府與中央銀行之間的信息，還可以在必要的時候，提醒中央銀行注意當前政治對金融政策的迫切要求，避免中央銀行因過分注意技術問題而忽略或誤解某些政治的、社會的現象可能帶來的不良後果。

（4）貨幣政策制定中的最終權威。任何一國的中央銀行，都是該國貨幣政策的執行者，但不一定是貨幣政策的制定者。在現實生活中，大多數國家的中央銀行並不能完全依照自己的意志制定貨幣政策。當政府與中央銀行的意見不一致時，法律常常明確規定，政府享有左右中央銀行的指令權，如英國、日本、比利時、澳大利亞等國家。少數國家的中央銀行有權獨立制定貨幣政策，如美國、德國等國家。但是，其中央銀行每一時期的貨幣政策，無不打上政府的烙印，體現政府的政策意向。

（五）中央銀行與財政的關係

中央銀行與財政是國家聚集和分配資金的兩條渠道，兩者既要相互支持、相互配合，又要相互制約，共同完成國家賦予的經濟任務。中央銀行與財政之間的行政隸屬關係，各國不盡相同，概括起來，有以下幾種類型：

第一，中央銀行從屬於財政部，如英國、日本、比利時等國家。這些國家的法律明確規定，財政部擁有對中央銀行的廣泛的指示權，可以干預中央銀行的日常活動。英國在20世紀90年代末取消了這一法律規定。

第二，中央銀行隸屬於一個以財政部為首的決策機構來領導，如法國、義大利等國家。

第三，中央銀行與財政部門作為政府內閣的組成部分，直接接受政府內閣領導。

第四，中央銀行獨立於政府之外，直接對國會負責，擁有較強的獨立性，如美國、德國、瑞典等國家。

第四節　中央銀行的主要業務

中央銀行的業務主要反映在其資產負債表上。為了更好地理解中央銀行的業務，我們先介紹一下中央銀行的資產負債表。

一、中央銀行的資產負債表

由於各國信用制度和信用方式存在一定的差別，各國中央銀行的資產負債表的內容和項目也不盡相同，但基本結構相似。表6-2是中央銀行資產負債表的一般格式。

表6-2　　　　　　　　　　　中央銀行資產負債表

資產	負債
貼現及貸款	流通中的現金
各種證券	各項存款
黃金外匯儲備	其他負債
其他資產	資本項目
資產項目合計	負債及資本項目合計

拓展閱讀

中國人民銀行資產負債表如表 6-3 所示。

表 6-3　　　　　　　　　　中國人民銀行資產負債表

項目　Item
國外資產　Foreign Assets
外匯　Foreign Exchange
貨幣黃金　Monetary Gold
其他國外資產　Other Foreign Assets
對政府債權　Claims on Government
其中：中央政府　Of Which: Central Government
對其他存款性公司債權　Claims on Other Depository Corporations
對其他金融性公司債權　Claims on Other Financial Corporations
對非金融性部門債權　Claims on Non-financial Sector
其他資產　Other Assets
總資產　Total Assets
儲備貨幣　Reserve Money
貨幣發行　Currency Issue
其他存款性公司存款　Deposits of Other Depository Corporations
不計入儲備貨幣的金融性公司存款　Deposits of Financial Corporations Excluded from Reserve Money
發行債券　Bond Issue
國外負債　Foreign Liabilities
政府存款　Deposits of Government
自有資金　Own Capital
其他負債　Other Liabilities
總負債　Total Liabilities

（一）負債項目

（1）流通中的現金。流通中的現金是指中央銀行發行的由社會公眾持有的及各金融機構庫存的現鈔和輔幣。流通中的現金在負債項目中所占比重不大。

（2）各項存款。各項存款包括商業銀行和其他金融機構存款、政府部門存款、外國存款等。其中，商業銀行存款所占比重最大。

（3）其他負債。其他負債是指以上負債項目中未列入的負債。

（4）資本項目。資本項目是指中央銀行的自有資本，包括股本、盈餘結存以及財政撥款。

（二）資產項目

（1）貼現及貸款。貼現及貸款包括中央銀行對商業銀行的再貼現、再貸款以及對財政部、國內外其他金融機構的貸款。在資產項目中，貼現及貸款佔有十分突出的地位。

（2）各種證券。各種證券主要指中央銀行持有的政府債券以及外國政府債券。西方主要發達國家該項目在資產項目中所占比重最大。

（3）黃金外匯儲備。黃金外匯儲備是指由中央銀行購買黃金、外匯以及國際貨幣基金組織的特別提款權所形成的資產。

（4）其他資產。其他資產是指上述三項未列入的資產，如土地、設備以及待收款等。

二、中央銀行的負債業務

中央銀行的負債業務主要包括貨幣發行、存款業務、代理國庫等內容。

（一）貨幣發行

貨幣發行是中央銀行最主要的負債業務，也是中央銀行區別於商業銀行的一個重要標誌。

中央銀行發行貨幣主要是通過對商業銀行及其他金融機構提供貸款、接受商業票據再貼現、在金融市場上買進有價證券、收兌黃金、外匯等方式投入流通的。

貨幣是一種債務憑證，是中央銀行（即貨幣發行人）對貨幣持有者的一種負債。當中央銀行接受國家政府委託，代替國家政府發行貨幣時，貨幣發行便是國家對貨幣持有者的一種負債。因此，貨幣發行是中央銀行的負債業務。貨幣發行雖然是貨幣發行人的負債業務，同時貨幣發行也是一種淨收益。誰發行貨幣，誰就擁有這種淨收益。國家政府基於貨幣發行所得利益與應負責任兩方面的考慮，把貨幣發行權委託給中央銀行。在中央銀行制度下，貨幣發行就成了中央銀行獨有的一種特權。

穩定物價是中央銀行的主要目標。因此，中央銀行的貨幣發行量要以經濟發展的客觀要求為依據，保持良好的貨幣供給彈性，使貨幣供給與流通中的貨幣需求相吻合，為經濟的持續穩定增長提供一個良好的金融環境。貨幣發行必須遵循兩條基本原則：第一，消極原則——貨幣發行必須要有可靠的信用保證，即必須要有一定的有價證券、外匯或黃金作為保證。第二，積極原則——貨幣發行量要有高度的伸縮性和靈活性，以適應社會經濟狀況不斷變化的需要。

（二）存款業務與代理國庫

1. 集中存款準備金

集中存款準備金是中央銀行制度形成的重要原因之一，也是現代中央銀行制度的一項極其重要的內容。第一，集中各銀行的存款準備金，增強了中央銀行的資金實力，使之除了貨幣發行外，又增加了一條重要的資金來源渠道。第二，中央銀行可以通過改變法定存款準備金比率來影響商業銀行的信用創造能力，進而調節全社會的貨幣供應總量。

2. 財政性存款

中央銀行作為政府的銀行，一般由政府賦予代理國庫的職能。財政的收入和支出，都由中央銀行代理。另外，依靠國家撥給行政經費的行政事業的存款，也都由中央銀行辦理。金庫存款、行政事業單位存款，在支出之前存在中央銀行，是構成中央銀行資金的重要來源。

中央銀行代理國庫具有重要的意義，表現在三個方面：第一，可以吸收大量的財政金庫存款，形成其重要的資金來源。第二，這種存款通常是無息的，因此中央銀行一方面可以積聚大量資金，另一方面也可以降低其總的籌資成本。第三，有利於溝通財政、金融之間的聯繫，使國家的財源與金融機構的資金來源相連接，充分發揮貨幣資金的作用。

三、中央銀行的資產業務

中央銀行的資產業務是指中央銀行運用其貨幣資金的業務。由於肩負調節經濟的重任，為了保證其運用經濟手段的靈活性，中央銀行不可以把自己的資產用於長期投資，以保持其資產的較大流動性。中央銀行的資產業務，主要有貸款業務，證券業務，管理、買賣儲備資產等。

（一）貸款業務

中央銀行的貸款業務是中央銀行運用其資金的重要途徑之一。貸款業務充分體現了中央銀行作為銀行的銀行充當最后貸款人的職能作用以及作為政府的銀行而為政府提供信用的職能作用。

1. 中央銀行對商業銀行的貸款

中央銀行對商業銀行的貸款的目的在於解決商業銀行臨時性的資金週轉困難，補充其資金的流動性。商業銀行一般以票據再貼現、證券與抵押方式向中央銀行取得貸款。

2. 對財政貸款

對財政貸款可以分成以下三種情況：

（1）財政正常的借款。貸款辦法與商業銀行貸款相似。

（2）財政的透支。

（3）證券投資性貸款。中央銀行從事公開市場業務時，購買政府發行的國庫券和公債，事實上是間接向財政發放貸款。許多國家為防止財政濫用權力，對中央銀行向財政貸款都有限制性措施。例如，規定年度最高借款限額，規定必須由國會每年批准一次借款權，等等。

3. 其他貸款

其他貸款主要包括中央銀行對外國銀行和國際性金融機構的貸款。

中央銀行經營貸款業務時要注意以下事項：

（1）中央銀行為自身性質所決定，發放貸款不能以營利為目的，只能以實現貨幣政策目標為目的。

（2）中央銀行由業務經營對象決定，應避免直接對個人和工商企業發放貸款，集中精力發揮最后貸款人的職能。

（3）中央銀行必須保持其資產高度流動性這一特徵，應堅持以短期為主，一般不得經營長期性的貸款業務。

（4）中央銀行為了保持相對獨立性的客觀需要，應控制對財政的貸款，避免成為財政的出納和彌補赤字的工具。

（二）證券業務

在證券市場比較發達的國家，中央銀行為了調節與控制貨幣供應量，通常都要在公開市場上從事有價證券買賣業務。中央銀行如果要緊縮銀根，減少市場貨幣供應量時，便賣出其持有的有價證券（拋出證券，回籠貨幣）；反之要放鬆銀根，增加市場貨幣供應量，便買進有價證券（收回證券，發行貨幣）。

由於中央銀行在公開市場上買賣有價證券，具有主動出擊、買賣數量可以靈活控制、執行迅速等優點，因此一些西方主要國家（如美國）的中央銀行把公開市場業務作為最有效和最常用的政策工具，從而有價證券買賣業務就成了其中央銀行最主要的資產業務。

（三）管理、買賣儲備資產

集中管理儲備資產是中央銀行的一項重要職能。實現這一職能，必須通過儲備資產的買賣業務來完成。

各國中央銀行從國家利益出發，從穩定貨幣流通出發，都需要保留一定數量的黃金、白銀和外匯儲備。中央銀行可以根據經濟發展需要隨時增加或減少金銀外匯儲備。中央銀行的買賣儲備資產業務是為了集中儲備、調節資金、改善結構、穩定幣值、穩定匯價。

中央銀行保管、買賣黃金及外匯儲備，主要應注意兩個問題：第一，合理的黃金、外幣儲備數量。國家儲備過多是對資源的浪費，過少則面臨喪失國際支付能力的可能。因此，確定合理持有水平，是一個十分重要的問題。第二，合理的黃金、外幣儲備的構成。通常，國家都是從安全性、收益性、可兌現性這三個方面考慮其構成。

四、中央銀行的支付清算業務

為商業銀行及其他金融機構辦理支付清算服務是中央銀行的一項重要職能。由於支付清算系統的運行關係到貨幣政策的實施，對穩定貨幣、穩定金融體系具有至關重要的影響，因此中央銀行對支付清算系統的運行及監管極為重視。

（一）集中辦理票據交換

同城或同地區間的資金清算，主要是通過票據交換所來進行。有些國家的票據交換所是由中央銀行直接主辦的，有些國家的票據交換所是由各銀行聯合舉辦的，不論票據交換機構形式如何，票據交換的最後差額都必須經過中央銀行轉帳。銀行之間的清算差額體現為銀行之間的債權債務關係。中央銀行把各銀行每日發生的業務資金往來進行軋差，將逆差行的逆差額從其存款中劃轉給順差行。

（二）辦理異地資金轉移

各銀行之間的異地匯總形成異地銀行之間的債權債務關係。異地銀行之間的債權債務清算一般具有兩種類型：第一，先由各商業銀行等金融機構通過內部聯行系統劃轉，最後由其總行通過中央銀行辦理轉帳清算。第二，直接把異地票據統一集中送到中央銀行總行辦理軋差轉帳。

閱讀專欄6-1

如何理解所謂的央行「縮表」

近期社會上對所謂的央行「縮表」關注和議論較多。近年來全球範圍內對央行資產負債表關注度上升，與國際金融危機後主要發達經濟體央行較多運用資產負債表等非常規貨幣政策工具有關，尤其是在近期全球經濟形勢有所好轉的大環境下，部分經濟體逐步退出「量化寬鬆」政策，美聯儲也開始考慮「縮表」問題，各方面對央行資產負債表的關注度進一步上升。但較之發達經濟體央行，影響中國央行資產負債表變化的因素更加複雜，不宜簡單類比。由於外匯儲備很少，加之基本不使用準備金工具，發達經濟體央行的資產負債表相對較為簡單，其資產方主要是央行購買的政府債券等各類資產，負債方則主要是基礎貨幣（法定準備金很少，多為超額準備金）。中國央行資產負債表則更為複雜，資產方不僅包括對其他存款性公司債權等，更大部分的是外匯占款；負債方除了基礎貨幣（現金、法定準備金和超額準備金等），還有大量的政府存款等。由於資產負債表結構存在差異，發達經濟體央行資產負債表的收縮和擴張，能夠相對準確地反映銀行體系流動性的變化，而中國央行資產負債表的變化則還受到外匯占款、不同貨幣政策工具選擇、財政收支乃至春節等季節性因素的影響，並且作為發展中經濟體，金融改革和金融調控模式變化也會對央行資產負債表產生影響，不能簡單與國外央行進行類比。

長期以來，中國人民銀行資產負債表變化受外匯占款影響很大。2014年之前的較長一段時間，中國面臨國際收支大額雙順差，央行外匯儲備持續增加，並對應準備金及央票的相應增長，中國人民銀行資產負債表相應擴張較快。2014年下半年以來，隨著國際收支更趨平衡，外匯占款總體呈現下降態勢，央行「縮表」的情況也開始增多。2015年，中國人民銀行資產負債表曾收縮約2萬億元，2016年3月末較1月末也收縮了約1.1萬億元。這兩次「縮表」，都是在外匯占款下降的大背景下發生的，同時也與降低準備金率有關。2015年全年5次普降準備金率，2016年3月也曾「降準」。與開展公開市場操作等具有「擴表」作用不同，「降準」只改變基礎貨幣結構而不增加基礎貨幣總量。但「降準」后商業銀行法定準備金會轉化為超額準備金，具有投放流動性的作用，隨著商業銀行動用這部分流動性，超額準備金也會相應下降，由此產生「縮表」效應。「降準」還容易引起預期變化從而加劇外匯流出。在外匯占款減少和降低準備金率相互疊加、互相強化的情況下，更容易出現央行「縮表」的現象。

2017年第一季度央行再度出現「縮表」。2017年2月末和3月末，中國人民銀行資產負債表較1月末分別下降了0.3萬億元和1.1萬億元。這一次的所謂「縮表」在外匯占款下降這一大背景不變的情況下，主要與現金投放的季節性變化及財政存款大幅變動有關。具體如下：

現金投放的季節性波動是2月份「縮表」的重要原因。從機理上看，現金發行增加會減少銀行體系流動性（超額備付金），需要央行相應給予補充，由於現金發行和超額備付都記在央行資產負債表中的基礎貨幣項下，由此會導致央行「擴表」。春節后現金回籠，會補充銀行體系流動性，由此央行可以相應減少流動性投放，表現為其他存款性公司債權的減少，從而出現春節前央行「擴表」而春節后央行「縮表」的現

象。2017年春節恰巧在1月末，春節前現金大量投放，當月現金發行增加2.2萬億元，若不考慮其他因素會導致央行相應「擴表」；春節後的2月份現金回籠1.7萬億元，若不考慮其他因素則會導致央行相應「縮表」。與往年不同的是，2017年央行通過臨時流動性便利（TLF）在春節前提供了部分流動性支持，TLF工具在基礎貨幣總量基本穩定的情況下，通過調整基礎貨幣結構滿足了現金需求。因此，2017年1月份基礎貨幣擴張幅度不大，2月份現金回籠的影響也相對較小，當月基礎貨幣僅下降0.5萬億元，加之2月份財政存款增加了0.2萬億元，部分對沖了現金回籠的影響，由此2月份央行「縮表」僅0.3萬億元。

財政支出加快是3月份「縮表」的重要原因。2017年3月份，財政支出加快，央行資產負債表上的政府存款減少0.8萬億元，比上年同期多減少0.6萬億元。財政支出後會轉化為銀行體系的流動性，反映為央行資產負債表上政府存款下降、超額備付金上升，雖然從靜態上看並不改變央行資產負債表的規模而僅影響其結構，但從動態上看由於央行會相應減少流動性投放，表現為其他存款性公司債權的減少，由此也會產生「縮表」效應。這一點從央行資產負債表上就能看出，雖然3月份基礎貨幣總量基本穩定，但央行主要因財政存款下降較多「縮表」了0.8萬億元。

商業銀行合意流動性水平的變化對資產負債表也有一定影響。近年來，隨著對存款準備金實施雙平均法考核以及公開市場操作頻率提高至每日操作等，商業銀行的預防性流動性需求總體趨於下降，在一定程度上也會對央行資產負債表產生影響。根據形勢變化和供求因素，中國人民銀行合理搭配工具組合，保持了流動性中性適度和基本穩定。這意味著央行資產負債表的變化與保持銀行體系流動性基本穩定可以並行不悖，既不能用過去幾年的情況來衡量目前的流動性鬆緊狀況，也不能將某些季節性因素引致的央行資產負債表變化視為貨幣政策取向的變化。

總體來看，中國人民銀行資產負債表的變化要受到外匯占款、調控工具選擇、春節等季節性因素、財政收支以及金融改革和調控模式變化等更為複雜因素的影響，中國人民銀行「縮表」並不一定意味著收緊銀根，比如在資本流出背景下「降準」會產生「縮表」效應，但實際上可能是放鬆銀根的，因此不宜簡單與國外央行的「縮表」類比。對此應全面、客觀地看待，並做更深入、準確的分析。由於第一季度「縮表」受季節性及財政收支等短期因素影響較大，從目前掌握的數據看，4月份中國人民銀行資產負債表已重新轉為「擴表」。

資料來源：中國人民銀行貨幣政策分析小組. 2017年第一季度中國貨幣政策執行報告［EB/OL］.（2017-05-12）［2017-08-10］. http://www.cnfinance.cn/articled/2017-05/t6-25578.html.

本章小結

1. 英格蘭銀行的產生標誌著現代中央銀行的產生。自英格蘭銀行開始集中貨幣發行權以來的一個半世紀中，中央銀行的發展經歷了產生、發展、壯大和不斷完善的過程。

2. 中央銀行的組織形式因各國政治、經濟、文化等方面存在的差異而劃分為四

種：單一中央銀行制度、複合中央銀行制度、準中央銀行制度和跨國中央銀行制度。根據中央銀行的最高權力機構對中央銀行所具有的決策權、執行權、監督權的不同，可將中央銀行的組織機構劃分為最高決策權和執行權集於一體，最高權力機構分為金融決策機構和執行機構，最高權力機構分為決策機構、執行機構和監督機構三種。

3. 中央銀行的性質是國家金融管理機構。中央銀行的職能是發行的銀行、政府的銀行、銀行的銀行。

4. 中央銀行貨幣政策的制定與執行應與政府的經濟政策協調一致，因為中央銀行與政府的使命是共同的。但是中央銀行承受的任務及工作重點，並不是在任何時候、任何條件下都與政府承擔的任務和工作重點相一致，因此又要保持獨立。中央銀行的獨立性是一種相對獨立性。

5. 中央銀行的業務主要反映在其資產負債表上。

重要概念

單一中央銀行制度　複合中央銀行制度　中央銀行相對獨立性

復習思考題

1. 中國的中國人民銀行在金融體系中的地位如何概括表述？它承擔的基本任務是什麼？請閱讀《中華人民共和國中國人民銀行法》並進行思考。
2. 一個方便、快捷並保持順暢運行的清算體系對經濟生活有何意義？
3. 如何理解中央銀行作為「最后貸款者」的重要意義？
4. 中央銀行為什麼要保持相對獨立性？
5. 中央銀行的資產負債表與宏觀經濟的關係如何？

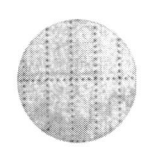

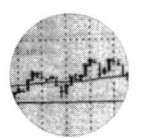

第七章　貨幣需求

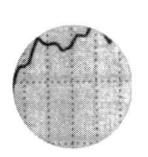

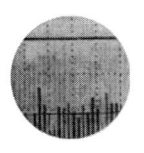

貨幣需求理論是探討貨幣需求動機和貨幣需求量的決定及其穩定性或可測性等問題的理論。貨幣需求理論是整個貨幣經濟理論的重心，也是宏觀經濟理論的重要組成部分，同時又是中央銀行實行宏觀調控的決策依據，具有非常重要的實踐意義。正因為這樣，長期以來，許多人都致力於這方面的研究，並且取得了豐碩的成果，形成了多種理論或流派。

第一節 貨幣需求的基本概念

什麼是「貨幣需求」？回答這個問題看似容易實際上困難，儘管在當今社會，幾乎每個人心目中都存在「貨幣需求」。原因在於這個概念可以從多個角度去考慮，考慮的角度不同，對這個問題答案的表述也自然存在差異。比較趨於一致的主張是從貨幣需求主體和貨幣對經濟的影響這兩個角度來考察。

一、微觀貨幣需求與宏觀貨幣需求

從貨幣需求主體的角度來看，貨幣需求可分為微觀貨幣需求與宏觀貨幣需求。微觀貨幣需求是指個人、家庭或企業（或稱各經濟主體）在既定的收入水平、利率水平和其他經濟條件下，從自己的利益、動機、持有貨幣的機會成本考慮保持多少貨幣在手邊最合算或稱效用最大（即機會成本最小，所得效用最大）。可見，這是研究微觀主體的行為及其對貨幣持有量的影響，因此也有人將其稱為個人貨幣需求。宏觀貨幣需求則是指一個國家或地區根據一定時期內經濟發展的要求考慮的貨幣需要量。可見，這是研究宏觀主體的行為，因此也有人將其稱為社會貨幣需求。

二、名義貨幣需求與實質貨幣需求

名義貨幣需求（Nominal Money Demand）與實質貨幣需求（Real Money Demand）是經濟學家（主要是貨幣學派的經濟學家）在說明貨幣數量變動對經濟活動的影響過程時使用的一對概念。

所謂名義貨幣需求，是指個人、家庭或企業等經濟單位或整個國家和地區對名義貨幣數量的需求，即不考慮價格變動時的貨幣持有量，即 M_d。所謂實質貨幣需求，是指對名義貨幣數量除以物價水平的貨幣數量的需求，即各經濟主體持有的名義貨幣量（M_d）扣除物價因素之後的餘額，即 M_d/P。貨幣主義的代表人物弗里德曼非常強調這個貨幣需求。

由上可見，名義貨幣需求與實質貨幣需求主要是從微觀主體上來研究貨幣需求。西方貨幣需求理論主要是從微觀上來研究貨幣需求的動機、影響因素及其與貨幣需求的關係、貨幣需求的穩定性等課題。

第二節　馬克思的貨幣需求理論

馬克思的貨幣需求理論主要是關於貨幣需要量的論述，其基本觀點是流通中必需的貨幣量為實現流通中待售商品價格總額所需的貨幣量。在商品流通中，貨幣是交換的媒介，因此待售商品的價格總額決定了所需要的貨幣數量。但考慮到單位貨幣可以多次媒介商品的交易，因此由商品價格總額決定的貨幣量應當是貨幣流量而非存量。其用公式表示如下：

$$\frac{\text{執行流通手段的}}{\text{貨幣必要量}(M)} = \frac{\text{商品價格總額}}{\text{貨幣流通速度}}$$

$$= \frac{\text{商品平均價格}(P) \times \text{待售商品數量}(T)}{\text{貨幣流通速度}(V)}$$

即
$$M = \frac{P \cdot T}{V} \tag{7-1}$$

馬克思的這個公式具有重要的理論意義：

第一，該公式反映的是一種實際交易過程，因此反映的是貨幣的交易需求，即人們進行商品與勞務交換時所需要的貨幣量。

第二，該公式含有相對穩定的因果關係，即商品流通決定貨幣流通。根據馬克思勞動價值論的理論，商品價格由其價值決定，而價值源於社會必要勞動，因此商品價格是在流通領域之外決定的，商品是帶著價格進入流通的。由於價格是先於流通過程確定的，因此商品價格總額是一個既定的值，必要的貨幣量是根據這一既定值確定的。

第三，因為商品價值決定其價格，所以該公式表明的是金屬貨幣流通條件下的那種貨幣數量不影響價格水平的情況。因為在金本位制度下，鑄幣可以自由地進入或退出流通，流通中的鑄幣量可以在價值規律下，自發地調節商品流通對貨幣的需要量。當流通中貨幣量大於需要量時，有相應數量的貨幣退出流通；當流通中貨幣量小於需要量時，又有相應數量的貨幣進入流通。因此，商品價格不會由於貨幣量的大量匱乏或嚴重過剩而出現大幅度波動。

然而，當金屬貨幣的流通為紙幣及不兌現信用貨幣流通取代時，貨幣供應就會對貨幣需求產生反作用。這是因為不兌現信用貨幣流通使貨幣供應量失去自動適應貨幣需要量的性能。流通中貨幣量對貨幣需要量經常存在的差異，必然引起商品價格的變動。這就是說，如果流通中貨幣量超過貨幣需要量，多餘的貨幣不會退出流通而滯留在流通界，就在商品價格上表現出來。也就是通過商品價格變動，使原來過多的貨幣為流通所吸收，變成價格上升後貨幣需要量的組成部分。這樣貨幣供給就會影響價格，影響貨幣需求。這種現象在現代經濟中是顯著存在的，不容忽視。

為此，馬克思分析了紙幣流通條件下貨幣量與價格之間的關係。馬克思指出，紙幣是由金屬貨幣衍化而來的。紙幣之所以能夠流通，是由於國家政權的強制力。同時，紙幣本身沒有價值，只有流通，才能作為金幣的代表。因此，紙幣一旦進入流通，就不可能再退出流通。如果說，流通中可以吸收的金量是客觀決定的，那麼流通中無論有多少紙幣也只能代表客觀需求的金量。在這個公式中，我們可以明顯地看出貨幣供

應量對於貨幣幣值從而對物價的影響，商品價格水平會隨紙幣數量的增減而漲跌。

第三節　貨幣數量論

20世紀初期發展起來的貨幣數量論主要是探討名義總收入是如何決定的，由於該理論分析了在總收入規模既定條件下所持有的貨幣數量，因此該理論也是屬於貨幣需求理論。在貨幣數量理論的發展過程中，最具代表性的是歐文·費雪（Irving Fisher，1867—1947）的現金交易說和阿弗里德·馬歇爾（Alfred Marshall，1842—1924）的現金餘額說。其在基本觀點上僅以貨幣為交易媒介或認為保存貨幣僅為便利交易的一些貨幣需求分析。

一、現金交易說

現金交易說（Cash Transaction Theory）注重於研究貨幣數量與物價之間的因果關係，認為貨幣數量增加，必然導致物價水平上升，貨幣價值下跌；反之則反是。現金交易說是通過建立一個方程式來說明這一點的。

1911年，美國耶魯大學教授歐文·費雪在他的《貨幣購買力》一書中提出了一個交易方程式，也被稱為費雪方程式。費雪認為，假設以 M 表示一定時期內流通貨幣的平均數量，V 表示貨幣流通速度，P 表示同期內交易的各類商品價格的平均數，T 表示同期各類商品的交易總量，則有：

$$MV = PT \text{ 或 } P = \frac{MV}{T} \quad (7-2)$$

該方程式的基本含義是，在商品經濟條件下，在一定時期內，流通中的貨幣總量必然與流通中的商品交易總額相等，因為人們手上不論有多少貨幣，都用於支付、購買商品和勞務，貨幣支出量與商品交易量的貨幣總值一定相等。因此，這個等式是定義恆等式。

這個方程式表明，P 的值取決於 M、V、T 這三個變量的相互作用，即影響 P 的因素有這三個變量。費雪分析道，在這三個經濟變量中，M 是一個由模型之外的因素決定的外生變量；V 是單位貨幣在一定時期內充當流通手段和支付手段的次數，取決於社會支付制度、技術發展或交通條件、社會習慣、工業結構、金融制度等長期性因素，在短期內不變，即使在長期也變動非常緩慢，也不受 M 的影響，因此可將 V 視為常數；T 取決於自然條件和技術因素，尤其在充分就業條件下，不論是短期，還是長期，都變動極微，也不受 M 的增減影響，因此 T 也可被視為常數。這樣就只剩下 M 與 P 的關係，並且十分重要，P 特別取決於 M 數量的變化。因此，該方程式又可寫成：

$$MV = PT \quad (7-3)$$

或

$$M = P\left(\frac{T}{V}\right)$$

由此得出結論：在貨幣流通速度和商品交易量不變的條件下，物價水平是隨流通中的貨幣量成正比例變動的。由於 T、V、$\frac{T}{V}$ 均為常數，因此 M 的變動必然引起物價的

同方向同比例變化。如果 M 增加一倍，物價也相應增加一倍，即：

$$\frac{\Delta M}{M} = \frac{\Delta P}{P}$$

上式表明，貨幣量的變動是因，物價的變動是果，並且在變化過程中，P 的增量 $= M$ 的增量。

費雪雖更多地注意 M 對 P 的影響，但從這一方程式也可導出一定價格水平和其他因素不變條件下的貨幣需求量。也就是說，費雪的這個理論可以說是一種貨幣購買力的決定理論，也可以說是一種貨幣供給理論或貨幣需求理論，因為在他所處時代的經濟學家看來，市場機制能永保供給等於需求，即均衡是市場經濟的常態，包括充分就業的均衡和貨幣的均衡。因此，貨幣的供給量就是貨幣的需求量。

二、現金餘額說

現金餘額說（Cash-balance Theory）是著眼於人們當成備用購買力（Ready Purchasing Power）持有的現金餘額來研究幣值和物價波動的貨幣理論。現金餘額說由英國劍橋大學教授、劍橋學派的創始人、著名的經濟學家馬歇爾所倡導，後經其弟子庇古（Arthur Cecil Pigou）、羅伯遜（D. H. Robertson）及凱恩斯等人加以充實和發展。現金餘額說也推出了相應的方程式，即現金餘額方程式，亦稱劍橋方程式。

馬歇爾認為，一國通貨的數量與其流通速度的乘積等於利用貨幣支付直接完成的交易總額。但這種關係並未說明決定貨幣流通速度的因素，要瞭解決定貨幣流通速度的因素，還必須注意該國人民以通貨方式保有購買力的數額。因此，劍橋學派的貨幣需求分析已放棄制度性因素影響社會貨幣需求量的觀點，著重探討經濟主體持有貨幣的動機。

劍橋學派認為，由於貨幣具有立即購買物品、為持有者提供便利服務如便利交易和預防意外等的作用，因此人們才需要保有貨幣。這樣說來，人們想要的便利和服務越多，決定了其持有的貨幣就越多。但事實上並非如此，個別經濟主體持有多少貨幣，要受到一系列因素的影響和制約。其一，受個人的收入和財富所限。這決定了個人持有貨幣的上限。其二，個別經濟主體對持有貨幣產生的便利與安全，對將來收入、支出和物價等的預期，也會影響其貨幣持有量。其中，尤其是物價的影響會更大。其三，保有貨幣的機會成本。所有資產中，除貨幣外，其他資產都具有收益率，因此持有貨幣會遭受一定程度的風險和損失。個別經濟主體將比較兩者的利益和損失，進行利弊得失的權衡，從而決定以貨幣的形式持有現金的比例，即現金餘額。

從上可見，劍橋學派是從個人資產選擇的角度分析貨幣需求的決定因素，但對此他們並未進行深入研究，而只是簡單地假設貨幣需求同人們的財富或名義收入保持一定的比率。這一比率取決於持有貨幣的機會成本和人們對未來的預期等因素。劍橋學派還假設整個經濟的貨幣供給和貨幣需求會自動趨於均衡。因此，可得下式：

$$M_d = KPY \qquad (7-4)$$

(7-4) 式即現金餘額方程式的最一般形式。

式中，M_d 表示貨幣需求量，即現金餘額，Y 表示真實收入，P 表示一般物價水平，K 表示全部名義收入（PY）中幾分之幾是人們想要用貨幣形式來保持的，即以貨幣形

式保有的比例。

根據上面的假設，貨幣供給無論大於或小於貨幣需求，都會自動得到調整。為了恢復均衡，就要求 K 或 P 發生變動。由於劍橋學派的分析仍然是在充分就業的假設下進行的，即 Y 在短期內不變。如果 K 也不變，則 P 將與 M 做同方向同比例的變動。可見，劍橋學派得出的結論與現金交易說的結論沒有什麼不同。因此，現金餘額說仍屬傳統貨幣數量說。

第四節　凱恩斯學派的貨幣需求理論

一、凱恩斯的貨幣需求理論

凱恩斯認為，人們之所以需要貨幣，是因為貨幣是一種流動性最強、面值固定不變，即既沒有資本升值，也沒有資本貶值的資產，不僅具有交換媒介的職能，而且還可以作為價值貯藏的工具。人們願意持有現金而不願意持有其他諸如股票和債券等雖能生利但較難變現的資產，這一流動偏好構成了對貨幣的需求。因此，凱恩斯的貨幣需求理論又稱為流動性偏好理論。

凱恩斯認為人們持有貨幣是出於三種動機：第一，交易動機，即必須保留一部分貨幣（現金），以使個人或企業進行日常交易；第二，預防動機，即個人或企業保留一部分貨幣，借以保持資源未來的現金價值；第三，投機動機，即憑藉自己對市場變化的掌握和預測較一般人高明這一點來獲利。在這三種動機中，交易動機與預防動機在傳統貨幣數量論中早已提出來了，但第三種動機卻是凱恩斯的獨創，並且特別被加以強調，它在決定整個貨幣需求中起特別重要的作用。因此，有些經濟學者認為這是凱恩斯在貨幣金融理論中的一個具有創造性的嘗試。

（一）交易動機的貨幣需求及其決定

交易動機（Transaction Motive）是指為進行日常交易而產生的持有貨幣的願望。不論是個人還是企業，這種貨幣需求都是為瞭解決收入與支出在時間上不一致的矛盾，即都是應付在收支時差中的業務開支需要。這種需要量主要取決於貨幣收入的多少，並且與貨幣收入成同向變動。

（二）預防動機的貨幣需求及其決定

預防動機也稱為謹慎動機（Precautionary Motive），是指人們為應付緊急情況而產生的持有貨幣的願望。出於預防動機貯藏貨幣，一是為任何意外的支出做準備，如疾病、失業、死亡等。這種貨幣需求的多少依存於收入的大小，收入越多的人們為謹慎而持有的現金也越多，收入越低的人一般無多大財力可以應付意外。因此，它是收入的一個函數，因而就同交易動機相聯繫。二是想等待時機進行有利投資或不想坐失有利交易時機。這種貨幣需求量的多少受利率的影響，利率高少貯藏，利率低多貯藏，它是利率的一個函數，因而同投機動機有聯繫。這樣預防動機同交易動機及投機動機都有聯繫，因此很難用任何一種可變因素的函數來表示這一動機的貨幣需求。實際上，它是一系列變數的函數，其中包括心理因素。但是，在凱恩斯看來，這一貨幣需求的大小主要還是取決於收入的多少。

這樣把交易動機和預防動機兩種貨幣需求函數合二為一，可用下式表示：
$$M_1 = L_1 = L_1(Y) \qquad (7-5)$$
式中，M1 代表為滿足交易動機和預防動機而持有的貨幣量，Y 代表收入水平，L_1 代表 M1 與 Y 之間的函數關係。

(三) 投機動機的貨幣需求及其決定

出於交易動機和一部分預防動機而持有貨幣，強調的是貨幣作為交易媒介的作用，顯然凱恩斯的這種分析沒有脫離古典貨幣數量學說的傳統。出於投機動機而持有貨幣，強調的是貨幣作為價值貯藏的作用。對這種貨幣需求的分析，已完全脫離古典學派的貨幣理論，它在凱恩斯的貨幣理論體系中佔有舉足輕重的地位，對當代西方貨幣理論產生了重大的影響。

所謂投機動機（Speculative Motive），是指人們為了在未來的某一適當時機進行投機活動而產生的持有貨幣的願望，出於投機動機而產生的貨幣需求是貨幣的投機需求。實際上，這是人們在決定其財富持有形式時，為了避開其他資產的可能貶值而寧願持有貨幣，或者持有貨幣以等待有利時機而去購買生利的其他資產，以獲取更大收益的願望。凱恩斯把財富的持有形式，即價值的儲存方式只限於兩種，即持有債券和持有貨幣。債券不僅能給其持有者帶來利息收入，還可用債券價格變動而給其持有者帶來資本溢價或資本損失。債券的價格與市場利率成反比變化。貨幣的面值則始終不變。因此，當市場利率下降即債券價格上升時，人們會預期今後利率回升或債券跌價，因而趁早將債券拋出，改持貨幣；反之，如預期利率下跌即債券漲價，人們必拋出貨幣，改持債券，凱恩斯將這種防止債券跌價、漲價而增加、減少貨幣需求量的心態稱為投機動機。至於人們為什麼有時不願意持有債券而寧願持有貨幣，凱恩斯認為原因就在於未來利率的不可測性從而導致債券未來市場價格的不確定性。人們之所以不願意持有債券，寧願選擇貨幣而犧牲債券利息收入，是因為貨幣除了可用作為交易媒介外，還具備貯藏價值的作用，持有貨幣能平息人們對未來的不安和憂慮。貨幣的這一作用源於其價值較其他資產的價值更為穩定，是一個可靠的價值臨時貯藏室。此外，持有貨幣能為持有者提供週轉靈活的便利，這源於其流動性。當人們覺得利率前景很難捉摸時，人們就寧願貯存貨幣而不去購買債券。因此，投機性貨幣需求的大小取決於保持貨幣所獲得的效用與放棄貨幣、換回債券所獲得的利益的對比關係。

這樣貨幣需求對利率就極為敏感，並且難以預測。人們出於投機性動機而持有貨幣，緣於貨幣的流動性，但人們對這種流動性偏好會隨著人們對未來情況所做的估計而起變化，並且各人的估計不盡相同。實際上，鑒於貨幣與債券各自的特點，人們更是從利率來考慮選擇貨幣還是債券，因此對未來情況的估計實質上是對未來利率的估計，即對未來利率的不確定性的估計。這種估計的不同決定了貨幣需求的不同，難以預測。可見，投機性貨幣需求對利率的變動特別敏感。

當前利率水平越低，將來上升的可能性越大，到那時債券價格就會下跌，於是投機者寧願拋出債券而持有貨幣，並且當前利率水平越低，拋出債券所獲得的資本溢價越多，投機者就會盡可能地拋出債券而增加貨幣持有量。反之，當前利率水平越高，將來下降的可能性越大，到那時債券價格就會上升，於是投機者寧願在目前購入債券

而不願持有貨幣，並且當前利率水平越高，手持貨幣的機會成本（即犧牲的利息收入）就越大，投機者就會盡可能地壓縮手持貨幣量。可見，當前利率水平越低，貨幣的投機需求越多；反之，當前利率水平越高，貨幣的投機需求越少。投機性貨幣需求與利率水平是反向變動關係，是利率的遞減函數。若以 M_2 代表為滿足投機動機而持有的貨幣量，r 代表當前利率水平即市場利率，L_2 代表 M_2 與 r 之間的函數關係，就有：

$$M_2 = L_2 = L_2(r) \tag{7-6}$$

根據凱恩斯的分析，投機性貨幣需求與利率之間的關係有兩種情形：一種是標準形式，另一種是流動性陷阱（Liquidity Trap）形式。

標準形式的圖示如圖 7-1 所示。圖 7-1 表明了投機性貨幣需求（L_2）與利率之間的反函數關係。圖 7-1 中的流動性偏好曲線（L_2L_2）向下傾斜，表明當利率趨於下降時，為滿足投機動機而保持的貨幣數量就不斷增多，r 與 L_2 兩者之間形成反方向變化，這一反向變化起因於利率的變化影響債券的價格，進而使投機性貨幣需求也發生變化。

流動性陷阱形式的圖示如圖 7-2 所示。圖 7-2 中用 L_2L_2 曲線說明流動性陷阱的概念。所謂流動性陷阱，是指當實際利率（市場利率）水平還是正數，但按照歷史標準來看，已經達到某個低水平（下限，比如 2%）時，對貨幣的投機需求就有增無減（即增加的貨幣完全被 L_2 吸收）。在圖 7-2 中，流動性陷阱表現為 L_2L_2 曲線上 A 點右邊的平坦部分。從圖 7-2 可看出，當利率降低到 r_L 水平時，新增加的貨幣數量全部被社會公眾貯存，因而不能使利率進一步下降。在這種情況下，人們對貨幣的投機需求的彈性就變成無限大。

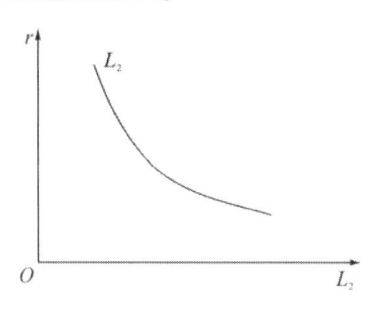

圖 7-1　貨幣投機需求的標準形式 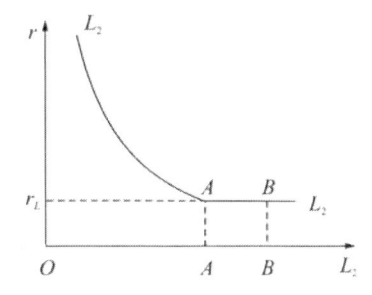　　　　圖 7-2　貨幣投機需求的流動性陷阱形式

（四）貨幣總需求

綜上所述，人們對貨幣的需求包括三個部分：第一，交易性貨幣需求；第二，預防性或謹慎性貨幣需求；第三，投機性貨幣需求。把三者合併起來就構成人們對貨幣的總需求（用 L 表示），即：

$$L = L_1 + L_2 = L_1(Y) + L_2(r) \tag{7-7}$$

以 M 表示為滿足 L_1 和 L_2 的貨幣總供給量，則：

$$M = M_1 + M_2 \tag{7-8}$$

把以上表示貨幣總需求量與貨幣總供給量的兩個公式合併起來就構成下式：

$$M = M_1 + M_2 = L_1(Y) + L_2(r) = L \tag{7-9}$$

即

$$M = L(Y, r) \tag{7-10}$$

上式表明，在任何時間，貨幣的總供給量等於人們持有的貨幣總量，而貨幣的總需求又取決於利率和收入水平。貨幣需求隨收入的變化呈同方向變化，與利率的變化呈反方向變化。凱恩斯認為，收入水平在短期內穩定不變，因此利率就成為決定人們對貨幣需求的主要因素。

圖 7-3 表明了貨幣的交易需求、投機需求和總需求與利率的依存關係。

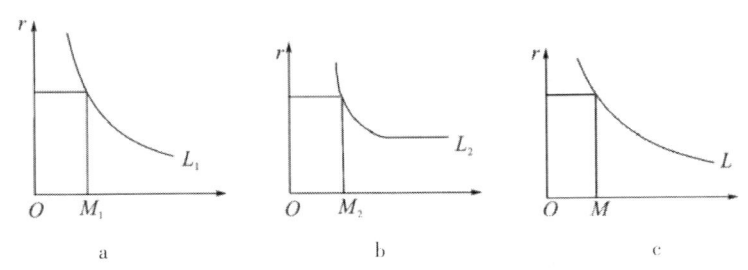

圖 7-3　貨幣需求與利率的關係

圖 7-3（a）圖表示貨幣的交易需求、預防需求（L_1）對利率的彈性不大。圖 7-3（b）圖表示貨幣的投機需求（L_2）對利率的彈性很大。曲線下方平坦的部分表示對貨幣的投機需求具有的無限彈性（即凱恩斯的流動性陷阱）。圖 7-3（c）圖表示貨幣的交易需求、預防需求（L_1）與貨幣的投機需求（L_2）合併起來，成為貨幣的總需求曲線（L）。

凱恩斯的貨幣需求理論相比傳統貨幣數量學說，包括劍橋公式，有許多獨創的地方。其主要表現如下：

（1）強調了貨幣作為資產或價值貯藏的重要性，突破了傳統貨幣理論的分析方法，把貨幣總需求劃分為出於各種動機的貨幣需求。這一方法為凱恩斯的后繼者所繼承，一直沿用至今，並有所發展。

（2）凱恩斯繼承了傳統貨幣數量學說關於收入在貨幣需求決定中的作用，又發現了利率也是貨幣需求的決定因素，並且把利率確定地視為貨幣需求函數中與收入有同等意義的自變量。是否重視利率在貨幣需求決定中的作用，便成為凱恩斯學派與新舊貨幣數量學說的分水嶺。強調利率對貨幣需求的影響，明確指出貨幣需求與利率成反比，為凱恩斯的「管理通貨制」奠定了理論基礎。貨幣需求作為經濟的內生變量，非貨幣金融當局所能控製，而利率則是一種由貨幣當局可以掌控的政策變量。既然貨幣需求具有利率彈性，這就使貨幣金融當局通過調節利率水平高低間接調控貨幣需求成為可能，利率也才成為宏觀貨幣政策的主要指標。

（3）凱恩斯不僅非常強調利率在貨幣需求決定中的作用，而且還發現了「流動性陷阱」的極端情況，這為其以后的政策主張奠定了理論基礎。

這一理論也較好地解釋了 20 世紀 30 年代資本主義經濟危機和蕭條時期的情況。當時利率很低，主要出於投機動機的貨幣需求量很大，儘管貨幣供應也有大量增加，但已經很低的利率難以再降，即出現了流動性陷阱，既起不到以更低利率刺激投資的作用，同時因手持貨幣增加，減慢了貨幣流通速度，部分地抵消了貨幣量的增加，從而未能引致物價的上升和真實收入的增長。因此，即使採取貨幣擴張政策，企圖通過

增加貨幣供給，降低利率，刺激投資的政策，在流動性陷阱階段也會完全無效，因而也不能解救危機。

（4）凱恩斯的貨幣需求理論中的貨幣僅指現金，抹煞了各種存款貨幣在經濟中的作用。此外，對經濟中的金融資產只概括為貨幣和債券兩種，這未免太簡單了。也正因為如此，凱恩斯的后繼者及現代貨幣主義的弗里德曼，重視經濟中各種資產對貨幣需求的影響，豐富和發展了凱恩斯將貨幣作為資產來研究的理論。

二、凱恩斯貨幣需求理論的發展

如前所述，凱恩斯將人們的貨幣需求分為交易性貨幣需求、預防性貨幣需求和投機性貨幣需求三種，並認為前兩種貨幣需求取決於收入，第三種貨幣需求取決於利率，貨幣總需求與收入、利率維持一種函數關係，這和貨幣數量論將貨幣需求視為由制度和技術因素決定的常數就有很大的區別。對於凱恩斯關於利率對交易性貨幣需求沒有什麼影響的觀點，凱恩斯的后繼者們認為這是一大缺陷，於是著手做了許多補充和發展。最早是漢森（A.H.Hansen）在1949年的《貨幣理論與財政政策》一書中認為交易性貨幣需求有一定的利率彈性，並且把收入和利率作為共同的影響因素對交易性貨幣需求進行分析。20世紀50年代以後，凱恩斯的貨幣需求理論更是得到了其後繼者的豐富和發展，其中比較著名的是鮑莫爾（W.J.Baumol）等人對凱恩斯關於交易性貨幣需求理論的發展和托賓（James Tobin）等人對凱恩斯關於投機性貨幣需求理論的發展以及新劍橋學派對貨幣需求動機的發展。這些新思想都構成當代貨幣需求理論的重要組成部分。

（一）鮑莫爾–托賓模型

1952年，美國普林斯頓大學的威廉·鮑莫爾發表了一篇題為《現金交易需求：存貨理論之分析法》（*The Transactions Demand for Cash: an Inventory Theoretic Approach*）的論文。1956年，美國著名經濟學家、耶魯大學教授詹姆斯·托賓發表了題為《貨幣交易需求的利率彈性》（*The Interest Elasticity of the Transactions Demand for Money*）的論文。兩人各自在其論文中獨自地證明，人們在確定交易所需貨幣量時，也如同商人在確定存貨量時一樣，絕不是只考慮持有貨幣或存貨對便利交易的好處，還要考慮持有貨幣或存貨的成本，而后者便受利率變動的影響。為了說明這種影響，他們指出，一般企業或個人，如果要持有貨幣以備交易之用，可以採取以下兩種方式：

第一，在取得收入之后，把兩次收入間隔期（假定為一個月）內所要進行的交易金額，從期初就留足，然后逐日均勻地支用，至第二次取得收入時全部用完，這樣期內每日平均持有的貨幣量便是交易金額的一半。如圖7-4所示，設每月月初取得收入時留足全月交易金額1,200元，則平均每日持有金額為$(1,200+0)/2=600$元。

第二，由於持有貨幣要犧牲該項貨幣在改作借貸資本（即投資於有價證券或其他資產）時可能賺得的利息收入（機會成本）。假定未來的交易量事先可知，而且以非常穩定的速率進行逐日支付，因此就必然會使作為交易用途的現金（即貨幣）盡量減少的理性動機。於是，可以將收入間隔劃分為幾段，最初只持有某一交易所需的貨幣，其餘則投資於有價證券借以收息，待下一時段到來之前，再將其賣出套現，以應付交

易支出的需要（如圖 7-5 所示）。

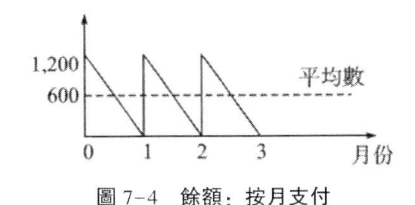

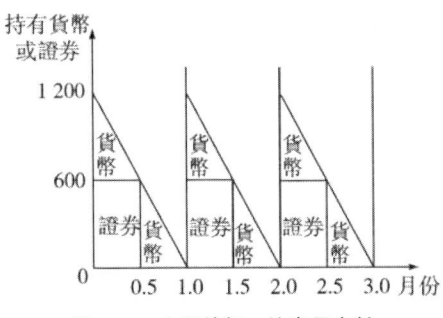

圖 7-4　餘額：按月支付

圖 7-5　交易餘額：按半月支付

顯然，第二種方式比第一種方式更為有利，每個收入間隔期劃分的時段越多，證券收益越多，但是第二種方式要負擔更多的成本。

持有交易餘額的總成本包括機會成本和交易成本。手持貨幣的機會成本就是放棄以其他生息資產保有交易金額所產生的收益。因此任何經濟行為主體都會盡量將其持有的金額減少到最低程度，以使其承受的機會成本最小。交易成本是發生在上述第二種方式中證券交易，即每次購買和套現所花費的費用，包括佣金、交易稅、印花稅，每次因證券交易到銀行存取現金的交通郵電等費用及所花的時間與麻煩等在內的成本。套現次數越多，其交易成本越大。若增大每次套現的金額，以減少套現次數，則又會因手持現金增加而增加機會成本。這樣問題就變為：在一定的收入所得期內，為滿足交易動機的貨幣持有應在什麼規模之內最佳？即在期初應將交易金額以什麼比例分配於貨幣與債券的持有？以后又該進行幾次套現活動？每次套現的金額應為多少？如何才能既保證一定交易需求而持有貨幣以便利交易，同時又使其承擔的機會成本與交易成本為最少？為滿足交易需求而持有的貨幣額要受到哪些因素的影響？

我們先看機會成本。假設整個收入間隔期內的交易總額，即未來時間內所預見的交易支出量為 T；每時段開始時所持現金，即每次套現金額為 C，並且每次套現以後是以穩定的速度平均使用此款項，則從第一次套現到下一次套現期內，持有的平均貨幣餘額為 $C/2$，在此收入間隔期內的平均貨幣餘額為 $C/2$。又設市場利率為 i，即以貨幣形式持有交易餘額而放棄的以債券形式持有交易餘額可能得到的收益。於是：

持幣的機會成本＝市場利率×平均每日持有額

$$= i \cdot \frac{C}{2}$$

我們再看交易成本。假設在期初將其全部的收入（即將要支出的交易量）T 以債

券形式持有，每次套現金額為 C，則在此收入間隔期內的套現次數為 T/C。又設每次套現費用為 b，則在此收入間隔期內的證券交易費用便是 $b \cdot T/C$。

如以 X 代表交易性貨幣需求的總成本，則：

$$X = \frac{iC}{2} + \frac{bT}{C} \tag{7-11}$$

貨幣需求者要將第二種方式下的成本減至最低限度，就必須做到：

$$\frac{d\left(b \cdot \frac{T}{C} + i \cdot \frac{C}{2}\right)}{dC} = \frac{-bT}{C^2} + \frac{i}{2} = 0$$

每個時段開始時持幣額必須為：

$$C = \sqrt{\frac{2bT}{i}} \tag{7-12}$$

即每次變現的金額為 $\sqrt{\frac{2bT}{i}}$ 時，持有現金存貨的總成本最小。

由於人們的平均手持現金餘額是 $C/2$，那麼最適量的現金持有額為 $\frac{1}{2}\sqrt{\frac{2bT}{i}}$，即現金餘額（用 M 表示）為：

$$M = \frac{C}{2} = \frac{1}{2}\sqrt{\frac{2bT}{i}} \tag{7-13}$$

如果考慮物價因素，則有實際的現金餘額：

$$\frac{M}{P} = \frac{1}{2}\sqrt{\frac{2bT}{i}}$$

或

$$M = \alpha Y^{0.5} r^{-0.5} P \tag{7-13'}$$

其中，P 為一般物價水平，$\alpha = \frac{1}{2}\sqrt{2b}$。這就是著名的平方根公式。該公式表明：當交易量（$T$）和佣金（$b$）增加時，最適度的現金（存貨）餘額就將增加，而當利率上升時，這一現金餘額就會下降。但存貨分析表明，這種變化又不是成比例的。例如，最適度的現金餘額只能作為交易量的平方根，隨著后者的上升而上升，即在企業的最適度現金餘額的決定中，有著規模經濟的規律在起作用。同樣，雖然現金的交易需求將隨著利率的變動而做相反方向的變化，但前者的變化幅度卻比后者小。（7-13'）式表明，交易性貨幣需求的收入彈性和利率彈性分別為 0.5 和 -0.5（絕對值皆在 1 以下）。

綜上所述，人們為了交換的需要平均經常在身邊保持的貨幣量取決於其收入和利息率。具體來說，如將交易總額 T 視為收入，則人們出於交易動機（包括預防動機）而持有的貨幣的收入彈性為 1/2，即收入提高 1%，貨幣需求增加 0.5%；貨幣需求的利率彈性為 -1/2，即利率提高 1%，貨幣需求減少 0.5%。也就是說，交易性貨幣需求不但取決於交易額或收入，與之成正相關關係（但貨幣需求增加的比例可能低於收入增加的比例，貨幣需求總額可能對收入分配敏感，一定水平的收入越集中，貨幣需求越少），而且還取決於利率，與之成負相關關係，即 $L_1 = f(Y, i)$。

(二) 托賓的資產選擇理論

如前所述，凱恩斯在貨幣投機需求理論中認為，人們對未來利率變化的預期是確定的，因此可以在此基礎上決定自己持有貨幣還是保持債券。由於每人都有自己的預期，這樣就會有一部分人持有貨幣，另一部分人持有債券，只能在貨幣與債券之間二選其一而非二者兼有。顯然，這與現實情況不符，因為人們並不能完全確定自己對未來的預期，從而導致一般人都是既持有貨幣，同時又持有債券。顯然，凱恩斯的理論也不能解釋投資者在實踐中所進行的資產分散行為。於是許多學者，尤其是凱恩斯的追隨者對凱恩斯的理論發表了新的見解，其中最有代表性的是托賓模型，也就是常說的資產選擇理論（The Theory of Portfolio Selection）。托賓在1958年發表的《作為對付風險之行為的流動性偏好》一文中，從投機者基於風險考慮的角度，研究人們在對未來預期不確定性的情況下，怎樣選擇最優的金融資產組合，推論出與凱恩斯相同的結論，即個人或企業的投機性貨幣需求與利率的高低成反向變化。

托賓認為，在捉摸不定的市場經濟中，並不是人人心中對市場每個變量都有個規範值或安全值，更普遍的只有概率，因此為了避免孤注一擲，就應使資產持有多樣化，這是按概率行事和解決收益與安全的矛盾的上策。儘管市場上可互相替代的金融資產種類很多，但人們保存資產的形式主要還是兩種：貨幣與債券。持有債券可以得到利息，但也要承擔由於債券價格下跌而受損失的風險，因此債券是風險性資產；持有貨幣雖無收益，但也不必承擔風險（不考慮物價變動情況），因此貨幣是安全性資產。一般而言，若某人將其資產全部投入債券這類風險性資產，則其預期收益達到最大，與此同時，其面臨的風險也最大；若某人的所有資產均以貨幣形式持有，則其預期收益和所要承擔的風險都等於零；若某人將資產分為貨幣與債券各持一半，則其預期收益和風險就處於中點。由此可見，風險和收益同方向變化，同步消長。

面對同樣的選擇對象，在任何時候，不同的投資者對於所包含的風險會有不同的看法，對於風險和報酬的比較會有不同的感受，因此會做出不同的選擇。由此，托賓將投資者分為三種類型：

第一種是風險喜愛者（Risk Lovers），他們喜歡風險，不惜孤注一擲，以求賺得最大限度的利潤。

第二種是風險趨避者（Risk Averters），他們注重安全，盡可能避免風險。

第三種是風險中立者（Risk Neutral），他們追求預期收益，同時也注意安全，當預期收益比較確定時，可以不計風險。

托賓認為，現實生活中第一種、第三種只占少數，絕大多數人屬第二種，資產選擇理論就是以這類人為分析對象的。

托賓認為，收益的正效用隨著收益的增加而遞減，風險的負效用隨風險的增加而遞增。如果投資者的資產構成中只有貨幣而沒有債券時，為了獲取收益，其會把一部分貨幣換成債券，因為減少貨幣在資產中的占比能帶來收益的正效用。但隨著債券比例的增加，收益的邊際正效用遞減而風險的負效用遞增，當新增加債券帶來的收益正效用與風險負效用之和等於零時，其就會停止將貨幣換成債券的行為。同理，如果投資者的全部資產都是債券，為了求得安全，其就會拋出債券而增加貨幣持有額，一直到拋出的最后一張債券帶來的風險負效用與收益正效用之和等於零時為止。只有這樣，

投資者得到的總效用才能達到最大。這也就是投資者所做的資產分散化行為。托賓的這一理論說明了在不確定狀態下投資者同時持有貨幣與債券的原因以及對兩者在量上進行選擇的依據，同時也解釋了投資者在實踐中遵守的資產分散原則。

此外，托賓模型還論證了投機性貨幣需求的變動是通過投資者調整資產組合實現的，這是由於利率變動引起預期收益率發生變動，破壞了原有資產組合中風險負效用與收益正效用的均衡，投資者必須重新調整自己的資產組合，從而導致投機性貨幣需求的變動。因此，市場利率和未來的不確定性對於投機性貨幣需求具有同等重要性。

(三) 新劍橋學派的理論

新劍橋學派對凱恩斯貨幣需求理論的發展主要體現在將凱恩斯的貨幣需求動機的分類加以擴展，提出了貨幣需求七動機說，並據其提出的貨幣需求不同動機，重新對貨幣需求進行了分類，對各類貨幣需求的特徵和影響做了分析。

對於凱恩斯的貨幣需求三動機說，新劍橋學派認為，隨著經濟的發展，僅這三種動機不能說明全部現實狀況，應該予以擴展。新劍橋學派將貨幣需求動機重新分為三類七種。

1. 商業性動機

商業性動機包括：

(1) 產出流量動機。當企業決定增加產量或擴大經營規模時，無疑需要有更多的貨幣。它相當於凱恩斯提出的交易性需求，這部分需求由企業的行為所決定。

(2) 貨幣-工資動機。這種貨幣需求是由貨幣-工資增長的連帶效應造成的。在現代經濟中，通貨膨脹是一種經常性的、普遍的現象，當貨幣量增加以後，往往連帶著工資的增長。

(3) 金融流量動機。這是指人們為購買高檔消費品需要儲存貨幣的動機。高檔商品在實際購買之前一般要有一個積蓄貨幣的時間。

這類商業性動機與生產流通活動相連。由商業性動機引起的貨幣流通，是貨幣的商業性流通，它主要取決於人們收入中的支出部分，包括實際的消費支出和實際的投資支出，這部分貨幣需求與收入有著十分緊密的關係。

2. 投機性動機

投機性動機包括：

(1) 預防和投機動機。人們一般在手中要保留超出交易需要的貨幣，一方面以備不時之需；另一方面等待時機以進行投機。

(2) 還款和資本化融資動機。這是由於隨著信用的發展，債權債務關係十分普遍，大部分個人或企業都負有一定的債務。同時，現代社會裡融資具有資本化特點，即各種融資形式都以取得收益為前提，因此為了保持自己的信譽，保證再生產順利進行，必須按規定的條件償還債務、支付利息等，這就需要保持一定的貨幣量。

(3) 彌補通貨膨脹損失的動機。這種動機由通貨膨脹造成，因為在物價上漲、貨幣貶值的情況下，即使維持原有的生活或生產水平，也需要更多的貨幣量。

由投機性動機引起的貨幣流通是貨幣的金融性流通，它主要取決於人們對未來的預期。當人們的預期比較悲觀時，這部分貨幣需求就會增加，因此貨幣的金融性流通與收入關係不大，但與金融市場緊密相關，是引起經濟不穩定的重要因素。

3. 公共權力動機

公共權力動機是指政府需求擴張動機，是因為政府的赤字財政政策和膨脹性貨幣政策產生的擴張性貨幣需求動機。在現實中，赤字往往是貨幣需求大大增加的重要原因。政府的需求擴張會對經濟產生很大的影響。如果政府把這些額外的流通貨幣主要投向商業性流通，那麼受衝擊的將是商品市場的價格；如果政府把這些額外的流通貨幣主要投向金融性流通，金融市場則將受到衝擊。因此，這類動機對經濟的影響取決於政府如何分配這些創造的額外貨幣。

可見，新劍橋學派的貨幣需求七動機說沿襲和採用了凱恩斯對貨幣需求動機的分析方法，對人們為何需要持有貨幣的不同動機進行區別討論，在此基礎上，把相近動機產生的貨幣需求進行分類研究，找出其不同特徵和影響。

實際上，新劍橋學派的貨幣需求七動機說中包括了凱恩斯的三大貨幣需求動機，預防和投機動機就是凱恩斯提出的，第1~6項動機則是對凱恩斯提出的三大動機的細分，基本上沒有超出凱恩斯提出的範圍。只是公共權力動機才是新劍橋學派的獨創。這一動機的提出對於解釋在當代西方國家普遍實行的不同程度的政府干預的情況下貨幣需求變動的原因有一定的現實意義。

閱讀與思考

貨幣流通速度與價格穩定

貨幣流通速度是聯繫貨幣需求、貨幣供給，進而影響價格穩定的重要變量。在經濟運行相對平穩的時期，貨幣流通速度通常表現為較穩定的漸變，但從經濟週期的全程表現看，屢見不鮮的是貨幣流通速度有時可能發生急遽的、驟然的變化，這種突變、陡變，往往與經濟週期內不同階段的轉換及與轉換點的不穩定狀態相聯繫，與嚴重的通脹或通縮相聯繫。

貨幣流通速度突變影響價格穩定

在實踐中很難區分價格的變化是因何變量之變而引起的，很難精確地測算貨幣流通速度的變化對價格的變化的影響程度。

理論上能夠明確貨幣流通速度變化對價格穩定有所影響，但 $MV=PY$（其中 M 為貨幣供應量，V 為貨幣交易流通速度，P 為價格水平即物價指數，T 為全社會的商品和勞務交易總額，費雪認為 V 和 T 雖經常變動，但變動程度甚少，最活躍、最多動無常的因素是貨幣數量 M，在 V 和 T 不變的條件下，物價水平隨著貨幣數量的變動而成正比例地變動）實際是一個事後的恒等式，等式中的四個變量都存在相互作用，它們本身處於變化之中，彼此之間的變化效應或是相互強化或是相互抵消，因此在實踐中很難區分 P 的變化是因何變量之變而引起的，很難精確地測算 V 變化對 P 變化的影響程度。一般而言，當 V 的變化突然加速或突然減速，P 可能出現向上急升或向下急降的不穩定狀態，我們可分別將其稱為 V 陡升型通脹和 V 陡降型通縮。

先看 V 陡降型通貨緊縮。從經濟史角度觀察，貨幣流通速度陡然下降一般發生在經濟嚴重衰退、經濟危機等非常時期到來之前的臨界點上。經濟嚴重衰退或經濟危機時期，利率下降、失業率上升、不確定性加大等，會導致出於投機和避險動機的貨幣需求急遽增加，而以貨幣媒介的常規交易活動規模顯著縮減從而進入流動性陷阱或風險陷

併，貨幣流通速度隨之急遽下降，價格穩定將面臨巨大壓力而表現為通縮。在大蕭條、20 世紀 80 年代初期經濟衰退時期及本輪國際金融危機時期，都觀察到歐美等國出現貨幣流通速度大幅度下降與通貨緊縮並存的現象。中國於 1998 年第一季度和 2008 年第四季度，在亞洲金融危機和世界金融危機衝擊不期而至、負面效應顯性化的當口，也都經歷了突發經濟降溫、通脹壓力陡然變換為通縮壓力的過程，此時流通中貨幣量仍在，並無大的變化，但市場主體預期普遍迅速惡化，不敢、不願投資和收縮消費，企業「貓冬」，消費者謹慎，貨幣流通速度急跌，貸款放不出，物價則明顯地由升勢轉為降勢。

再看 V 陡升型通貨膨脹。貨幣流通速度突然下降，往往伴隨通縮；貨幣流通速度突然上升，則往往使通脹壓力油然而生，形成 V 陡升型通脹。這在 20 世紀 70~80 年代初的「大通脹」時期表現突出。20 世紀 60 年代，歐美等國經歷了一段經濟發展的黃金時期，其突出特點是高增長、低通脹，多數年份消費者價格指數（CPI）衡量的物價上漲率不到 2%，平均物價上漲率只有 2.4% 左右，M2 的流通速度也相對穩定。但隨后由於石油和食品價格提高的供應面衝擊，美國在 20 世紀 70 年代中期和末期經歷了兩次較為嚴重的通貨膨脹。

V 陡升型通脹和 V 陡降型通縮

下一步防控通脹的措施不能僅著眼於調控 M2 增長率，還要分析、預測和影響引起貨幣流通速度變化的因素。

改革開放以來，中國貨幣流通速度變化的總趨勢是不斷下降。1978 年為 3.07，1995 年已下降到 1，2010 年下降到 0.55。從年度變化數據可以看出，貨幣流通速度下降不是勻速的，有 8 個年份還存在小幅回升的情況，包括 1985 年、1988 年、1993 年、1994 年、2004 年、2006 年、2007 年、2008 年，除 2006 年以外，都對應著高通脹壓力或物價水平的升高，貨幣流通速度陡升與通脹基本上具有同步特徵。

在 CPI 大幅下降的 12 個年份，包括 1990 年、1991 年、1997—2003 年、2005—2006 年、2009 年，大多對應著貨幣流通速度的下降，但一般表現為較為常見的下降幅度，如 1997—2003 年。在這些年份中，1990 年和 1991 年、2009 年則對應著貨幣流通速度的陡降，尤其是 2009 年貨幣流通速度的降幅達到 1978 年以來的峰值，為 −15.47%。這是「百年一遇」的國際金融危機衝擊下中國貨幣流通速度陡降型通縮的一次典型表現。

歷史數據表明，改革開放以來，在中國貨幣流通速度下降的總趨勢中，可觀察到貨幣流通速度陡升與通脹大體的同步對應關係，貨幣流通速度的陡升，尤其是正值階段的情況，常伴隨著通脹，而常規幅度的貨幣流通速度下降所對應的可能是通縮，也可能是正常的物價水平，但如果貨幣流通速度發生巨幅下降，當年或隨后一年所對應的必定是通縮，包括 1989—1990 年、1998—1999 年和 2009 年。

這表明，中國貨幣流通速度的變化對貨幣政策、物價穩定等宏觀政策及經濟變量指標具有不可低估的影響力。基於此結論，提高貨幣政策的有效性至少需要考慮兩個層面的問題：一是貨幣流通速度不穩定變化的情況下，貨幣供給量作為仲介目標的適用程度；二是針對貨幣流通速度陡變的情況，貨幣供應量增長目標如何進行預先的和應急的適度調整，以利於減少陡升型通脹或陡降型通縮的負面效應。

資料來源：賈康. 貨幣流通速度與價格穩定 [EB/OL]. (2011-11-05) [2017-08-11]. http://finance.ifeng.com/opinion/mssd/20111105/4998422.shtml.

第五節　弗里德曼的貨幣需求理論

1956 年，弗里德曼發表了《貨幣數量說的重新表述》一文，奠定了現代貨幣數量說的基礎。弗里德曼認為，貨幣數量說不是關於產量、貨幣收入或物價問題的理論，而是關於貨幣需求的理論。貨幣數量說要討論的是哪些因素影響人們對貨幣的需求。弗里德曼認為，影響人們持有實際貨幣量的因素主要有以下四個：

第一，總財富。一般說來，個人所持有的貨幣量，不會超過其總財富。總財富包括人力財富和非人力財富，總財富是很難計算的，因此弗里德曼提出用永久性收入這一要領來代替總財富。所謂永久性收入，是指消費者可預料的長期性的且帶有規律性的收入，它區別於帶有偶然性的一時性收入。永久性收入不僅易於計算，而且由於其比較穩定，因此可據以說明貨幣需求函數的穩定。

第二，財富構成。財富構成，即人力財富和非人力財富兩者的構成比例。人力財富是指個人在將來獲得收入的能力，即人的生產能力，又叫人力資本；非人力財富是指物質資本，即生產資料及其他物質財富。人力財富要轉化為現實的非人力財富，會受到勞動力市場的供求狀況等因素的制約，因此在轉化過程中人們必須持有一定量的貨幣，以應付突然之需。這一貨幣量的多少，取決於人力財富與非人力財富的比例。人力財富所占比例越大，所需準備的貨幣就越多。

第三，持有貨幣和持有其他資產的預期收益。弗里德曼所指的貨幣包括現金和存款，因此持有貨幣的收益可以有三種情況：可以為零（持有購買力穩定的現金）、可以為正（持有帶利息的存款）、可以為負（持有購買力下降的現金，如在通貨膨脹的情況下）。顯然，貨幣需求量與持有貨幣的預期收入成正比。其他資產，如債券、股票以及不動產的收益率取決於市場利率。如果其他資產的預期收益率高，則持有貨幣的數量就少，反之亦然。

第四，影響貨幣需求函數的其他因素。例如，對貨幣的「嗜好」程度。如果個人把貨幣看成「必需品」，那麼貨幣需求對收入的彈性為 1 或者小於 1；如果個人把貨幣看成「奢侈品」，那麼貨幣需求對收入的彈性就大於 1。

弗里德曼在討論上述四個因素的基礎上，提出了他的貨幣需求函數：

$$M = f\left(P, r_b, r_e, \frac{ldp}{Pdt}; W; Y; U\right) \qquad (7-14)$$

其中，M 表示名義貨幣需求量，P 表示價格水平，r_b 表示債券的預期收益率，r_e 表示股票的預期收益率，ldp/Pdt 表示價格水平的預期變動率，W 表示非人力財富與人力財富的比率，Y 表示貨幣收入，U 為其他隨機因素。若將上式兩邊都除以 P，就可得到如下的實際貨幣需求函數：

$$\frac{M}{P} = f\left(r_b, r_e, \frac{ldp}{Pdt}; W; Y; U\right) \qquad (7-15)$$

如果將個人的實際收入 Y/P 和貨幣需求 M 看成實際國民收入和名義貨幣需求的人均值，(7-15) 式也可應用於對整個社會貨幣需求的分析。分析企業的貨幣需求時，只要把 W 從需求函數中去掉即可，因為企業家是人力財富和非人力財富的購買者，所

以可不考慮 W 的因素。

弗里德曼認為，貨幣需求解釋變量中的四種資產——貨幣、債券、股票和非人力財富的總和就是人們持有的財富總額。其數值大致可以用恆久性收入 Y 作為代表性指標。因此，強調恆久性收入對貨幣需求的重要影響作用是弗里德曼貨幣需求理論中的一個重要特點。在弗里德曼看來，在貨幣需求分析中，究竟哪個決定因素更重要些，這要用實證研究方法來解決。恆久性收入對貨幣需求的重要作用就可以用實證方法得到證明。對於貨幣需求，弗里德曼最具有概括性的論斷是：由於恆久性收入的波動幅度比現期收入小得多，並且貨幣流通速度（恆久性收入除以貨幣存量）也相對穩定，貨幣需求因而也是比較穩定的。

這個貨幣需求函數穩定性的特點非常重要。因為弗里德曼認為，分析貨幣需求函數的穩定性，對分析整個經濟社會中的其他重要因素（如貨幣收入或價格水平）等意義重大。這是由於名義貨幣收入或價格水平都是貨幣需求函數和貨幣供給函數相互作用的結果，論證並強調貨幣需求函數具有穩定性，其目的在於說明貨幣對於總體經濟的影響主要來自貨幣供給方面。也就是說，既然貨幣需求函數高度穩定，並且不受政府的金融政策等影響貨幣供給的因素的影響，那麼名義收入和價格水平的變動就主要是由貨幣供給量的變動引起的。於是貨幣供給及其決定因素也就與名義收入和價格水平之間發生直接而密切的聯繫。正是在這個意義上，弗里德曼才認為貨幣是最重要的，也由此而得出他的政策結論：由於貨幣需求相對穩定，中央銀行應專門致力於研究貨幣供給管理和貨幣供給變化對國民經濟運行的影響，而不必過問貨幣需求方面的問題，主張實行一種與貨幣收入增長相一致的貨幣供給穩定增長的政策，即「單一規則」的貨幣政策。由此可見，穩定的貨幣需求函數成為貨幣主義理論及政策的立論基礎和分析依據。

第六節　貨幣需求的實證研究

從以上各種貨幣需求理論可看出，這些理論存在著較大差異。雖然它們都已成為當代貨幣學說的極重要的組成部分，但是任何理論在未經實證研究證實之前，只能作為一種假設，而對其能有效地解釋和預測貨幣現象的能力，也只可暫時存疑。

當代貨幣理論的兩項重大發展之一——貨幣實證研究，是 20 世紀 50 年代以來，西方經濟學家為了檢驗各種貨幣需求理論的正確性而採用的一種嶄新的分析方法。所謂實證研究，也稱為經驗研究（Empirical Study），是指運用計量經濟學方法的過程，即先將理論假設以數學模型的形式表示，然後再以統計學的方法來測驗資料，以證明或推翻該項假設。具體到貨幣需求的實證研究則是以一定的貨幣需求理論為基礎，對以往較長時期內的有關資料進行統計分析（如常用的迴歸分析），以確定貨幣需求與各有關變量的量的關係、各變量的作用，從而檢驗各種貨幣需求理論的正確與否。具體說來，貨幣需求的實證研究主要解決如下幾個問題：

其一，在實證研究中，所謂「貨幣」，究竟採用何種定義為宜？

其二，貨幣需求是否為利率和財富或收入等變量的函數？其依存程度如何？

其三，查證貨幣需求對利率變化是否敏感，甚至有無過分敏感（即出現「流動性

陷阱」)的情況?從前述可知,凱恩斯學派與貨幣學派爭論的焦點之一是貨幣需求的利率彈性問題。凱恩斯學派認為,貨幣需求的利率彈性很大,其注重貨幣作為其他金融資產替代物的替代效應。換言之,凱恩斯學派把貨幣看成其他金融資產的相近替代物,這是由於這些資產可以像貨幣餘額一樣作為價值貯藏的手段。因此,在凱恩斯學派的體系中對貨幣的超額需求會因個人出售這種資產而消除,而超額的供給又會引起個人購買這種資產。金融領域的高度替代性導致凱恩斯學派得出貨幣需求利率彈性高的假定。而貨幣學派認為,貨幣需求的利率彈性很小。其並不認為貨幣是狹小範圍內的金融資產的相近替代物。貨幣學派認為,貨幣是一種具有獨特性質的資產,使貨幣成為包括不動產和金融資產在內的所有資產的替代物。在貨幣學派看來,超額貨幣需求將會因個人售出如股票和耐用消費品等各類繁多的資產而被抵消,而超額貨幣供給又會引起個人購買同樣範圍的資產。因此,貨幣學派預期在金融領域內替代的程度是低的,這導致貨幣學派做出貨幣需求利率彈性低的假定。如果前者的觀點是正確的,則貨幣政策就因其不能有效地變更利率(尤其是出現極端流動性的陷阱時)而不可能對實物部門產生較大的影響,從而使其效用不大。如果后者的觀點是正確的,則中央銀行就可以通過控製貨幣供給量來直接控製貨幣收入、就業和物價。貨幣政策就成為一項非常有用的政策。因此,貨幣需求的利率彈性問題非常重要,對其彈性大小的驗證具有極大的現實意義。

其四,貨幣需求是否穩定?前已說明,凱恩斯學派認為,貨幣需求是一種潛在的不穩定的經濟因素,因此貨幣政策的效果是不可測的,財政政策是比貨幣政策更可行的穩定經濟的重要工具。而「貨幣需求是穩定的」恰恰是貨幣學派的主要論點,這一論點對於其理論和政策主張都至關重要。原因是如果能證明貨幣需求是一些主要變量的穩定函數,那就能證明貨幣政策的效果是可測的,也就能成為穩定經濟的有效手段;否則,貨幣政策的作用也不確定,這就需要其他穩定經濟工具的幫助。

關於貨幣需求的實證研究結論主要有:第一,絕大部分的實證研究均顯示了利率的重要性。雖然貨幣需求的利率彈性的絕對值因各個經濟學家所用模型或測驗的時期不同而有異,但是畢竟不等於零。這就推翻了古典學派認為貨幣需求與利率無關的理論。同時,利率彈性的絕對數值通常小於1,也就否定了流動性陷阱所隱含的彈性為無窮大的說法。因此,貨幣需求雖然有相當的利率彈性,但不是高度敏感也不是高度不敏感,僅僅是介於兩者之間,需求函數基本上仍可視為相對穩定。第二,貨幣需求函數中的自變量除利率外,更重要的是收入或財富。實證研究都證明貨幣需求與收入或財富按相同方向變動,多數經濟學家認為恆久性收入是準確性較高的獨立變量。

當代西方貨幣需求理論的分析方法不僅運用了一般理論方法,進行理論上的定性分析,而且還注意運用精巧的數學分析工具,進行定量的實證分析,以檢驗理論分析結果的正確性。這些方法既有助於經濟理論和經濟分析方法的發展,豐富了貨幣理論本身,也有助於在紛繁的經濟系統中,尋找出各種經濟變量之間的正確的因果關係,為貨幣理論的運用、制定貨幣政策提供手段。也正是這種新的分析方法,促使經濟學家的某些觀點發生變化,使之更符合於現實。例如,多年的實證研究和貨幣管製表明,貨幣需求的利率彈性雖不像有些凱恩斯主義者想像的那麼大,但確實是存在的,弗里

德曼為首的貨幣學派不得不承認這一點。后來的研究還證明，即使考慮到恆久性收入效應，貨幣需求對利率通常也是敏感的；同時也證明，利率變動對企業的投資和居民住宅建築都具有重大影響。因此，時至今日，貨幣學派已不再堅持「只有貨幣起作用」的觀點，凱恩斯學派也不再持有「貨幣不起作用」的觀點。

本章小結

1. 貨幣需求可以從各個角度來認識，但更多的是從貨幣需求主體和貨幣對經濟的影響這兩個角度來考察。

2. 馬克思的貨幣需求量公式強調商品價格取決於生產過程。該公式反映的是貨幣的交易性需求。

3. 貨幣數量論的貨幣需求理論強調貨幣數量對商品價格的決定性影響。但費雪方程式側重於從宏觀上來研究貨幣需求，而劍橋方程式則側重於從微觀上來研究貨幣需求。

4. 凱恩斯學派的貨幣需求理論進一步強調微觀經濟主體行為對貨幣需求的影響，並將利率引入貨幣需求函數中，認為出於各種動機的貨幣需求都受利率的影響。

5. 貨幣主義的貨幣需求理論也是從微觀角度來討論貨幣需求，但強調貨幣需求最重要的決定因素是恆久性收入，由此得出貨幣需求是相對穩定的，中央銀行只要管住貨幣供給量即可的結論。

6. 貨幣實證研究是20世紀50年代以來經濟學家為了檢驗各種貨幣需求理論的正確性而採用的一種嶄新的分析方法。該方法試圖確定貨幣需求與各有關變量的量的關係、各變量的作用，從而檢驗各種貨幣需求理論正確與否。

重要概念

貨幣需求　貨幣的交易需求　貨幣的投機需求　費雪方程式　劍橋方程式
平方根定律　流動性陷阱　恆久性收入

復習思考題

1. 試述各主要貨幣需求理論的基本內容和貢獻。
2. 為什麼必須重視從微觀和宏觀角度來考察貨幣需求？
3. 在凱恩斯對投機性貨幣需求的分析中，如果人們突然認為利率的正常水平已下降，則貨幣需求將發生什麼變化？為什麼？
4. 「在托賓對投機性貨幣需求的分析中，認為即使債券的回報率為正值，人們仍同時持有貨幣和債券。」該說法正確、錯誤還是無法確定？試解釋之。
5. 為什麼弗里德曼的貨幣需求理論認為貨幣流通速度可以預測，而凱恩斯的觀點與之相反？
6. 貨幣需求的實證研究主要檢驗哪些命題？

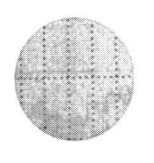

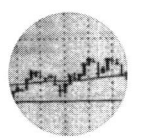

第八章　貨幣供給機制

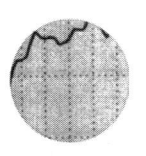

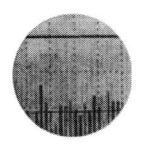

在現代信用貨幣制度下，貨幣供給的主體是銀行，流通中貨幣量大都是通過銀行體系供給的，貨幣供給與銀行的資產負債業務活動緊密相關。銀行主要包括商業銀行和中央銀行兩類性質不同的銀行，它們在貨幣供給中各發揮一定的特有作用。在狹義的貨幣供給量中，通貨由中央銀行發行，活期存款（或存款貨幣）則由商業銀行的放款與投資等資產業務所創造，在總的貨幣供給量中佔有較大的比重。貨幣供給決定了一定時期的貨幣總量。貨幣供給的變化一方面可以改變社會主體可用的貨幣餘額，另一方面可以影響利率，將會對社會總需求和總產出產生影響。瞭解貨幣供給的機制是瞭解貨幣供應量變化的前提。本章將在分析中央銀行在貨幣供給中的原理和作用、商業銀行進行存款貨幣創造的原理的基礎上，重點分析貨幣供給的影響因素。

第一節　貨幣供給的基本概念

貨幣供給分析是與貨幣需求分析相對稱的。貨幣供給理論的思想淵源，最早可追溯到 18 世紀的 J.勞（J.Law）。他在《關於貨幣的考察》一書中提出了信用創造貨幣、貨幣推動經濟發展的觀點。該觀點與以後 H.D.麥克魯德（H.D.Macleod）和 A.韓（A.Hahn）提出的信用創造學說為貨幣供給理論的產生提供了理論基礎。1921 年，美國經濟學家 C.A.菲利普斯（C.A.Phillips）出版了《銀行信用》一書，最先使用了對於貨幣信用創造非常重要的一對概念「原始存款」和「派生存款」，這意味著近代貨幣供給理論雛形的出現。儘管如此，由於在金屬貨幣流通時代，流通中貨幣的數量變動存在自動調節機制，而在金本位制崩潰之後，相當長一段時期貨幣供給量又被看成能被中央銀行任意決定的外生變量，因此過去眾多的學者在研究貨幣理論時只把注意力放在貨幣需求問題上，而忽視了對貨幣供給的研究。只是到了後來，經過一些經濟研究發現，中央銀行並不擁有對貨幣供給進行控制的絕對能力，才轉入研究貨幣供給問題。1952 年，美國經濟學家 J.E.米德（J.E.Meade）發表了《貨幣數量與銀行體系》一文，首次使用貨幣供給方程對整個銀行制度與貨幣供給量進行了系統性的研究。這標誌著完整的貨幣供給理論的形成。從此，貨幣供給理論的研究得到了長足的發展，從而使西方貨幣理論的研究呈現出貨幣供需兩側並重的局面。

20 世紀 50 年代以後，隨著貨幣定義討論的深入，貨幣供給理論轉入了以貨幣供給方程式為理論模型的研究。許多經濟學家借助於數量方法以演繹和論證貨幣供給函數，由此對決定貨幣供給量的諸多行為變數及貨幣政策效果進行系統性的分析，以闡明貨幣供給量的決定機制。其中有一點是共同的，那就是認為貨幣供給量受到基礎貨幣和貨幣乘數兩大因素的制約。

要分析銀行體系對貨幣供給的作用機制，首先必須弄清楚幾個概念。

一、外部貨幣

外部貨幣（Outside Money）是指自然形成的或者政府創造的貨幣，主要包括兩種

貨幣：第一，商品貨幣。如前所述，商品貨幣作為貨幣的價值等於它作為一種商品的價值，金屬貨幣是高級形態的商品貨幣。為瞭解決金屬貨幣攜帶不方便的問題，出現了以金屬支持並可以兌換為金屬的紙幣，這種紙幣是金屬貨幣的符號。第二，法定貨幣。當政府發行的紙幣不再和金屬聯繫時，這時的紙幣成為信用貨幣。理論上，信用貨幣既可以源於政府信用，也可以源於純粹的市場信用或者私人信用，而法定貨幣最關鍵的特徵是其流通由政府法律規定。

二、內部貨幣

和外部貨幣相對應，內部貨幣是指社會私人部門通過信用擴張創造出來的貨幣。內部貨幣最重要的形式是商業銀行中的支票帳戶中的存款，由於帳戶主體可以簽發支票來進行支付，支票具備貨幣的交易媒介職能，因此支票帳戶內的存款又被稱為存款貨幣。存款貨幣是指存在商業銀行，使用支票可以隨時提取的活期存款，也稱為支票存款。支票經過背書可以作為貨幣使用，每轉手一次就執行一次貨幣的職能。

三、原始存款、派生存款

原始存款與派生存款是分析商業銀行創造貨幣過程時所使用的相互對稱的一對概念。原始存款（Original Deposit）是客戶用現金、其他行的支票或匯票等存入而形成的存款，可增加其準備金，是銀行貸款或投資的基礎。派生存款（Derivative Deposit）是商業銀行在原始存款的基礎上發放貸款或投資時所創造的存款。

四、存款準備金

商業銀行為了應對客戶提取現金的需求，需要持有一定量的現金或現金等價物，這部分資產被稱為存款準備金，簡稱準備金。銀行的準備金以兩種具體形式存在：一是商業銀行持有的應付日常業務需要的庫存現金，二是商業銀行在中央銀行的存款。這兩者都是商業銀行持有的中央銀行的負債，也是中央銀行對社會公眾總負債中的一部分。準備金又可分為兩部分：一是商業銀行按照法定準備率的要求提留的部分，即法定準備金；二是由於經營上的原因尚未用去的部分，即超額準備金。法定準備金所占存款總額的百分比，即為法定準備金比率。法定準備金比率越高的商業銀行，可用於放款投資的份額就越少；反之，則越多。其用公式分別表示為：

$$存款準備金 = 庫存現金 + 商業銀行在中央銀行的存款$$
$$法定準備金 = 法定準備金比率 \times 存款總額$$
$$超額準備金 = 存款準備金實有額 - 法定準備金$$

五、基礎貨幣

基礎貨幣特指中央銀行發行的貨幣，是中央銀行發行的債務憑證，也稱貨幣基數（Monetary Base）、強力貨幣、初始貨幣，因其具有使貨幣供應總量成倍放大或收縮的能力，又被稱為高能貨幣（High-powered Money）。基礎貨幣是指能創造存款貨幣的商業銀行在中央銀行的存款準備金（R）與流通於銀行體系之外的通貨（C）這兩者的

總和。前者包括商業銀行持有的庫存現金、在中央銀行的法定準備金以及超額準備金。基礎貨幣（B 或 H）常以下式表示：

$$B = R + C \tag{8-1}$$

在國際貨幣基金組織的報告中，基礎貨幣被稱為「Reserve Money」。基礎貨幣是整個商業銀行體系借以創造存款貨幣的基礎，是整個商業銀行體系的存款得以成倍擴張的源泉。

第二節　中央銀行與貨幣供給

中央銀行作為國家貨幣當局，在貨幣供給中發揮關鍵作用，其發揮作用主要是通過兩個渠道，即控制基礎貨幣和影響貨幣乘數。同時，中央銀行處於貨幣壟斷發行地位，在通貨的發行中獨立發揮作用。

一、中央銀行的貨幣發行

壟斷貨幣發行權曾經是中央銀行的標誌性行為，儘管隨著商業銀行體系發揮存款貨幣創造功能，金融創新推動各種新型貨幣工具出現，中央銀行貨幣發行的影響力有所下降，但貨幣發行畢竟是法定貨幣體系下最終流動性的提供者，貨幣發行仍然是貨幣供應的重要組成部分。

（一）貨幣發行的兩種性質

貨幣發行按其發行的性質可以分為兩種：經濟發行和財政發行。經濟發行是指中央銀行根據國民經濟發展的客觀需要增加現金流通量。財政發行是指為彌補國家財政赤字而進行的貨幣發行。由於財政發行沒有經濟增長基礎，因此增加的貨幣發行容易導致市場供求失衡和物價上升。

傳統的看法認為，貨幣發行僅指通貨發行。但是，隨著金融創新和電子技術的發展，存款貨幣作為流通手段的重要性不斷提高，擴展了貨幣的範圍，貨幣不僅包括現金，還包括存款貨幣。因此，貨幣的經濟發行應該擴展到包括增加存款貨幣的貨幣供應總量。在貨幣經濟發行的條件下，貨幣的投放適應流通中貨幣需要量增長的需要，既滿足經濟增長對貨幣的需要，又避免貨幣投放過多。為保證貨幣的經濟發行，必須要建立健全貨幣發行制度。貨幣發行制度包括貨幣發行的程序、最高限額和發行準備。

（二）貨幣發行準備

在不同的貨幣制度下，貨幣發行的準備是不同的。在金屬貨幣制度下，貨幣的發行準備是貴金屬，如白銀、黃金等。在現代信用貨幣制度下，貨幣發行往往使用現金和有價證券做準備。現金準備包括黃金、外匯等具有極強流動性的資產，使貨幣具有現實的價值基礎，有利於幣值穩定。但若全部以現金做準備，則不利於中央銀行根據經濟水平和發展的需要進行彈性發行。因此，中央銀行還往往使用有價證券做準備，即證券準備。證券準備包括短期商業票據、短期國庫券、政府公債等，這些證券必須是在金融市場上進行交易和流通的證券。使用證券做發行準備，有利於中央銀行進行適應經濟需要的彈性發行。中央銀行主要的發行準備制度有如下幾種：

（1）現金準備發行制，即貨幣的發行100%以黃金和外匯等現金做準備。這種制度的優點是能夠防止貨幣發行過量，但缺點是缺乏彈性。

（2）證券準備發行制，即貨幣發行以短期商業票據、短期國庫券、政府公債做準備。這種制度的優點是給予中央銀行較大的利用貨幣發行調節宏觀經濟的餘地。缺點是貨幣發行的調控需要發達的金融市場和較高的控製技術。

（3）現金準備彈性比例發行制，即貨幣發行數量超過規定的現金準備比率時，國家對超過部分的發行徵收超額發行稅。這種發行制度兼顧了信用保證原則和彈性原則。但是，貨幣過度發行的效果如何，取決於超額發行稅的制約作用和中央銀行的獨立性。一般來說，超額發行稅對貨幣發行有制約作用。因為當超額發行時，中央銀行往往會通過提高再貼現率將部分稅負轉移到商業銀行，降低商業銀行對中央銀行的借款需求，從而減少貨幣發行。但是，當商業銀行對中央銀行的借款需求具有非常強剛性，中央銀行提高再貼現率並不能減少商業銀行的借款需求時，超額發行稅就不能起到制約貨幣發行的作用。或者如果中央銀行的獨立性很差，嚴重依附於政府，不管形式上有沒有超額發行稅，貨幣的發行完全依據於政府財政的狀況。

（4）證券準備限額發行制，即在規定的發行限額內，可全部用規定證券做發行準備，超過限額的發行必須以十足的現金做發行準備。

（三）貨幣發行對貨幣供應量的影響

在現代銀行制度下，中央銀行被授權為唯一的貨幣發行機構。流通中的現金貨幣是中央銀行的負債。各國中央銀行均有自己一套嚴謹的現金發行程序。當然，中央銀行掌握現金的發行權並非意味著中央銀行能夠完全控製現金的發行數量，現金發行數量的多少最終取決於各經濟部門對現金的需求量。在現金與存款貨幣可以完全自由轉換的經濟體中，使用M1中的哪一種貨幣形式，取決於經濟主體的意願。經濟活動主體需要較多的現金，表現為對商業銀行的提現量增加，使商業銀行在中央銀行的超額準備減少和流通中現金增加；反之，則表現為商業銀行的存款增加，流通中現金減少。可見，從整個過程看，中央銀行對現金發行的控製處於被動的位置。這也說明銀行體系最終能向社會供給多少貨幣，取決於社會對貨幣的需求。隨著電子貨幣的發展，現金使用的減少，貨幣發行對於貨幣供應量的影響越來越小。這一點在中國近幾年表現得更加明顯，在移動支付突飛猛進的推動下，「無現金社會」理念正在迅速推廣，現金在金融體系中的地位趨於下降。

二、中央銀行對基礎貨幣的影響

基礎貨幣特指中央銀行發行的貨幣，有兩種基本存在形態。一種是實物現金貨幣，包括流通中的現金和存款類金融機構的庫存備付現金兩部分。以現金形態存在的基礎貨幣對應於中央銀行資產負債表負債方中的「貨幣發行」科目。另一種是央行存款貨幣。嚴格地講，中央銀行資產負債表中的所有存款負債，都應歸入以央行存款形態存在的基礎貨幣的統計範疇。它們包括商業銀行、信用社和財務公司在中央銀行的準備金存款，其他金融性公司、非金融性公司在央行的存款，政府在央行的國庫存款等。因此，經濟體中的基礎貨幣總量等於央行發行的所有現金貨幣和央行存款貨幣之和。

各國中央銀行對基礎貨幣的表述各有不同。在中國人民銀行資產負債表上，基礎貨幣體現為儲備貨幣（Reserve Money），包括央行的貨幣發行（Currency Issue）與其他存款性公司存款（Deposits of Other Depository Corporations）。

與基礎貨幣的兩種存在形態相對應，基礎貨幣發行方式也有兩種：一種是直接向發行對象（企業、個人和金融機構）支付現金。例如，央行用現金向企業或個人購匯、商業銀行從中央銀行提取現金等。另一種是在發行對象（通常是存款類金融機構）在央行開設的存款準備金帳戶中記入一筆存款。例如，央行從金融機構手裡購買了 200 億元政府債券，會在其存款準備金帳戶記入 200 億元的存款。

基礎貨幣的兩種存在形態可以相互轉化。如果金融機構持有的現金過多，那麼它們可以將多餘的現金「存入」中央銀行，變成它們在中央銀行存款準備金帳戶中的存款；反之，如果現金出現短缺，它們可以向中央銀行申請提現，這時它們在央行的存款相應減少。隨著金融體系中現金使用的減少，金融機構持有的現金水平基本是可預測的，因此現金水平在基礎貨幣中的變化對於整個貨幣供給和宏觀經濟幾乎不產生影響。

中央銀行作為貨幣供給主體，其對貨幣供應量的作用主要是通過公開市場操作、貼現貸款以及調整法定存款準備金率來調控商業銀行準備金水平，從而調控商業銀行創造存款貨幣能力得以實現的。

（一）公開市場操作

公開市場操作是中央銀行控製基礎貨幣水平的主要手段。中央銀行可以按照規定公開市場上按照交易相應的政府債券，中央銀行買賣證券並不是為了盈利，而是為了控製基礎貨幣、監控市場上的流動性水平。作為中央銀行解決流動性過剩的特有手段，中國人民銀行除了進行普通的證券交易，還通過發行央行票據來調控市場流動性。

例如，當中央銀行在市場上買入證券 100 億元，央行的資產負債同時增加如表 8-1 所示，可見中央銀行在公開市場上的購買行為增加了基礎貨幣。

表 8-1　　　　　　　　　　央行資產負債表

資產	負債
政府債券 +100 億元	準備金 +100 億元

與此同時，若交易對手是商業銀行 A，則其在中央銀行的準備金帳戶上增加了 100 億元，商業銀行自身的資產負債表發生如表 8-2 所示的變化。

表 8-2　　　　　　　　　商業銀行 A 資產負債表

資產	負債
準備金 +100 億元 政府債券 -100 億元	

若交易對手是非銀行金融機構 B，則其開戶銀行的存款帳戶上增加了 100 億元。如果該機構仍然以存款形式持有所獲得的交易款，則準備金和基礎貨幣同時增加 100 億元。其資產負債表的變化表現如表 8-3 所示。

表 8-3　　　　　　　　　非銀行金融機構 B 資產負債表

資產	負債
存款 +100 億元 政府債券 -100 億元	

其開戶銀行 C 資產負債表的變化如表 8-4 所示。

表 8-4　　　　　　　　　商業銀行 C 資產負債表

資產	負債
準備金 +100 億元	存款 +100 億元

但是，如果非銀行金融機構 B 將所得交易款部分以現金形式持有，將對準備金水平產生不同的影響。當該機構將其中 10 億元以現金形式持有，其資產負債表則表現如表 8-5 所示。

表 8-5　　　　　　　　　非銀行金融機構 B 資產負債表

資產	負債
存款 +90 億元 現金 +10 億元	

其開戶銀行 C 資產負債表的變化如表 8-6 所示。

表 8-6　　　　　　　　　商業銀行 C 資產負債表

資產	負債
準備金+90 億元	存款 +90 億元

此時中央銀行的資產負債表的變化如表 8-7 所示。

表 8-7　　　　　　　　　央行資產負債表

資產	負債
政府債券+100 億元	貨幣發行+10 億元 準備金 +90 億元

從以上可以看出，中央銀行在公開市場上的購買行為可以增加基礎貨幣，基礎貨幣的增加額等於所購買債券的金額。但中央銀行購買行為對於銀行體系的準備金水平的影響並不確定，增加的準備金等於或者小於中央銀行的購買金額。因此，中央銀行通過公開市場購買對基礎貨幣水平的控制要強於對準備金水平的控制。

與之相對應的是，當中央銀行在公開市場上出售所持有的政府債券時，對基礎貨幣的影響方向正好相反。

(二) 貼現貸款

中央銀行作為特殊的銀行金融機構，並不向社會居民和企業發放貸款，但是作為商業銀行「最后貸款人」，中央銀行的貼現貸款發揮著重要作用。中央銀行通過向商

業銀行發放貼現貸款，可以增加商業銀行的準備金，由此形成的準備金被稱為「借入準備金」，這部分準備成為商業銀行的負債。

當中央銀行向商業銀行 S 通過發放 100 億元貼現貸款增加準備金時，中央銀行的資產負債表變化如表 8-8 所示。

表 8-8　　　　　　　　　　　央行資產負債表

資產	負債
貼現貸款+100 億元	準備金 +100 億元

該商業銀行的資產負債表變化如表 8-9 所示。

表 8-9　　　　　　　　　　商業銀行 S 資產負債表

資產	負債
準備金 +100 億元	貼現貸款 +100 億元

可以看出，中央銀行向商業銀行發放貼現貸款，可以直接增加基礎貨幣和準備金，並且基礎貨幣和準備金是同方向、同數量的增加。但是，中央銀行是否向商業銀行發放貼現貸款，首先要取決於商業銀行的態度，如果商業銀行沒有提出申請，中央銀行不可能發放貸款，也就不能通過發放貼現貸款來增加基礎貨幣。

中央銀行向商業銀行發放的貼現貸款到期後，商業銀行償付時，商業銀行的準備金將相應減少，中央銀行的負債和基礎貨幣也將同樣減少。

比較中央銀行通過公開市場操作和發放貼現貸款對基礎貨幣的影響可以發現，中央銀行通過公開市場業務可以完全實現自己的基礎貨幣目標，但是發放貼現貸款的效果不完全受中央銀行的控制。

(三) 調整法定存款準備金率

中央銀行還可以運用調整商業銀行法定存款準備金率的手段，通過改變商業銀行法定存款準備金率來改變商業銀行超額準備金水平，在不調整基礎貨幣的情況下，通過影響商業銀行存款貨幣創造能力來影響貨幣供應量。

第三節　商業銀行與存款貨幣創造

一、商業銀行在貨幣供給中的作用

商業銀行創造貨幣是在其資產負債業務中，通過創造派生存款形成的。商業銀行作為一個經營貨幣信用業務的獨立經濟實體，為了獲利，在吸收企業和居民個人的存款後，除了保留一部分現金準備（在現代，該比例一般由中央銀行規定，故稱法定準備率）外，其餘部分均可用來貸款或投資，為了獲利，從居民個人和企業那裡吸收存款（原始存款）用於貸款或投資，多存可以多貸。在貸款以轉帳形式進行的條件下，客戶取得銀行貸款通常並不是立即提取現金，而是轉入其在貸款行或另一家銀行的存款帳戶，相應產生一筆存款，多貸可以多存。就整個商業銀行系統來看，這種多存多貸、多貸多存可以反覆多次進行，從而多倍的存款就由此派生出來。由此可見，商業

銀行對貨幣供給量的影響是通過存款貨幣的創造（派生存款）實現的。

商業銀行創造存款貨幣是有條件的，一般而言，只有具備部分準備金制度和非現金結算這兩個基本條件，銀行才能創造派生存款。

部分準備金制度是相對於全額準備金制度而言的。在全額準備金制度下，銀行必須保持100%的現金準備。銀行每增加一元存款，都必須相應增加一元現金準備。創造貨幣因而無從談起，只有在部分準備金制度下，銀行每增加一元存款，不再需要相應增加一元的現金準備，此時銀行可以保留部分現金準備，而將吸收的一部分存款用於發放貸款和投資，從而派生存款成為可能。

非現金結算是相對於現金結算而言的。現金結算是指直接的現金收付，只有經由現金流通，債權債務關係才能得以消除。由於現金流出了銀行，銀行不能使用，也就不能派生貨幣。而非現金結算是在銀行存款的基礎上，通過存款的轉移，完成貨幣的支付，存款被社會當成貨幣來使用。在這裡，貨幣運動只是存款從一個存款戶轉到另一個存款戶，只是銀行的債權人發生了變化，而用於支付的貨幣仍然以存款貨幣的形式存在於銀行。在這種結算方式下，銀行可以通過記帳來發放貸款，從而可以通過創造存款來提供信用。

一般來說，商業銀行創造存款貨幣需要同時具備非現金結算和部分準備金制度這兩個條件。具備了部分準備金制度只為吸收存款後，能夠運用部分存款提供了條件，如果僅具備非現金結算，而實行全額準備制度，則不能創造存款貨幣。然而，在現代社會經濟中，這兩個條件已普遍存在，因此商業銀行具有創造貨幣的功能。

二、商業銀行的貨幣創造

為分析簡便起見，我們擬做如下假設：

第一，銀行只保留法定準備，超額準備全部被用於放款和投資從而為零。

第二，銀行的客戶包括存款人和借款人都使用支票，不提取現金，從而沒有現金流出銀行體系，即不存在現金漏損。

第三，銀行只經營支票存款，不經營定期存款。

下面我們用簡化的資產負債表——T式帳戶來分析。在法定準備率為10%的情況下，一筆金額為100元的原始存款流入銀行體系後，存款貨幣的創造是如何發生的呢？

在客戶將100元存入A銀行後，A銀行的帳戶如表8-10所示。

表8-10　　　　　　　　　　　　A銀行帳戶

資產	負債
準備金 + 100元 其中：法定準備　10元 　　　超額準備　90元	支票存款 + 100元

因法定準備率為10%，A銀行發現自己的法定準備增加10元，超額準備為90元。由於A銀行不願意持有超額準備，因而全額貸出。A銀行的貸款和支票存款增加90元；但當借款人動用90元時，則A銀行的支票存款和準備將降低同樣金額即

90元。這時 A 銀行的 T 式帳戶變化如表 8-11 所示。

表 8-11　　　　　　　　　　　A 銀行帳戶

資產		負債	
準備	+10 元	支票存款	+ 100 元
貸款	+90 元		

如果從 A 銀行貸 90 元的借款人把這筆錢存入另一家銀行，比如說 B 銀行，則 B 銀行的 T 式帳戶如表 8-12 所示。

表 8-12　　　　　　　　　　　B 銀行帳戶

資產		負債	
準備	+90 元	支票存款	+ 90 元

銀行體系中支票存款再次增加了 90 元，總增加額達 190 元（A 銀行增加 100 元，加上 B 銀行增加 90 元，B 銀行增加的 90 元是由 A 銀行的貸款派生出來的）。

B 銀行會進一步調整其資產負債狀況。B 銀行必須將 90 元的 10%（9 元）作為法定準備，持有 90 元的 90%（81 元）超額準備，能發放這一金額（81 元）的貸款。B 銀行向一位借款人提供 81 元貸款，由借款人支用這筆錢。B 銀行的 T 式帳戶如表 8-13 所示。

表 8-13　　　　　　　　　　　B 銀行帳戶 b

資產		負債	
準備	+ 9 元	支票存款	+ 90 元
貸款	+81 元		

從 B 銀行借款的人再將 81 元存入另一家銀行（C 銀行）。因此，到此階段為止，從銀行體系最初增加的 100 元準備，導致銀行體系的支票存款合起來增加 217 元（= 100 元+90 元+81 元）。

同樣的道理，如果所有的銀行都將其超額準備的全額發放貸款，支票存款會進一步增加（從銀行 C、D、E 等進行下去），情況如表 8-14 所示。由此可見，最初準備增加 100 元（原始存款）將使存款總額增加到 1,000 元（其中 900 元為由貸款派生的存款），增加了 10 倍，正是法定準備率的倒數。

表 8-14　　支票存款創造（假設法定準備率為 10%，準備增加 100 元）　　單位：元

銀行	存款增加	貸款增加	準備增加
A	100.00	90.00	10.00
B	90.00	81.00	9.00
C	81.00	72.90	8.10
D	72.90	65.61	7.29
E	65.61	59.05	5.91
⋮	⋮	⋮	⋮
所有銀行合計	1,000.00	900.00	100.00

如果銀行選擇把其超額準備投資於證券，結果是一樣的。如果 A 銀行用超額準備購買了證券而沒有發放貸款，A 銀行的 T 式帳戶如表 8-15 所示。

表 8-15　　　　　　　　　　　　　　A 銀行帳戶

資產		負債	
準備	+10 元	支票存款	+100 元
證券	+90 元		

當該銀行購買 90 元的債券時，它向債券的賣主開出一張 90 元的支票，債券的賣主又將之存於另一家銀行，比如說 B 銀行。這樣，B 銀行的支票存款增加了 90 元，存款擴張過程與以前一樣。銀行不論選擇貸款或是選擇購買證券來使用其超額準備，存款擴張的效果都一樣。

這裡要注意的是，單個銀行與整個銀行體系在存款創造上是有差別的。單一銀行僅能創造等於其超額準備的存款，不能引起多倍存款創造。這是因為單一銀行發放的這筆貸款所創造的存款存入其他銀行時，該銀行將不再擁有這筆準備。但是，作為整體的銀行體系卻可以進行多倍存款擴張，因為當一家銀行失去了它的超額準備，即使這一單個銀行不再擁有，這些準備並沒有離開銀行體系。因此，當各個銀行發放貸款並創造存款時，這些準備就轉移到另外的銀行，而后者通過發放新的貸款來創造新的存款。對於整個銀行體系來說，當所有銀行不持有超額準備金時，存款貨幣創造過程將會終止。

上述分析表明，在部分準備金制度下，商業銀行準備金的增加（客戶存入存款，或者商業銀行獲得中央銀行貼現貸款導致準備金增加，或者商業銀行出售資產導致準備金增加，或者因為中央銀行降低法定存款準備金率而增加了超額準備金），經過整個銀行體系的運用，可產生大於準備金增加量若干倍的存款貨幣。此擴張的數額，主要決定於兩大因素：一是新增準備金量的多少，二是法定準備率的高低。新增準備金越多，創造的存款貨幣量越多；反之則反是。法定準備率越高，擴張的數額越小；反之則反是。這種由銀行體系的準備增加而導致的存款多倍擴張關係，可用數學公式[1]表示如下：

$$\Delta D = \frac{1}{r_d} \times \Delta R \qquad (8-2)$$

---

[1] 公式推理的證明。

$\Delta D = 100+90+81+72+\cdots$
$\quad = 100[1+(1-10\%)+(1-10\%)^2+(1-10\%)^3+\cdots]$

這是一個幾何級數求和的問題。

$\Delta D = \Delta R \lim\limits_{n \to \infty}[1+(1-r_d)+(1-r_d)^2+\cdots+(1-r_d)^n]$

因為 $\lim\limits_{r_d \in (0,1)} \frac{1\times[1-(1-r_d)^n]}{1-(1-r_d)} = \frac{1}{r_d}$

所以 $\Delta D = \frac{\Delta R}{r_d}$

其中，ΔD 為銀行體系中支票存款總量的變動，r_d 為法定準備率（例子中為 0.01 = 10/100），ΔR 為銀行體系準備額的變動（例子中為 100 元）。

從存款貨幣創造的基本模型中，我們還可以導出以下兩個概念：

第一，增量派生存款總額應為增量支票存款總額減去增量初始存款額。例子中的派生存款總額為 1,000 元 - 100 元 = 900 元。

第二，在一定法定準備率下，增量支票存款總額的擴張變動與增量初始存款之間存在著一種倍數關係（Multipier Relationship），令 k 代表擴張倍數，從基本公式可以推導出：

$$k = \frac{\Delta D}{\Delta R} = \frac{1}{r_d} \tag{8-3}$$

存款貨幣擴張倍數（或稱簡單存款乘數）是法定準備率的倒數。在上述法定準備率為 10% 的例子中，k 為 10。這是存款多倍創造的最大值。

存款貨幣的收縮過程與創造過程的原理相似，不同之處在於方向相反，即在創造過程中，存款和貸款的變動為正數，而在收縮過程中，存款和貸款的變動是負數。假設 A 銀行缺少 100 元準備，它將通過要求客戶償還貸款或出售證券的方式補充短缺的準備，其他銀行將被迫做出連鎖反應，其結果是銀行體系資產方的貸款或持有的證券將減少 1,000 元，負債方的支票存款也將減少同樣的數額，準備金缺乏的情況將消失。也就是說，在法定準備率為 10% 的情況下，A 銀行短缺的 100 元準備將以其 10 倍的數額收縮銀行體系的支票存款。

三、存款倍數的修正

上面的分析是在一些假設條件下進行的，只考慮了法定準備率對銀行體系存款創造的限制。事實上，上述假設條件中有一些與現實不太相符。因此，需要考慮這些因素對分析結論的影響。這種影響恰恰是限制了整個銀行體系的存款創造能力，使其變得有限。現在我們來分析這些因素進而對存款乘數進行修正。

（一）現金漏損率

前面曾假定銀行客戶一律使用支票，不提取現金。然而，在現實生活中，是存在著現金漏損的。由於現金流出了銀行體系，銀行可用於放款部分的資金減少，因而削弱了銀行體系創造存款貨幣的能力。就整個銀行系統和經濟社會而言，現金的數量（c）同存款的數量之間在一定時期大致存在某種比率關係，我們把這種比率稱為現金漏損率，用 c' 表示。這種現金漏損對銀行創造存款的限制與法定準備率相同，因而把現金漏損考慮之后，銀行體系創造存款的擴張倍數公式修正為：

$$K = \frac{1}{r_d + c'} \tag{8-4}$$

（二）超額準備率

銀行在實際經營中為了保持流動性，所提留的準備金絕不可能恰好等於法定準備金，事實上銀行實際擁有的準備金總是大於法定準備金，這種差額稱為超額準備金。從實證分析表明，銀行保留不用的超額準備金（E）同支票存款在數量上也保持著某種有規律的關係，這種比率關係可用超額準備率（e）來表示。

超額準備率的變化對銀行創造存款的限制與法定準備率及現金漏損率相同。如果超額準備率大，則銀行存款創造的能力就小；反之則反是。因此，再把超額準備金的因素考慮進去，銀行體系創造存款的擴張倍數公式可再修正為：

$$K = \frac{1}{r_d + c' + e} \quad (8-5)$$

（三）定期存款準備金

前面假定銀行只經營支票存款。實際上，社會公眾基於各種動機會以定期存款的形式保持一部分存款。當社會公眾將活期存款轉入定期存款時，儘管不致使原持有的準備金額有何下降，但這種變動會對存款乘數產生影響，因為銀行對定期存款（D_t）也要按一定的法定準備率提留準備金〔定期存款的法定準備率（r_t）往往不同於活期存款的法定準備率〕。定期存款D_t同活期存款總額（D_d）之間也會保有一定的比例關係，當令$t = D_t/D_d$時，則$r_t \cdot D_t/D_d = r_t \cdot t$。因為按$r_t \cdot t$提存的準備金是用於支持定期存款，雖然它仍保留在銀行，即仍包括在其實有準備金之中，但卻不能用於支持活期存款的進一步創造，故這部分$r_t \cdot t$或$r_t \cdot D_t/D_d$對存款乘數K的影響，便可視同為法定準備率的進一步提高，應在K的分母中加進此項數值，以做進一步的修正，即：

$$K = \frac{1}{r_d + c' + e + r_t \cdot t} \quad (8-6)$$

如上例，我們假定c'為10%，e為10%，r_t為5%，t為10%，那麼K就不會是10，而是3.28（$= \frac{1}{10\% + 10\% + 10\% + 5\% \times 10\%}$）了。顯然，派出倍數大大變小了。

上面幾種情況是用抽象的方法分別說明r_d、c'、e、$r_t \cdot t$等因素對存款乘數K的影響關係。就實際情況來說，存款貨幣的創造究竟能達到多少倍數，還得視整個國民經濟所處的經濟發展階段而定。如果公眾的支付方式發生了變化，現金漏損率也會隨之出現變化，從而對K值產生影響。當經濟發展處於不同的景氣狀態及利率水平發生變動，銀行會調整所保留的超額準備金數額，從而e值會改變，也會影響到K值的大小。在經濟處於停滯和預期利潤率下降的情況下，社會公眾對貸款沒有需求，銀行想貸也貸不出去，因而也就不能創造貨幣。也就是說，銀行體系能創造多少貨幣最終還是取決於客觀經濟過程對貨幣的需求。

參考閱讀

中國M2增速創歷史新低首現「個位數」 央行稱不必過度解讀

中國人民銀行2017年6月14日公布的最新貨幣信貸數據顯示，2017年5月份中國人民幣貸款和社會融資規模增長較快，但其中關鍵數據廣義貨幣（M2）同比增速為9.6%，這是有統計以來中國M2增速首次出現個位數，創下歷史新低。

2017年5月份，M2增速分別比上月末和上年同期低0.9個百分點和2.2個百分點。

中國人民銀行有關負責人對此解釋說，近期M2增速有所放緩，主要是金融體系降低內部槓桿的反應。金融體系主動調整業務降低內部槓桿，與同業、資管、表外以及「影子銀行」活動高度關聯的商業銀行股權及其他投資等科目擴張放緩，由此派生的存款及M2增速也相應下降。總體來看，金融體系控制內部槓桿對於降低系統性風

險、縮短資金鏈條有積極作用，對金融支持實體經濟沒有造成大的影響。

「估計隨著去槓桿的深化和金融進一步迴歸為實體經濟服務，比過去低一些的M2增速可能成為新的常態。」中國人民銀行的一位負責人說，隨著市場深化和金融創新，影響貨幣供給的因素更加複雜，M2的可測性、可控性以及與經濟的相關性亦有下降，對其變化可不必過度關注和解讀。

中國人民銀行認為，當前中國貨幣信貸運行總體正常，金融對實體經濟支持力度較為穩固。數據表明，金融尤其是信貸對中國實體經濟的支持力度依然較大。中國人民銀行將靈活運用多種貨幣政策工具組合，把握好去槓桿與維護流動性基本穩定之間的平衡，為供給側結構性改革營造中性適度的貨幣金融環境。

資料來源：中國M2增速創歷史新低首現「個位數」 央行稱不必過度解讀［EB/OL］.（2017-06-14）［2017-08-14］. http://www.chinanews.com/cj/2017/06-14/8250815.shtml.

第四節　貨幣供給模型

根據以上對貨幣供給過程的分析，我們可以用一個數學公式將其中各因素之間的關係表示出來：

$$M_1 = B \cdot m_1 \qquad (8-7)$$

其中，M_1表示狹義的貨幣供應量，B表示基礎貨幣，m_1表示狹義貨幣的貨幣乘數。(8-7)式的基本含義是，基礎貨幣按照一定的貨幣乘數擴張，形成貨幣供應總量，即貨幣供給量是由兩類基本因素決定的。

這裡要注意的是，B中的兩個組成部分對貨幣供給量的作用程度是不同的。通貨雖然能成為創造存款貨幣的根據，但它本身的量，中央銀行發行多少就是多少，不可能成倍數增加，只能是等量增加；而準備金R卻能引起存款貨幣成倍數增加。因此，基礎貨幣與貨幣供給量的關係可用圖8-1表示。

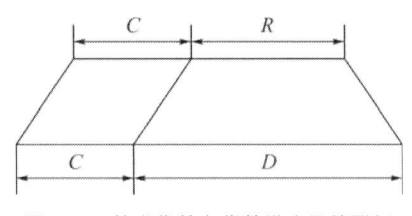

圖 8-1　基礎貨幣與貨幣供應量的關係

下面分別討論B和m_1的決定及對貨幣供給量的影響。

（一）B的決定

前已論述，基礎貨幣是由中央銀行提供的，是由中央銀行各種資產業務推動的。中央銀行資產總額增減，基礎貨幣總額必然會隨之增減。如果中央銀行資產中，有的增加，有的減少，則基礎貨幣是否增減就要視各項資產增減變動的相互作用而定。這就是說，基礎貨幣量主要由中央銀行的資產規模決定。而從中央銀行的資產負債表可看到，中央銀行的資產主要包括中央銀行對商業銀行的債權、對財政的債權以及黃金、外匯占款。現分述這三項與基礎貨幣的變動關係。

1. 對商業銀行的債權規模與基礎貨幣量

中央銀行對商業銀行提供信用支持，主要是採取再貼現和放款兩種形式。這兩種形式的結果都是使商業銀行在中央銀行的準備金發生變動。因此，中央銀行對商業銀行增加此兩項業務，就會引起商業銀行的準備金，即基礎貨幣的等量增加；反之，則是基礎貨幣的等量減少。

2. 對財政的債權規模與基礎貨幣量

財政需要信用支持是在其出現收不抵支，即發生赤字時。發生赤字，政府需要採取措施彌補。通常的辦法是增稅、增發政府債券和變動基礎貨幣。前兩種辦法通常不會引起貨幣供給總量發生變化，而變動基礎貨幣則不然。如果一個國家的財政部擁有發行通貨的權力，那麼對於預算赤字的彌補就會演變為簡單的印鈔機加速運轉。現鈔是基礎貨幣的一部分，它的增加也就是基礎貨幣的增加。但這種情況在當今任何國家都已非常少見。

通常的情況則是財政部發行債券，中央銀行直接認購。財政部用出售債券的收入支付商品、勞務或其他支出。公司、企業、個人收入貨幣存入商業銀行，商業銀行則相應增加了在中央銀行的準備金。如果債券由公司、個人或商業銀行購買，從而造成商業銀行準備金的減少，但這些債券或抵押、或出售給中央銀行，中央銀行購買債券的支出又會補足了商業銀行的準備金。而財政把出售債券的收入再支出，則仍然成為準備金增加的因素。如果國庫直接向中央銀行借款，結果相同。

由上可見，中央銀行對財政提供信用支持主要採取貸款和購買債券的形式。無論是採用哪種方式，增加的財政存款一旦支用，就會使商業銀行的存款增加，從而使商業銀行在中央銀行的準備金相應增加，也就是基礎貨幣的增加。無疑，如果收縮對財政的信用，則會引起基礎貨幣的減少。

3. 黃金、外匯占款規模與基礎貨幣量

一個國家的黃金、外匯等儲備資產是中央銀行通過注入基礎貨幣來收購的。如果是向社會公眾直接收購黃金外匯，其結果或者是使社會公眾在商業銀行的存款增加，從而商業銀行在中央銀行的準備金增加，或者是使通貨增加。無論哪種情況，都是基礎貨幣增加。一方面，如果是向商業銀行收購黃金、外匯，則會直接引起商業銀行的準備金從而使基礎貨幣增加。另一方面，如果中央銀行出售黃金、外匯，則會引起基礎貨幣的相應減少。

此外，如前所述，中央銀行還可以通過調整法定準備率和公開市場業務等手段來增減商業銀行準備金和通貨，即基礎貨幣。

可見，基礎貨幣主要是中央銀行政策的產物。但是，由於中央銀行或操作各種工具、或變動資產業務來調控基礎貨幣要受到其他經濟主體如社會公眾、商業銀行的行為的影響，甚至還要受財政部門的影響，因此中央銀行對基礎貨幣的控製程度仍只能是相對的。

(二) m_1 的決定

在貨幣供給模型 (8-7) 式中，變量 m_1 為貨幣乘數 (Monetary Multiplier)，表示對於基礎貨幣 B 的既定變動、貨幣供給的變動。該乘數是基礎貨幣轉化為貨幣供給的倍數。

1. 貨幣乘數的推導

前面在討論存款貨幣創造在量上的限制因素時，對各種情況下的乘數 K 我們還只是以支票存款為範圍考察的，因此其只能稱為「支票存款乘數」。

但貨幣與存款是兩個不同含義的概念，貨幣既包括存款又包括現金，而存款又可分為定期存款、活期支票存款等。因此，上述的存款乘數僅僅是指支票存款可能產生的倍數。如果我們要考察貨幣乘數，則至少應該考察 M1 和 M2 這樣兩個層次，在這裡，主要考察 M1 層次的貨幣乘數 m_1。①

從存款乘數到 m_1，所涉及的範圍擴大了，即從可開列支票的活期存款擴大到可開列支票的存款與現金之和。這就是說，M1 這一層次的貨幣一般包括流通中的活期支票存款餘額（D_d）與現金（C）。

根據：
$$M_1 = C + D \tag{8-8}$$

(8-1) 式：
$$B = R + C$$

(8-7) 式：
$$M_1 = B \cdot m_1$$

可得：
$$m_1 = \frac{M_1}{B} = \frac{C + D}{C + R} \tag{8-9}$$

$$R = E + R_d + R_t = E + R_d + D_t \cdot r_t \tag{8-10}$$

其中，E 表示商業銀行的超額準備，R_d 表示商業銀行的活期存款法定準備金，R_t 表示商業銀行的定期存款法定準備金，D_t 表示銀行的定期存款，r_t 表示定期存款法定準備率。

將 (8-10) 式代入 (8-9) 式，得：

$$m_1 = \frac{C+D}{C+E+R_d+D_t \cdot r_t} \tag{8-11}$$

將 (8-11) 式的分子分母同時除以 D，有：

$$m_1 = \frac{\dfrac{C+D}{D}}{\dfrac{C+E+R_d+D_t \cdot r_t}{D}}$$

$$= \frac{\dfrac{C}{D}+1}{\dfrac{C}{D}+\dfrac{E}{D}+\dfrac{R_d}{D}+\dfrac{D_t}{D} \cdot r_t}$$

$$= \frac{c'+1}{c'+e+r_d+r_t \cdot t} \tag{8-12}$$

---

① m_2 的推導同理：

$\because M_2 = C + D + D_t$ ①

$M_2 = B \cdot m_2$

$\therefore m_2 = \dfrac{M_2}{B} = \dfrac{C+D+D_t}{C+E+R_d+D_t \cdot r_t}$ ②

將②式分子分母同除以 D，得

$m_2 = \dfrac{\dfrac{C+D+D_t}{D}}{\dfrac{C+E+R_d+D_t \cdot r_t}{D}} = \dfrac{1+C'+t}{C'+e+r_d+r_t \cdot t}$ （令 $\dfrac{D_t}{D}=t$） ③

從（8-12）式可以看出，貨幣乘數反映出基礎貨幣之外的其他因素對貨幣供給的影響。

2. 決定貨幣乘數的因素

（8-12）式是一個函數，隨許多複雜的變量 c'、e、r_d、r_t、t 等的變動而變動。

從前面分析存款函數的限制因素可知，r_d、r_t、c'、e 等數值的逐漸增大，支票存款多倍擴張的倍數降低。由於存款多倍擴張的倍數較小，因此貨幣乘數必然變小。這裡我們將進一步分析這些因素的自身決定，以便更好地瞭解貨幣供給的決定機制。

（1）現金漏損率 c'。c' 直接取決於社會公眾的意願，間接地受到多方面經濟條件的影響。影響 c' 的因素主要有：

①公眾可支配收入水平的高低。一般來講，可支配收入越高，通貨比率也越高；反之則越低。但實際經濟生活中的交易更多地是以支票來完成的，尤其是大宗交易，因此 c' 與收入或財富的變化有時成負相關關係。

②市場利率。市場利率可以說是社會公眾手持現金的機會成本，因此利率提高往往會吸引人們少持不生息的現金，多持生息的存款，從而使 c' 降低。然而，如果利率的提高和隨之而來的定期存款或有價證券持有額的增多，主要不是伴以手持現金的減少，而是低利甚至是無利的活期存款的減少，則 c' 反而增大。

③銀行業的安危。如果銀行業前景更好，人們自然會多持存款，反之人們紛紛從銀行提現以求安全，可見 c' 的大小與銀行業的安危呈負相關關係。

④公眾對未來通貨膨脹的預期。如果公眾認為通貨膨脹會加劇，則會提取更多的通貨，以搶購保值資產從而避免購買力的損失，這時通貨比率會增高。

⑤非法經濟活動。在許多國家，有人為了逃稅或從事非法交易，不敢用支票而用現金，從而使 c' 升高。

此外，社會的支付習慣、銀行業的發達程度、信用工具的多寡、社會和政治的穩定性以及其他金融資產收益率的變動都會影響通貨比率的大小。

（2）定期存款占活期存款的比率 t。t 直接取決於公眾的資產選擇，間接受收入或財富、利率水平和結構、市場風險等因素的影響。一般說來，定期存款的需求有較大的收入或財富彈性，因此在收入增加時，t 趨於上升，反之則反是。定期存款相對活期存款而言，利息收益較高但流動性較低，因此利率結構與市場動態的變化必然會影響 t。

（3）超額準備率 e。e 的大小主要由下列因素決定：

①保有超額準備金的機會成本的大小，即市場利率的高低。市場利率越高，銀行願意持有的超額準備金越少。

②借入超額準備金成本的大小。這主要是指中央銀行再貼現率的高低。再貼現率高意味著借入超額準備金的成本增大，在這種情況下，商業銀行會留存較多的超額準備金以備不時之需；反之，若借入超額準備金的成本很小，則商業銀行就沒有必要留存過多的超額準備金。

以上兩個因素實際上是銀行出於成本收益動機而考慮的。

③經營風險和資產流動性的考慮。在競爭的情況下，商業銀行是在充滿風險的狀

態中經營的。因此，為應付難以預料的意外提現、支票結清時發生的準備金頭寸短缺，或者企業借款需求增加等會使商業銀行在風險和收益的雙重權衡中，改變所留存的超額準備金的多少。這實際上是銀行出於風險規避動機而考慮的。

此外，整個經濟的變化趨勢、銀行存款結構的變動、銀行同業的成敗等因素都會影響超額準備率。

（4）活期存款準備金比率 r_d 和定期存款準備金比率 r_t 是由中央銀行直接左右的，因為規定或調整法定準備金比率是中央銀行最基本的權力和貨幣政策手段。

此外，政府部門的財政收支以及公債政策也會影響到貨幣乘數的變化。

通過上面的分析，我們可以得出貨幣供給的完整模型（8-13）式：

$$M_1 = B \cdot m_1 = B \cdot \frac{c'+1}{c'+e+r_d+r_t \cdot t} \qquad (8\text{-}13)$$

（8-13）式便是貨幣供給的完整模型。該模型表明了決定貨幣供給的諸因素及其對貨幣供給的影響。在該模型中，中央銀行可以調節和控製 B、r_d 和 r_t，但 c'、t 和 e 基本上取決於包括企業、單位、個人在內的社會公眾和商業銀行的行為。該模型說明，M1 是由中央銀行、商業銀行和社會公眾幾方面共同決定的。

第五節 貨幣供給的外生性與內生性

在考察貨幣供給與中央銀行之間的關係時，經濟學家一般用「貨幣供給是外生變量還是內生變量」來判斷。

外生變量和內生變量是典型的計量經濟學語言。如果說「貨幣供給是外生變量」，其含義是：貨幣供給這個變量並不是由實際經濟因素，如收入、儲蓄、投資、消費等因素所決定的，而是由中央銀行的貨幣政策所決定的。如果說「貨幣供給是內生變量」，其含義是：貨幣供給的變動，中央銀行是決定不了的，起決定作用的是經濟體系中實際變量以及微觀主體的經濟行為等因素。

貨幣供給的內生性或外生性問題，是貨幣理論研究中具有較強政策含義的一個問題。如果認定貨幣供給是內生變量，那就等於說，貨幣供給總是要被動地決定於客觀經濟過程，而中央銀行並不能有效地控製其變動。自然，貨幣政策的調節作用，特別是以貨幣供給變動為操作指標的調節作用，有很大的局限性。如果肯定地認為貨幣供給是外生變量，則無異於說中央銀行能夠有效地通過對貨幣供給的調節影響經濟進程。

因此，經濟學家對這個問題展開了激烈的爭論，各持己見。這裡主要介紹凱恩斯學派和貨幣學派的觀點。

一、凱恩斯學派的觀點

凱恩斯本人及其追隨者在貨幣供給的問題上有不同的看法。

（一）凱恩斯的外生貨幣供給理論

在貨幣本質問題上，凱恩斯是一個貨幣名目主義者。他認為，貨幣之所以能被流通接受，完全憑藉國家的權威，依靠國家的法令強制流通。因此，貨幣是國家的創造物。在此基礎上，凱恩斯提出了外生貨幣供給論。

凱恩斯認為，貨幣供應是由中央銀行控制的外生變量，其變化影響著經濟運行，但自身卻不受經濟因素的制約。既然貨幣供應的控制權由政府通過中央銀行掌握在手，那麼中央銀行可根據政府的決策和金融政策，考慮經濟形勢變化的需要，人為地進行調控，增減貨幣供給量。凱恩斯認為，公開市場業務是增加或減少貨幣供應量的主要辦法。金融當局買進各種證券的同時就把貨幣投放出去，增加了貨幣供應量；反之，若金融當局要減少貨幣供應量，就賣出各種證券使貨幣回籠。凱恩斯強調，金融當局應該在公開市場業務中對各種期限的證券（金邊債券）進行買賣，以取得迅速、良好的效果。同時，買賣證券的利率也不應單一，而應根據證券的種類、期限等情況分別採用不同的利率。凱恩斯認為，公開市場交易不僅可以改變貨幣數量，而且還可以改變人們對於金融當局的未來政策的預期。因此，可以雙管齊下，影響利率。

（二）新劍橋學派的貨幣供給理論

新劍橋學派認為，雖然從形式上看，現有的貨幣供應量都是從中央銀行渠道出去的，但實質上這個量的多少並不完全由中央銀行自主決定，在很大程度上是中央銀行被動地適應公眾貨幣需求的結果。這是因為公眾的貨幣需求經常且大量地表現為貸款需求，而銀行貸款和貨幣供應量是緊密聯繫在一起的。這實際上是說，對現有貨幣供應量發生決定性影響的主要是貨幣需求，而貨幣需求的大小又取決於經濟的盛衰與人們的預期。

關於貨幣供給的控制問題，新劍橋學派也認為中央銀行能夠控制貨幣供應，但其控制能力是有限度的，並且在貨幣供給的增加和減少方面分佈不均勻，即其增加貨幣的能力遠遠大於其減少貨幣的能力。

在這裡，新劍橋學派雖然未明確提出內生貨幣供應理論，但在論述中已包含此意，其理論分析也已脫離前述外生貨幣供給論。然而，其論述不夠完善而顯得支離破碎。

（三）新古典綜合學派的內生貨幣供給理論

新古典綜合派認為，貨幣供給量主要由銀行和企業的行為所決定，而銀行和企業的行為又取決於經濟體系內的許多變量，中央銀行不可能有效地限制銀行和企業的支出，更不可能支配其行動。因此，貨幣供應量主要是內生的，從而中央銀行對貨幣供應的控制就不可能是絕對的，而只能是相對的。

這一理論最初散見於英國的雷德克利夫委員會的研究報告，其后由 J.G.葛萊（J.G.Gurley）和 E.S.蕭（E.S.Shaw）在《貨幣金融理論》一書中正式倡導，最后經托賓等人的發展和完善而成為一種系統的理論。該理論的主要內容如下：

（1）非常重視利率和貨幣需求的因素對貨幣供給以及它們相互之間的影響。其理論模型可簡單表述為：

$$M=[B, rf(i), kf(y,i,o)] \quad (8-14)$$

該模型說明，貨幣供給量由中央銀行、商業銀行和社會大眾的行為共同決定。該模型中的行為變數均是由複雜的經濟生活所決定的，銀行對準備金的需求行為函數（rf）由利率的狀況決定，公眾的貨幣需求行為函數（kf）受收入（y）、利率（i）以及其他因素（o）的支配，而利率、收入、貨幣需求、貨幣供給等則是互相制約、互為因果的。也就是說，雖然銀行創造存款貨幣的能力與存款準備金和活期存款及定期

存款準備率等外生變量非常相關，但是如果沒有足夠的貸款機會，存款貨幣也就不能被創造出來。而貸款機會卻是由經濟運行的狀況和經濟發展的水平決定的。此外，貨幣供給量更要受到利率和貨幣需求的影響。這些因素顯然屬於內生變量，是中央銀行無法直接加以控製的。

（2）主張以更廣義的貨幣定義（M2 或 M4）作為理解貨幣與總體經濟之間關係的基礎，並以此來闡述複雜的貨幣供給決定機制。

（3）認為商業銀行和非銀行金融機構具有相似性，即都具有創造貨幣和創造信用的能力。因此，非銀行金融機構的數量變化和存款餘額的增減，改變了社會對商業銀行的貨幣需求量，影響貨幣供給的規模，造成貨幣流通速度的不穩定，削弱了貨幣政策的效果。因此，中央銀行要使貨幣政策有效，就必須對非銀行金融機構實行全面的管理。

（4）應用資產選擇理論和避免風險理論分析商業銀行的決策行為。貨幣供給理論者指出，銀行作為一個與工商企業不同的特殊信用機構，不可能為了追求盈利而只保持最低限度的現有資產。在銀行持有的各種資產中，除了現金，其他的都是在能獲得一定收益的同時，也承擔著不同程度的風險。銀行在其持有的每項資產的邊際收益率經過風險調整後仍然相同的情況下，才能使利潤達到最優化。商業銀行的這種決策行為決定了銀行資金運用的規模和方向，而后者又會對銀行存款貨幣的創造能力產生極大的影響。

（5）運用資產選擇理論來分析貨幣政策的效果。內生論者認為，資產多樣化使人們可以在多種資產中做出選擇。人們對貨幣的需求受其對貨幣、其他資產的偏好制約，而資產偏好又由經濟發展來決定。人們在不同的時期，根據利率的變化和各種資產風險的比較來調整其資產結構。人們既考慮相對的流動性和安全程度，也考慮收益水平。貨幣需求與利率成反比，與債券價格成正比，特別是當利率降至一定程度時，貨幣需求量趨於無限大，貨幣當局無法通過公開市場等手段來控製，貨幣政策失效。可見，貨幣供給由經濟內在決定，貨幣當局無法直接控製。

（6）中央銀行的宏觀金融控製手段應該改變。綜上所述，中央銀行只有根據經濟生活動盪不定的特點，採取相機抉擇的貨幣政策，才能及時抵消經濟的波動對信用狀況的不利影響。同時，中央銀行的操作應集中在影響利率的各種措施上。除對商業銀行的信用活動進行合理的限制和管理外，中央銀行還必須對非銀行金融機構的信用活動進行全面的管制。

新古典綜合學派的貨幣供給理論在西方經濟學界受到廣泛的重視，並對西方各國政府制定經濟政策、強化宏觀金融控製發揮了重要的作用。

（四）后凱恩斯主義內生貨幣供給理論

二戰后貨幣政策的失敗、20 世紀 70 年代的金融創新、商業銀行的資產負債管理等現實，是后凱恩斯主義內生貨幣供給理論產生的現實背景。后凱恩斯主義內生貨幣供給理論的發展主要圍繞適應性內生供給和結構性內生供給這兩種觀點的爭論而展開。

適應性內生供給理論的主要代表人物有溫特勞布、卡爾多、莫爾。其基本觀點是貨幣的需求通過政府的壓力，轉換成中央銀行的貨幣供給，即不是貨幣供給決定經濟

運行，而是經濟運行決定貨幣供給。中央銀行只能順應經濟運行的要求供給貨幣，而無法執行自主性貨幣政策，這就從根本上對貨幣政策的有效性提出挑戰。

結構性內生供給理論的主要代表人物有明斯基、羅西斯和埃爾利。其特點是強調當銀行和其他金融仲介機構的準備金不足而中央銀行又限制非借入儲備的增長時，額外的儲備通常會在金融機構內產生，主要是通過創新性資產負債管理，如從聯邦基金、歐洲貨幣市場和大額可轉讓定期存單等處獲得。

二、貨幣主義的外生貨幣供給論

弗里德曼作為貨幣主義的主要代表人物是倡導貨幣供給外生論的典型代表。他和A.J.施瓦茲（A.J.Schwartz）在《1867—1960年美國貨幣史》的附錄中提出了一個貨幣供給方程式：

$$M = H \cdot \frac{\frac{D}{R}\left(1+\frac{D}{C}\right)}{\frac{D}{R}+\frac{D}{C}} \qquad (8-15)$$

（8-15）式表示，貨幣供給量 M 由高能貨幣 H 與由 $\frac{D}{R}$、$\frac{D}{C}$ 共同組成的貨幣乘數的乘積所決定。這就是弗里德曼-施瓦茲在分析貨幣供給量決定因素時使用的基本方程式。這一方程式表明的是貨幣供給的決定基本上取決於三個因素：高能貨幣、商業銀行的存款與其準備金之比 $\frac{D}{R}$、商業銀行的存款與非銀行公眾持有的通貨之比 $\frac{D}{C}$。而由上述三項因素構成的高能貨幣與貨幣乘數之積的乘積關係，則共同決定了貨幣供給量的規模。

然而，弗里德曼認為，上述三個主要因素雖然分別決定於中央銀行的行為、商業銀行的行為和社會公眾的行為，但其中中央銀行能夠直接決定 H，而 H 對於 $\frac{D}{R}$ 和 $\frac{D}{C}$ 有決定性影響。也就是說，貨幣當局只要控製或變動 H，就必然能在影響 $\frac{D}{R}$ 和 $\frac{D}{C}$ 的同時決定貨幣供給量的變動。在這種情況下，貨幣供給無疑是外生變量。

貨幣供給究竟是外生變量還是內生變量，從我們前面分析貨幣供給的形成過程中所存在的多個環節和障礙可以看到，中央銀行雖然可以根據自己的意願和決策通過其政策工具影響基礎貨幣量與貨幣乘數中的許多系數，在貨幣供給量的決定中扮演著首要的角色，但作為貨幣需求者的大量銀行和其他存款機構、成千上萬的社會公眾甚至財政部門的行動決策，對此也並非無所作為。收入或財富、利率水平與結構、心理預期等，作為經濟運行的因變量，深深地影響著各個經濟主體的行為，從而影響著貨幣乘數甚至影響基礎貨幣量。在社會經濟運行中，這些變量又是相互影響、相互制約的。因此，貨幣供給既受國家決策者的意志影響，即對於實際經濟運行過程具有外生性，又成了實際經濟運行過程中的一個因變量，即具有內生性。

本章小結

1. 銀行是現代貨幣供給的主體，但中央銀行和商業銀行在其中所起的作用不同，中央銀行是貨幣供給的總閘門，提供的是基礎貨幣；商業銀行則是在基礎貨幣的範圍內，多倍地創造存款貨幣。

2. 貨幣供給理論的基本模型為 $M_1 = B \cdot (c'+1) / (c'+e+r_d+r_t \cdot t)$。該模型表明了貨幣供給的兩大類決定因素，即基礎貨幣和貨幣乘數，兩者之積等於貨幣供給量。該模型還表明了在貨幣供給中除銀行起主要作用外，非銀行部門的行為對貨幣供給也有很大作用，主要在貨幣乘數中反映出來。

3. 基礎貨幣由流通中通貨和商業銀行準備金構成。基礎貨幣是中央銀行的負債。中央銀行可通過調整資產業務規模、運用公開市場業務、調整法定準備率和再貼現率政策來決定基礎貨幣的大小及變動。

4. 貨幣乘數是由許多複雜的變量組成的，這說明貨幣乘數受到許多因素的影響。其中，c'、t 取決於社會公眾的行為，e 取決於商業銀行的經營行為，r_d、r_t 取決於中央銀行的存款準備率政策。貨幣供給理論的基本結論是貨幣供給量是由中央銀行、財政部門、商業銀行和社會公眾的行為共同決定的。

5. 對現代經濟中的貨幣供給變量的認識有內生性和外生性兩種。凱恩斯和弗里德曼認為貨幣供給是外生變量；而凱恩斯的追隨者則認為貨幣供給是內生變量。

重要概念

原始存款　派生存款　基礎貨幣　貨幣供給模型　存款乘數　貨幣乘數　現金漏損
內生變量　外生變量　法定存款準備　超額存款準備　存款準備金率

復習思考題

1. 在貨幣供給的形成中，商業銀行和中央銀行各起何作用？

2. 如果某銀行存款人從他的戶頭中提取 1,000 元的通貨，則準備和支票存款各將發生什麼變化？

3. 「貨幣乘數必大於1」的說法是否真實？還是不能確定？試解釋之。

4. 當中央銀行向商業銀行出售 2,000 億元的債券時，基礎貨幣將發生什麼變化？當這筆債券出售給私人投資者時，情況又怎樣？

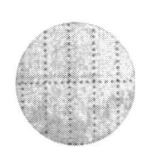

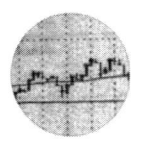

第九章　通貨膨脹與通貨緊縮

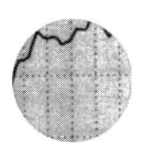

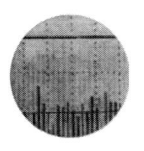

通貨膨脹和通貨緊縮已是當今世界各國備受關注的經濟問題，因此如何科學地定義和衡量通貨膨脹和通貨緊縮、正確地揭示其原因和影響以及如何有效地防止和治理已成為當代經濟學研究的重要課題。

第一節　通貨膨脹的實證考察與定義

一、通貨膨脹的實證考察

在金屬貨幣制度下，由於金屬貨幣是足值的，其價值貯藏功能可以自發調節其數量，使之不容易出現長期、大幅度的物價上漲。如果出現了物價上漲，也是比較短期的，而且往往與戰爭有關。例如，第一次世界大戰後的德國發生了全球最著名的極度通貨膨脹事件，1923年的通貨膨脹率達到1,000,000%。自從實行紙幣制度以來，由於紙幣本身無價值，失去了足值金屬貨幣的自動調節功能，如果不能很好地控制紙幣的發行量，紙幣就會貶值。從實踐來看，自20世紀60年代中期以來，世界各國都不同程度地遭受過通貨膨脹的困擾，尤其是在20世紀70年代，許多發達國家的通貨膨脹率曾達到兩位數（見圖9-1）。在20世紀70年代以前的中國，全國各地價格水平基本相同，連最漂亮的鉛筆也只要5分錢，甚至比較便宜的鉛筆，5分錢可以買兩支。但在1979年之後，大部分時間，大多數商品和勞務的價格傾向於一直上升。特別是在1988年、1993年、1994年，物價水平曾經大幅上漲。不過，進入21世紀以來，大部分國家的通貨膨脹有所緩解（見圖9-1、圖9-2和參考資料）。

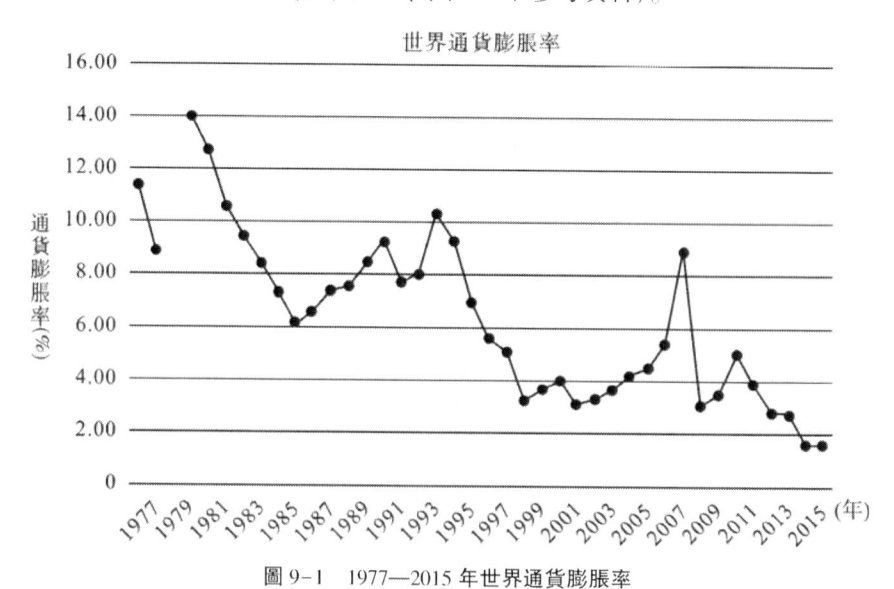

圖9-1　1977—2015年世界通貨膨脹率

數據來源：按消費者價格指數衡量的通貨膨脹（年通脹率）[EB/OL].[2017-08-15].http://data.worldbank.org.cn/indicator/FP.CPI.TOTL.ZG.

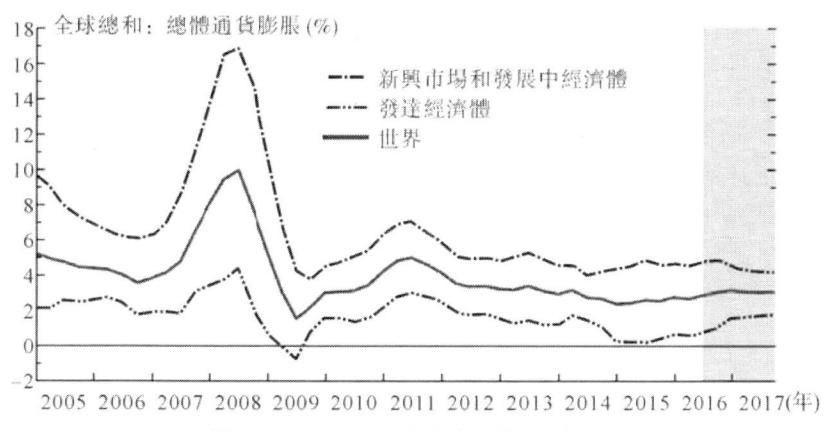

图 9-2 2005—2016 年全球通货膨胀与预测
资料来源：国际货币基金组织《世界经济展望》(2016 年 10 月)。

然而，津巴布韦却在 2000 年之后出现了恶性通货膨胀。2007 年 3 月，津巴布韦的通货膨胀率已经创记录地达到了 1,500% 以上。在 2008 年之前，津巴布韦官方通货膨胀率超过了 200,000,000%（非官方通货膨胀率超过了 100,000,000%）。其通货膨胀率在 2007 年达到最高点 24,411.03%（见图 9-3）。

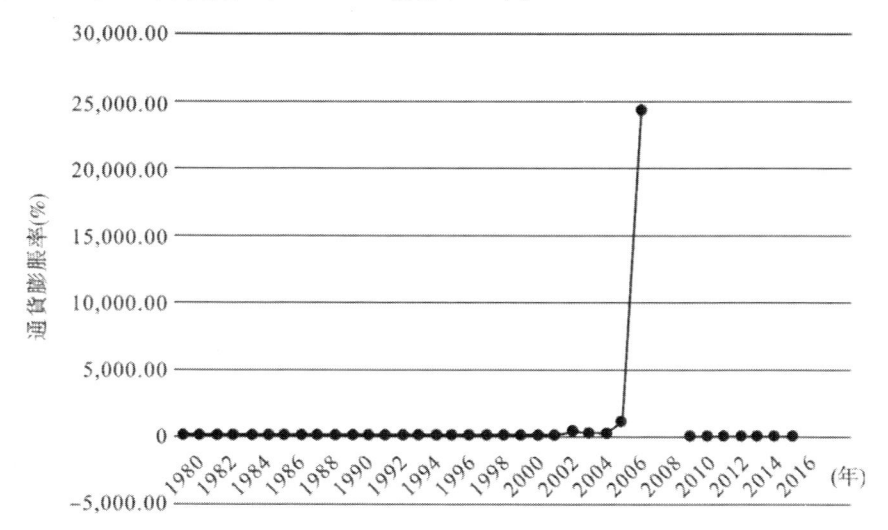

图 9-3 津巴布韦 1980—2016 年通货膨胀率
数据来源：按消费者价格指数衡量的通货膨胀（年通胀率）[EB/OL].[2017-08-15]. http://data.worldbank.org.cn/indicator/FP.CPI.TOTL.ZG.

上述这种物价总水平的持续上升就被称为通货膨胀（Inflation）。所谓通货，是指处于流通中的货币；所谓膨胀，就是过度扩张的意思。通货膨胀表现出来的情况比较简单，但通货膨胀却是一个复杂的经济现象。

參考資料

經濟合作與發展組織國家 2017 年 1 月份年化通貨膨脹率大幅增至 2.3%

2017 年 3 月 7 日，經濟合作與發展組織（OECD）發布數據顯示，受能源和糧食價格上漲影響，OECD 國家 2017 年 1 月份年化通貨膨脹率從 2016 年 12 月份的 1.8% 升至 2.3%，創 2012 年 4 月份以來最高水平。別除食品和能源因素影響，1 月份年化通貨膨脹率僅由上月的 1.8% 微升至 1.9%。

受能源價格上漲推動，OECD 主要國家的通貨膨脹率均有所上升。其中，法國、加拿大、義大利和美國通貨膨脹率增長顯著，分別從 2016 年 12 月份的 0.6%、1.5%、0.5% 和 2.1% 增至 2017 年 1 月份的 1.3%、2.1%、1.0% 和 2.5%；德國、英國和日本的通貨膨脹率分別從 2016 年 12 月份的 1.7%、1.6% 和 0.3% 增至 1.9%、1.8% 和 0.4%。

根據調和消費者物價指數（HICP）測算，歐元區通貨膨脹率從 2016 年 12 月份的 1.1% 大幅增至 2017 年 1 月份的 1.8%。別除食品和能源因素影響，歐元區 2017 年 1 月份通貨膨脹率企穩於 0.9%。歐盟統計局的最新數據預計歐元區 2017 年 2 月份年化通貨膨脹率將升至 2.0%。

20 國集團（G20）國家 2017 年 1 月份年化通貨膨脹率從 2016 年 12 月份的 2.3% 升至 2.6%。新興經濟體中，印尼、中國的通貨膨脹率分別從 2016 年 12 月份的 3.0% 和 2.1% 升至 3.5% 和 2.5%；而巴西、南非、沙特、俄羅斯和印度的通貨膨脹率則分別從 2016 年 12 月份的 6.3%、7.1%、1.7%、5.4% 和 2.2% 降至 5.4%、6.8%、-0.4%、5.0% 和 1.9%。

資料來源：OECD 國家 1 月份年化通脹率大幅增至 2.3% [EB/OL]. (2017-03-10) [2017-08-15]. http://www.mof.gov.cn/pub/ytcj/pdllb/wmkzg/201703/t20170310_2554224.html.

二、通貨膨脹的定義

西方經濟學家關於通貨膨脹的定義主要有以下幾種：

哈耶克認為，「通貨膨脹」一詞的原意和本意是指貨幣數量的過度增長，這種增長會合乎規律地導致物價的上漲。

薩繆爾森指出，通貨膨脹的意思是物品和生產要素的價格普遍上升的時期，麵包、汽車、理髮的價格上升，工資、租金等也都上升。[1]

弗里德曼指出，通貨膨脹是一種貨幣現象，起因於貨幣量的急遽增加超過了生產的需要……如果貨幣數量增加的速度超過能夠買到的商品和勞務增加的速度，就會發生通貨膨脹。[2]

西方經濟學家認定，物價上漲越快和持續期間越長，確定物價變動情況是膨脹性的就越合適。西方經濟學家一般給通貨膨脹下的定義是：一般物價水平持續的、相當大的上漲。現在人們廣泛接受的、符合國際習慣用法的通貨膨脹定義是：通貨膨脹是一個一般物價水平持續上升的過程，也等於說是一個貨幣價值持續貶值的過程（萊德

---

[1] 薩繆爾森. 經濟學（上）[M]. 高鴻業, 譯. 北京：商務印書館, 1979：380.
[2] 米爾頓·弗里德曼, 羅斯·弗里德曼. 自由選擇 [M]. 胡騎, 席學媛, 安強, 譯. 北京：商務印書館, 1982：265.

勒和帕金，1975）。

我們在理解通貨膨脹概念時要注意，通貨膨脹發生時的主要特徵是明顯的物價上漲。但是，通貨膨脹與物價上漲並非一回事，其原因如下：

第一，通貨膨脹並不一定表現為物價上漲。雖然發生通貨膨脹時，物價水平通常會明顯上漲，但在實行高度集中計劃經濟體制的國家裡，價格受到國家的嚴格控製，物價長期被凍結，大部分商品既不漲價也不降價。在這些國家中，即使貨幣超量發行，市場貨幣流通量過多，物價水平卻因政府管制而不會明顯上漲。這種不以價格信號（物價上漲）形式表現的通貨膨脹是一種隱蔽的通貨膨脹，也被人們稱為抑制型或隱蔽型通貨膨脹。實際上，這種通貨膨脹是以非價格信號（貨幣持有系數——「馬歇爾的 K」）不斷增強、商品與物資供給的短缺等表現出來的。

第二，通貨膨脹是物價普遍、持續的上漲。這種物價上漲不是單指某個或某類商品或勞務的價格上漲，而是指物價的總水平的上漲，即各類商品和勞務價格加總的平均數的持續上漲。季節性、暫時性或偶然性的價格上漲，不能視為通貨膨脹。但是，價格上漲究竟要持續多長時間，才能被稱為通貨膨脹？對這個問題的回答卻帶有一定的隨意性或爭議，如有的會認為 3 年、有的會認為 1 年或半年。

第三，通貨膨脹按其程度可以根據物價上漲的具體數量界限來做更細緻的定義，但這個數量界限卻是變化的。在 20 世紀 60 年代，發達國家一般認為年通貨膨脹率達 6% 就已忍無可忍，可視為嚴重的通貨膨脹；達到兩位數則是惡性通貨膨脹。到了 20 世紀 70 年代以後，世界範圍的通貨膨脹使人們改變了惡性通貨膨脹的標準。從 20 世紀 80 年代末期開始，拉丁美洲的債務危機、蘇聯及東歐的漸進式改革、亞洲金融風暴等，使相當多國家出現了三位數以上的通貨膨脹。這樣，如何衡量通貨膨脹的程度（尤其是對於發展中國家來說）變得更困難。一般地，經濟學家將發達國家的通貨膨脹再細分為爬行的或溫和的通貨膨脹、嚴重的通貨膨脹、奔騰式通貨膨脹。

爬行的或溫和的通貨膨脹是指一般物價水平按照不太大的幅度持續上升的通貨膨脹。一般年通貨膨脹率（即物價上漲率）在 2%~4%。不過對此難以規定一個準確的界限。事實上，這一界限在不斷提高。現在許多經濟學家認為通貨膨脹率在 10% 以下是爬行的或溫和的通貨膨脹。

嚴重的通貨膨脹是一般物價水平按照相當大的幅度持續上升的通貨膨脹。一般物價上漲率在 10% 以上，達到兩位數水平，這時人們紛紛搶購商品，貨幣流通速度加快，貨幣購買力下降，並且人們往往預期物價水平還將進一步上漲，因而採取各種措施搶購商品，從而使通貨膨脹更為加劇。如果不採取有力的反通貨膨脹措施，就有可能發展成為失控的惡性通貨膨脹。

奔騰式通貨膨脹也叫惡性通貨膨脹，是指失控的、野馬脫繮式的通貨膨脹。惡性通貨膨脹的通貨膨脹率在 100% 以上，最嚴重時甚至達到天文數字，如前述的第一次世界大戰后的德國與津巴布韋的通貨膨脹。當惡性通貨膨脹發生后，價格持續猛漲，人們為了盡快將貨幣脫手，大量地搶購商品、黃金和各種金融資產，從而大大地加快了貨幣的流通速度。結果是人們對本國貨幣完全失去了信任，貨幣極度貶值，貨幣購買力猛跌，各種正常的經濟聯繫遭到破壞，貨幣體系和價格體系以至整個國民經濟完全崩潰。

三、通貨膨脹的度量

一般來說，通貨膨脹最終要通過物價水平的上漲表現出來，因而物價總水平的上漲幅度就成為度量通貨膨脹程度的主要指標。目前，世界各國普遍採用「一般物價水平」這個概念來說明物價變動情況，並根據「一般物價水平」的上升情況來確定通貨膨脹的程度。所謂「一般物價水平」，是指全社會所有的商品和勞務的平均價格水平，而該平均價格是通過編制物價指數來計算的，因而物價指數就成了衡量通貨膨脹的尺度。目前，各國編制的能用來反映通貨膨脹的物價指數主要有消費物價指數、批發物價指數、生產者價格指數和國民（內）生產總值平減指數等。

（一）消費物價指數

消費物價指數（Consumer Price Index，CPI）是根據家庭消費的具有代表性的商品和勞務的價格變動狀況而編制的物價指數。該指數在很大程度上反映了商品和勞務價格變動對居民生活費的影響，因此成為居民最關心的物價指數。

用該指標度量通貨膨脹，其優點在於消費品的價格變動能及時反映消費品市場的供求狀況，直接與公眾的日常生活相聯繫，資料容易搜集，公布次數較為頻繁。而其局限性在於消費品只是社會最終產品的一部分，範圍比較窄，公共部門消費、生產資料和資本、進出口商品和勞務的價格均不包括在內。消費物價指數也不能正確地表現消費商品與勞務的質量改善，這種缺點其他指數也有。

（二）批發物價指數

批發物價指數（Wholesale Price Index，WPI）是以大宗批發交易為對象，根據產品和原料的批發價格編制而成的指數。例如，美國勞工統計局就是根據批發企業購買的大約2,400種商品（如化學製品、農產品、燃料、木材、皮革、機器、金屬、紙張、橡膠以及紡織品等）的批發價格編制計算該指數的。

以批發物價指數度量通貨膨脹，其優點是能在最終產品價格以前獲得工業投入品及非零售消費品的價格變動信號，從而能較靈敏地反映企業生產成本的升降，並能進一步判斷其對最終進入流通的零售商業價格變動可能帶來的影響。而其缺點是不能反映勞務費用的變動情況。

（三）生產者價格指數

生產者價格指數（Producer Price Index，PPI）是根據企業購買的商品的價格變化狀況編制而成的指數。該指數反映包括原材料、中間品以及最終產品在內的各種商品批發價格的變化。由於企業生產經營過程中面臨的物價波動將反映至最終產品的價格上，因此，觀察該指數的變動情形將有助於預測未來物價（CPI）的變化狀況。

數據解讀
2017年5月份CPI同比漲幅擴大　PPI同比漲幅繼續回落
——國家統計局城市司高級統計師繩國慶解讀2017年5月份CPI、PPI數據

國家統計局發布的2017年5月份全國居民消費物價指數（CPI）和工業生產者價格指數（PPI）數據顯示，CPI環比下降0.1%，同比上漲1.5%；PPI環比下降0.3%，同比上漲5.5%。對此，國家統計局城市司高級統計師繩國慶進行瞭解讀。

一、CPI 環比微降，同比漲幅擴大

從環比看，5月份CPI微降0.1%，走勢基本平穩。食品類價格下降0.7%，影響CPI下降約0.14個百分點。其中，鮮菜由於氣溫上升供給量增加，價格下降6.2%；雞蛋供大於求，價格下降4.1%；豬肉供應充足，價格下降2.9%。三項合計影響CPI下降約0.24個百分點。應季瓜果上市價格較高，鮮果價格上漲4.2%；水產品由於休漁期影響供應減少，價格上漲1.2%。兩項合計影響CPI上漲約0.10個百分點。非食品價格與上月持平。汽油和柴油因兩次調價，價格分別下降0.6%和0.8%；飛機票和旅遊價格分別下降5.5%和0.8%。中藥和西藥因原料漲價，價格分別上漲0.5%和0.7%；部分地區公立醫院推動價格改革，醫療服務類價格上漲0.3%。

從同比看，5月份CPI上漲1.5%，漲幅比上月擴大0.3個百分點。非食品價格上漲2.3%，影響CPI上漲約1.84個百分點。其中，醫療保健類價格上漲5.9%，教育服務類價格上漲3.3%，居住類價格上漲2.5%，交通類價格上漲2.3%。食品價格下降1.6%，影響CPI下降約0.32個百分點。其中，雞蛋、豬肉和鮮菜價格同比下降較多，降幅分別為16.8%、12.8%和6.3%。三項合計影響CPI下降約0.61個百分點。

據測算，在5月份1.5%的同比漲幅中，2016年價格變動的翹尾因素約為1.0個百分點，比上月擴大0.4個百分點；新漲價因素約為0.5個百分點。

5月份，扣除食品和能源的核心CPI同比上漲2.1%，漲幅和上月相同。

二、PPI 環比降幅略有收窄，同比漲幅繼續回落

從環比看，5月份PPI繼續下降，但降幅比上月收窄0.1個百分點。其中，生產資料價格下降0.4%，降幅比上月收窄0.2個百分點；生活資料價格下降0.1%，降幅與上月相同。在調查的40個工業大類行業中，20個行業產品價格環比下降，比上月增加6個。從主要行業看，價格環比降幅收窄的有黑色金屬冶煉和壓延加工、化學原料和化學製品製造、石油加工、石油和天然氣開採業，分別下降1.3%、1.0%、0.4%和0.3%；環比降幅擴大的有黑色金屬礦採選、有色金屬冶煉和壓延加工業，分別下降4.1%和0.9%；煤炭開採和洗選業價格環比由升轉降，下降0.6%。

從同比看，5月份PPI上漲5.5%，漲幅比上月回落0.9個百分點。其中，煤炭開採和洗選業價格上漲37.2%，漲幅比上月回落3.2個百分點；石油和天然氣開採業價格上漲27.0%，回落16.0個百分點；石油加工業價格上漲22.0%，回落5.5個百分點；黑色金屬冶煉和壓延加工業價格上漲17.7%，回落4.6個百分點；有色金屬冶煉和壓延加工業價格上漲13.6%，回落2.2個百分點；化學原料和化學製品製造業價格上漲7.7%，回落1.5個百分點。上述六大行業合計影響PPI同比上漲約4.1個百分點，占總漲幅的74.5%。

據測算，在5月份5.5%的同比漲幅中，2016年價格變動的翹尾因素約為4.5個百分點，新漲價因素約為1.0個百分點。

資料來源：國家統計局城市司高級統計師繩國慶解讀2017年5月份CPI、PPI數據[EB/OL].（2017-06-09）[2017-08-15]. http://www.stats.gov.cn/tjsj/sjjd/201706/t20170609_1501775.html.

（四）國民（內）生產總值平減指數

國民（內）生產總值平減指數（Gross Nation Product Deflator）是指按當年價格計算的國民（內）生產總值與按固定價格計算的國民（內）生產總值的比率。其用公式表示如下：

$$\frac{國民（內）生產總值}{平減指數} = \frac{當年價格計算的國民（內）生產總值}{固定價格計算的國民（內）生產總值}$$

例如，某國1990年的國民生產總值按當年價格計算為9,000億元，而按1970年固定價格（價格指數基期為1970年=100）計算則為4,500億元，則1990年的國民生產總值平減指數為9,000/4,500×100%＝200，則1990年與1970年相比，物價上漲了100%（200/100－1＝100%）。

該指標的優點是包括範圍廣，既包括商品，也包括勞務；既包括生產資料，也包括消費資料，因此能全面地反映一般物價水平的趨向。但編制這種指數的資料難以搜集，在一些國民所得統計制度不發達的國家，這一指數無法編制，而只能編制國內生產總值物價平減指數。在中國，國民生產總值與國內生產總值兩者相差的是國外所得淨額。正因為由此，該指標公布的次數就不如消費物價指數頻繁，多數國家通常一年一次，即使在國民所得統計制度最完善的國家，如美國，目前也只能做到每季度一次，因此不能及時反映通貨膨脹的程度和動向。有些國家將此項指數與消費物價指數結合起來，以消費物價指數來彌補此項指數公布次數少的不足，但易受價格結構因素的影響。例如，消費物價指數上漲幅度比較大，但由於其他價格變動幅度不大，就會出現國民生產總值物價平減指數不大而消費物價指數高的情況，因此實際工作中要注意。

國民（內）生產總值平減指數，雖然範圍較廣，但不能反映所有資產價格的變動情況，如各種金融資產，這些金融資產在通貨膨脹加速期間，其價格上漲幅度往往超過消費物價的上漲幅度。

此外，還有一個核心通貨膨脹率。核心CPI（Core CPI）是指剔除受氣候和季節因素影響較大的產品，如食品和能源價格之後的居民消費物價指數。核心PPI（Core PPI）則是將食物及能源剔除后的生產者價格指數。

新聞導讀

美聯儲加息的「砝碼」：美國核心CPI連續11個月高於2%

2016年10月18日公布的一份美國政府報告稱，美國在2016年9月核心通貨膨脹連續11個月高於美聯儲2%的目標水平，美聯儲加息的「砝碼」似乎越來越重。

美國勞工部公布的數據顯示，美國2016年9月消費物價指數年增長1.5%，創2014年10月以來最高水平，前值增長1.1%（見圖9-4）。

數據還顯示，美國2016年9月核心CPI年增長2.2%，連續11個月位於美聯儲制定的2%目標上方，不過低於前值的增長2.3%（見圖9-5）。

數據出爐之後，路透社評論稱，隨著汽油和租金價格上揚，美國2016年9月CPI有所回升，未季調CPI年率創2014年10月以來最大增幅，雖然美國勞工部表示2016年5~8月處方藥價格有誤，已經修正，此次通貨膨脹中醫療健康價格指數出現下滑，同時核心通貨膨脹低於上月，但通貨膨脹壓力穩步築高依然有利於美聯儲12月加息。

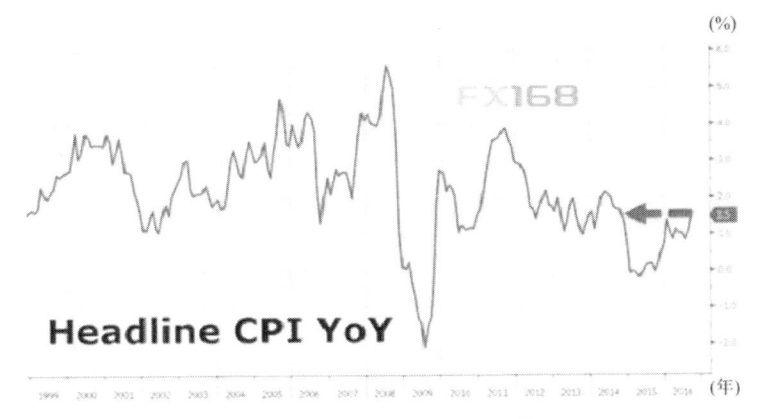

图 9-4　美國 1999—2014 年 CPI 情況

图 9-5　美國 1999—2016 年核心 CPI 情況

路透社公布的調查結果表明，美聯儲在 12 月加息的概率為 70%。根據彭博社數據，美國聯邦基金利率期貨合約顯示，美聯儲 12 月加息的概率為 63.5%（見圖 9-6）。

图 9-6　美聯儲加息概率

美聯儲主席耶倫在講話中表示，要使經濟從危機中完全復甦，可能需要「高壓」政策，即以「貌似合理的方式」來維持低利率，通過刺激需求來吸引更多美國人加入勞動力隊伍。這進一步暗示美聯儲傾向於在一段時間內讓通貨膨脹繼續回升。

市場反應如何？

股市：美國 2016 年 9 月 CPI 數據發布后，道指期貨漲超 100 點，標普 500 指數期貨和納指期貨分別上漲 15 點和 39 點；

匯市：由於核心 CPI 低於預期，美元指數在下挫 10 餘點至 97.66 后反彈，收復日內跌幅，跟隨美債 10 年期收益率走高；歐元/美元跌至日內低位 1.098,0。

分析人士認為，數據將不足以明顯影響市場對美聯儲年內加息概率的預期，並且對美元指數的打壓作用有限。

資料來源：美聯儲加息的「砝碼」：美國核心 CPI 連續 11 個月高於 2% [EB/OL]. (2016-10-18)[2017-08-15]. http://money.163.com/16/1018/21/C3MKBJO900258OS6.html.

第二節　通貨膨脹的原因

一、直接原因：高貨幣供給增長率

美國經濟學家、貨幣主義的主要代表人物、諾貝爾經濟學獎獲得者米爾頓·弗里德曼曾發表著名論斷：「通貨膨脹永遠而且到處是一種貨幣現象。」價格是商品價值的貨幣表現。沒有過高的、持續不斷的貨幣供給，價格水平怎麼也不可能持續不斷地漲上去。

我們可以從圖 9-7 中直觀地觀察到，通貨膨脹率與貨幣增長率具有相同的變化趨勢。通貨膨脹更多的是一種貨幣現象。

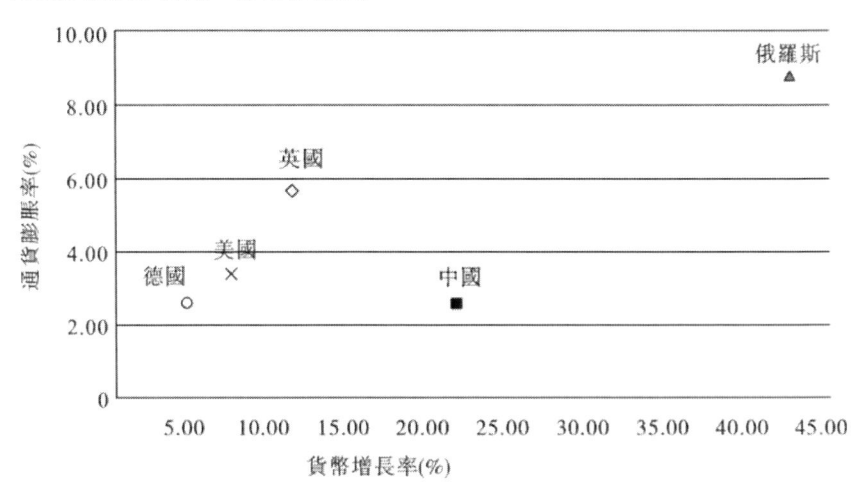

圖 9-7　五個國家 1961—2016 年間通貨膨脹率和貨幣增長率的關係

註：在圖 9-7 中，闡述了五個國家 1961—2016 年間通脹率平均數和貨幣增長率平均數的關係。需要特別說明的是，德國的通貨膨脹率數據從 1971 年開始，M2 增長率的數據從 2000 年開始；俄羅斯的通貨膨脹率數據從 1990 年開始，M2 增長率從 1994 年開始；中國的 M2 增長率數據從 1978 年開始。

數據來源：世界銀行。

那麼，貨幣供給量的高速增長會不會自行發生呢？下面我們將考察為什麼會有高的貨幣供給增長率。

二、深層根源：高就業率目標、政府政策與通貨膨脹類型

如果通貨膨脹不利於一國的經濟發展，那為什麼我們還會看到非常多的通貨膨脹呢？既然通貨膨脹沒有任何好處，而且貨幣供給量的高速增長不會自行發生，那到底是什麼誘發了高貨幣增長率？政府會不會採取通貨膨脹性貨幣政策？如果回答是肯定的，那麼政府一定是為了保證其他目標的實現，才會最終造成貨幣供給高增長和高通貨膨脹的結果。現在來考察那些成為誘發通貨膨脹最普遍原因的政府政策。

大多數政府追求的首要目標是高就業，而這往往會導致通貨膨脹的結果。比如美國，依照其法律[1]的規定，美國政府負有提高就業水平的義務。儘管以上兩個法案都要求政府承擔相應義務，以保證在物價穩定的條件下實現高就業，但實踐中政府通常單純追求高就業目標，而不大考慮這些政策造成的通貨膨脹的后果。特別是20世紀60年代中期和20世紀70年代，為了保持穩定的失業率政府開始採取更為積極的政策。政府為提高就業率而積極採取的穩定政策，可能會導致三種類型的通貨膨脹，即需求拉動型通貨膨脹、成本推動型通貨膨脹和供求混合推進型通貨膨脹。

（一）需求拉動型通貨膨脹

需求拉動型通貨膨脹是指由於社會總需求的過度增大，超過了現行價格水平下商品和勞務總供給的增長，致使「過多的貨幣追逐過少的商品和勞務」，從而引起貨幣貶值、物價上漲的經濟現象。

在西方經濟學中，「需求拉上」論是產生最早、流傳最廣，從而也是影響最大的通貨膨脹理論。在20世紀50年代中期以后，儘管出現了許多新的理論，「需求拉上」論仍不失其原有的統治地位，只是其理論結構和分析方法有了很大變化。

「需求拉上」論是解釋通貨膨脹成因的早期學說，主要從總需求的角度尋找通貨膨脹的原因。該學說認為，經濟生活中之所以產生一般性物價上漲，其直接原因來自於貨幣因素，即貨幣的過量發行，如果政府採用了擴張性財政政策與貨幣政策，增加了貨幣供給量，導致了總需求膨脹。當貨幣需求大於商品供給時，就形成了膨脹性缺口，牽動物價上漲，導致通貨膨脹。所謂膨脹性缺口，也就是一國總需求超過商品和勞務總供給的部分。「需求拉上」論是凱恩斯學派特別是現代凱恩斯主義的一個重要學說。

1. 政府為高就業率目標而採取積極的財政政策時的情形

個人為了彌補之前的支出，一般是通過工作提高收入，或者借錢。政府為了阻止失業上升而增加支出，可以徵稅或者發行政府債券，也可以創造貨幣，採用擴張性貨幣政策。如果是徵稅或者發行政府債券，通常不會造成總需求的擴大，因為只是改變了貨幣的使用者而已，並不會使貨幣總量增加。也就是說，政府赤字由公眾持有的債券所彌補，基礎貨幣不受影響，因此貨幣供給也不受影響。但如果政府赤字不是由公眾持有的債券來彌補，基礎貨幣量和貨幣供給都會增加。

有兩種情形：一是政府有法定的權利去發行貨幣為赤字融資，即政府可以通過發

---

[1] 美國1946年的《就業法》和1978年的《漢弗萊-霍金斯法案》。

行貨幣來支付超過稅收的支出。這樣貨幣的增加直接增加了基礎貨幣，基礎貨幣增加，通過存款創造乘數機制，導致貨幣供給增加。央行超發貨幣來滿足財政透支永遠是惡性通貨膨脹的根源。歷史上有多次惡性通貨膨脹，從第一次世界大戰後的德國、第二次世界大戰後的匈牙利，到20世紀70年代和20世紀80年代的南美洲和東歐地區，再到20世紀90年代初的俄羅斯及近些年的津巴布韋。所有這些惡性通貨膨脹的背後都是政府以發行貨幣的方式來解決財政支出問題，而這實際上也就是一種變相的稅收。歷史上的惡性通貨膨脹無一例外都是政府瘋狂印鈔的結果。[1]

多年來中國經濟運行不斷受到外部衝擊，造成財政赤字的常態化（如表9-1與圖9-8所示）。改革開放前後，很長一段時間，彌補赤字的主要方式是財政通過向中央銀行透支和借款抵補來完成，一直到1995年出抬的《中華人民共和國中國人民銀行法》明確予以禁止，在制度設計上通過發行國債籌措資金成為彌補赤字的資金源泉。1979—1988年銀行透支和借款佔同期財政赤字累計數額的89%。靠銀行透支和借款彌補財政赤字，在信貸資金也十分緊張的情況下，直接構成貨幣擴張的因素，從而給通貨膨脹帶來極大的壓力。從表9-1與圖9-8可以看到，1995年以前，赤字多的年份，往往伴隨著貨幣供給量和通貨膨脹率的大幅提升。

表9-1　　　　1980—1999年中國的財政赤字、貨幣供給量和通貨膨脹率

年份	通貨膨脹率（%）	貨幣供給量（M1）金額（億元）	增長率（%）	財政赤字 金額（億元）	增長率（%）
1980	6.0	1,315.74		68.9	
1981	2.4	1,636.56	24.4	-37.38	-154.3
1982	1.9	1,885.11	15.2	17.65	-147.2
1983	1.5	2,165.04	14.8	42.57	141.2
1984	2.8	2,845.24	31.4	58.16	36.6
1985	9.3	3,011.39	5.8	-0.57	-101.0
1986	6.5	3,856.03	28.0	82.9	-14,643.9
1987	7.3	4,481.67	16.2	62.83	-24.2
1988	18.8	5,490.17	22.5	133.97	113.2
1989	18.0	5,830.51	6.2	158.88	18.6
1990	3.1	6,950.7	19.2	146.49	-7.8
1991	3.4	8,633.3	24.2	237.14	61.9
1992	6.4	11,731.5	35.9	258.83	9.1
1993	14.7	16,280.4	38.8	293.35	13.3
1994	24.1	20,540.7	26.2	574.52	95.8
1995	17.1	23,987.1	16.8	581.52	1.2
1996	8.3	28,514.8	18.9	529.56	-8.9

---

[1] 戴險峰. 通脹的成因 [N]. 第一財經日報, 2011-09-30.

表9-1(續)

年份	通貨膨脹率(%)	貨幣供給量（M1）		財政赤字	
		金額（億元）	增長率（%）	金額（億元）	增長率（%）
1997	2.8	34,826.3	22.1	582.42	10.0
1998	-0.8	38,953.7	11.9	922.23	58.3
1999	-1.4	45,837.3	17.7	1,743.59	89.1

數據來源：①通貨膨脹率（http://www.stats.gov.cn/tjsj/ndsj/zgnj/2000/I01c.htm），由於 1980—1984 年沒有居民消費價格指數的統計數據，只有商品零售價格指數，因此 1980—1984 年的居民消費價格指數以商品零售價格指數代替。②貨幣供給量（M1）（https://zh.tradingeconomics.com/china/money-supply-m1）。③財政赤字（http://www.stats.gov.cn/tjsj/ndsj/zgnj/2000/H01c.htm）。

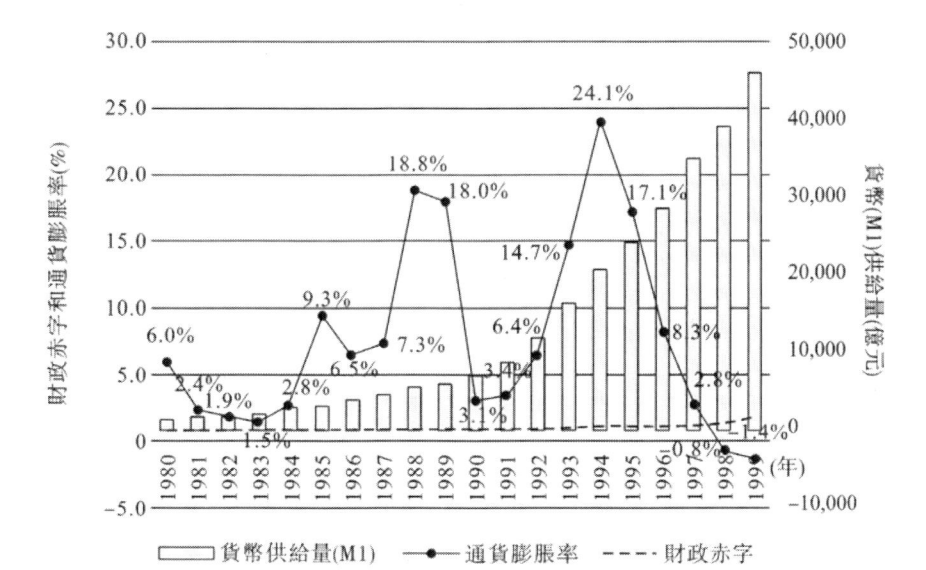

圖 9-8　1980—1999 年中國的財政赤字、貨幣供給量和通貨膨脹率

數據來源：同表 9-1 數據來源。

二是在美國和其他有些國家，政府沒有發行貨幣來償還債務的權力。在這種情況下，政府必須通過發行債券來彌補財政赤字。假如這些債券最終沒有流入公眾手中，中央銀行必須進行公開市場操作，最終會導致基礎貨幣和貨幣供給的增加。

因此，假如通過創造高能貨幣來融資，我們可以看到預算赤字能導致貨幣供給的上升。不過，因為貨幣數量論只能解釋長期的通貨膨脹，為了產生通貨膨脹的效果，預算赤字必須是持續的，也就是持續足夠長的時間。由此我們得出以下結論：為了彌補持續的赤字，通過貨幣創造的融資方式會導致持續的通貨膨脹。

2. 政府為高就業率目標採取通貨膨脹性貨幣政策的情形

我們知道，即使是在充分就業狀態下，勞動力市場上的摩擦因素使得失業工人和雇主之間很難相互匹配，因此失業總是存在的，即存在摩擦性失業。如果政策制定者設定的失業率目標過低或產出目標過高，乃至低於自然失業率水平或超出潛在產出，就可能為實施擴張性的貨幣政策造成高貨幣增長率及隨之出現的持續通貨膨脹的發生

創造條件。

凱恩斯從分析貨幣量變動影響物價的傳導機制出發，認為貨幣量變動對物價的影響是間接的，而且影響物價變動的還有其他因素，如成本和就業量。凱恩斯認為，不是任何貨幣數量的增加都具有通貨膨脹性質，也不能把通貨膨脹僅僅理解為物價上漲。貨幣數量增加是否會產生通貨膨脹要視經濟是否達到充分就業。在經濟達到充分就業後，貨幣增加就會引發通貨膨脹。

新古典綜合學派認為，需求創造供給的必要條件是資源的充分存在。一旦社會總需求超出了由勞動力、資本以及資源構成的生產能力界限時，總供給無法增加，這就形成了總需求大於總供給的膨脹性缺口。只要存在這一缺口，物價就必然上漲。由於此時總需求的增加對供給已失去了刺激作用，因此即使失業存在，物價也會上漲、失業就會與通貨膨脹並駕齊驅。

需求拉動型通貨膨脹可以用圖 9-9 來說明。當總需求曲線 AD_0 與總供給曲線 AS 相交於 E_0 點時，經濟處於均衡狀態。總產出為 2,000 億元，價格指數為 100。當總需求曲線向右上方移動到 AD_1 時，新的均衡點為 E_1，而在這一點上的產量和價格都高於 E_0 點上的數字，總產出 2,000 億元上升到 2,100 億元，價格指數上升到 102。這是由於社會上總需求的增加，包括政府支出、投資、消費、出口的增長，使得物價的水平也隨之提高。這時候，因為社會尚存在閒置的資源，所以隨著物價的上漲，總產出也有一定的增長。但隨后，由於可動用的閒置資源的減少，總產出的增加越來越緩慢，總需求曲線從 AD_1 移動到 AD_2，新的均衡點為 E_2，總產出由 2,100 億元上升到 2,180 億元，價格指數上升到 105。這時，若總需求繼續膨脹，從 AD_2 移動到 AD_3，而此時因經濟中已無生產能力使供給增加，那麼總產出就會趨於零增長，仍為 2,180 億元，AS 曲線成為一條垂直線，貨幣供給的增加只是使物價上漲，物價指數從 105 上升到 108。總產出不變，仍為 2,180 億元。這說明了需求是如何將物價拉上去的。在需求拉動的過程中，隨著產出的上升，通貨膨脹的程度取決於總供給曲線的斜率。

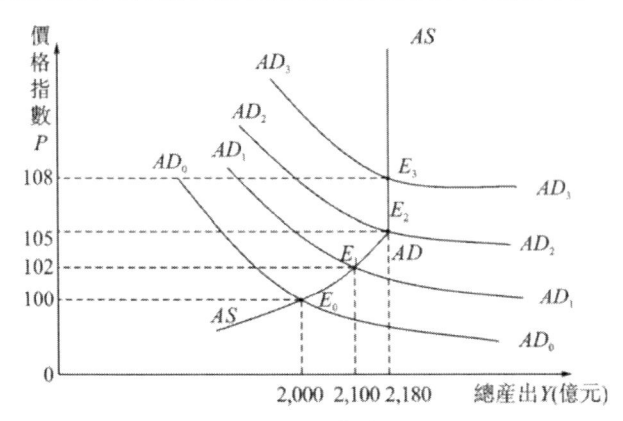

圖 9-9　需求拉動型通貨膨脹的形成過程

（二）成本推動型通貨膨脹

需求拉動型通貨膨脹理論在 20 世紀 50 年代以前在一定程度上反映了當時的實際經濟情況，從而在一定程度上說明了當時的通貨膨脹的原因。到了 20 世紀 50 年代后

期，經濟情況發生了變化，一些國家出現了物價持續上升而失業率卻居高不下，甚至失業率與物價同時上升的情況。於是一些經濟學家開始探討其緣由，認為通貨膨脹和物價上漲根源於供給或成本方面。

成本推進理論認為，存在兩方面迫使生產成本上升的壓力：其一是勢力強大的工會，其強有力的活動迫使貨幣工資增長率超過勞動生產率的增加率；其二是壟斷組織為追逐高額利潤，通過制定壟斷價格而人為地抬高價格。由此可見，供給或成本推進引起通貨膨脹的原因，一是工資成本推進，二是利潤推進。

1. 工資成本推進

工資的提高會引起生產成本的增加，導致物價上漲。而物價上漲後，工人又要求增加工資，從而再度引發物價上漲。如此反覆，造成工資-物價螺旋上升。但這種工資推進通貨膨脹發生的前提條件是工資的增長超過了勞動生產率的增長，只能發生在不完全的勞工市場，其最重要的特徵便是工會的存在。由於工會可以將相當多的勞動力組織起來，通過強有力的工會鬥爭，使得貨幣工資的增長超過勞動生產率的增長，於是企業便減少對勞動力的需求並使就業量減少，而就業量的減少必將使產量降低，使總供給落後於總需求，導致物價上漲，進而引發通貨膨脹。

2. 利潤推進

利潤引發通貨膨脹，必須以商品和勞務銷售的不完全競爭市場的存在為前提條件。因為在完全競爭的產品市場上，價格完全取決於商品的供求，任何企業都不能通過控製產量來改變市場價格。只有在不完全競爭的市場上，商品供應者才能操縱價格。壟斷企業和寡頭企業為了謀取高額利潤，利用市場權利，操縱價格，使產品價格上漲速度超過其成本的增長速度，從而引發通貨膨脹。

除了工資和利潤兩個因素以外，生產要素（原材料、中間產品等）也作為從供給方面引發通貨膨脹的原因之一。因為生產要素價格的上漲（如原材料價格的提高、進口半成品價格的上漲等）必然導致生產成本的增加，並引發通貨膨脹。

成本推動型通貨膨脹可用圖9-10來說明。

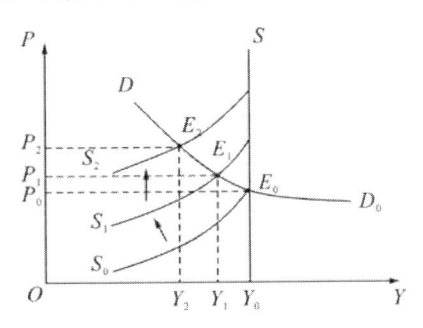

圖9-10 成本推動型通貨膨脹的形成過程（總需求水平不變）

在圖9-10中，初始經濟位於 E_0，即總需求曲線 DD_0 與短期總供給曲線 SS_0 的交點。假設工人要求提高工資，這可能是因為工人希望提高實際工資水平（以他們可以購買的商品和服務來計算的工資），也可能是由於工人預期通貨膨脹率將會提高，因此希望工資水平的增長跟上通貨膨脹率上升的步伐。工資增長（與負面供給衝擊類似）

使得短期總供給曲線左移至 SS_1。如果政府的財政政策和貨幣政策都保持不變，經濟將會移至 E_1，即新的短期總供給曲線 SS_1 與總需求曲線 DD_0 的交點。此時的總產出水平降至 Y_1，低於產出的自然水平，通貨膨脹率則升至 P_1 水平，導致失業率提高。

假定在短期內，DD_0 曲線保持不變，那麼價格上升是由成本推動造成的，而不是由貨幣供給增加造成的。在這種情況下，總需求的不變或下降使得產量下降。如果政府不接受這種滯脹的局面，就會給中央銀行以壓力實施擴張性的貨幣政策以增加貨幣供給，使需求曲線上升，此時產量和價格恢復到一個新的均衡水平，但是價格水平也將上升到一個新的高度。

(三) 供求混合推進型通貨膨脹

事實上，上述純粹因成本推動的物價水平的上漲存續的時間並不會太長。面對產出下降、失業增加，政府不會袖手旁觀，以高就業率為目標的政策制定者必然會實行擴張性的財政政策和貨幣政策，使總需求增加。

如圖 9-11 所示，OF 是充分就業產量。在成本推進時，總供給曲線由 S_1 移動到 S_2 和 S_3，到達充分就業後，總供給曲線形成一條垂直線 S_0。如果總需求不變，總供給曲線上移會使物價上升。在這種成本推進的通貨膨脹過程中，當物價上漲後，如果貨幣量不增加，則由於購買力下降而導致總需求降低，一部分產品滯銷，最終造成生產衰退和失業增加。但在政府干預經濟的情況下，尤其是在凱恩斯主義盛行的時代，面對產量下降、失業增加，政府不會袖手旁觀，必然會實行擴張性的財政政策和貨幣政策，使總需求增加。這樣失業率和產出量可以恢復到原來的水平，而價格則進一步上升，即「被推進的通貨膨脹」。在圖 9-11 中，因成本上升使 S_1 上升到 S_2，如果總需求不變，則價格由 P_0 上升到 P_1，產出量由 Y_1 減少至 Y_2。假設通過擴張政策，使 D_1 增加到 D_2，則產出將由 Y_2 恢復到 Y_1，而物價則進一步由 P_1 上升到 P_2，依此類推，在由成本增加和需求擴大的循環過程中，物價將通過 $a \to b \to c \to d \to e$ 這樣一個過程而螺旋式上升。圖 9-11 所示的通貨膨脹是由總需求和總供給兩個因素共同引起的，即供求混合推進型通貨膨脹。

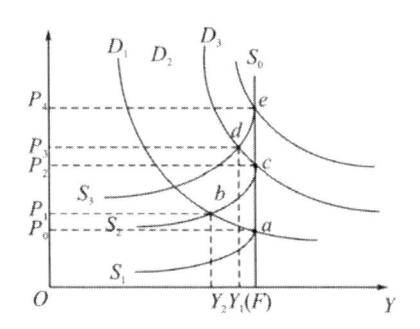

圖 9-11 供求混合推動型通貨膨脹的形成過程

參考解讀

我們利用總需求和總供給分析來考察高就業目標如何導致這種類型的通貨膨脹發生。

在圖 9-12 中，初始經濟位於點 1，即總需求曲線 AD_1 與短期總供給曲線 AS_1 的交

點。假設工人要求提高工資，這可能是因為工人希望提高實際工資水平（以其可以購買的商品和服務來計算的工資），也可能是由於工人預期通貨膨脹率將會提高，因此希望工資水平的增長跟上通貨膨脹率上升的步伐。工資增長（與負面供給衝擊類似）使的短期總供給曲線左移至 AS_2。如果政府的財政政策和貨幣政策都保持不變，經濟將會移至點 2'，即新的短期總供給曲線 AS_2 與總需求曲線 AD_1 的交點。此時的總產出水平降至 Y'，低於產出的自然水平，通脹率則升至 π_2' 水平，導致失業率提高。

以高就業率為目標的政策制定者會提高總需求，如減稅、提高政府購買、自主地實行寬鬆的貨幣政策。這些政策會使圖 9-12 中的總需求曲線移動到 AD_2，迅速地使經濟回到潛在產出點 2，通貨膨脹率提高到 π_2。工人最終會得到好處，不僅工資提高了，還獲得了政府對失業的保護。嘗到了甜頭的工人也許會「故技重施」，以期得到更高的工資。此外，其他工人也會意識到相對於那些提高了工資的工友，他們的工資下降了，因此他們也會要求提高工資。結果是短期總供給曲線繼續左移至 AS_3，當經濟移至點 3'時，失業率又會上升，政府會再次採取積極干預政策，推動總需求曲線右移至 AD_3，從而使得在通貨膨脹率水平 π_3 上重新回到充分就業狀態。如果這個過程一直繼續下去，就會造成物價水平的持續上升，即出現持續的成本推動型通貨膨脹。成本推動型通貨膨脹往往可能最初是從需求拉動型通貨膨脹開始的。當需求拉動型的通貨膨脹產生較高的通貨膨脹率時，工人的預期通貨膨脹率提高，為確保實際工資水平不下低，工人們會要求提高工資。最終，擴張性貨幣政策和財政性政策同時產生兩種通貨膨脹。

如果政策制定者設定的失業率目標為 4%，低於自然失業率水平 5%，那麼其希望達到的總產出目標將高於產出的自然率水平。這個產出的目標水平在圖 9-13 中用 Y^T 表示。假設初始經濟位於點 1，此時總產出在自然率水平上，但是低於總產出目標 Y^T。為了達到 4% 的失業率目標，政策制定者將會採取刺激總需求的政策，如擴張性財政政策或寬鬆性貨幣政策，從而推動總需求曲線位移至 AD_2，經濟也位移至點 2'。此時的總產出水平為 Y^T，4% 的失業率目標也實現了。

由於在 Y^T 的產出水平上，4% 的失業率低於自然失業率，因此工資水平將會升高，而短期總供給曲線將會左移至 AS_2，經濟也將從點 2'移至點 2，經濟又回到了潛在產出水平上，但此時通貨膨脹率已升至更高的水平 π_2。由於此時的失業率水平再度高於目標水平，政策制定者將會再次採取刺激需求的政策，推動總需求曲線右移至 AD_3，以在點 3'達到預定的產出目標，整個過程將不斷把經濟推向點 3 以至於更遠。最終的結果只能是價格水平持續地上升——通貨膨脹的發生。

如果觀察整個物價水平的上漲過程，就會發現，這兩種情形下物價水平的上漲都呈現出螺旋式的上升特點，其原因並不是由需求或成本單個因素而為，而是既有需求也有供給或成本的共同作用。最終釀成的這種通貨膨脹就是供求混合推進的通貨膨脹（圖 9-12 與圖 9-13 實際上都表明了這種通貨膨脹類型）。

以上的分析表明：政策制定者實行通貨膨脹政策的首要理由是和高就業的目標或高產出目標密不可分的。高通貨膨脹也可以是由持續的政府預算赤字所引起，赤字是政府為了提高基礎貨幣而融資的結果。政府對過高的產出目標或相應過低的失業率目

標的追求是通貨膨脹性貨幣政策的根源，但對於政策制定者來說這樣做似乎沒有什麼意義。他們並沒有取得持久的高總產出水平，相反還加重了通貨膨脹的壓力。

如圖 9-12 所示，成本推動型衝擊（類似於暫時性負向供給衝擊）讓短期總供給曲線向左上方移動到 AD_2，經濟移動到點 2′。為了維持總產出在 Y^P，降低失業率，政策制定者使總需求曲線移動到 AD_2，經濟會迅速回到潛在產出點 2，通貨膨脹率 π_2。進一步的短期總供給曲線向左上方移動至 AS_3 或者在更上方的位置，導致政策制定者繼續提高總需求，引起持續上升的通貨膨脹，即成本推動型通貨膨脹。

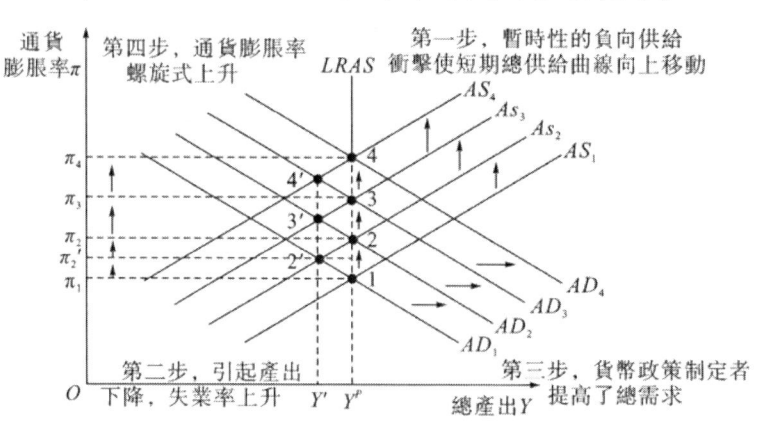

圖 9-12 最初起因於成本推動的供求混合推進型通貨膨脹

如圖 9-13 所示，失業率目標過低（即總產出目標 Y^T 過高）會使得政府持續推動總需求曲線右移，從 AD_1 到 AD_2 再到 AD_3，等等。因為在 Y^T 點，失業率很低，低於自然失業率，工資會上升，短期總供給曲線向左上方移動，從 AS_1 到 AS_2 再到 AS_3，等等。結果是價格水平不斷上升，即所謂的需求拉動型通貨膨脹。

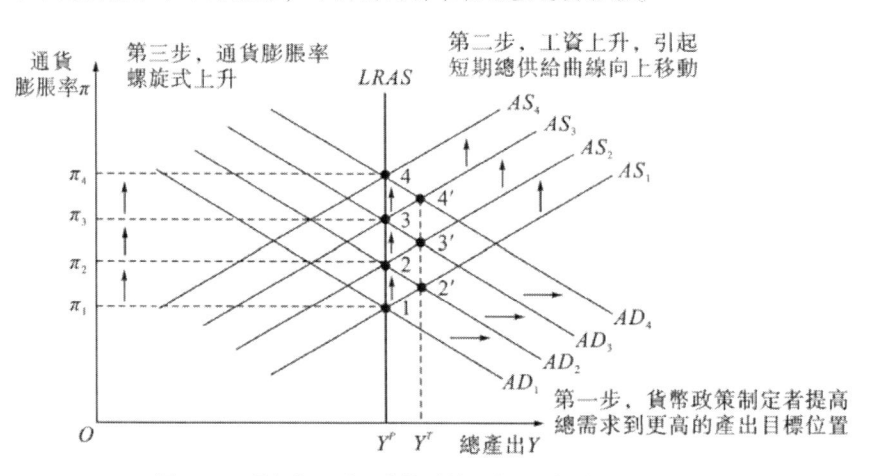

圖 9-13 最初起因於需求拉動的供求混合推動型通貨膨脹

資料來源：節選並改編自弗雷德里克·S.米什金. 貨幣金融學 [M]. 蔣先玲，等，譯. 北京：機械工業出版社，2016：492-494.

此外，還有一種通貨膨脹，其與政府政策沒有前述三種通貨膨脹那樣密切的關係，而是與經濟結構有關。這種由經濟結構不平衡等原因造成的通貨膨脹，經濟學家將其稱為結構型通貨膨脹。

結構失衡的核心思想是在一個經濟的不同部門中，勞動生產率的增長率是不同的，而貨幣工資的增長率卻是相同的。結構型通貨膨脹理論的基本特徵是強調結構因素對通貨膨脹的影響。而所謂「結構」，在各種理論模型中又有不同的解釋。換言之，各種模型對整個經濟的劃分是各不相同的。其主要有以下幾種：

1. 鮑莫爾的不平衡增長模型

鮑莫爾將整個經濟區分為兩個部門，一個是進步的工業部門，另一個是保守的服務部門。這兩個部門有著不同的勞動生產率，但卻有著相同的貨幣工資率。隨著工業部門勞動生產率的增長，其貨幣工資也增長，這就給服務部門造成了一種增加工資成本的壓力，因為服務部門勞動生產的增長率比工業部門勞動生產的增長率要低，但兩個部門的貨幣工資增長率卻是一致的。在成本加成的定價規則下，這一現象必然使整個經濟產生一種由工資成本推進的通貨膨脹。

2. 希克斯和托賓的相對工資理論

希克斯和托賓認為，不同部門之間在生產率存在差異的條件下具有貨幣工資增長率的一致性，其主要原因是工人對相對工資的關心。所謂相對工資，是指本人或本行業的工資水平與別的行業的工資水平相比，在相對意義上的高低，或者說工資增長率在相對意義上的快慢。正因為存在著對這種相對工資的關係，所以某一部門的工資上升將導致其他部門的攀比，以致引起整個經濟活動中的工資、物價的普遍膨脹。

3. 斯堪的納維亞通貨膨脹模型

因為提出和發展這一模型的主要是挪威、瑞典等斯堪的納維亞地區的國家的經濟學家，所以這一模型由此得名。該模型又稱北歐模型，是結構型通貨膨脹理論中影響最大的一種理論模型。

斯堪的納維亞模型的分析對象是那些「小國開放經濟」。所謂「小國開放經濟」，是指這樣一類國家：它們參與國際貿易，但其進出口總額在世界市場上所占的份額微乎其微、無足輕重，因而它們進口或出口某種商品對該種商品在世界市場上的價格不會產生任何影響。不過，世界市場上的價格變化對這樣一種經濟的國內價格水平卻有著舉足輕重的影響。因此，這些國家的通貨膨脹在很大程度上要受世界通貨膨脹的制約。

提出這一模型的經濟學家們把這種「小國開放經濟」大致分為兩個部門：一個是開放部門，是指那些生產的產品主要用於出口的，或產品雖然用於國內消費，但有進口替代品與之競爭的行業，即那些易受到國外競爭壓力的行業；二是非開放部門，是指那些因受政府保護或因產品本身的性質而免受國外競爭壓力的行業，當然，並不排除它們在國內市場上互相競爭的可能。

將一個小國開放經濟劃分為這樣兩個部門，主要有兩個原因：一是這兩個部門在產品定價方面有著顯著的差別。小國開放經濟是世界市場的價格接受者，因此開放部門的產品價格完全決定於世界市場的價格。如果這個部門的產品成本上升，則該部門

的企業要麼相應地減少利潤，要麼縮減生產，而不能通過提高價格來得到補償。而非開放部門則由於它不受國外市場的競爭壓力，其產品的價格是採取成本加成的辦法來確定的，因此一旦成本上升，它可以馬上通過提高價格的辦法將上升的成本轉嫁給消費者，而不必縮減生產，也不會影響利潤。因為對這些部門來說，不存在因提高價格而失去市場份額的風險。二是這兩個部門在技術進步及由此而引起的勞動生產率的增長方面存在很大的差異。這是由於開放部門為迫於國外市場的競爭壓力，必須不斷地增加投資、改進技術，因而其資本密集度明顯地高於非開放部門，於是開放部門的勞動生產增長率要高於非開放部門的勞動生產增長率。

提出這一模型的經濟學家們根據分析得出斯堪的納維亞通貨膨脹模型的基本結構，即小國開放經濟的通貨膨脹率取決於三個因素：一是世界通貨膨脹率；二是開放部門與非開放部門之間勞動生產增長率的差異程度；三是開放部門與非開放部門在國民經濟中各自所占的比重。由於開放部門勞動生產增長率高於非開放部門，因此在世界通貨膨脹率一定時，若開放部門比重增加而非開放部門比重減少，則通貨膨脹率下降；反之，若開放部門比重減少而非開放部門比重增加，則通貨膨脹上升。由此可見，這一結構型通貨膨脹模型，一方面強調了結構因素對一國通貨膨脹的影響；另一方面還強調了世界通貨膨脹對這些小國家的輸入作用。

來源於結構性因素的通貨膨脹不僅發生在發達國家，欠發達國家在實行擴張政策發展經濟的過程中，由於多種原因導致的供求結構性失衡及部門間勞動生產率增長的差異較發達國家更易出現，因此發生這種通貨膨脹的可能性更大。

第三節 通貨膨脹的效應

關於通貨膨脹對社會經濟會產生什麼樣的影響，爭論頗多，各持己見，可以將其粗略地歸納為兩大效應，即經濟增長效應與收入再分配效應。

一、經濟增長效應

通貨膨脹對經濟增長的影響主要有兩種針鋒相對的觀點：促進論與促退論。

（一）通貨膨脹促進論

1. 凱恩斯的「半通貨膨脹」論

凱恩斯認為，貨幣數量增加後，在充分就業這一關鍵點的前後，其膨脹效果的程度不同。在經濟達到充分就業分界點之前，貨幣量增加可以帶動有效需求增加。也就是說，在充分就業點達到之前，增加貨幣量既提高了單位成本，又增加了產量。之所以能夠有雙重效應，是因為這樣兩個原因：第一，由於存在閒置的勞動力，工人被迫接受低於一般物價上漲速度的貨幣工資，因此單位成本的增加幅度小於有效需求的增加幅度。第二，由於有剩餘的生產資源，增加有效需求會帶動產量——供給的增加，此時貨幣數量增加不具有十足的通貨膨脹性，而是一方面增加就業和產量，另一方面也使物價上漲。這種情況被凱恩斯稱為「半通貨膨脹」。

當經濟實現了充分就業後，貨幣量增加就產生了顯著的膨脹效應。由於各種生產

資源均無剩餘，貨幣量增加引起有效需求增加，但就業量和產量將不再增加，增加的只是邊際成本中各生產要素的報酬，即單位成本。此時的通貨膨脹就是真正的通貨膨脹。

由於在凱恩斯的理論中，充分就業是一種例外，非充分就業才是常態，因此增加貨幣數量只會出現利多弊少的通貨膨脹。

2. 新古典綜合學派的促進論

新古典綜合學派認為，通貨膨脹通過強制儲蓄、擴大投資來實現增加就業和促進經濟增長。強制儲蓄是指政府通過向中央銀行借款（透支或發行國債）的方式來籌集其生產性的財政資金，從而提高社會能夠轉化為投資的儲蓄率水平。當政府財政入不敷出時，常常借助於財政透支來解決收入來源。如果政府將膨脹性的收入用於實際投資，就會增加資本形成，而只要私人投資不降低或者降低數額不小於政府投資新增數額，就能提高社會總投資並促進經濟增長。

當人們對通貨膨脹的預期調整比較緩慢，從而名義工資的變動滯后於價格變動時，收入就會發生轉移，轉移的方向是從工人轉向雇主階層，而后者的儲蓄率高，因而增加一國的總儲蓄。由於通貨膨脹提高了贏利率，因而私人投資也會增大，這樣政府與私人的投資都增加，無疑有利於經濟增長。

3. 收入在工資和利潤的再分配與通貨膨脹促進論

在通貨膨脹的情況下，由於商品價格的提高一般快於工資的提高，結果導致實際工資降低，企業的利潤增加，這樣就會刺激企業擴大投資，進而促進經濟的增長。

在貨幣經濟中，通貨膨脹是一種有利於高收入階層（即利潤收入階層）而不利於低收入階層（即工資收入階層）的收入再分配。由於隨著人們收入的增多，人們用於儲蓄的比率也會增多，也就是說，高收入階層的邊際儲蓄傾向較高，因此通貨膨脹會促進儲蓄率的提高，從而有利於經濟增長。

4. 收入在政府與私人部門的再分配與通貨膨脹促進論

在經濟增長過程中，政府往往扮演非常重要的角色。政府要建設社會基礎設施、扶植新興產業的發展、調整經濟結構。政府的上述行為都依賴政府的投資，而政府籌資主要包括政府本身的儲蓄、舉借內債和外債。20世紀60年代以後，通過貨幣擴張或通貨膨脹政策來籌集投資來源變得越來越重要。在貨幣擴張中，正常發行的貨幣量的一部分直接轉化為財政收入。政府是這一政策的純受益者，原因是貨幣貶值和物價上漲后，政府獲得了對一部分資源的支配權，這實際上是政府向所有貨幣持有者非強迫徵稅——貨幣稅或通貨膨脹稅。貨幣稅的稅基是實際貨幣餘額（M/P），稅率是貨幣貶值幅度，也就是通貨膨脹率。貨幣稅給政府帶來的收入是稅基乘以稅率，即：

$$貨幣稅 = (M/P) \times (dp/p)$$

如果物價上漲幅度與貨幣增發的量一致，那麼政府的新增收入就等於新發行的貨幣量。

政府在收入中所占比重對一國儲蓄率會有什麼影響呢？從長期看，政府儲蓄傾向高於私人部門平均的儲蓄傾向，原因是公眾因納稅而削減的消費支出要大於政府因增稅而增加的消費支出。那麼，通貨膨脹時，政府占收入的比率增加，社會的儲蓄率提

高，有利於加快經濟增長。這種有利影響主要表現在以下三個方面：

(1) 降低資本-產出系數。政府在進行投資決策時可以更多考慮宏觀經濟平衡的需要，而宏觀經濟平衡能使生產能力得到更大限度的發揮。例如，政府可以向以下幾方面增加投資：第一，向瓶頸部門進行投資，使生產中的短線部門迅速發展，帶動其他一系列部門生產的發展。第二，向外部經濟的部門進行投資改變整個生產結構。第三，吸收增加勞動密集型行業的技術，以減少資本投入，充分利用勞動力資源。政府的這些選擇是私人投資無法做到的。

(2) 改變投資結構。在經濟發展時期，會出現許多新興的產業部門，這些部門是經濟起飛的基礎。但由於其新興的性質，向這些部門投資往往週期長、風險大，而且原始投資的數額也非常大。如果所有投資都依賴私人部門，那麼新興產業將是投資的空白。在這一方面，只有政府才能平衡投資結構。政府通過貨幣擴張政策增加投資的產業應該是基礎設施和重工業，只有這樣，才能維持經濟長期穩定發展。政府投資表面上並不影響私人投資的總量和結構，但實際上卻改變了社會投資的總量和結構。私人投資因貨幣擴張性政策而受到的損失會從長期發展的利益中得到補償。

(3) 促進對外貿易發展。在開放經濟中，欲使計劃投資超過計劃儲蓄，除國內實行溫和通貨膨脹外，還可以採取擴大進口來吸收國外儲蓄的辦法。但發展中國家往往缺少外匯，要保持較高的進口率，就要想辦法通過各種途徑彌補國際收支逆差。從國際金融關係上看，彌補逆差的資金可以來自國際金融市場和國際金融機構的借款，也可以來自外國私人資本的流入。除了這些有形的外匯收入之外，還有一種無形的外匯收入渠道，即實行本幣貶值政策。本幣貶值可以促進出口，限制進口，從而彌補前一時期進口擴張產生的外匯缺口。國內通貨膨脹政策製造了這一個外貿的循環，其結果是既提高了國內儲蓄總水平，又促進了對外貿易的發展。

促進論認為，通貨膨脹如果作為政府的一項政策，獲得直接利益的肯定是政府，獲利大小完全取決於政府調控經濟水平的高低。政府應努力提高自己的管理技能，最大限度發揮通貨膨脹政策的積極作用，並把其帶來的經濟利益轉化為經濟增長的動力。

(二) 通貨膨脹促退論

促退論認為，通貨膨脹的消極作用主要包括以下五個方面：

1. 通貨膨脹降低儲蓄

通貨膨脹意味著貨幣購買力下降，減少了人們的實際可支配收入，從而削弱了人們的儲蓄能力，造成本金貶值和儲蓄的實際收益下降，使人們對儲蓄和未來收益產生悲觀的預期。為避免將來物價上漲造成的經濟損失，人們的儲蓄意願降低，即期消費增加，致使儲蓄率下降，投資率和經濟增長率都降低。

2. 通貨膨脹減少投資

首先，在通貨膨脹環境下，從事生產和投資的風險較大，而相比之下，進行投機有利可圖。這樣，長期生產資本會向短期生產資本轉化，短期生產資本會向投機資本轉化。生產資本，特別是長期生產資本的減少對一個國家的長期發展是不利的。同時，短期資本，特別是投機資本增加會使各種財產價格上升，土地、房屋等所有者可以坐享其成，而對這類財產的過度投機於社會的利益要小於其害處。

其次，投資者是根據投資收益預期而從事投資的，在持續的通貨膨脹過程中，各行業價格上漲的速度有差異，市場價格機制遭到嚴重的破壞。由於市場價格機制失去了所有的調節功能，投資者也無法判斷價格上漲的結構，做出盲目的投資或者錯誤的投資決策，不利於產業結構的優化和資源的合理配置，使經濟效率大大下降。

最后，在通貨膨脹時期，會計標準可能還會沿用過去的標準，對折舊的提取還是按固定資產原值和一定的折舊率為計算標準。折舊提取大大低於實際水平，企業成本中的很大一部分轉變成了利潤，這種虛假利潤也被政府徵了稅，企業未來發展的資金就將下降。

3. 通貨膨脹造成外貿逆差

本國通貨膨脹率長期高於他國，會產生兩種影響：一是使本國產品相對於外國產品的價格上升，從而不利於本國的出口，但刺激了進口的增加。二是使國內儲蓄轉移到國外，勢必導致本國國際收支出現逆差，並使黃金和外匯外流，給本國經濟增長帶來壓力。

4. 惡性通貨膨脹會危及社會經濟制度的穩定，甚至令其崩潰

當發生惡性通貨膨脹時，價格飛漲，已經不能再反映商品供給和需求的均衡，信用關係也會產生危機。這樣就會危及社會經濟制度的穩定，甚至令其崩潰。例如，第一次世界大戰后的德國，德國的惡性通貨膨脹始於1921年。當時正值第一次世界大戰后不久，因戰爭賠款和重建經濟的需要，政府支出大大超過了收入。德國政府本可提高稅收以應付這部分增大了的支出，但這種解決辦法在政治上不易被接受，而且需要很長時間才能落實。政府本來也可以向公眾借款來籌集這筆費用，但所需金額遠遠超過了政府的借款能力。因此，剩下的只有一條路：開動印鈔機。政府只需印刷更多的鈔票（增加貨幣供應）就可以支付其費用，並用這些錢從個人和公司手中換取商品和勞務。1921年後期，德國的貨幣供應量開始迅速增加，物價水平也同樣開始迅速上升。1923年，德國政府的預算狀況進一步惡化，不得不以更快的速度印製鈔票以應付財政危機。貨幣激增的結果是物價水平火箭式上升，從而使得1923年的通貨膨脹率超過1,000,000%。惡性通貨膨脹導致了嚴重的經濟危機，使得經濟制度崩潰，從而導致了政治危機。

二、收入再分配效應

(一) 經濟力量強的階層得益，貧困階層受損

在通貨膨脹中最能得到好處的是利潤獲得者階層，他們可以不斷地從物價上漲中獲得更多的超額利潤。大部分雇員則發現在他們的貨幣工資沒增加之前物價已經上漲了，而且貨幣工資剛增加，物價又上漲了。經過艱苦的奮鬥才能補回一點損失，但其貨幣收入總是落后於物價上漲。而固定收入者的境況更糟，也許是通貨膨脹已經發生了相當長的時間，或許已經有了幾輪的物價上漲后，這些固定收入者的收入才增加。靠養老金生活的退休者和貧困者更是凄慘，他們既沒有增加收入的希望，又得不到通貨膨脹的好處。

(二) 實物資產持有者得益，貨幣和固定收益資產持有者受損

通貨膨脹對收入分配的影響會因持有財富形式的不同而不同。通常情況是，現金、

債券、存款等財富的實際價值隨物價上漲而下降，而不動產、黃金、股票等財富的價值會隨物價上漲而不同程度上升。

（三）債務人得益，債權人受損

債務人得益，債權人受損是因為債務人償還債務時的等額貨幣，已不具有借貸時的購買力了。

（四）政府得益，居民受損

政府得益，居民受損一是因為政府是最大的債務人，其實際債務負擔會減輕；二是因為政府財政收入因累進所得稅基數增大而增加，居民則成為通貨膨脹的最大犧牲者。

收入分配不公，會造成社會的不安定，而安定的社會秩序卻是一個國家經濟發展的重要保證。

第四節　通貨膨脹的治理對策

一、緊縮政策

緊縮政策包括緊縮的財政政策和貨幣政策。一般認為，通貨膨脹總是與貨幣供應量增長過快、總需求膨脹有關，因此緊縮政策也就成了治理通貨膨脹最常用的手段。不少經濟學家認為這是對付通貨膨脹的最有效辦法，正如弗里德曼所說：「我還沒看到任何例子，能夠表明不需要通過一個增長緩慢和失業的過程而醫治了相當程度的通貨膨脹。」財政政策和貨幣政策都是從需求方面著手來治理通貨膨脹的。財政政策通過直接控制或影響政府支出和居民個人的消費支出，最終達到壓縮總需求的目的；貨幣政策則通過影響信貸、影響投資，從而影響市場貨幣供應量，最終達到壓縮總需求的目的。

（一）緊縮性的財政政策

緊縮性的財政政策主要是通過增加稅收、減少財政支出等手段來限制消費和投資，抑制社會的總需求的。其主要手段如下：

1. 增加稅收

稅收的增加一方面可以增加政府的財政收入，彌補財政赤字，減少因財政赤字而增發的貨幣；另一方面又直接減少企業利潤和個人的收入，從而減少企業投資，降低消費者的消費支出。

2. 削減政府支出，平衡財政預算

削減政府支出，一是削減購買性支出，包括政府投資、行政事業費等；二是削減轉移性支出，包括各種福利支出、財政補貼等。削減政府支出可以盡量消除財政赤字，從而消除通貨膨脹的隱患。

3. 發行公債

發行公債可以利用其「擠出效應」，降低民間部門的投資和消費，以抑制社會總需求。

（二）緊縮性的貨幣政策

在中國，緊縮性的貨幣政策在習慣上稱為抽緊銀根。其核心是降低貨幣供應量增

長率,以抑制社會總需求。其主要手段如下:

1. 提高法定準備率

中央銀行提高存款準備率,壓縮商業銀行的超額存款準備金,削弱其存款貨幣的創造能力,從而達到緊縮貸款規模、減少投資、壓縮貨幣供應量的目的。

2. 提高再貼現率

中央銀行提高再貼現率,有三方面的作用:一是抑制商業銀行向中央銀行的貸款需求,緊縮信用;二是增加商業銀行的借款成本,促使其提高貸款利率和貼現率,導致企業利息負擔加重、利潤減少,從而達到抑制企業貸款需求、減少投資、減少貨幣供應量的目的;三是通過其「告示作用」,影響商業銀行和公眾預期,使商業銀行和中央銀行保持一致,並可以鼓勵居民增加儲蓄,以緩解和釋放通貨膨脹的壓力。

3. 賣出債券

中央銀行通過公開市場業務向商業銀行或企業單位、居民個人出售手中持有的有價證券(其中主要是政府債券),以減少商業銀行的存款準備金和企業單位、居民個人的手持現金或在商業銀行的存款,從而達到緊縮信用、減少市場貨幣供應量的目的。

二、收入政策

收入政策是指政府在通貨膨脹期間用來限制貨幣收入水平和物價水平的經濟政策。收入政策的理論基礎主要是成本推動型通貨膨脹理論,因為成本推動型通貨膨脹是由於供給方面的原因引起的。為此,通過對工資和物價進行管理,以阻止工會和壟斷企業這兩大團體互相抬價而引起工資、物價輪番上漲,其目的在於力圖控製通貨膨脹而又不致引起失業增加。

收入政策的主要內容如下(其中前三項為強制性的,后一項為非強制性的):

第一,規定工資和物價水平增長率的標準。例如,規定工資增長率與勞動增長率保持一致。對於每個部門,由於勞動生產率與全國平均勞動生產率的差距引起的成本變動允許其通過價格浮動來消除。

第二,工資-物價管理,即對工資和物價實行強制性凍結,如有違反,政府予以處罰。

第三,以納稅為基礎的收入政策,即政府以稅收作為獎勵和懲罰的手段來限制工資-物價的增長。如果工資和物價的增長保持在政府規定的幅度範圍之內,政府就以減少個人所得稅作為獎勵,如果超出政府規定的界限,就以增加稅收作為懲罰。

第四,工資-價格指導。這是指通過各種形式的政府說服工作,使企業和工會自願執行政府公布的工資-價格指導線。工資-價格指導線是指政府當局在一定年份內允許貨幣收入增長的目標數值線,並據此相應地採取控製每個部門工資增長率的措施。

一些經濟學家認為,如果一國的通貨膨脹是由成本推動形成的,或由成本推動和需求拉動相互作用造成的,則非緊縮性的貨幣政策與財政政策所能克服。那麼政府採取管制工資和物價尚不失為可行的辦法。然而,也有一些經濟學家反對實行收入政策。其主要理由為:物價工資管制使價格體系扭曲,降低資源配置效率;物價工資管制可能將公開的通貨膨脹轉為隱蔽的或抑制的通貨膨脹;物價工資管制還可能影響勞動者

的積極性。不過即使是持贊同意見的大多數經濟學家也認為若是工資和物價非管制不可時，其時間應短，範圍應窄。

三、供給政策

西方過去治理通貨膨脹主要強調需求因素而忽略了供給因素。美國里根總統執政以後，主要吸收了供給學派的理論研究成果，對供給因素給予了足夠的重視。實施供給政策的主要目的是刺激生產和促進競爭，從而增加就業和社會的有效供給，平抑物價，抑制通貨膨脹。

里根經濟改革的實踐，標誌著現代美國進入國家壟斷資本主義階段之後，在經濟政策上擺脫了自羅斯福新政的凱恩斯主義的影響，開始了以務實的、自由主義的經濟理論為指導的美國經濟運行機制。

供給政策的第一個辦法是放寬產業管制。政府放寬或取消對一些重要產業的各種約束和管制，可以刺激競爭，降低物價，從而抑制通貨膨脹。里根政府簽署的第一項行政法令是取消對石油和汽油的價格控制。

供給政策的第二個辦法是減稅和改稅。里根政府在1983年和1984年財政年度分別減稅927億美元和1,499億美元。緊接著，美國參、眾兩院在1986年又通過了里根政府提交的新稅收法案，同年10月22日由里根簽署生效。根據新稅法的規定，個人所得稅最高稅率從50%降到28%，稅級從14級（單身為15級）簡化為2級，即15%和28%；公司所得稅最高稅率從46%降為34%，公司所得在5萬美元以下按15%徵稅，公司所得在7.5萬美元以下按25%徵稅，公司所得超過7.5萬美元按34%徵稅，公司所得超過10萬美元再加徵5%的附加稅。上述規定的實施，極大地衝擊了美國人民的生活，有近650萬低收入者從納稅人名冊上完全註銷，有7,630萬人獲得減稅，平均每人減稅801美元。

供給政策的第三個辦法是嚴格控制貨幣供給，支持一切緊縮措施，使貨幣發行量與經濟增長同步。美國聯邦儲備委員會1981年規定貨幣供應量增長指標為3%～6%，但實際執行結果只增長2.1%，低於指標下限。1982年，儘管美國經濟危機十分嚴重，但仍進一步抽緊銀根，把貨幣供應量增長指標緊縮到2.5%～5.5%。其結果對抑制通貨膨脹起了十分明顯的作用。消費物價上漲率在1980年高達12.4%，到1981年降為8.9%，再到1982年又降到3.9%。

概括地說，里根經濟改革取得的主要成就有：第一，美國經濟實現了低速、平穩發展。自1982年10月開始，美國經濟持續增長6年有餘。1988年，美國經濟增長率為3.8%，是1984年以來最快的發展速度。第二，勞動就業情況顯著改善。失業減少、就業增多是經濟發展的明顯標誌。第三，通貨膨脹得到有效控制。美國通貨膨脹率自1982年降為4.3%以後，一直控制在5%以下的低水平上，1988年為4.2%。如此高增長、低膨脹的局面，標誌著美國經濟已擺脫「滯脹」困境。第四，高新技術產業的興起。在實施「戰略防禦計劃」（「星球大戰計劃」）推動下，美國的一大批尖端科學技術獲得突破性進展，如信息技術、光導技術、激光技術、新材料技術、火箭推進系統技術等，都在世界上佔有領先地位。

四、收入指數化政策

收入指數化是將工資、儲蓄和債券的利息、租金、養老金、保險金和各種社會福利津貼等名義收入與消費物價指數緊密聯繫起來，使各種名義收入按物價指數滑動或根據物價指數對各種收入進行調整。這一政策措施在巴西、以色列、芬蘭以及其他一些工業化國家被廣為採用，也是20世紀70年代以後貨幣學派極力鼓吹的政策之一。

20世紀70年代，為了對付「滯脹」，西方各國都不同程度地推行了收入政策。弗里德曼對此強烈反對。他認為，制止通貨膨脹的辦法只有一個，即減少貨幣的增長。只有把貨幣供應增長率最終下降到接近經濟增長率的水平，物價才可望大體穩定下來。而后政府採用單一規則控製貨幣供應量，就能有效地防止通貨膨脹。至於其他制止通貨膨脹的辦法，如控製物價和工資都是行不通的。不僅因為藥不對症而無效，反而會加劇病症。因為為了抑制通貨膨脹的目的而控製物價和工資是不利於生產的。控製破壞了價格結構，降低了價格系統作用的有效性，引起生產下降，從而加重了而不是降低了醫治通貨膨脹的副作用。因此，制止通貨膨脹不僅需要決心和適當的政策，還需要耐心和遠見，要堅定不移地控製貨幣供應增長率。與此同時，如果採用減輕其副作用的措施，就能夠更快地制止通貨膨脹。措施之一就是收入指數化。弗里德曼認為，收入指數化有兩個功效：第一，能夠抵消物價波動對收入的影響，消除通貨膨脹帶來的收入不平等現象；第二，剝奪各級政府從通貨膨脹中撈取的非法利益，從而杜絕人為製造通貨膨脹的動機。

收入指數化政策也有其缺點，並且不能完全消除通貨膨脹。有否定意見認為，第一，收入指數化政策在實施過程中存在指數選擇的困難，即應該選擇哪一種指數作為制定政策的依據，很難形成統一意見；第二，收入指數化政策會加劇通貨膨脹、引起工資與物價交替上升。

五、其他政策

除了上述較常見的政策之外，還有以下一些反通貨膨脹的措施：

（一）結構調整政策

由於通貨膨脹會因為結構性因素而發生，因此一些經濟學家認為應努力使各產業部門之間保持一定的比例，以避免某些產品特別是一些關鍵性產品因市場供求結構不合理而導致物價上漲。為此，一些經濟學家主張實行微觀的財政政策和貨幣政策去影響供求結構。

微觀的財政政策包括稅收結構政策和公共支出結構政策。前者是指在保證稅收總量一定的情況下，對各種稅率和實施範圍進行調節等；後者是指在保證財政支出一定的情況下，對政府支出的項目及其數額進行調整。

微觀的貨幣政策包括利息率結構和信貸結構政策，旨在通過調整各種利率、各種信貸限額與條件來影響存貸款的結構與總額，鼓勵資金流向生產部門，增加市場供給。

（二）反托拉斯和反壟斷政策

由於通貨膨脹會因為壟斷性工業部門操縱價格而發生，因此就有必要制定反托拉

斯法來限制壟斷高價；或者把某些較大企業分解成較小的企業，以便增加競爭；或者鼓勵消費者成立保障消費者權益的團體，以便增加對物價任意上漲的抵抗力。

(三) 人力政策

人力政策始於 20 世紀 60 年代的美國，主要包括對失業者進行重新訓練和加強就業輔導以提高就業能力、提供就業信息、指導和協助失業者尋找工作、增大就業者的流動性、優先發展勞動密集型技術要求低的部門等，旨在改善勞動力市場的運行，消除其不完全性，促進人力資源的開發，防止勞動力市場的失衡、增加勞動力成本而引發通貨膨脹。

六、改革貨幣制度

如果一國的通貨膨脹已相當嚴重，整個貨幣制度已經處於或接近於崩潰的邊緣，上述種種措施已是杯水車薪，無濟於事了，此時，唯一的選擇便是實行幣制改革，即廢除舊貨幣，發行新貨幣，並同時制定和實施一些為保持新貨幣穩定的政策措施，如緊縮財政支出、控製工資和物價、打擊投機等，以消除舊貨幣流通的混亂局面，重振國民經濟。

抗日戰爭時期，國民黨統治區發生了惡性通貨膨脹。據統計，從法幣開始發行的 1935 年 11 月起到 1948 年 8 月法幣正式宣告全部崩潰為止的 13 年間，法幣的發行額共達 663,694.6 億元。其中 1945 年 8 月至 1948 年 8 月三年間，法幣發行額增長了 119.7 倍，而抗日戰爭期間發行增長了 394.8 倍。這時法幣發行額比抗日戰爭前已增長了 470,705.39 倍，而物價則上漲了 4,927,000 倍。也就是說，這時的法幣實際上已等於廢紙了。

於是，1948 年 8 月，國民黨政府實行了「金圓券」的幣制改革，以應付嚴重的通貨膨脹。幣制改革的內容是：第一，「金圓券」的法定含金量為純金 0.222,17 厘（約合 0.007 克），由中央銀行發行「一圓」「五圓」「十圓」「五十圓」「一百圓」五種面額的「金圓券」。第二，按 1：300 萬的比率收兌法幣黃金、白銀、銀幣和外國幣券，收兌后法幣停止流通。第三，私人不能持有黃金及外匯，限期收兌黃金、白銀、銀幣和外國幣券，並登記人們存放在國外的外匯資產。第四，「金圓券」的發行採取十足準備制，發行準備金必須有 40% 為黃金、白銀和外匯，發行額以 20 億圓為限。第五，物價凍結於 1948 年 8 月 19 日的水平。但事實上，在 3 個月的時間內，「金圓券」的發行額就超過 20 億圓，到 1949 年 5 月 25 日，發行額更增至 60 萬億圓。如果按糧食價格計算，則購買一粒米就要「金圓券」130 圓。國民黨政府發行的法幣 100 圓的購買力：1937 年為兩頭牛，1938 年為一頭牛，1941 年為一頭豬，1943 年為一隻雞，1945 年為一條魚，1946 年為一個雞蛋，1947 年為 1/3 盒火柴，1948 年連一根火柴都買不到了。

七、制度性對策

從各國實踐看，保持物價穩定、防止通貨膨脹已成為各國中央銀行的重要職責。中央銀行制度性防治通貨膨脹的對策主要如下：

（一）加強中央銀行的獨立性與透明度

中央銀行的獨立性一般包括人事、財務和政策三方面的獨立性。中央銀行保持獨立性的最重要原因是為了避免政府對其進行不恰當的行政干預，妨礙中央銀行的行動。從已有研究看，絕大多數的研究結果表明，中央銀行的獨立性強弱與一定時期該國或地區通貨膨脹程度為正相關關係。這為通過加強中央銀行的獨立性來防治通貨膨脹提供了依據。增加政策的透明度主要是指中央銀行應該向社會公眾披露貨幣政策實施的依據、時間、執行情況、貨幣運行結果等相關信息。較高的透明度，有利於社會公眾形成穩定的預期，有助於減少各種不確定性的發生，提高貨幣政策的實施效果。

（二）實施通貨膨脹定標的貨幣政策操作範式

在經歷了通貨膨脹的困擾後，許多國家的中央銀行都把物價穩定作為最主要目標，有的甚至以法律形式確定下來，並嘗試採用新的貨幣政策操作範式。20 世紀 80 年代，新西蘭率先實施通貨膨脹定標操作，向社會公眾公布物價「目標走廊」，接受社會監督，收到了良好的效果。此後，眾多發達國家與發展中國家紛紛效仿。實踐證明此法行之有效。

第五節　通貨緊縮

一、通貨緊縮的實證考察、定義與度量

（一）通貨緊縮的實證考察與定義

儘管在 20 世紀 30 年代以前，世界上很多國家多次發生過通貨緊縮，其中最有影響的是 1866—1896 年發生在美國的長達 30 年的通貨緊縮和 1873—1896 年發生在英國的長達 23 年的通貨緊縮。但是，西方經濟學家對通貨緊縮的研究並不多。只有到了 20 世紀 30 年代世界經濟出現大蕭條後，通貨緊縮才成為經濟學研究的重要課題。然而，第二次世界大戰以後因為很少發生通貨緊縮，相反是持續發生通貨膨脹，所以在 20 世紀 60 年代以後出版的西方經濟學教科書及 20 世紀 80 年代或 20 世紀 90 年代不少流行的宏觀經濟學教程中有專章介紹通貨膨脹理論，卻連通貨緊縮這個名詞都幾乎難以看到，即使有，也只是在論述通貨膨脹時順便提及，而未加以重點分析。20 世紀 90 年代，日本出現了持續的比較嚴重的通貨緊縮（如圖 9-14 所示）。

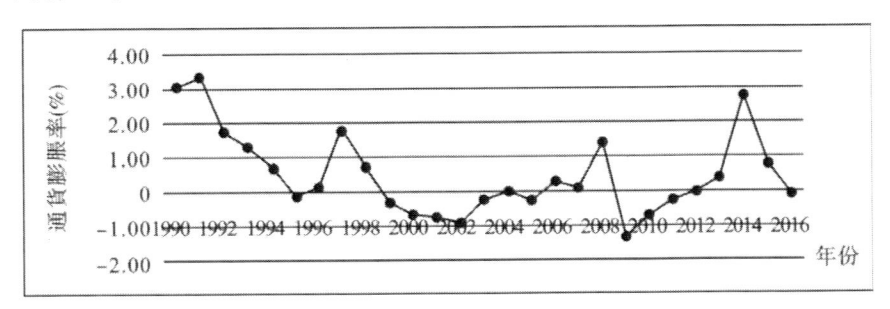

圖 9-14　1990—2016 年日本的通貨膨脹率

數據來源：世界銀行（http://data.worldbank.org.cn/indicator/FP.CPI.TOTL.ZG）。

再后來就是2008年金融危機后世界範圍內大多數國家相繼出現了通貨緊縮，可以從圖9-1「1977—2015年世界通貨膨脹率」和圖9-2「2005—2016年全球通貨膨脹與預測」看出。至此，人們對通貨緊縮的關注才多起來。下面是一些西方經濟學家關於通貨緊縮的定義。

勞埃德·雷諾茲特：通貨緊縮是價格水平的降低。[1]

D.萊德勒：通貨緊縮是一種價格下降和貨幣價值的過程。它是和通貨膨脹相對的。[2]

托賓：通貨緊縮也是一種貨幣現象，它是每單位貨幣的商品價值和商品成本的上升（舉個例子來說，1929—1933年，價格水平平均每年下降6.7%）。[3]

巴羅：通貨緊縮是一般價格水平隨時間而持續下降。[4]

薩繆爾森和諾德豪斯：通貨緊縮是物價總水平的持續下跌。[5]

從上述經濟學家對通貨緊縮的定義，我們可以看出，西方經濟學家對通貨緊縮的解釋類似於對通貨膨脹的定義，是從價格總水平的變化來觀察的，通貨緊縮是指物價總水平的持續下降。

在其判斷標準上，有單要素和多要素之說。前者認為，只要是普遍的、持續的物價下跌就可認為是發生了通貨緊縮；後者認為，只有當物價水平和貨幣供給量持續下降，並伴隨著經濟衰退，才能認為是發生了通貨緊縮。

此外，因為在判斷通貨緊縮時，物價水平是否為負數、下跌的幅度和時間長度上存在不同意見，所以就有一種折中的方法，即將通貨緊縮區分為輕度、中度和重度三種程度。如果物價水平持續下降並轉為負增長的時間在兩年以內，就被稱為輕度通貨緊縮；如果持續時間超過兩年以上而仍未見反轉且物價指數降幅在兩位數以內，則為中度通貨緊縮；如果持續時間超過兩年且物價指數降幅在兩位數以上，則視為嚴重的通貨緊縮。

（二）通貨緊縮的度量

與通貨膨脹同理，通貨緊縮最終也是通過物價水平的下降表現出來的，因此物價總水平的下降幅度也成為度量通貨膨脹程度的主要指標，即仍然可以用消費物價指數、批發物價指數、生產者價格指數和國民（內）生產總值平減指數來衡量。

由於在通貨緊縮的判斷標準上存在不同意見，因此在實踐中，還用以下兩個指標來衡量通貨緊縮的程度：

1. 經濟增長率

因為在實踐中通貨緊縮時往往伴隨著經濟萎縮或衰退，所以可用經濟增長率下降來表示通貨緊縮的程度。但要注意的是，經濟增長率下降並不一定出現通貨緊縮，因為還有其他因素影響經濟增長率。

---

[1] 芬埃德·雷諾茲. 宏觀經濟學 [M]. 馬賓，譯. 北京：商務印書館，1983：216.
[2] D.萊德勒. 新帕爾格雷夫財政金融大辭典：第一卷 [M]. 倫敦：麥克米倫出版社，1992：607.
[3] 格林沃爾德. 經濟學百科全書 [M]. 李湉，等，譯. 北京：中國社會科學出版社，1992：614.
[4] 巴羅. 宏觀經濟學 [M]. 波士頓：麻省理工學院出版社，1997：824.
[5] 薩繆爾森，諾德豪斯. 經濟學 [M]. 16版. 蕭琛，等，譯. 北京：華夏出版社，1999：術語表.

2. 失業率

通貨緊縮伴隨經濟增長率下降，也必然出現失業增加。同樣，失業增加還有其他影響因素。因此，失業率不能單獨用來衡量通貨緊縮，必須有其他指標配合使用。

應用專欄 9-1

工業生產者出廠價格指數及其變化

工業生產者出廠價格指數（Producer Price Index，PPI）是反映某個時期生產領域價格變動情況的重要指標，主要用來衡量工業生產者出廠價格變動趨勢和變動幅度，包含了原油、鐵礦石、鋼鐵等生產資料價格和衣著、耐用品、日用品等生活資料價格。近幾年，PPI 走勢呈現出由持續下行到快速回升的轉折性變化，成為宏觀經濟領域引人關注的現象。從走勢變化看，PPI 同比漲幅自 2012 年 3 月到 2016 年 8 月連續 54 個月運行在負值區間，尤其是在 2014 年 7 月到 2015 年 10 月降幅連續擴大。2015 年 11 月以來，同比 PPI 呈現快速回升態勢，並在 2016 年 9 月結束了連續 54 個月的負增長，從最低時的 -5.9% 回升至 2016 年 12 月的 5.5%。

在 PPI 持續下行和在負值區間運行階段，市場上曾出現關於通貨緊縮風險的擔憂。不過值得注意的是，較 1997—2002 年期間那一輪較為「典型」的通貨緊縮（CPI 和 PPI 走勢一致，共向變化，1998 年、1999 年和 2001 年 CPI 和 PPI 漲幅均為負值，物價水平全面下降），2012 年以後的物價變化則呈現出更為複雜的結構性特徵。一是 PPI 長期在負值區間運行，但 CPI 漲幅一直保持正增長。若再觀察房價變化，情況就更為複雜分化。二是 PPI 與 CPI 之間的缺口明顯擴大。1997—2002 年期間，CPI 與 PPI 之差平均為 1.5 個百分點，但在 2012—2015 年 10 月期間，CPI 與 PPI 之差的均值增大至 4.7 個百分點。有研究發現，勞動年齡人口增長趨緩後勞動力價格剛性的上升、全球大宗商品價格大幅下行以及國內較為突出的產能過剩矛盾等，可以較好地解釋當時 PPI 長期負增長以及 PPI 與 CPI 缺口明顯擴大等現象，相比而言這期間需求變化的影響和衝擊並不很強。由於造成物價漲幅回落的原因是多方面的，在應對上堅持了區別對待、抓住重點、多措並舉、統籌兼顧的原則。對需求面的過快收縮，貨幣政策給予必要的逆週期調節；對由供給改善、成本下降以及產能過剩導致的物價下行壓力，總需求政策則保持一定克制；由於經濟下行壓力主要來自內生增長動力不足，根本上需要通過推動供給側結構性調整和改革，培育和形成新的內生經濟增長動力。

2015 年年末，中央經濟工作會議提出要在適度擴大總需求的同時，推進供給側結構性改革，實施好去產能、去庫存、去槓桿、降成本、補短板五大任務。在供求的共同作用下，PPI 漲幅出現回升。去產能、去庫存步伐加快，有助於從供給端解決產能過剩問題，加快結構調整和優化。同時，房地產銷售逐步回暖，地方政府債務置換力度加大，M1 增速持續回升，總需求企穩並有所回升，PPI 與貨物週轉量、發電量增速變化等相關性較高，也表明由房地產、基建拉動的重化工業回暖可能是推升 PPI 回升的重要原因，PPI 回升後企業加速補庫存又進一步放大了需求。PPI 回升一定程度上反映了去產能取得積極進展、經濟景氣回升，也有助於防止通貨緊縮預期，改善企業利潤。當然也要看到，PPI 回升仍在較大程度上受到房地產、基建和重化工業回升的拉動，企業效益改善尚主要集中在煤炭、鋼鐵、化工等上中遊行業，顯示經濟的結構

性矛盾仍然比較突出。下一階段，應繼續實施穩健中性的貨幣政策，同時繼續加快推進經濟結構調整和改革，激發內生增長活力，促進經濟更加平衡和可持續增長。

資料來源：中國人民銀行貨幣政策分析小組《2016年第一季度中國貨幣政策執行報告》（2017年2月17日）。

二、通貨緊縮的原因

如前所述，通貨膨脹更多是一種貨幣現象，但縱觀世界各國在各時期發生的通貨緊縮，卻更多是由非貨幣因素即實際因素引起的。可以發現導致通貨緊縮發生的原因主要有如下幾種：

（一）有效需求不足

在實體經濟中，如果總需求持續低於總供給，往往就會出現通貨緊縮。因為消費需求、投資需求、政府支出和出口等所構成的總需求不足時，正常的供給就會顯得過剩，價格水平就會下跌，利潤下降，投資就會減少，進而造成通貨緊縮。在經濟發展處於低谷，預期資本邊際收益率下降時，需求不足的結果更甚。

（二）供給過剩

供給過剩，不管是相對過剩，還是絕對過剩，都會造成價格下降的壓力，形成通貨緊縮。各種新發明、新創造、新技術的應用會導致勞動生產率提高，單位商品成本降低或產量增加，生產能力過剩，從而使價格下降。管理創新或融資成本降低等也有助於降低商品成本。這種從供給方面來解釋通貨緊縮形成的觀點常被歸納為重大技術進步論。在經濟繁榮時，這種影響更甚。

（三）緊縮政策

弗里德曼認為，價格水平的變動是貨幣供給量變動的結果。貨幣供給量減少必然導致物價水平下降。一國採取緊縮性貨幣政策與財政政策，減少貨幣發行或壓縮財政支出，會導致貨幣供給不足和需求下降，使部分商品和勞務不能實現其價值，使追加投資無法進行，最終形成通貨緊縮。

（四）金融體系脆弱或效率低下

在某些特定時期，如經濟低谷時，金融機構為了規避金融風險，不願擴大貸款，結果造成信貸萎縮，進而形成通貨緊縮。信貸收縮又會使利率提高，導致投資支出減少，並通過乘數效應抑制總需求，最終使產量和價格雙雙下降。

拓展閱讀

通貨緊縮理論

費雪、凱恩斯、弗里德曼等人的研究都與20世紀30年代的大蕭條有關，而克魯格曼等人的研究則更多的是針對當前世界的情況來探討通貨緊縮的原因、后果以及治理措施。

（一）費雪的債務-通貨緊縮理論

費雪的債務-通貨緊縮理論產生於他對20世紀30年代大蕭條的解釋。該理論至今仍然被大多數的金融危機研究者奉為圭臬。

費雪在1933年發表的《大蕭條的債務-通貨緊縮理論》一文中詳細闡述了這一理論。他提出的債務-通貨緊縮機制（Debt-Deflation）是關於大危機的非貨幣金融解釋

中較早和較成功的一種。他的理論分析是從某個時點經濟體系中存在過度負債這一假設開始的。所謂債務-通貨緊縮機制，是指通貨緊縮導致債務負擔加重，債務人被迫強制清償債務又導致資產價格進一步下降這樣一個惡性循環機制（正如費雪所言的「還得越多欠得越多」）。在這個過程中，信用關係惡化，經濟活動萎縮，於是最初的金融危機就轉化為實質的經濟危機。

按照費雪的敘述，債務-通貨緊縮是這樣發生的：假如在某時刻存在過度負債，很可能就會出現由債務人、債權人的恐慌而導致的債務結算。這種結算會導致如下的因果鏈：清算債務引起抵押品出售（①），清償銀行貸款引起存款貨幣收縮、貨幣流通速度下降（②）。因抵押品出售而加劇的存款量及其流通速度下降，又引起價格水平下降（③），換言之，貨幣升值。若價格水平下降過程沒有受到再通貨膨脹（Reflation）或其他因素干擾，必有企業淨值發生更大的下降（④），破產過程加速以及利潤同樣下降（⑤）。而在「資本主義」，即尋求私人利潤最大化的社會中，將引起營業虧損的焦慮，這會導致生產、交換和雇傭勞動減少（⑥）。而上述虧損、破產和失業又導致悲觀主義和喪失信心（⑦），進而導致窖藏及貨幣流通速度進一步下降（⑧）。以上八種變化導致利率發生複雜的波動（⑨），尤其是名義利率或貨幣利率下降，而實際利率或商品利率上升。

也就是說，依據費雪的觀點，20世紀30年代美國大危機中的大批失業與嚴重的通貨緊縮主要是起因於負債過度，大量資金被用於支付利息，企業的利息負擔加重一方面迫使其舉借新債還舊債，債務累積越來越多，難以償還和解脫；另一方面迫使企業成本與費用升高，這在市場銷售困難的條件下，必然發生虧損，又使企業經濟效率下降，進而喪失了還債的能力。社會上絕大部分企業陷入「債務陷阱」，被縱橫交錯的債務鏈捆住，整個經濟運行便進入惡性循環，市場物價水平不可避免地持續下跌。銀行和企業債務危機→企業經濟效率下降→通貨緊縮，費雪以這種簡明的邏輯清楚地解釋了債務與通貨緊縮是如何導致大蕭條的。

(二) 貨幣主義的理論

以弗里德曼為首的貨幣主義並沒有一個完整的通貨緊縮理論。他們對通貨緊縮的關注和論述，主要表現在以下兩個方面：

其一仍然是與大蕭條有關。弗里德曼和施瓦茨（1963）在其代表作《美國貨幣史：1867—1960年》一書中對大蕭條做出了一個簡明而有力的解釋，即認為是貨幣量的外生性變動造成了空前的災難，也就是說是貨幣方面的原因導致了大蕭條。他們認為，1930年10月至1933年3月發生的銀行危機（共4次）導致貨幣乘數和貨幣數量下降，而美聯儲未能及時地用擴大基礎貨幣供給的辦法抵消上述變動，因此引發了大危機。可見，依據貨幣主義的觀點，通貨緊縮的原因在於貨幣政策的失誤，其例證是在危機期間美聯儲貨幣政策的逆向操作。由於實施緊縮的貨幣政策，貨幣供給大幅減少，使生產和消費支出大幅下降，尤其是當生產支出劇烈下降時，居民實際收入和預期收入也隨之減少，而債務的實際利率有所上升，許多人發現他們已不可能再償還債務了，貨幣總需求出現大幅下降。在這種情況下，通貨緊縮主要是由於貨幣政策緊縮而引起。

其二是在弗里德曼表述貨幣供給變化對經濟運行產生影響的傳導機制中，也包含著從貨幣緊縮到價格下降結果機制的說明，即當貨幣緊縮時，貨幣的邊際收益率上升，人們就會將全部資產和實物資產轉換成貨幣資產，這就可能導致金融資產和實物價格的降低。

但是，弗里德曼也指出，貨幣存量的變動與價格的變動之間的關係雖然十分緊密，但並不是精確的或機械不變的，產量的變動與公眾希望持有的貨幣數量的變動會造成貨幣存量變動與價格變動之間的不一致。而且由於從貨幣存量的變動到價格水平變動之間的傳遞需要一個過程，兩者在時間上也存在不穩定的時間間隔，這種時滯往往又更加難以把握，這樣貨幣存量的變動與價格的變動更加會出現差異。

(三) 凱恩斯的通貨緊縮理論及其發展

凱恩斯的通貨緊縮理論也與大蕭條有關，而美國經濟學家保羅·克魯格曼（Paul R.Krugman）則是結合當代的經濟發展新情況而發展了凱恩斯主義的通貨緊縮理論。

1. 凱恩斯的通貨緊縮理論

凱恩斯在《貨幣改革論》和《勸言集》中，多次提到通貨緊縮，將通貨緊縮的含義表達為價格水平的下降。不僅如此，他還對通貨緊縮的危害進行了透澈的分析。

凱恩斯認為，通貨緊縮將使社會生產活動陷於低落，不論是通貨膨脹還是通貨緊縮，都會造成巨大的損害。兩者都會改變財富在不同階級之間的分配。不過相比而言，通貨膨脹更為嚴重一些。兩者對財富的生產也同樣會產生影響，前者具有過度刺激的作用，而後者具有阻礙的作用，在這一點上，通貨緊縮更具危害性。

然而，作為大蕭條時代的產物，凱恩斯經濟學是以分析和解決失業與通貨緊縮為宗旨的，凱恩斯的《就業、利息和貨幣通論》（以下簡稱《通論》）是論述通貨緊縮的經典之作。他在《通論》中闡述的「有效需求理論」是在直接針對20世紀30年代大蕭條中存在大量非自願性失業和嚴重通貨緊縮提出來的。儘管他在《通論》中更多地使用了「有效需求不足」這樣的術語，但這首先是對大蕭條中失業與通貨緊縮的分析與機理判斷。凱恩斯認為，資本主義經濟之所以會發生世界生產過剩危機，產生失業與嚴重通貨緊縮，根本原因在於社會有效需求不足。也就是說，發生有效需求不足時，物價往往是下降的。而發生有效需求不足的原因在於消費傾向下降導致消費需求不足，資本邊際效率下降導致消費需求不足，資本邊際效率下降導致投資需求不足，流動性偏好增強在減少了流通中的貨幣供給量的同時使利率上升，從而減少有效需求，降低就業水平，增加失業，使物價下降。

從上可見，凱恩斯從資本主義經濟運行層面上如實地概括了社會有效需求不足的成因，進而在一定程度上科學地揭示了大蕭條中通貨緊縮的根本原因。其理論有著顯而易見的政策含義：當經濟衰退時，企業投資低落，可以通過增加政府支出來穩定有效需求，消除失業和通貨緊縮。同時，由於在經濟嚴重衰退時，企業家的利潤預期非常之低，以至於任何正利率都顯得太高，因此通過採用貨幣政策放鬆銀根、降低利率來抑制衰退，效果不會明顯。凱恩斯的理論及政策思路對於我們分析和研究當前的通貨緊縮有著重要的借鑑意義和實用價值。

2. 克魯格曼的通貨緊縮理論

克魯格曼對通貨緊縮的研究可以說是獨樹一幟。他密切結合當代國際經濟發展的

新情況，創造性地發揮與發展了凱恩斯主義，主張推行「激進」的或「反傳統」的貨幣政策主張，形成了一套「新凱恩斯主義」的通貨緊縮理論。克魯格曼的主要思想如下：

第一，當今世界上發生的通貨緊縮不是由供給過剩造成的，而是起因於社會總需求的不足。在這一點上，克魯格曼與凱恩斯的觀點是相似的。而國際上現在最流行的觀點是從供給的角度闡釋通貨緊縮的成因，認為二戰后世界科學技術進步日新月異，新技術、新材料、新工藝不斷湧現，使得全球生產力有了飛速發展，造成了全球性生產過剩，從而引發許多地區和國家發生通貨緊縮，物價水平下降。克魯格曼認為，僅從供給過剩這個角度來解釋通貨緊縮是不夠的，起碼不能說明如下事實：一是總供給的增加造成的物價水平下降，對人類的生活改善和經濟增長都是有利的，而不能認為是有害的；二是僅憑生產過剩這一點尚不足以解釋和證明日本、中國、新加坡、瑞典等國通過增加基礎貨幣投放、擴大政府財政支出等手段來刺激社會總需求。上述情況說明：通貨緊縮並不主要是供給方面「生產過剩」的原因，應該還有需求方面的原因，肯定有什麼因素限制了需求的增加。如果需求相應地增長了，就不會發生大量「生產過剩」，通貨緊縮便不會發生。因此，克魯格曼認為，從日本、中國、新加坡和瑞典等國的實際來看，社會需求不足是當今通貨緊縮形成的根本原因。他特別強調需求不足在不同的國家或在某一個國家的不同時期有著不同的社會制度根源。例如，當前日本經濟面臨的普遍需求不足主要是由人口因素造成的。中國多次降低利率，效果甚微，「流動性陷阱」作用明顯。於是，克魯格曼主張採用非傳統的貨幣政策，即大量印製鈔票，造成一個長達15年之久的4%的通貨膨脹預期，使實際利率為負，以此來刺激投資需求和消費需求。由此可見，克魯格曼對日本、中國、新加坡、瑞典等國的社會有效需求不足原因的解釋並沒有完全超出凱恩斯的「有效需求不足」理論，他仍是用資本邊際效率遞減和消費傾向遞減原理來揭示問題。但把需求不足的成因側重於人口因素的分析上，則是克魯格曼的獨到之處。

第二，通貨緊縮，物價下跌是市場價格機制強制實現經濟均衡的一種必然，更是「流動性陷阱」作用的結果。克魯格曼認為，在信用貨幣的條件下，之所以發生通貨緊縮而傳統的貨幣政策對其無能為力，根本原因在於經濟處於「流動性陷阱」狀態；社會公眾偏好於未來，即使短期名義利率降至很低的程度，甚至為零，儲蓄傾向仍高於投資傾向。要消除儲蓄與投資之間的缺口，只有兩條路可走：一是當前的物價水平下降，使消費增加，儲蓄減少；二是降低名義利率，使投資支出增加。由於名義利率不能為零以下，經濟均衡（總需求與總供給均衡）所需要的負的真實利率難以實現，因而利率機制對經濟活動的調節作用失去效力，這樣通過第二條道路來刺激經濟復甦與增長便行不通了。至此，實現經濟均衡（總需求與總供給均衡）的唯一途徑就是物價水平下跌。這是價格規律強制發揮作用的結果。要走出「流動性陷阱」，不能否定和違背價值規律，而只能遵從價值規律的要求，設法使社會公眾提高投資收益預期和信心，使投資傾向大於儲蓄傾向。

第三，必須對適度通貨膨脹政策的可行性進行研究，克魯格曼主張用「有管理的通貨膨脹」來治理通貨緊縮。

克魯格曼的通貨緊縮理論的缺陷在於過分偏愛「激進的貨幣政策」，而忽視結構的調整與改革，認為結構的調整與改革無助於即期經濟復甦，這無疑有失偏頗。

由上可見，克魯格曼的以「有管理的通貨膨脹」來「治理通貨緊縮」的理論和政策主張既繼承了凱恩斯通貨緊縮理論的某些思想，又結合當代不斷變化的新形勢，提出了自己的獨立見解，從而創造性地發展了凱恩斯的理論。

（四）加利·西林的通貨緊縮理論

加利·西林（A. Gary Shiling）在 1998 年出版的《通貨緊縮》一書中認為是通貨膨脹孕育了通貨緊縮，通貨緊縮具有自我強化性質，政府可以通過採取寬鬆的信貸支持、降低短期利率等一系列措施來治理通貨緊縮。此外，加利·西林還經過比較分析歷史上的通貨緊縮后認為，通貨緊縮是由於物品的普遍過剩造成的，但是有好壞之分。

好的通貨緊縮是新技術的普遍採用、新投資領域的不斷開發和勞動生產率的不斷提高，造成了供給的大規模增加從而導致物價的普遍下跌。同時，由於新技術不斷發明並被用於生產領域，新的投資項目不斷出現，從而新的就業機會不斷增多，人們的收入水平也因之增長，這樣物價下跌便成為增加社會財富、普遍提高人類生活水平的積極因素。相反，壞的通貨緊縮是由於舊技術和舊產品仍然在經濟生活中占統治地位，投資領域不斷縮小，勞動生產率也未能提高，以致舊產品大量過剩，引起物價下跌。同時，物價下跌又引起企業開工不足，導致失業增多，收入水平不斷下降，形成惡性循環。在這種條件下出現的產品過剩和物價水平普遍下降將降低人們的生活水平。

（五）理性預期理論[①]

這種觀點主要是從公眾心理角度，側重於從金融市場微觀主體的預期行為來分析通貨緊縮的原因。G.萊斯特在《通貨膨脹和通貨緊縮的週期》一書中指出，通貨緊縮是經濟週期中的現象，而週期是由心理因素引起的。由於公眾預期的變化，導致銀行業恐慌，銀行由於害怕倒閉而收縮貸款從而導致通貨緊縮。

戴爾蒙德（Diamond）和戴布瑞格（Dybvig）認為，銀行由於各種原因，可能將流動負債投向非流動資產，同時提供私人市場不能提供的有效的風險分擔。但銀行的這種行為亦受到公眾擠兌的威脅，在遭到擠兌時，又非常脆弱。擠兌會由於某些偶然事件而發生，因為理性的存款者為避免銀行倒閉而損失其存款，會爭相把存款兌換為通貨持於手中，使得銀行發生金融危機，貨幣創造功能銳減，造成貨幣供應量急遽下降，引發通貨緊縮。

杰克林（Jacklin）和布哈塔查亞（Bhattachnya）則從信息不對稱的角度來解釋銀行業恐慌而引發的通貨緊縮。他們認為，存款者和銀行對銀行資產的評估存在著信息不對稱。當出現了新的信息，存款者認識到銀行資產的風險增大時，會懷疑某些銀行經營業績低下，有可能知道某些銀行將會失去支付能力但又不可能確切地知道是哪些銀行。為防止損失，理性的儲戶會因避險而到銀行提取存款，通過擠兌引發銀行恐慌，造成大量的貨幣遊離於銀行業之外，貨幣供應量不斷下滑，從而導致通貨緊縮出現。

理性預期理論對於分析通貨緊縮的形成機理、防範和治理都提供了新的觀察角度和分析工具，有其特定的應用價值。

---

① 徐敏生. 通貨緊縮問題研究 [M]. 北京：中國統計出版社，2004：60-62.

三、通貨緊縮的效應

（一）產出效應

縱觀歷史上的通貨緊縮，往往與產出減少、經濟衰退相伴隨，因而常被稱為經濟衰退的加速器。這是因為物價持續下降，其一會使市場銷售困難，生產者利潤減少，投資減緩。通貨緊縮往往伴隨證券市場的萎縮，使企業融資面臨較大困難，企業減產或停產使就業下降，失業增加，經濟增速受抑制。其二會使實際利率提高，加重債務人負擔，還款難度加重，新的信用需求減少。債權收回遇困，使銀行不良貸款增加，風險增大，經營環境惡化，不利於信貸規模擴大，貨幣供給增長減緩，貨幣政策傳導出現困難，進一步加劇通貨緊縮，從而對經濟增長帶來負面影響。其三使貨幣購買力提高。面對不斷下降的物價，人們會增強對物價下降的預期，從而持幣待購，增加當前儲蓄，導致個人消費支出受限，阻礙經濟增長。

（二）財富分配和再分配效應

在通貨緊縮中，實物資產的價值會隨物價水平下降而降低。金融資產中的股票由於其價值取決於市場價格，價格變化取決於多種因素，這樣股票收益在通貨緊縮中較難確定。而現金、存款和債券價值卻會提高。因此，通貨緊縮影響財富分配。

通貨緊縮時就業減少，失業增加，人們的收入水平下降，從而使可支配財富減少。如果說通貨膨脹是通過降低貨幣的購買力影響人們生活水平的話，通貨緊縮則是通過減少人們可支配的社會財富影響人們的生活水平。

四、通貨緊縮的治理

從各國實踐看，針對通貨緊縮採取的防治措施主要如下：

第一，擴大需求政策。這主要是實行適度寬鬆的財政政策與貨幣政策，鼓勵消費、擴大投資、削減稅率，增加政府公共支出和出口，促進產出增加，消除通貨緊縮。

第二，實行產業結構優化升級，開發新的市場需求，提升需求檔次。

第三，合理引導、科學利用預期行為，綜合使用各種工具，防止經濟發生大幅度波動。

第四，健全金融體系，提高金融機構防範金融風險的能力，合理安排信貸資金，支持實體經濟發展。

從上面的分析可以看出，造成通貨緊縮的因素既有貨幣方面的，也有實體經濟內部。各國採取的對策也因而是從貨幣與經濟兩方面入手的。但從實踐來看，正是這種通貨緊縮原因的極其複雜性，從而使得要治理它比治理通貨膨脹更難，收效更慢。這意味著需要我們從更深層次地去認識和研究通貨緊縮的形成原因、形成機理和社會經濟效應，才能提出有效的防範和治理措施。

本章小結

1. 通貨膨脹是指一般物價水平普遍的和持續的上漲過程。
2. 衡量通貨膨脹程度的物價指數有消費物價指數、批發物價指數、生產者價格指數、國民（內）生產總值平減指數等。

3. 通貨膨脹產生的原因多種多樣。其直接原因是高貨幣供給增長率；其深層根源與政府為追求高就業率目標而實施的積極政策有關。由此會形成需求拉動型、成本推動型和供求混合推進型的通貨膨脹。需求拉動型通貨膨脹是由於社會總需求的過度增大，超過了現行價格水平下商品和勞務總供給的增長，致使「過多的貨幣追逐過少的商品和勞務」，從而引起貨幣貶值、物價上漲的經濟現象。成本推動型通貨膨脹是指生產成本上升而引起物價上漲的經濟現象。在現實的經濟生活中，純粹的需求拉動或成本推動的通貨膨脹非常少見，更多是在需求因素和供給因素的共同作用下產生的供求混合推進型的通貨膨脹。結構失衡型通貨膨脹是指在總需求和總供給處於均衡狀態時，由於經濟結構方面的因素變化，引起物價上漲，從而導致通貨膨脹。

4. 關於通貨膨脹的社會經濟效應主要有兩種觀點：促進論和促退論。促進論認為，通貨膨脹可以通過促進閒置資源的利用，或者通過強制儲蓄和提高儲蓄率來促進經濟的增長。促退論認為，通貨膨脹降低了人們儲蓄的意願，增加了短期資本的投機，並且不利於社會公平，從而導致對經濟的不良影響。即使如此，大部分國家的中央銀行把抑制通貨膨脹放在首位。

5. 因通貨膨脹產生的原因不同，採取的治理措施也不一樣。這些措施主要有緊縮政策、收入政策、供給政策、收入指數化政策、結構調整政策、貨幣改革以及加強中央銀行獨立性、實行通貨膨脹定標框架等制度性措施。

6. 西方經濟學家對通貨緊縮的研究沒有對通貨膨脹的研究那樣多。一般將通貨緊縮定義為一般物價總水平的持續下降。其度量指標類似於通貨膨脹。通貨緊縮通常由有效需求不足、供給過剩、緊縮政策、金融體系脆弱與效率低下為起因。通貨緊縮會造成產出的減少與財富的重新分配。通貨緊縮可以採取的防治措施主要是實行適度寬鬆的財政政策與貨幣政策以擴大需求；實行產業結構優化升級；合理引導、科學利用預期行為，綜合使用各種工具；健全金融體系，提高金融機構防範金融風險的能力，合理安排信貸資金，支持實體經濟發展。

重要概念

通貨膨脹　消費物價指數　批發物價指數　生產者價格指數　國民生產總值平減指數
核心通貨膨脹率　需求拉上　成本推進　供求混合推進　強制儲蓄　收入指數化
預期通貨膨脹　工資-價格指導線　通貨緊縮

復習思考題

1. 舉出幾個你知道的通貨膨脹與通貨緊縮的例子。
2. 你知道的最嚴重的通貨膨脹是在世界上哪個國家發生的？其年通貨膨脹率是多少？
3. 哪些因素有可能導致通貨膨脹？其與導致通貨緊縮的因素有何不同？
4. 關於通貨膨脹的社會經濟效應，你有何看法？
5. 分析中國通貨膨脹產生的原因及治理措施。
6. 據你分析，近些年世界是否出現過通貨緊縮？如何判斷？
7. 如何看待通貨緊縮的社會經濟效應？
8. 嘗試分析一些國家的通貨緊縮防治措施。

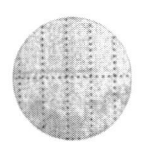

第十章 貨幣政策(一) 目標與工具

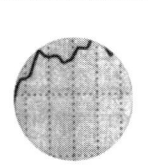

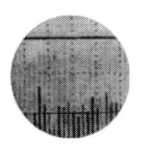

貨幣政策是一國重要的宏觀經濟政策之一，是一國中央銀行對國民經濟實施宏觀調控的重要工具。從實踐來看，貨幣政策一經實施，必然連帶發生一連串諸如貨幣政策如何發生作用、如何有效地控製正確的政策方向以及此項作用是否能有效地影響現實的經濟社會等問題。因此，貨幣政策涉及的內容和範圍既有其所要達到的目標和可運用的手段，又有包括具體運用這些手段的傳導機制、過程和據以進行監測、控製其進度的各種數量指標。一般說來，一項完善的貨幣政策包括最終目標、中間目標、政策工具、傳導機制或作用過程和效果監控或評價。貨幣政策對經濟發生作用，就是通過這五大要素的逐級傳遞關係來實現的。本章主要闡述貨幣政策目標與工具。

第一節　貨幣政策及其目標

一、貨幣政策的含義與特徵

貨幣政策（Monetary Policy）是指一國中央銀行為實現一定的宏觀經濟目標而採取的各種控製和調節貨幣供應量和信用量的方針和措施的總和。貨幣政策通常具有如下基本特徵：

（一）貨幣政策是宏觀經濟政策

貨幣政策是涉及整個國民經濟運行中的貨幣供應量、信用量、利率、匯率以及金融市場等宏觀經濟指標，進而涉及社會總需求與總供給的一項宏觀經濟政策，而不直接涉及單個銀行或企業、個人的金融行為。

（二）貨幣政策是調節社會總需求的政策

任何現實的社會總需求，都是一種有貨幣支付能力的需求，貨幣政策調節宏觀經濟是通過調整社會總需求而實現的。貨幣政策通過對社會總需求的調整間接地影響社會總供給的變動，從而促進社會總需求與總供給的平衡。

（三）貨幣政策是以間接調控為主的政策

貨幣政策主要採用經濟手段和法律措施，通過調整經濟當事人的經濟行為實施間接調控。只是在特定的經濟和金融環境下，才採取必要的直接控製措施。

（四）貨幣政策是長期目標和短期目標相結合的經濟政策

貨幣政策的最終目標是一種長期性的政策目標，而特定時期、特定條件下的貨幣政策卻總是短期性的，不斷變動的，但與最終目標是一致的。

實施合理的貨幣政策對於經濟健康運行至關重要。過度擴張的貨幣政策將會導致較高的通貨膨脹水平，導致經濟運行效率的下降，從而阻礙經濟增長。過於緊縮的貨幣政策將會產生嚴重的經濟衰退，造成產出水平的下降和失業率的上升，還可能導致通貨緊縮，即價格總水平的持續下降。

二、貨幣政策的目標

貨幣政策目標是指中央銀行採取管制貨幣信用行為所要達到的目標。按時空和金

融調控方式的不同要求，貨幣政策目標有不同的層次、由最終目標和中間目標組成。

(一) 最終目標

貨幣政策的最終目標是中央銀行在一定時期內長期相對穩定、最終所要達到的目標。由於宏觀經濟政策目標在不同的國家以及在同一國家的不同經濟發展時期都是不同的，這就決定了貨幣政策的最終目標也因時因地而異。至於在某一時期應側重哪一個或哪幾個目標，則與當時出現的社會經濟問題相關聯。換言之，貨幣政策最終目標的選擇依據應該是當時的社會經濟急需解決的、人們最為關心的經濟問題。

貨幣政策的最終目標的形成經歷了一個逐步演化擴展的過程，是經濟的發展對貨幣當局提出的客觀要求的反映。發展至今，概括起來，貨幣政策的最終目標有四個：穩定物價、充分就業、經濟增長、國際收支平衡。

1. 物價穩定

在過去的幾十年裡，各國政策制定者越來越意識到通貨膨脹與通貨緊縮的社會成本和經濟成本，並且更加關注將穩定物價水平作為政策的一個目標。事實上，物價穩定越來越被視為最重要的貨幣政策目標。所謂物價穩定，就是防止物價水平發生顯著的大幅度的波動，即保持低且穩定的通貨膨脹水平。

從當代來說，因為各國普遍實行不兌現的信用貨幣制度，貨幣制度本身已不再存在那種諸如金幣本位制下黃金的自動調節功能，因此維持貨幣價值的穩定成為各國經濟政策的主要目標。但是，各國政府都希望經濟發展。如果過於追求經濟的發展速度，就可能導致政府以開動印鈔機的方式來謀求其目標。然而，紙幣又具有一經投入流通就滯留在流通中的特性，因此相對來說比較容易出現物價上漲的情況。我們看到的貨幣政策穩定物價水平的實踐主要是解決物價水平的上漲問題。然而，20世紀90年代，日本較早出現了通貨緊縮，后來相繼有很多國家（比如在2008年金融危機后）也陷入不同程度的通貨緊縮，使貨幣政策穩定物價水平的實踐開始對物價水平下降問題加以關注與解決。

我們之所以希望物價保持穩定，是因為持續上升或下降的物價水平會增加經濟生活中的不確定性，而這一不確定性可能會阻礙經濟增長。例如，當整體物價水平不斷變動時，商品和勞務的價格所傳遞的信息就更加難以解釋，從而使消費者、企業和政府的決策更加錯綜複雜，並且可能會導致金融體系的低效率。目前已經得到證明，惡性通貨膨脹或通貨緊縮都會對經濟運行帶來巨大的損害。

按照現在西方流行的通貨膨脹屬性標準，年通貨膨脹率在3%以下，就可視為低度通貨膨脹。這也可作為物價穩定的數量界限。至於在具體執行時，各國中央銀行的要求不盡相同，一般都根據各個時期的政治經濟環境變通地加以確定。例如，在美國，1964年通貨膨脹率的控制指標是2%以下，而到了20世紀70年代，實際通貨膨脹率已達兩位數，於是美聯儲不得以將目標上限提高至7%。而在歐盟內部，為了保證歐元啟動后就具有穩定性，《馬斯特里赫特條約》及其相關的議定書對申請加入歐洲經濟和貨幣聯盟（EMU）第三階段的成員國規定了經濟和金融狀況的趨同標準，即加入歐元區必須具備的四個條件，其中列於首位的要求是具有高度穩定的物價，即直到1998年3月連續12個月的通貨膨脹率不超過物價最穩定的三個成員國的平均通貨膨脹率

的 1.5%。

2. 充分就業

由於高失業率會給很多人帶來苦難，而且如果經濟中既有賦閒的工人，又有閒置的資源（關閉的工廠和閒置的設備），就會導致產出的損失（較低的國內生產總值）。因此，很明顯，高就業率是令人向往的，最好的情況當然是沒有失業者。以失業人數與願意就業的勞動力或整個社會的勞動力之比，即失業率來表示，則最好是該比率為零。然而，這只是理想狀態。原因是在一個動態的經濟中，由於科學技術的發展、行業的更替、勞動力本身擁有的技術與新興行業的技術要求不相適應等，就難免有「摩擦性失業」[1]（Frictional Unemployment）和「自願失業」[2] 存在，甚至還會出現失業與空位並存的局面。失業人員要經歷一段時期的學習或等待后才能找到新的職位。工人決定暫時離開工作崗位去從事其他活動（撫養子女、旅行、返校學習）。此外，經濟的發展也需要一定的失業人員作為勞動力后備，在客觀上也要求中央銀行只能確定一個反映近似充分就業的失業率界限。

但是就業率多高才算是充分就業呢？對此，經濟學家也是各持己見。有的認為失業率應低於5%，也有的認為失業率應在2%或3%以下。20 世紀60 年代末，弗里德曼等人提出了「自然失業率」（Natural Rate of Unemployment）的概念。他們認為，資本主義經濟在任何時候都存在著與實際工資相適應的某種均衡失業水平，即存在著所謂的自然失業率。政府可以充分發揮市場競爭的作用來降低自然失業率，但不可能用調節需求的貨幣政策來使實際失業率降低到自然失業率之下。因此，貨幣政策的充分就業目標只能確定為將實際失業率降低至自然失業率的水平。目前對自然失業率的合理估計在4.5%~6%，但是這一估計值也存在著很大的不確定性和爭議。例如，政府適當的政策，提供更多關於空缺職位的信息和職業培訓方案可能會降低自然失業率水平。現在西方經濟學家較為流行的看法是，工廠開工率不低於96%，也就是說，包括機器、設備、工人在內的廣義失業率不超過4%，就可大體認為是充分就業狀態了。實際上，各國政府也是根據不同時期的政治經濟形勢而加以靈活確定失業率的標準的。

米什金提出高就業率目標可以用另一種方式來思考。因為失業率水平與該經濟體的經濟活動水平相聯繫，在自然失業率時產生一個特定的產出水平，被稱為自然產出率（Natural Rate of Output），通常稱為潛在產出（Potential Output）[3]。

3. 經濟增長

穩定的經濟增長目標與高就業率目標緊密相關，因為當失業率低的時候，企業更願意進行資產設備的投資以提高生產率和促進經濟增長。相反，如果失業率很高，工

---

[1] 艾奇安，克萊茵. 論通貨膨脹的正確測度 [J]. 貨幣、信用與銀行雜誌, 1973 (5)：173-191.

[2] 西方經濟學家認為，充分就業並不是社會勞動力的100%就業，而應該把通常存在著的兩種失業排斥在外。一是摩擦性失業，即由於短期內勞動力的供求失調，難以避免的摩擦而造成的失業。二是自願失業，即工人不願意接受現行的工資水平而造成的失業。這兩種失業的存在是任何社會經濟制度下都難以避免的，但是在社會中所占的比重非常小。凱恩斯學派認為，社會經濟中除了摩擦性失業和自願失業之外，還存在著非自願失業，即勞動者願意接受現行的工資水平和工作條件，但仍然找不到工作，即對勞動力的需求不足而造成的失業。只要消除了非自願失業，社會就能實現充分就業。

[3] 弗雷德里克·S.米什金. 貨幣金融學 [M]. 蔣先玲，等，譯. 北京：機械工業出版社, 2016：369.

廠閒置，企業再把錢投資在新廠房和新設備上就得不償失了。

至於貨幣政策應當追求多高的經濟增長速度，西方經濟學家沒有得出一個具體控制指標。因為經濟增長受生產力各要素，如勞動力、土地、資源、資金來源等的制約，貨幣政策對這些因素的控制是心有餘而力不足，只能對資源的合理配置產生一定的積極效果，對社會的投資率和儲蓄率有直接的影響。除此以外，貨幣政策對勞動力及土地的運用卻缺乏積極且直接的影響力。經濟增長過程中產生的空氣、水質的污染，影響了人類生存條件，應當算成負增長，但這同樣是難以測定的。因此，經濟增長率很難具體確定。即使是弗里德曼也認為，在一個自由的社會裡，不能事先斷定經濟增長率為多少，也不能說增長率高就比經濟增長率低好。他的意思是，只要經濟增長能夠提高社會公眾的幹勁，使社會資源得到充分的利用，那麼這個經濟增長率就是合理的、適度的。經濟學家多馬通過經濟增長模型測算出一個國家至少能夠實現3%~4%的經濟增長率。然而，這些都僅僅是理論的分析與見解。實際上，各國政府為了政治、經濟和軍事上的需要，總是力求實現一定速度的經濟增長，具體要求則視各個時期的政治、經濟形勢而定。

在現實經濟社會裡，大多數國家衡量經濟增長的指標一般採用人均國內生產總值的增長率。實際上，作為中央銀行的貨幣政策來說，則更多地只能通過創造一個適宜於經濟增長的貨幣金融環境，以促進經濟增長。

4. 國際收支平衡

國際收支既是一國國民經濟的一個重要組成部分，反映該國經濟結構的性質、經濟活動的範圍和經濟發展的趨勢，同時又反映一國對外經濟活動的規模和特點以及該國在世界經濟中所處的地位和所起的作用。一國的國際收支是一國同其他國家之間在一定時期（通常為一年）全部經濟交往的貨幣價值記錄，它通過經常帳戶、資本帳戶和黃金帳戶來反映一國商品、勞務、利息、長短期投資和黃金的流入流出情況。由於黃金通常是作為國際結算的最后手段，因此國際收支平衡主要是指經常帳戶和資本帳戶的收支平衡。而這兩個帳戶的平衡與否主要反映在國家外匯和黃金儲備數量的是否變動上。一國國際收支如果出現失衡，無論是順差或逆差，都會對本國經濟造成不利影響。國際收支平衡實際上是指一國對其他國家的全部貨幣收入和貨幣支出持平或略有順差、略有逆差。

此外，當中央銀行討論貨幣政策目標時，總是還會不斷地提到金融市場穩定、利率穩定和外匯市場穩定等目標。

(二) 最終目標的權衡與取舍

雖然貨幣政策所要追求的目標有多個，而且中央銀行通常宣稱要以某種貨幣政策同時實現兩個以上的目標。但是，事實上若干貨幣政策目標彼此間相互存在著矛盾和衝突，在短期內，要以某項貨幣政策工具實現一項目標，常會干擾其他目標的運作，甚至導致該目標情況的惡化。因此，雖然我們不能不承認若干目標間也存在著互補性，比如充分就業與經濟增長可齊頭並進、相互支持，但是我們也不能短期內忽視貨幣政策目標衝突性的存在，比如穩定物價與充分就業的衝突。最先在理論上總結、分析穩定物價與充分就業方面矛盾的經濟學家是威廉・菲利普斯（Willian Phillips）。根據他

提出的菲利普斯曲線（見圖10-1），通貨膨脹率和失業率成反比函數關係。換句話說，為維持物價的穩定，降低通貨膨脹，那就得犧牲失業率，允許失業的一定程度的上升；若要實現充分就業，必然要以犧牲若干程度的物價穩定作為代價。這種矛盾性就成為1960年以來著名的目標抉擇（Trade-off）。由於經濟增長與充分就業之間存在著一致性，因此穩定物價與充分就業之間的矛盾也表現或反映了穩定物價與經濟增長之間的矛盾。從各國經濟發展的歷史經驗看，當經濟增長水平較高且失業率較低時，物價水平卻常常出現上漲。在一定時期若以物價穩定為目標，卻往往要以經濟增長損失或某種程度的失業率為代價。穩定物價與經濟增長和充分就業之間存在著矛盾，在一定條件下是毋庸置疑的。

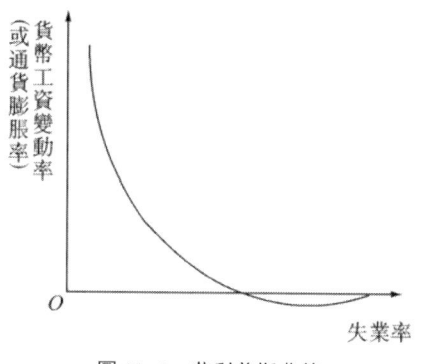

圖10-1　菲利普斯曲線

如何在這些衝突中做出最佳選擇，是各國金融當局所要面對的重要問題，也因此長期存在著激烈的爭論，無法實現完全的統一。各國在貨幣政策最終目標選擇的方式方法上都存在著差異，一般有雙重使命與層級使命兩種模式。

1. 雙重使命

要求同時實現兩個平等的目標——物價穩定和充分就業（產出穩定）的模式被稱為雙重使命模式（Dual Mandate）或雙重目標論。例如，中國人民銀行貨幣政策的目標在1995年以前是「穩定幣值，發展經濟」。又如，法律規定的美國聯邦儲備體系的任務是聯邦儲備理事會和聯邦公開市場委員會應保持貨幣和信貸總量的長期增長與經濟的長期潛在產出增長水平相一致，以便有效地實現充分就業、物價穩定以及適度的長期利率等目標。在具體操作上，這種模式更多地進行相機抉擇，即根據具體經濟情況機動地決定和選擇。由於各國的經濟情況不同，在一個時期內，通常選擇一個或兩個目標作為優先目標，以解決面臨的重大問題。

2. 層級使命

長期來看，物價穩定對於經濟的長期健康發展至關重要，會促使經濟增長、就業增加以及金融和利率的穩定。將物價穩定這一目標放在首要位置，只有在物價穩定實現的前提下，才會去追求其他政策目標的實現，這類目標模式被稱為層級使命模式（Hierarchical Mandate）或單一目標論。這種模式明確指出物價穩定應該是中央銀行首要的長期目標。它是控製諸如英格蘭銀行、加拿大銀行、新西蘭儲備銀行以及歐洲中央銀行等中央銀行行為的官方指導性原則。例如，創建歐洲中央銀行的《馬斯特里赫

特條約》明確指出：歐洲中央銀行體系的首要目標應是保持物價穩定。在不影響物價穩定這一目標的前提下，歐洲中央銀行體系應支持區域內的總體經濟政策。其中包括高就業水平、可持續和無通貨膨脹的增長等政策目標。又如，1995年通過的《中華人民共和國中國人民銀行法》明確規定中國貨幣政策的最終目標是保持貨幣幣值的穩定，並以此促進經濟增長，採用的是單一穩定幣值的目標。但是，中國理論界對於中國貨幣政策應選擇怎樣的目標問題，一直存在著爭論。

3. 物價穩定應該是貨幣政策的首要目標嗎？

在實踐中，上述兩種模式之間的差別往往很大，因為公眾和政治家可能認為層級使命模式過分強調控製通貨膨脹，而對穩定產出水平相對重視不足。

由於低而穩定的通貨膨脹率可以促進經濟增長，中央銀行已經認識到物價穩定應該是貨幣政策首要的長期目標。然而，由於產出波動也應該是貨幣政策關注的對象，因此物價穩定只應被視為長期的首要目標。試圖在短期內保持相同的通脹水平而忽視外部條件，可能會導致產出的過度波動。

只要將物價穩定作為一個長期目標而非短期目標，中央銀行就可以允許通貨膨脹率在短期內偏離其長期目標而專注於減少產出的波動，這樣中央銀行就可以在雙重使命模式下運行了。但是，如果雙重使命模式下中央銀行實施旨在增加產量和就業機會的短期擴張性政策，而完全忽視通貨膨脹的長期后果，其結果實際上是顧此失彼。中國1987—1988年、1992—1994年的比較嚴重的通貨膨脹就證明了這一點。擔心雙重使命模式可能會導致過度擴張性政策，使中央銀行的決策者往往偏向於採用層級使命模式的一個關鍵原因，在這一模式下追求物價穩定居於優先地位。對於中央銀行來說，選擇哪種類型的任務模式更好最終取決於實踐中該模式將如何運作的種種細微之處。只要把物價穩定作為長期而非短期內的首要目標，無論哪種類型的任務模式都是可以接受的。

實際上，在具體操作上，也有如下做法：根據「臨界點原理」選擇，即結合本國社會對某一問題所能承受的限度，找出臨界點來選擇貨幣政策最終目標。臨界點的理論依據是菲利普斯曲線。在制定貨幣政策時，尋找社會可接受的失業率和通貨膨脹率。政府和中央銀行可根據菲利普斯曲線表示的關係來對經濟進行調節。或採取輪番突出，即根據不同時期的經濟狀況，輪番採取不同類型的貨幣政策，以實現其政策目標。這是當前各國較為常用的方法。由於中央銀行不論採用信用擴張政策抑或信用緊縮政策，對經濟過程的影響都是矛盾的，因此中央銀行只能根據不同時期的特點，採取信用擴張或信用緊縮交替使用的辦法來實現貨幣政策目標。一般情況是，在經濟衰退時期，刺激經濟增長，維持就業就成為主要目標，於是就應選擇信用擴張的貨幣政策；在經濟高漲時期，穩定物價和國際收支平衡則成為主要政策目標，於是就應選擇信用緊縮的貨幣政策。

第二次世界大戰后，西方各國中央銀行根據本國的具體情況，在不同的時期對貨幣政策的最終目標有不同的選擇：或選擇單一目標，或選擇多重目標，但不同的時期有不同的側重點（見表10-1）。

表 10-1　　　　　　　第二次世界大戰后西方各國貨幣政策最終目標選擇比較

國別	20 世紀 50~60 年代	20 世紀 70~80 年代	20 世紀 90 年代后
美國	以充分就業為主	以穩定貨幣為主	以反通貨膨脹為唯一目標
英國	以充分就業兼顧國際收支平衡為主	以穩定貨幣為主	以反通貨膨脹為唯一目標
加拿大	充分就業、經濟增長	以物價穩定為主	以反通貨膨脹為唯一目標
德國	以穩定通貨、兼顧對外收支平衡為主		
日本	對外收支平衡、物價穩定	物價穩定、對外收支平衡	
義大利	經濟增長、充分就業	貨幣穩定兼顧國際收支平衡	

從表 10-1 可見，西方各國第二次世界大戰后貨幣政策的最終目標有所不同，而且同一個國家在不同時期都發生了很大的變化。這主要源於各國面臨的歷史背景、經濟形勢和任務、政府和中央銀行所奉行的理論各異。也可以看出，對貨幣政策目標應以穩定貨幣為主，只有在穩定貨幣的前提下才能有經濟的較快增長已形成共識。

二、貨幣政策中間目標：操作目標與仲介目標

(一) 為什麼要有中間目標

中間目標是中央銀行為了實現貨幣政策最終目標而設置的可供觀測和調整的中間性或傳導性的金融變量。為什麼要建立貨幣政策的中間目標呢？

首先，從總體來說，在宏觀經濟政策中，貨幣政策對宏觀經濟的間接調控的傳遞過程具有時間上的漫長性和空間上的複雜性。具體表現在如下兩方面：其一，在空間上，貨幣政策必須通過金融市場才能發揮作用。這就意味著，貨幣政策的傳導過程較其他政策要複雜得多。由於參與金融市場的經濟主體種類繁多，影響其行為的因素錯綜複雜，這就使得金融市場上非政府所能控制的各項變量對貨幣政策的干擾和影響往往難以預料，從而使貨幣政策具有很大的不確定性。其二，與此相對應，在時間上，貨幣政策必須經過相當長時間的「時滯」才能發揮作用。也就是說，從貨幣政策開始啟動到最終目標發生變化為止（如物價變動、經濟增長率和失業率變動），需要一個相當長的「時間差」。一般說來，西方國家貨幣政策「時間差」都在 9~12 個月。如果等貨幣政策最終目標發生變化再來調整貨幣政策工具，那麼有可能已經時過境遷了。這樣，在跟蹤目標和校正工具過程中，就會使中央銀行陷於十分被動的境地，不能有效地使貨幣政策達到理想的境界。

其次，貨幣政策不可能「畢其功於一役」，而只能演進為一條由許多個拐點組成的漸近線。貨幣政策目標不可能一蹴而就或徑情直遂，但是它有可能逐漸逼近最終目標。有效地檢測這種逼近的程度和方向，一是可以體現市場信息的反饋，靈敏地透視最終目標能否實現及其實現程度；二是可以為實現宏觀經濟的間接調控提供優越的「參照系」，既可執行事前監督，防患於未然，又可進行事後調整，易策於中途；三是可以借此縮短最終目標在決策心理和社會心理上的遙遠感，從而不斷地激發起創新和拓展的內在動力。為此，各國中央銀行都設置一些能夠在短期內顯現出來，並可與貨幣政策最終目標高度相關的指標，作為調整貨幣政策工具時用於觀測和控制的標的。

概括起來，貨幣政策中間目標的作用主要有三：第一，表明貨幣政策實施進度；第二，為中央銀行提供一個追蹤的指標；第三，便於中央銀行隨時調整貨幣政策。

(二) 中間目標選擇的標準

中間目標的選取通常認為主要符合三個標準，即可控性、可測性和相關性。

1. 可控性

可控性，即用作中間目標的變量要能為中央銀行的各種貨幣政策工具有效地控製和調節。如果中央銀行不能夠控製這個變量，即使知道它已經偏離軌道也無濟於事，因為中央銀行沒有辦法使它重新回到正確的道路上來。

2. 可測性

可測性，即用作中間目標的金融變量必須要有明確和穩定的內涵和外延，信息易得並能量度。這種可測性，應當包括準確與迅速兩個層次。所謂準確，就是該金融變量的含義要明，不允許有多種似是而非的解釋。它的變動要能比較準確地反映貨幣政策的貫徹情況，不受或少受非貨幣政策因素的干擾，避免造成假象，引起貨幣政策的失誤。所謂迅速，就是該金融變量的數據資料等信息要容易收集，時間要快，週期要短，以便中央銀行及時分析、觀察和監測。

3. 相關性

相關性，即用作中間目標的金融變量必須與貨幣政策的最終目標高度相關。只有兩者存在穩定的關係，才能被當成貨幣政策的監測標準，才能使中央銀行據以判斷最終目標的變化情況及其趨勢，才能實現貨幣政策的最終目標。由於對任何中間目標而言，其影響最終目標的能力是十分關鍵的，因此對準備金或者貨幣總量同最終目標（產出、就業和物價水平）之間聯繫的緊密程度，或者利率同這些目標之間聯繫的緊密程度，人們討論得很多。近年來，大多數中央銀行發現，利率和最終目標（如通貨膨脹）之間聯繫的緊密程度高於總量的通貨膨脹之間的聯繫。出於這個原因，全世界的中央銀行現在一般採用短期利率作為其中間目標。

(三) 中間目標的種類與選擇

作為貨幣政策的傳遞媒介，中間目標[1]從時間序列和傳遞層次上可進行一級與二級之分，即遠期目標和近期目標之分。前者指受貨幣政策工具間接衝擊、距最終目標較近的中間目標，又稱戰術目標或仲介目標（米什金稱之為仲介指標）；後者指受貨幣政策工具直接衝擊、距最終目標較遠的中間目標，又稱操作目標，更著重於監控遠期目標的實現（米什金稱之為政策工具）。貨幣政策工具、操作目標、仲介目標以及最終目標之間的關係可以用圖10-2描述出來。

---

[1] 弗雷德里克‧S.米什金是這樣表述的：政策工具（Policy Instrument）也稱為操作工具（Operating Instrument）是一種能夠對中央銀行工具做出反應並且能夠表明貨幣政策立場（寬鬆或緊縮）的變量。諸如聯邦儲備體系之類的中央銀行擁有兩種基本類型的政策工具：準備金總量（準備金、非借入準備金、基礎貨幣以及非借入基礎貨幣）和利率（聯邦基金利率或者其他短期利率）。政策工具與仲介指標（Intermediate Target），比如貨幣供應總量（M2）或者長期利率相聯繫。仲介指標位於政策工具和貨幣政策目標（比如物價穩定、產出增長）之間；它們不受貨幣政策工具的直接影響，但是卻與貨幣政策目標具有更加緊密的聯繫。（弗雷德里克‧S.米什金. 貨幣金融學 [M]. 蔣先玲，等，譯. 北京：機械工業出版社，2016：384.）

```
┌─────────────┐  ┌─────────────┐  ┌─────────┐  ┌─────────┐
│ 貨幣政策工具 │  │  操作目標   │  │ 中介目標 │  │ 最終目標 │
├─────────────┤  ├─────────────┤  ├─────────┤  ├─────────┤
│ 公開市場操作│  │準備金總量(存款│  │         │  │物價穩定 │
│ 貼現政策    │→ │準備金、超額準│→ │貨幣總量 │→ │充分就業 │
│ 法定存款準備│  │備金、非借入準│  │(M1、M2) │  │經濟增長 │
│ 金率        │  │備金、基礎貨幣│  │利率(短期│  │國際收支平衡│
│ 準備金支付利│  │、非借入基礎貨│  │和長期)  │  │金融市場穩定│
│ 息          │  │幣)          │  │         │  │利率穩定 │
│ 大規模資產購│  │利率(短期利率│  │         │  │外匯市場穩定│
│ 買          │  │,如聯邦基金利│  │         │  │         │
│ 前瞻性指導  │  │率)          │  │         │  │         │
└─────────────┘  └─────────────┘  └─────────┘  └─────────┘
```

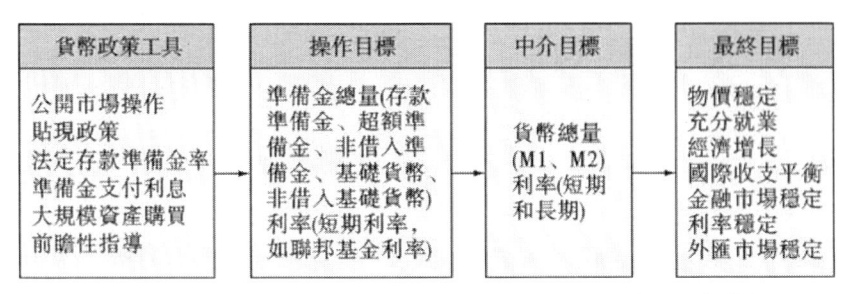

圖 10-2 貨幣政策工具、操作目標、仲介目標以及最終目標之間的關係

1. 操作目標

(1) 超額準備金。中央銀行以超額準備金作為貨幣政策的中間目標,其主要原因是無論中央銀行運用何種政策工具,必先行改變商業銀行的超額準備金,之後對最終目標產生影響。因此可以說,變動超額準備金是貨幣政策傳導的必由之路。由於超額準備金對商業銀行的資產業務規模有直接決定作用,因此商業銀行超額準備金增加被認為貨幣市場銀根放鬆,準備金減少則意味著市場銀根緊縮。

(2) 基礎貨幣。基礎貨幣也被稱為強力貨幣或高能貨幣,這表明了其在貨幣供應量創造中的主要作用。基礎貨幣是商業銀行的存款準備金和流通中的現金之和,構成了貨幣供應量多倍擴張和收縮的基礎。作為變量指標,基礎貨幣符合中間目標的幾個標準。首先,從可測性來看,基礎貨幣表現為中央銀行的負債,其數額多少隨時反映在中央銀行的資產負債表上,中央銀行很容易掌握這些資料。其次,向社會注入的現金量中央銀行是可以直接控製的;金融機構的存款準備金則取決於中央銀行的再貼現和再貸款以及法定存款準備金比率水平,有較強的可控性。最后,根據貨幣乘數理論,基礎貨幣與貨幣乘數的乘積構成貨幣供應量,因此基礎貨幣與貨幣供應量為明顯的正相關關係。

2. 仲介目標

(1) 利率。利率之所以成為貨幣政策仲介目標,是因為利率不但能夠反映貨幣與信貸的供給狀態,而且能夠表現供給與需求的相對變化。當經濟增長時,對信貸的需求量就會增加,利率水平相應地就會提高;反之,當經濟停滯或下降時,對信貸的需求就會減少,利率水平又會相應下降。這樣中央銀行可以根據利率的升降變化,確定對社會的貨幣供應量,擴大或收縮銀根,以適應經濟的發展。中央銀行可以通過變動利率水平來調節經濟。當貨幣供給過多引致通貨膨脹時,中央銀行可以通過提高利率緊縮銀根,穩定幣值與物價;而當經濟不景氣時,中央銀行可以通過降低利率,刺激需求,刺激經濟的增長。

(2) 貨幣供應量。以弗里德曼為代表的現代貨幣主義認為,應該選擇貨幣供應量或其變動率作為貨幣政策仲介目標。其主要理由是:首先,貨幣供應量的變動能直接影響經濟活動。其次,貨幣供應量增減變動能夠為中央銀行所直接控製。最后,貨幣供應量與貨幣政策關係密切。增加貨幣供應量,表示中央銀行實施寬鬆的貨幣政策;減少貨幣供應量,則表示中央銀行實施緊縮的貨幣政策。

第二次世界大戰后西方各國貨幣政策仲介目標的變化(見表 10-2)呈現出明確的

階段性，並且呈相同趨勢，但控製指標各有側重。

表 10-2　　　　第二次世界大戰后西方各國貨幣政策仲介目標選擇比較

國別	20世紀50~60年代	20世紀70~80年代	20世紀90年代后
美國	以利率為主	先以 M1 為主后改為以 M2 為主	放棄以貨幣供應量為仲介目標，在政策實施上監測更多的變量，但主要以利率、匯率等價格型變量為主
英國	以利率為主	先以 M3 為主后改為以 M0 為主	
加拿大	先以信用總額為主，后改為以信用條件為主	先以 M1 為主后改為以一系列「信息變量」為主（主要是 M2 和 M2+）	
德國	商業銀行的自由流動準備	先以中央銀行貨幣量 CBM 為主，后改為以 M3 為主	
日本	民間的貸款增加額	M2+存款證書（CD）	
義大利	以利率為主	國內信用總量	

應用專欄 10-1
資產價格、貨幣政策與住房金融宏觀審慎政策

關於貨幣政策與資產價格的關係一直存在爭論。本輪國際金融危機前相對主流的觀點認為，貨幣政策不應關注資產價格，除非資產價格變動會影響到通貨膨脹預期，央行只是在泡沫破滅后履行最后貸款人職責，維護市場穩定，即所謂的事后清理（Mop up After）。當然也有觀點認為，當存在資產價格泡沫跡象等金融穩定風險時，央行宜採用比維持價格穩定所需更緊一些的貨幣政策，以避免風險積聚，也就是所謂的逆風干預（Lean Against the Wind）。

本輪國際金融危機揭示出全球經濟的新特徵對宏觀政策的挑戰，經濟學界對貨幣政策與資產價格的關係有了更進一步的認識。從全球來看，近年來房地產市場的重要性不斷上升，發達國家財富增量中房地產占絕大多數，在財富總量中房地產的占比也超過一半，大多數信貸也投向房地產。在此背景下，一方面，房地產價格變動會對經濟和金融穩定產生較大影響，即使 CPI 保持基本穩定，房地產市場、金融市場波動仍可能較大；另一方面，傳統上作為總量政策的貨幣政策也可能會產生比較明顯的結構效應。國際上有研究顯示，雖然貨幣政策目標是保持宏觀經濟穩定，但宏觀經濟狀況會對分配結果產生間接影響，由於微觀經濟主體存在非同質性，貨幣政策還可能通過影響收益率曲線和資產價格產生更直接的收入和財富分配效應。

為應對資產價格對金融穩定的影響，一個重要手段就是強化宏觀審慎政策框架，有針對性地防範房地產金融市場可能形成的系統性風險。從各國實踐看，房地產市場的宏觀審慎政策工具主要有針對房地產的資本充足率（Sectoral Capital Requirements, SCR）、貸款價值比（Loan-To-Value Ratio, LTV）和債務收入比（Debt Service-To-Income Ratio, DTI）等。其中，SCR 作用於銀行部門，DTI 作用於借款人部門，而 LTV 則對兩者都起作用。國際上多項實證研究表明，儘管在不同經濟週期階段，不同工具效果存在差異，但總體看宏觀審慎政策工具有助於抑制房地產週期波動。

當然僅依靠宏觀審慎政策，可能還不足以抑制資產泡沫。宏觀審慎政策作為新生事物，尚有一個逐步完善的過程。國際貨幣基金組織（IMF）研究也指出，由於存在

金融市場摩擦和各種約束條件，單靠某一項政策很難達到完美效果，貨幣政策和宏觀審慎政策的協調配合有助於提高調控有效性。貨幣政策可以通過影響經濟主體關於槓桿率、資產負債總量和結構的決策對資產價格乃至金融穩定產生一定影響。穩健的貨幣政策有助於保持流動性合理適度，為維護價格和產出穩定、金融穩定營造適宜的貨幣金融環境。防止資產價格泡沫離不開宏觀審慎政策和貨幣政策的配合，需要更好地發揮「貨幣政策+宏觀審慎政策」雙支柱政策框架的作用。

中國一直重視加強對房地產金融市場的宏觀審慎管理，綜合運用貸款價值比（LTV）、債務收入比（DTI）等工具對房地產信貸市場進行逆週期調節。近年來在總結經驗基礎上，中國進一步改進房地產調控，強調因城施策原則，在國家統一政策基礎上，由各省級市場利率定價自律機制結合所在城市實際自主確定轄區內商業性個人住房貸款的最低首付比例。貨幣政策在保持流動性合理適度的同時，也更加注重抑制資產泡沫和防範經濟金融風險。

需要看到，中國房地產市場具有一定特殊性。一是結構性特徵較為明顯，一線城市與三四線城市房地產價格走勢差異較大；二是供需具有一定剛性，住房是基本生活需求，其供給受土地供給限制，相關政策都會對房地產市場產生影響。2016年12月召開的中央經濟工作會議指出，要綜合運用金融、土地、財稅、投資、立法等手段，加快研究建立符合國情、適應市場規律的基礎性制度和長效機制，既抑制房地產泡沫，又防止出現大起大落。下一階段，中國要貫徹中央經濟工作會議精神，落實好各項制度和機制建設，宏觀上管住貨幣，微觀信貸政策要支持合理自主購房，嚴格限制信貸流向投資投機性購房，更為重要的是從完善財稅制度、改進土地占補平衡等方面入手，從供給端解決房地產供需錯配問題，構建房地產市場健康發展的長效機制。

資料來源：中國人民銀行貨幣政策分析小組《2016年第一季度中國貨幣政策執行報告》（2017年2月17日）。

第二節　常規貨幣政策工具

為了實現貨幣政策的目標，中央銀行必須有足夠的工具供其操作。而貨幣政策的目標與經濟情況卻有著十分密切的關係。經濟情況不同，決定了貨幣政策目標的不同，也從而決定了貨幣政策的工具及其有效性出現差異。因此，隨著經濟情況的不斷發展變化，有關貨幣政策工具的爭論不斷湧現，而且新的政策工具的主張與運用也屢見不鮮。

中央銀行的貨幣政策工具主要有常規貨幣政策工具和非常規貨幣政策工具。常規貨幣政策工具是通過影響準備金市場及其利率[1]，影響和調節社會貨幣供應總量及金融機構的信貸活動來起作用，即幫助最終目標的實現。這些工具主要是一般性貨幣政策工具，也叫傳統的政策工具，俗稱「三大法寶」，即再貼現政策、存款準備金政策和公開市場業務。本節主要闡述常規貨幣政策工具。

---

[1] 弗雷德里克・S.米什金. 貨幣金融學 [M]. 蔣先玲，等，譯. 北京：機械工業出版社，2016：346-350.

一、再貼現政策

再貼現政策（Rediscount Rate Policy）也稱銀行利率政策（Bank-rate Policy），是中央銀行最先採用的用於控制貨幣供給量的貨幣政策工具。再貼現政策最初確立於1833年英國的《銀行特許法》（Bank Charter Act）。這一法案規定，期限在3個月以內的票據可申請貼現，貼現行可持這些貼現票據不受任何限制地向英格蘭銀行申請再貼現，並且再貼現率可以不受《高利貸法》（Usury Law）的限制。這樣，英格蘭銀行就可自由地調節社會的貨幣供給量和影響市場上的利率水平。經過100多年的發展和完善，這一貨幣政策工具逐漸被其他國家效法和採用。例如，美國在1913年的《聯邦儲備法》（Federal Reserve Law）中也將該政策（也叫貼現窗口政策，即「Discount Window」）確立為美聯儲的貨幣政策工具之一。

（一）再貼現政策的運用

該工具是央行通過提高或降低再貼現率，影響商業銀行等存款貨幣機構從央行獲得再貼現貸款的能力，進而達到調節貨幣供應量和利率水平的目的。

在中國，中國人民銀行通過適時調整再貼現總量及利率，明確再貼現票據選擇，達到吞吐基礎貨幣和實施金融宏觀調控的目的，同時發揮調整信貸結構的功能。再貼現可採取回購和買斷兩種方式，最長期限6個月。自1986年中國人民銀行在上海等中心城市開始試辦再貼現業務以來，再貼現業務經歷了試點、推廣到規範發展的過程。再貼現作為中央銀行的重要貨幣政策工具，在完善貨幣政策傳導機制、促進信貸結構調整、引導擴大中小企業融資、推動票據市場發展等方面發揮了重要作用。此外，該政策工具還有中央銀行對金融機構的貸款，簡稱再貸款[①]（包括扶貧再貸款、支農再貸款和信貸資產質押再貸款等）。借鑑國際經驗，中國人民銀行於2013年年初創設了常備借貸便利（Standing Lending Facility，SLF）。它是中國人民銀行正常的流動性供給渠道，主要功能是滿足金融機構期限較長的大額流動性需求。其對象主要為政策性銀行和全國性商業銀行，期限為1~3個月，利率水平根據貨幣政策調控、引導市場利率的需要等綜合確定。常備借貸便利以抵押方式發放，合格抵押品包括高信用評級的債券類資產及優質信貸資產等。2014年9月，中國人民銀行又創設了中期借貸便利（Medium-term Lending Facility，MLF），這是中央銀行提供中期基礎貨幣的貨幣政策工具，對象為符合宏觀審慎管理要求的商業銀行、政策性銀行，可通過招標方式開展。發放方式為質押方式，並需提供國債、央行票據、政策性金融債、高等級信用債等優質債券作為合格質押品。

在美國，美聯儲給銀行的貼現貸款有三種類型：一級信貸、次級信貸和季節性信貸。一級信貸是在貨幣政策中發揮最重要作用的貼現貸款。健康的銀行可以在短期內（通常是一個晚上）通過一級信貸方式借貸任意數量的資金，因此一級信貸也被稱為經常性貸款便利（Standing Lending Facility），也就是中國的SLF。次級信貸是發放給出現財務困境、遭遇嚴重流動性困難的銀行。次級信貸的利率被定為高於貼現率50個基

[①] 參見中國人民銀行網站（http://www.pbc.gov.cn/zhengcehuobisi/125207/125213/125437/index.html）。

點（0.5個百分點）。這一利率被設定為一個更高的懲罰利率，以反映這些借款人欠佳的經營狀況。季節性信貸用於滿足那些位於度假或農業地區、具有季節性特點的少數銀行的需求。季節性信貸利率與月度平均的聯邦基金利率以及定期存單的利率掛鉤。由於信貸市場的不斷完善，美聯儲開始質疑季節性信貸存在的必要性，因此正考慮在將來取消這一工具。

拓展閱讀
美國聯邦儲備體系的操作手法是如何限制聯邦基金利率波動的

目前，美聯儲經營貼現窗口和為準備金支付利息這一操作手法的主要優點之一，就是限制了聯邦基金利率的波動。我們可以利用對準備金市場的供給和需求分析模型來瞭解這一優點。

假設最初的均衡聯邦基金利率位於圖10-3中的聯邦基金利率目標 i_{ff}^T 處。如對存款準備金的需求突然大幅增加，需求曲線向右移動到 R_d''，在這裡與存款準備金供給曲線的水平部分相交，均衡聯邦基金利率 i_{ff}'' 與貼現率 i_d 相等。無論存款準備金的需求曲線向右移動多大幅度，均衡的聯邦基金利率 i_{ff}'' 將始終停留在 i_d 這一水平，這是因為借入準備金數量會持續增加，與存款準備金的需求增量相匹配。同樣，如果對存款準備金的需求突然大幅減少，使需求曲線向左移動到 R_d'，需求曲線的水平部分就會與供給曲線相交，這樣均衡的聯邦基金利率 i_{ff}' 與為存款準備金支付的利息率 i_{or} 相等。無論存款準備金的需求曲線向左移動多大幅度，均衡的聯邦基金利率 i_{ff}' 將始終停留在 i_{or} 這一水平，因為超額準備金數量會持續減少，以使得存款準備金的需求量與非借入存款準備金的供給量相等。

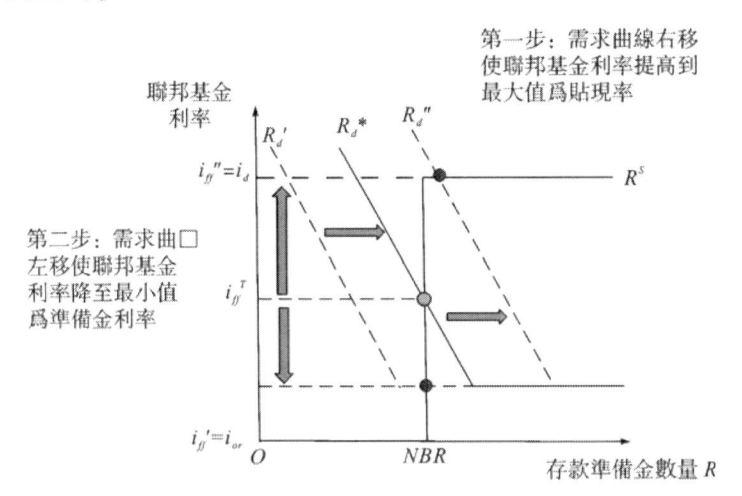

圖10-3 聯邦儲備體系的操作手法如何限制聯邦基金利率的波動

註：存款準備金需求曲線向右移動到 R_d'' 會將均衡的聯邦基金利率提高到其最大值 i_{ff}''，而存款準備金需求曲線向左移動到 R_d' 會將均衡的聯邦基金利率降低到其最小值 $i_{ff}' = i_{or}$。

因此，我們的分析表明，美聯儲的操作手法能夠將聯邦基金利率的波動範圍限制在 i_{or} 和 i_d 之間。如果 i_{or} 和 i_d 之間的距離被設定得足夠窄，那麼圍繞聯邦基金利率目標的波動會很小。

資料來源：弗雷德里克·S.米什金. 貨幣金融學 [M]. 蔣先玲，等，譯. 北京：機械工業出版社，2016：350-351.

除了使用貼現貸款作為影響存款準備金、基礎貨幣和貨幣供給工具之外，貼現貸款對於防止金融危機發生也很重要。當聯邦儲備體系建立起來的時候，其最重要的作用就是充當最后貸款人（Lender of Last Resort）角色。為防止銀行倒閉失去控製，美聯儲要向銀行提供存款準備金，從而阻止發生金融恐慌。貼現貸款是在銀行業危機期間向銀行體系提供存款準備金的特別有效的方法，因為存款準備金可以立即被注入最需要它的銀行。[①] 中國人民銀行也為幫助發生支付危機的城市商業銀行、城市信用合作社和農村信用合作社等金融機構緩解支付壓力、恢復信譽，防止出現系統性或區域性金融風險而發放人民幣貸款。[②] 但中央銀行的最后貸款人功能和存款保險一樣，會引起嚴重的道德風險問題。

（二）再貼現政策的作用

（1）再貼現率的升降會影響商業銀行持有準備金或借入資金的成本，從而影響商業銀行的貸款量和貨幣供給量。當貼現率提高時，取得貸款的成本相應增加，這將起到抑制信貸需求、減少貨幣供給的作用；反之，中央銀行若降低貼現率，商業銀行的借款成本相應減少，會使信貸需求增加，達到貨幣供給擴張的效果。作為一個重要的宏觀政策變動信號，中央銀行的再貼現率變動不僅對借款機構的行為有重要影響，也能對企業和個人的借款行為產生間接影響。

（2）再貼現政策對調整信貸結構有一定的效果。其方法主要有兩種：一是中央銀行可以規定並及時調整可用於再貼現票據的種類，從而影響商業銀行的資金運用方向。二是對再貼現的票據進行分類，實行差別再貼現率，從而使貨幣供給結構與中央銀行的政策意圖符合。

（3）再貼現政策具有告示效應和貨幣政策導向作用。再貼現率的變動會產生預告效果，使金融機構和社會公眾明了中央銀行貨幣政策的變化意圖，從而在某種程度上影響人們的預期。同時，中央銀行的再貼現率作為基準利率，表明國家的利率政策動向，對短期市場利率常常起到導向作用。

（三）再貼現政策的局限性

（1）在實施再貼現政策過程中，中央銀行處於被動的地位。這是因為再貼現率的變動對商業銀行準備金的增減只能產生間接效果，能否成功主要取決於商業銀行的反映與配合。商業銀行可能由於種種原因而不願向中央銀行借款。其一，由於融資渠道日益廣泛，商業銀行可以通過同業拆借活動、發行存單等途徑獲得準備金，而無須向

[①] 案例可參見：弗雷德里克·S.米什金. 貨幣金融學 [M]. 蔣先玲，等，譯. 北京：機械工業出版社，2016：355-356.

[②] 參見中國人民銀行網站（http://www.pbc.gov.cn/zhengcehuobisi/125207/125213/125437/125815/2835315/index.html）。

中央銀行再貼現。其二，中央銀行種種帶有限制性的再貼現制度及對商業銀行業務活動的密切註視，也是造成商業銀行不願辦理再貼現的重要原因之一。其三，在中央銀行降低再貼現率時，若商業銀行增加準備，或商業銀行已有大量準備金，則中央銀行就無法達到增加貨幣供給量的目的。

（2）由於再貼現政策具有的「告示效應」，再貼現率不宜經常調整，否則會引起市場利率的經常性波動，使商業銀行和公眾無所適從。

上述中央銀行貼現政策與信用擴張速度、貨幣供給量變動以及其他利率的關聯只是理論上的。在實踐中，改變貼現率並不會自動、立即地引起貨幣存量和其他利率的變動，因為這種預期變動的發生，不僅需要一定的時滯，而且還需要其他政策手段相配合。

二、存款準備金政策

法定存款準備金要求（Reserve Requirement）是商業銀行等存款機構必須按照中央銀行的規定，將存款按法定比率保持存款準備金。準備金不準動用，也沒有利息。這個制度的最初目的是為了保持銀行資產的流動性，加強銀行的清償力，防止銀行大批倒閉，以維持整個金融體系的正常運行，以后才被用於控製銀行信貸的工具。具體來說，自1935年《美國銀行法案》（《聯邦儲備法》）規定，聯邦儲備委員會亨有調整會員銀行法定存款準備率的權力開始，這才成為控製貨幣供給量的工具。中央銀行改變存款準備率都是出於貨幣政策的目的。

（一）存款準備金政策的運用

該工具是中央銀行在法律所賦予權力的範圍內，通過規定或調整商業銀行等金融機構繳存中央銀行的法定存款準備金比率，以改變商業銀行等金融機構的準備金數量和貨幣擴張乘數，從而達到間接控製金融機構的信用創造能力和貨幣供應量的目的。

例如，美國1980年《存款機構放鬆管制和貨幣控製法》規定了設定法定存款準備金率的一個較簡單的方案。所有的存款機構，包括商業銀行、儲蓄和貸款協會、互助儲蓄銀行以及信用合作社，都遵循相同的法定存款準備率。所有支票存款［包括非付息支票帳戶、NOW帳戶、超級NOW帳戶以及ATS（自動轉帳儲蓄）帳戶］的法定存款準備金率，低於1,330萬美元的部分為0，1,330萬~8,900萬美元的部分為3%，超過8,900萬美元的部分為10%，並且設定的10%可以根據美聯儲的判斷在8%~14%變動。在特別的情況下，這個比率可以高達18%，但現在很少被使用。

美聯儲現在已把在2008年12月開始的準備金利息作為一個工具來使用了。此前，美聯儲對準備金是不付利息的。在全球金融危機發生之后，銀行累積了大量的超額準備金。在這種情況下，增加聯邦基金利率將需要大量的公開市場操作，以此從銀行系統消除這些準備金。準備金利息工具可用來求助，因為其可以提高聯邦基金利率。事實上，當美聯儲要提高聯邦基金利率，並退出維持零利率政策時，這個貨幣政策工具將被廣泛使用。

中國的存款準備金制度是1984年中國人民銀行專門行使中央銀行職能時開始啟用的。當時中國人民銀行按存款種類規定法定存款準備金率：企業存款20%，農村存款

25%，儲蓄存款 40%。1985 年，中國人民銀行將法定存款準備金率統一調整為 10%。1998 年 3 月 21 日，中國人民銀行對存款準備金制度進行改革，將法定準備金帳戶和備付金帳戶合併為準備金帳戶，將法定存款準備金率由 13% 下調至 8%。中國人民銀行借鑑國際上依據金融機構風險狀況區別對待和及時校正措施的做法，從 2004 年 4 月 25 日起對金融機構實行差別存款準備金率制度，金融機構適用的存款準備金率與其資本充足率、資產質量狀況等指標掛鉤。金融機構資本充足率越低、不良貸款比率越高，適用的存款準備金率就越高；反之，金融機構資本充足率越高、不良貸款比率越低，適用的存款準備金率就越低。中國人民銀行對存款準備金率的調整頻繁，目前的存款準備金率是大型金融機構 16.5%，中小金融機構 13%。[1] 中國人民銀行一直都對存款準備金支付利息，目前法定準備金為 1.62%，超額準備金為 0.72%。[2]

（二）存款準備金政策的作用

根據貨幣供給基本模型 $M_s = mB$，貨幣供應量的改變取決於貨幣乘數與基礎貨幣的調整。而調整法定存款準備金比率直接影響貨幣乘數，兩者之間成反比變化。以中央銀行實施緊縮政策為例，當法定存款準備金比率提高時，一方面，使貨幣乘數變小；另一方面，由於法定存款準備金比率的提高使商業銀行等金融機構的應繳法定存款準備金增加，超額準備金則相應減少，從而降低了商業銀行創造信用與派生存款的能力，信用規模和貨幣供應量成倍收縮。根據同樣的道理，降低法定存款準備金比率會使信用規模和貨幣供應量得以成倍擴張。

存款準備金政策具有較強的控制貨幣供給和信貸規模的能力，只要變動比率的半個百分點，都會對超額準備和貨幣擴張倍數產生很大的影響，而且中央銀行操作這一工具極其簡便。

（三）存款準備金政策的局限性

存款準備金政策作為一種強有力政策工具具有很強的局限性。主要表現如下：

（1）如果中央銀行經常提高法定存款準備率，會使商業銀行和金融機構感到難於迅速調整準備金以符合提高的法定限額。因為商業銀行一般只保留少量超額準備金，即使法定準備金略有變動，也會使銀行的超額準備金大為減少或準備金達不到法定比率的要求，這時商業銀行將被迫重新調整其資產項目，從而對商業銀行產生很大的強制力，甚至極大地影響到商業銀行的利潤等。

（2）由於調整法定存款比率產生的效果和影響巨大，使其不具備充分的伸縮性，因此其不能作為一項日常的調節工具，無法供中央銀行頻繁運用。

三、公開市場業務

公開市場業務（公開市場操作）是最重要的常規性貨幣政策工具，因為公開市場業務是利率和基礎貨幣變動的主要決定因素，而基礎貨幣又是貨幣供給波動的主要原因。目前在西方發達國家中，公開市場業務已成為中央銀行執行貨幣政策的主要工具。

---

[1] 參見南方財富網（http://www.southmoney.com/lilv/zhunbeijinlv/201608/652627.html）。

[2] 參見中國人民銀行網站（http://www.pbc.gov.cn/zhengcehuobisi/125207/125213/125440/125838/125885/125896/2890656/index.html）。

（一）公開市場操作的目的與類型

一般情況下，中央銀行利用公開市場操作要達到兩個目的：一是積極性的調節目的。為達到此目的的操作稱為主動型公開市場操作（Dynamic Open Market Operation），即主動變動存款準備金和基礎貨幣水平。二是防禦性的中和目的。為達到此目的的操作稱為防禦型公開市場操作（Defensive Open Market Operation），即被動抵消其他影響存款準備金和基礎貨幣的因素的變動。例如，美聯儲想抵消財政部在其存款及在途資金的變動等；又如，中國人民銀行想抵消太大的外匯順差對準備金和基礎貨幣的影響。公開市場購買使存款準備金和基礎貨幣增加，進而增加貨幣供給，降低短期利率。公開市場出售則使存款準備金和基礎貨幣減少，進而減少貨幣供給，提高短期利率。

（二）公開市場操作的證券與方式

美聯儲對美國財政部及政府機構的證券，特別是美國國庫券實施常規性公開市場操作。美聯儲大部分的公開市場操作是針對國庫券實施的，因為美國有一個龐大的國庫券市場。這些證券最具市場流動性，並且交易量最大，有能力吸收美聯儲巨大的交易額，而不會出現可能導致市場混亂的價格過度波動。其公開市場操作的決策機構是聯邦公開市場委員會，是該委員會為聯邦基金利率設定了政策目標。然而，這些操作的實際實施則由紐約聯邦儲備銀行的交易室來進行。

如果只是需要進行短期的調節或防禦性的操作，公開市場的買賣證券活動就大都以回購協議的方式進行。所謂回購，是指證券賣出商向中央銀行賣出證券后承諾在未來的某一天按固定價格重新買回這些證券。例如，在回購協議（Repurchase Agreement，通常稱為「repo」）中，美聯儲購買證券，同意出售者在短期內（從購買之日起，1~15 天之內）買回這些證券。由於回購協議對存款準備金的影響在協議到期當天是相反的，因此回購協議實際上只是暫時性的公開市場操作，特別適用於要立刻反向操作的防禦型公開市場操作。當美聯儲想要實施一項短期公開市場出售時，就參與再買回交易［Matched Sale-purchase Transaction，有時也稱反向回購協議（Reverse Repo）或對沖協議］。在該交易中，美聯儲出售證券，購買者同意在不遠的將來將其回售給美聯儲。

如果需要處理長期性的存款準備金短缺或過剩問題，希望安排一次能對存款準備金供給產生持久影響的主動公開市場操作。那就採取直接交易，包括購買或出售證券，但不包括相反的交易，即買斷與賣斷，不帶回購條件。

應用專欄 10-2

中國的公開市場操作

中國公開市場操作包括人民幣操作和外匯操作兩部分。外匯公開市場操作 1994 年 3 月啟動，人民幣公開市場操作 1998 年 5 月 26 日恢復交易，規模逐步擴大。1999 年以來，公開市場操作發展較快，目前已成為中國人民銀行貨幣政策日常操作的主要工具之一，對於調節銀行體系流動性水平、引導貨幣市場利率走勢、促進貨幣供應量合理增長發揮了積極的作用。

中國人民銀行從 1998 年開始建立公開市場業務一級交易商制度，選擇了一批能夠承擔大額債券交易的商業銀行作為公開市場業務的交易對象。近年來，公開市場業務

一級交易商制度不斷完善，先後建立了一級交易商考評調整機制、信息報告制度等相關管理制度，一級交易商的機構類別也從商業銀行擴展至證券公司等其他金融機構。

從交易品種看，中國人民銀行公開市場業務債券交易主要包括回購交易、現券交易和發行中央銀行票據。其中，回購交易分為正回購和逆回購兩種。正回購為中國人民銀行向一級交易商賣出有價證券，並約定在未來特定日期買回有價證券的交易行為。正回購為央行從市場收回流動性的操作，正回購到期則為央行向市場投放流動性的操作。逆回購為中國人民銀行向一級交易商購買有價證券，並約定在未來特定日期將有價證券賣給一級交易商的交易行為。逆回購為央行向市場上投放流動性的操作，逆回購到期則為央行從市場收回流動性的操作。現券交易分為現券買斷和現券賣斷兩種，前者為中國人民銀行直接從二級市場買入債券，一次性地投放基礎貨幣；後者為中國人民銀行直接賣出持有債券，一次性地回籠基礎貨幣。中央銀行票據，即中國人民銀行發行的短期債券，中國人民銀行通過發行央行票據可以回籠基礎貨幣，央行票據到期則體現為投放基礎貨幣。

根據貨幣調控需要，近年來中國人民銀行不斷開展公開市場業務工具創新。2013年1月，立足現有貨幣政策操作框架並借鑒國際經驗，中國人民銀行創設了短期流動性調節工具（Short-term Liquidity Operations, SLO），作為公開市場常規操作的必要補充，在銀行體系流動性出現臨時性波動時相機使用。這一工具的及時創設，既有助於中國人民銀行有效調節市場短期資金供給，熨平突發性、臨時性因素導致的市場資金供求大幅波動，促進金融市場平穩運行，也有助於穩定市場預期和有效防範金融風險。

資料來源：中國人民銀行貨幣政策司. 概述［EB/OL］.（2013-11-29）［2017-08-16］. http://www.pbc.gov.cn/zhengcehuobisi/125207/125213/125431/125463/2881199/index.html.

應用專欄 10-3

建立公開市場每日操作常態化機制

公開市場操作是各國央行實施貨幣政策日常操作的主要工具，操作頻率較高。目前美聯儲、日本央行等均每日開展公開市場操作；歐洲央行每周定期開展公開市場主要再融資操作，同時不定期開展微調操作；澳大利亞央行、瑞典央行等則每日多次開展公開市場操作。國際上，貨幣當局根據形勢變化和調控需要對公開市場操作的頻率進行適當調整是常見做法。

以往中國人民銀行在每周二、周四定期開展公開市場操作。在過去較長一段時期裡，在外匯大量流入導致流動性總體偏多的情況下，公開市場操作主要是回籠流動性，以保持銀行體系流動性鬆緊適度和貨幣信貸合理增長。隨著國際收支逐步趨於均衡，中國銀行體系流動性供求格局從總體偏多向供求大體平衡轉變，在某些時段還存在一定的流動性缺口，中國人民銀行需要適時適度投放流動性，以滿足銀行體系隨著貨幣信貸擴張自然增長的流動性需求。同時，隨著利率市場化改革加快推進和貨幣政策更加注重價格型調控，需要培育合適的市場基準利率指標，而金融市場的快速發展又使得影響銀行體系流動性供求和市場利率變化的因素更加複雜，這些都要求中國人民銀行進一步提高流動性管理的前瞻性和有效性，連續穩定釋放政策信號，合理引導市場預期，以更好地實現貨幣政策目標。

基於上述考慮，近年來中國人民銀行不斷完善公開市場操作機制。2013年年初，中國人民銀行推出了短期流動性調節工具（SLO），主要在公開市場常規操作間歇期若市場出現波動時相機使用，同時抓緊研究提高公開市場操作頻率的制度安排。2016年春節前，受現金大量投放、外匯階段性流出等因素影響，銀行體系流動性供求波動加大，貨幣市場利率面臨一定上行壓力，中國人民銀行開始嘗試每日開展公開市場操作，及時緩解市場資金供求壓力，收到了較好效果。在此基礎上，中國人民銀行宣布從2016年2月18日起建立公開市場每日操作常態化機制，根據貨幣政策調控需要，原則上每個工作日均開展公開市場操作。自每日操作常態化機制建立以來，市場運行更為平穩，貨幣市場利率的波動性進一步降低，存款類機構隔夜和7天期質押式回購加權平均利率波幅下降了50%左右。

總體來看，建立公開市場每日操作常態化機制是進一步完善貨幣政策調控機制的現實選擇。一方面，該機制有利於提高央行流動性管理的精細化程度，從制度上保障央行能夠及時應對多種因素可能對流動性造成的衝擊，保持流動性總量合理充裕，促進貨幣市場平穩運行；另一方面，該機制也有利於強化央行的利率信號，進一步提高政策傳導效率。央行利率信號如「投湖之石」，若湖面震盪，投石激起的漣漪很容易被湮沒，傳導可能是散亂的；若湖面平靜，投石激起的漣漪就會非常清晰，傳導效果會更加明顯。公開市場每日操作機制的建立在促進銀行體系流動性總體平穩的同時，對於培育央行政策利率體系，提高利率市場化背景下貨幣政策傳導的有效性具有積極意義。

需要注意的是，公開市場每日操作常態化機制的建立，既為金融機構流動性管理提供了更好的市場環境，也對金融機構加強流動性管理提出了更高要求。在金融市場化改革不斷推進、金融創新快速湧現的背景下，公開市場業務一級交易商等市場主要金融機構應進一步加強自身流動性管理，既要做好長期流動性安排，也要充分關注短期因素變化，並主動發揮貨幣政策傳導橋樑和市場「穩定器」的作用，共同維護貨幣市場平穩運行。

資料來源：中國人民銀行貨幣政策分析小組《2016年第一季度中國貨幣政策執行報告》（2016年5月6日）。

（三）公開市場業務的作用

（1）公開市場業務可以調控商業銀行等金融機構準備金和貨幣供應量。當經濟出現蕭條，金融市場上資金比較匱乏時，中央銀行在公開市場買進有價證券，實質是注入一筆基礎貨幣，商業銀行在新增超額準備金的同時也增加了放款，其結果必然是信用規模的擴大和貨幣供應量的增加。反之，當市場貨幣量過多，中央銀行可以出售有價證券以減少商業銀行的超額準備金，使商業銀行減少或收回貸款，貨幣供應量也相應減少。

（2）公開市場業務可以影響利率水平和利率結構。中央銀行通過公開市場業務影響利率水平有兩個渠道：當中央銀行購入有價證券時，一方面，證券需求增大，從而推動證券價格上升，利率則下降；另一方面，商業銀行超額準備增加，貨幣供給增加，引起利率下降。反之則反是。此外，中央銀行在公開市場買賣不同期限的證券，可以直接改變社會公眾對不同期限證券的需求額，則使利率結構發生變化。

（四）公開市場業務的相對優勢

公開市場業務被視為最重要的常規性貨幣政策工具，因為和其他工具相比，公開市場業務具有以下四個優點：

（1）主動性。公開市場業務由中央銀行主動進行，它能夠完全控制交易的規模，而貼現貸款操作就不能完全實現這種控制。中央銀行可以通過改變貼現率鼓勵或限制銀行獲得貼現貸款，但是不能直接控制貼現貸款的規模。

（2）及時、靈活且精確。中央銀行可以根據當時經濟金融形勢的需要，及時操作公開市場業務，並完全可以自主決定其買賣證券的規模，從而能非常精確地控制銀行體系的準備金和基礎貨幣，使之達到合理的水平。不論要求存款準備金或基礎貨幣變動幅度多麼小，公開市場業務都可以通過購買或出售少量證券來實現。相反，如果存款準備金或基礎貨幣要發生很大的變化，公開市場業務工具也足夠強大，能通過大規模購買或者出售證券來實現目標。

（3）可逆性、容易對沖。例如，如果在實施公開市場業務中出現錯誤，美聯儲可以立即實施對沖。如果美聯儲認為聯邦基金利率太低是因為進行了大量的公開市場購買，那麼就可以立刻實施修正，進行公開市場出售。

（4）快速執行，不會有行政性的延誤。當中央銀行決定變動基礎貨幣或存款準備金時它只要向證券交易商下達指令，這一交易就立刻被執行。

但公開市場業務的隨時發生和持續不斷，使其告示效果較弱，而再貼現政策與存款準備金政策則具有明確的政策導向和告示效果；各種市場因素的存在及各種民間債券的增減變動，也會減輕或抵消公開市場業務的影響力。

四、其他貨幣政策工具

（一）選擇性貨幣政策工具

常規性貨幣政策工具主要是對貨幣供應總量進行調節，此外還有一些選擇性政策工具，這類工具在修正或強化貨幣政策的過程中可以在某些特殊領域產生作用。選擇性政策工具主要有證券市場信用控製、消費信用控製、不動產信用控製和優惠利率等。

1. 證券市場信用控製

證券市場信用控製是中央銀行對以信用方式購買股票和證券實施的一種調節措施。中央銀行通過規定保證金比率（按百分比表示的，購買人對所購證券支付的最低現款比率）來控制以信用方式購買股票或證券的交易規模。例如，保證金比例若為40%，即若購買10萬元的證券，就必須支付4萬元的現金，其餘的6萬元可向銀行或證券公司借貸。

在證券市場上，證券交易絕大部分是由商業銀行向證券購買商或經理人提供貸款來進行的。保證金比率越高，商業銀行向其提供的貸款就越少；反之，提供的貸款就越多。中央銀行實施證券市場信用控製的目的在於通過調整證券信用保證金比率以控製證券市場的最高放款額，防止有價證券價格的不正常波動和投機活動，促進信貸資金的合理運用。最高放款額公式如下：

$$最高放款額 = (1 - 法定保證金比率) \times 交易總額$$

2. 消費信用控製

消費信用控製是指中央銀行對不動產以外的各種耐用消費品的銷售融資予以控製。其內容包括：

（1）規定分期付款購買耐用消費品首次付款的最低金額。

（2）規定消費信貸的最長期限。

（3）規定可用消費信貸購買耐用消費品的種類。

消費信用控製可以抑制消費需求，抑制消費品價格上漲。

3. 不動產信用控製

不動產信用控製是指中央銀行對金融機構在不動產方面進行貸款限制，以抑制房地產投機。例如，中央銀行對金融機構的不動產貸款規定最高限額、最長期限以及首次付款最低額和分期付款的最長期限等。

4. 優惠利率

優惠利率是指中央銀行對國家產業政策所要重點扶持和發展的部門、行業和產品規定較低的利率，以鼓勵其發展。實行優惠利率有兩種方式，即制定較低的貼現率和規定較低的貸款利率。

（二）直接信用控製

直接信用控製是指中央銀行依據有關法令，對銀行創造信用的活動施以各種直接的干預。直接信用控製的措施主要有信用分配、利率最高限額、流動性比率等。

1. 信用分配

信用分配是指中央銀行根據金融市場狀況及宏觀經濟形勢，權衡客觀需要的輕重緩急，對商業銀行的信用創造加以合理分配和限制的措施。在限制信用方面，主要是對商業銀行向中央銀行提出的貸款申請，以各種理由拒絕，或者給予貸款，但規定不得用於某些用途。在支持商業銀行對某個領域的信貸時，中央銀行可以設立專門信貸基金以保證某個項目的特殊需要。

2. 利率最高限額

利率最高限額是指中央銀行依法規定商業銀行和儲蓄機構的存款所能支付的最高利率。例如，美國曾長時間實施的「Q 條例」。實施利率最高限額的主要目的是為了防止少數商業銀行大幅度提高存款利率爭奪存款的過度競爭，避免造成資金成本過高而使銀行風險增大，造成金融混亂。

3. 流動性比率

流動性比率是流動資產對存款負債的比率。一般來說，流動性比率與收益率成反比關係。中央銀行為了保障金融機構的清償能力，除了規定法定存款準備金比率之外，還規定商業銀行和金融機構對其資產必須維持某種程度的流動性。商業銀行和金融機構為保持中央銀行規定的流動性比率，必須減少長期投資和放款，擴大短期貸款和增加應付提現的資產。

（三）間接信用控製

1. 道義勸告

中央銀行運用自己在金融體系中的特殊地位和威望，通過對銀行或各個金融機構實施勸告，影響其放款數量和投資方向，以達到控製信用的目的。道義勸告作為一項

貨幣政策工具，一般來講應具備以下三個條件：
（1）中央銀行具有較高的威望和地位。
（2）中央銀行擁有控制信用的足夠的法律權力和手段。
（3）該國具有較高的道德水準和遵紀守法的精神。
道義勸告被認為有以下政策效果：
（1）運用這種方式，較少採用強制性信用控制所帶來的令人不愉快的心理反應，有助於中央銀行與商業銀行以及各種金融機構的長期密切合作關係。
（2）由於中央銀行的利益常常與金融機構的長期利益相一致，因此在某些情況下，道義勸告的方式就表現得非常有效。例如，在通貨膨脹時期，中央銀行可以勸說放款人更為謹慎地實施其信貸政策，而放款人很可能會把這一勸告視為一種比其自己的預測更準確的權威的經營建議。道義勸告在質和量兩方面均能起作用。例如，中央銀行可以根據經濟發展情況，把自己的貨幣政策意向及根據向金融機構說明，勸告其注意限制放款和投資的數量，這屬於對信用總量的控制；而當中央銀行通過分析，鑒於某一方面的信用或投資增加過分，勸告金融機構注意減少這方面的放款和投資，這是控制信用的構成，屬於質的控制。

道義勸告是一種重要的輔助貨幣政策工具，在某些情況下可能十分有效，但由於沒有可靠的法律地位，因此並不是強有力的控制措施。

2. 窗口指導

窗口指導是日本和其他一些發達國家的中央銀行間接控制信用的一種政策工具。「窗口指導」這個名詞來自日本的中央銀行——日本銀行。其主要內容是日本銀行根據市場情況、物價的變動趨勢、金融市場的動向、貨幣政策的要求以及前一年度同期貸款的情況等，規定民間金融機構按季度提出貸款增加額計劃，以削減的方式在金融緊縮期內設置貸款額增加的上限，並要求各民間機構遵照執行。實行窗口指導的直接目的是為了使同業拆放市場利率保持穩定。日本銀行利用其在金融體系中的威信和日本民間金融機構對其較強依賴關係，通過與民間金融機構的頻繁接觸，勸告民間金融機構自動遵守日本銀行提出的要求，從而達到控制信用總量的目的。有時，窗口指導也指示貸款的使用方向，保證經濟優先發展部門的資金需要。

窗口指導產生於20世紀50年代的日本，此后也主要應用於日本，這由日本特殊的條件所致。第一，日本政府對經濟的干預程度比西方國家高，因此中央銀行在宏觀控製上更傾向於對量的直接控制。第二，由於歷史及傳統原因，日本更傾向於用行政和法律手段進行直接干預和控制，不像美國等側重於間接的經濟手段。第三，日本的金融及證券市場較美國、英國等西方發達國家相對遜色，因此傳統的三大貨幣政策工具在日本不易收到預期效果。

第三節 非常規貨幣政策工具

通常在經濟低迷情況下，實施常規貨幣政策是重要的宏觀調控手段。常規貨幣政策通過調整基準利率進行價格性調控，通過公開市場操作、調整法定存款準備金率進行數量性調控。因為這些常規的貨幣政策工具能夠擴大貨幣供應量並降低利率，所以

271

足夠用來穩定經濟。然而，當經濟經歷全面的金融危機（如2008年發生的次貸危機）及其不斷蔓延，傳統貨幣政策工具的作用被大大削弱甚至失效。

這主要有兩個原因：第一，銀行在危機中受到重創，銀行體系功能下降，貨幣政策傳導機制被破壞，金融體系失靈，貨幣供應量急遽緊縮，加劇了資金的緊張狀況，以至於無法分配資本的生產性用途，因此投資支出和經濟崩潰。第二，對經濟的負面衝擊會導致零下限問題（Zero-lower-bound Problem），即中央銀行無法進一步降低短期利率（因為短期利率已經在2008年年底觸底為零）。零下限問題的發生是因為人們總是在持有債券比持有現金中賺取更多，因此名義利率不能為負。這時，中央銀行需要非利率工具稱為非常規貨幣政策工具（Nonconventional Monetary Policy Tools）來刺激和穩定經濟。這些非常規貨幣政策工具有以下三種形式：流動性供給、資產購買以及未來貨幣政策行動承諾。

一、流動性供給

供給流動性的方式主要是通過特別貸款（Special Loan），即在金融系統正常的信貸功能紊亂的情況下，中央銀行通過直接或間接的方式向特定的金融機構、企業或其他投資者提供貸款；或通過外匯寬鬆（Foreign Exchange Easing），即中央銀行通過購買外匯資產的形式向市場注入流動性和中央銀行間進行貨幣互換安排，以緩解國際儲備貨幣較少國家在國際貿易方面的困境。例如，美聯儲在全球金融危機期間創建了大量的貸款項目（見表10-3）。

表10-3　　　　　　　　　全球金融危機期間美聯儲貸款項目

貸款項目	創建日期	功能
短期拍賣工具（TAF）	2007/12/12	為增加美聯儲貸款，TAF擴大固定金額的銀行貸款，其利率由競爭性拍賣決定，並非像一般貼現貸款一樣由美聯儲設定
短期證券借貸工具（TSLF）	2008/03/11	為提供充足的國債作為信貸市場的抵押品，TSLF向初級市場交易商提高比對廣泛的抵押品隔夜貸款更長時期的國債
互換協議	2008/03/11	向外國央行借美元以換取外幣，由此央行可以向本國銀行提供美元貸款
摩根大通收購貝爾斯登貸款計劃	2008/03/14	通過向摩根大通的無追索權貸款購買貝爾斯登300億美元的資產，以促進摩根大通對貝爾斯登的收購
一級交易商信貸工具（PDCF）	2008/03/16	向一級交易商（包括投資銀行）提供貸款，以使其能以與銀行從傳統貼現窗口工具借款類似的條件借入資金
向美國國際集團（AIG）提供貸款	2008/09/16	向AIG提供850億美元貸款
資產支持商業票據	2008/09/16	向初級市場經銷商提供貸款，以使其可以從貨幣市場共同基金購買資產支持商業票據，由此這些
貨幣市場共同基金	2008/09/19	基金可以出售票據來滿足投資者的贖回

表10-3(續)

貸款項目	創建日期	功能
流動性工具（AMLF）		
商業票據融資項目（CPFF）	2008/10/07	為從發行人處購買商業票據提供資金
貨幣市場投資者投資項目（MMIFF）	2008/10/21	貸款能夠購買更大範圍貨幣市場共同基金資產的專用工具
短期資產支持證券貸款（TALF）	2008/11/25	貸款給資產支持證券發行人，反對將這些證券作為抵押品，以提高市場運作

資料來源：弗雷德里克·S.米什金.貨幣金融學[M].蔣先玲，等，譯.北京：機械工業出版社，2016：358.

歐洲中央銀行通過設定目標融資利率（Target Financing Rate），並據此確定隔夜現金利率（Overnight Cash Rate，即隔夜拆借利率）向市場表明其貨幣政策意向；通過利率走廊機制調控短期市場利率和銀行體系流動性。利率走廊的下限為存款便利（Deposit Facility）利率，即歐洲中央銀行主動吸納銀行隔夜存款的利率；利率走廊的上限是邊際貸款便利（Marginal Lending Facility）利率，即歐洲中央銀行向金融機構提供有抵押隔夜流動性支持的利率；主要再融資（Main Refinancing Operations，即公開市場操作的主要形式，類似於美聯儲的回購交易）利率為基準利率。

歐洲中央銀行在對付危機、實施貨幣政策的過程中也使用了銀行貸款這個工具。貸款由各個國家中央銀行執行，正如美國的貼現貸款是由聯邦儲備體系內的各個儲備銀行提供的一樣。這種貸款的發放通過邊際貸款便利的常設貸款工具進行。在這一機制下，銀行可以從各國家中央銀行以邊際貸款利率（Marginal Lending Rate）借入隔夜貸款（提供合格的抵押品）。這一邊際貸款利率通常比目標融資利率高出100個基點，為歐洲貨幣聯盟的隔夜現金利率設定了上限，就類似於貼現率在美國的作用。和美國、加拿大、澳大利亞以及新西蘭一樣，歐元體系還有另外一種常備便利，即存款便利，在這一機制下，銀行存款可以獲得一個固定的低於目標融資利率100個基點的利率。這一預先確定的存款便利利率設定了隔夜拆放市場利率的下限，而邊際貸款利率則為其設定了上限，這樣就建立起了通道或走廊機制，在其兩側各有100個基點的較寬的波動範圍。歐洲中央銀行也於2011年12月21日和2012年2月29日實施了兩輪無限量的長期再融資操作（Longer-Term Refinancing Operations，LTROs），共向市場注入了10,185億歐元的流動性。[①]

二、資產購買

資產購買在這次非常規貨幣政策的運用中佔有非常重要的地位，不論是歐洲中央銀行還是美聯儲等都進行了大量的操作。

（一）歐洲中央銀行的操作

歐洲中央銀行實施了資產擔保債券購買計劃，其目的是改善債券市場的流動性，

---

① 中國人民銀行貨幣政策分析小組《中國貨幣政策執行報告2012年第一季度》（2012年5月10日）。

鼓勵金融機構擴張信貸供給。該計劃分兩期實施,第一期從 2009 年 7 月 2 日至 2010 年 6 月 30 日,共購買合格擔保債券 600 億歐元;第二期從 2011 年 11 月至 2012 年 10 月,直接購買 400 億歐元區債券。歐洲中央銀行表示,所有購入的債券都將持有到期。歐洲中央銀行推出了證券市場計劃(Security Market Programme, SMP),購買歐元區的政府債和合格的市場化私人債務工具。截至 2012 年 3 月 30 日,歐洲中央銀行買入政府債券數量達 2,142 億歐元。[①] 2015 年 1 月 22 日,歐洲中央銀行召開首次由 19 個成員國組成的理事會會議,為實現價格穩定目標,決定推出「歐版」量化寬鬆政策。其主要內容包括:一是繼續擴大資產購買計劃的規模。從 2015 年 3 月起每月資產購買規模提升至 600 億歐元,持續至 2016 年 9 月或中期通脹率接近 2%,總資產購買規模達 1.1 萬億歐元。二是擴大資產購買計劃的範圍。在此前購買資產支持證券和擔保債券(每月約 110 億歐元)的基礎上,將購買範圍擴大到投資級的成員國政府機構債券和歐盟機構發行的債券(每月約 490 億歐元)。[②]

日本中央銀行在 2012 年五次放鬆貨幣政策,將資產購買規模從 2012 年年初的 55 萬億日元擴容至 2012 年年末的 101 萬億日元(約合 1.15 萬億美元),資產購買規模頻繁大幅擴容。

(二)美聯儲的操作

美聯儲公開市場運作通常只涉及購買政府證券,尤其是短期政府證券。然而,在危機期間,美聯儲開始了兩個新的大規模資產購買計劃(通常稱作 LSAP),以降低特定類型的信貸利率。[③]

(1) 2008 年 11 月,美聯儲建立政府資助實體購買計劃,其中美聯儲最終購買由房利美和房地美保證的 1.25 萬億美元抵押貸款支撐證券(MBS)。通過這些收購,美聯儲希望提振 MBS 市場和低利率住宅抵押貸,以此來刺激房地產市場。

(2) 2010 年 11 月,美聯儲宣布,以約每月 750 億美元的利率,購買 6,000 億美元的長期國債。該大規模收購計劃被稱為「QE2」(即量化寬鬆Ⅱ),目的在於降低長期利率。雖然短期國債利率在全球金融危機期間降至零,但長期利率並沒有變化。由於投資項目存續期長,長期利率比短期利率與投資決策更相關。美聯儲通過降低長期利率來購買長期國債可能有助於刺激投資支出和經濟。

(3) 2012 年 9 月,美聯儲宣布第三個大規模資產購買計劃——「QE3」,結合了「QE1」和「QE2」的要素。通過「QE3」,美聯儲購買了 400 億美元的抵押支持證券和 450 億美元的長期債券。然而,「QE3」與此前的量化寬鬆項目主要的不同之處在於其目的並不是要增加固定美元數量的資產而是開放式的,伴隨著採購計劃繼續,但前提是「如果勞動力市場的前景並沒有大幅改善」。

---

① 中國人民銀行貨幣政策分析小組《中國貨幣政策執行報告 2012 年第一季度》(2012 年 5 月 10 日)。
② 中國人民銀行貨幣政策分析小組《貨幣政策執行報告 2015 年第一季度》(2015 年 5 月 8 日)。
③ 弗雷德里克·S.米什金.貨幣金融學[M].蔣先玲,等,譯.北京:機械工業出版社,2016:358-359.

三、量化寬鬆與信貸寬鬆及其比較[①]

上述流動性供給和大規模資產購買計劃使中央銀行的資產負債表翻番，這是前所未有過的。例如，從 2007 年 9 月的金融危機開始之前至 2014 年年底，美聯儲資產的數量從 8,000 億美元上漲到超過 4 萬億美元，這種資產負債表的擴張被稱為量化寬鬆（Quantitative Easing），即通過增加超額儲備存款的規模而使其資產負債表得到擴張，使其超過維持零利率所需的水平，從而影響金融市場上的資產價格和經濟產出。這種做法導致了基礎貨幣的巨幅增長。因為基礎貨幣的這樣大幅度的增長，通常會導致貨幣供應量的擴大。這是否可能刺激經濟在短期內產生通貨膨脹呢？

事實是並沒有產生通貨膨脹。根據米什金的分析[②]，這是因為：第一，美聯儲的資產負債表和基礎貨幣的巨大擴張並沒有導致貨幣供應量的大幅度增加，因為大部分增加的基礎貨幣只流入超額準備金的儲備。第二，由於聯邦基金利率已經降到了零下限，資產負債表和貨幣基礎的擴張不能進一步降低短期利率以刺激經濟。第三，基礎貨幣的增長並不意味著銀行將增加放貸，因為銀行可以增加持有的超額準備金而非貸款。事實上，這似乎正是在全球金融危機期間發生的事情，當時基礎貨幣的大量增加主要導致超額準備金大規模上升，而銀行貸款並沒有增加。在 20 世紀 90 年代股市和房地產市場泡沫破滅后，日本央行進行量化寬鬆政策時，似乎已經出現了類似的現象。日本經濟至今不僅沒有復甦，而且通貨膨脹甚至變為負值。

這是否意味著美聯儲量化寬鬆的非常規貨幣政策措施對刺激經濟無效呢？美聯儲前主席伯南克認為，答案是否定的，因為美聯儲政策的目的並不是擴大美聯儲的資產負債表，而在於信貸寬鬆（Credit Easing）或稱為性質寬鬆（Qualitative Easing），即改變美聯儲資產負債表的構成，改變私人部門持有的各類資產的比例來影響各類資產的相對價格，以提高信貸市場特定領域的正常運作，從而對實體經濟產生影響。事實上，伯南克一直堅持美聯儲的政策不應被定性為量化寬鬆政策。

美聯儲資產負債表構成的改變可以刺激經濟。首先，當美聯儲向已凍結的信貸市場某個特定領域提供流動性，即可以幫助解凍市場，並使資本配置於生產性用途，從而刺激經濟。其次，當美聯儲購買特定證券時，會增加對這些證券的需求，降低該證券相對於其他證券的利率，從而刺激消費。例如，購買 GSE 抵押貸款支持證券表現出降低這些證券的利率，導致住房抵押貸款利率大幅下降。購買長期國債也可能降低其相對於短期的利率，因為長期利率可能與投資決策更相關，這些資產市場的購買可能會促進投資支出。有研究結果支持這一觀點，原因是根據估計，隨著美聯儲的資產購

[①] 量化寬鬆政策擴大了市場中的貨幣基礎，其重點在於負債方，是通過影響金融機構的超額存款準備金水平的變化而發揮作用；性質（信貸）寬鬆政策則是在中央銀行的資產總規模基本不變的情況下，其資產組合發生變化，一般是由於購買了私人部門流動性較差和風險較高的資產使央行資產負債表中的資產組合發生變化（在這一過程中，私人部門所持有的各類資產的比例及相對價格也發生了變化）。在實際操作中，一般將中央銀行購買政府債券或私人證券的行為視為數量寬鬆政策，而將中央銀行購買私人資產（如「有毒資產」）的行為視為性質寬鬆政策。

[②] 弗雷德里克·S.米什金. 貨幣金融學 [M]. 蔣先玲，等，譯. 北京：機械工業出版社，2016：359-360.

買計劃，長期利率會下降約 100 個基點（一個百分點）。[1]

四、未來政策行動承諾[2]

為應對 2008 年的國際金融危機對主要經濟體經濟逐步加深的影響，各中央銀行在創新多種信貸工具向各類機構提供流動性的同時，努力降低利率（如 2009 年 3 月 5 日，英格蘭銀行宣布將政策利率進一步降低 50 個基點至歷史最低的 0.5%；2009 年 3 月 12 日，瑞士國家銀行宣布下調其政策利率區間上限 25 個基點至 0.75%），並承諾利率在很長一段時間內會維持零的狀態。這種做法被稱為承諾效應（Commitment Effect），即中央銀行向投資者提供清晰的承諾，確保短期利率在相當長的時期內維持在較低的水平。例如，美聯儲在 2008 年 12 月 16 日聯邦公開市場操作委員會（Federal Open Market Committee，FOMC）會議后，不僅使聯邦基金目標利率降低至 0~0.25%，而且「委員會遇見疲弱的經濟狀況可能會使一段時間內需要非常低水平的聯邦基金利率」。美聯儲之后好些年都繼續使用 FOMC 聲明中的這種表現形式，甚至在 2011 年 8 月 FOMC 會議上，保證維持聯邦基金利率接近於 0，直至 2013 年中的一個具體日期。2009 年 3 月 18 日，日本中央銀行宣布維持 0.1%的政策利率不變。

這種做法是否能起作用？根據利率期限結構的預期理論，長期利率將等於市場預期發生在長期債券期限內的短期利率平均水平。中央銀行通過承諾未來將利率在延長期維持為零的政策行動，可能會降低市場對未來短期利率的期望，從而造成長期利率下降。哥倫比亞大學的邁克爾·伍德福德將這一種戰略稱為期望管理（Management of Expectations），但它更常被稱為前瞻指引（Forward Guidance）。

對未來政策行動有兩種類型的承諾：有條件和無條件的。有條件的承諾是指基於經濟持續疲軟的預測。如果經濟環境改變，FOMC 表示可能放棄承諾。無條件的承諾是只需聲明將在一段延長期內保持利率為 0，而不必表明這個決定基於經濟狀況可能改變。無條件承諾比有條件承諾更可靠，因為沒有表示承諾將被廢棄，並因此可能對長期利率有較大影響。

在 2014 年 3 月的會議上，由於美國失業率接近 6.5%，FOMC 放棄了基於失業率和通貨膨脹率閾值的前瞻指引。相反，會議宣布將評估保持聯邦基金利率接近於零的承諾，即通過考慮到各種各樣的信息，包括勞動力市場狀況的度量指標、通貨膨脹壓力和通貨膨脹預期指標以及關於金融發展讀物。

學習與應用 10-1
中央銀行溝通與預期管理

2008 年全球金融危機之后，一些非傳統貨幣政策工具逐漸進入公眾視野，其中之一就是前瞻性指引（Forward Guidance）。「前瞻性指引」是個新名詞，但其背后的經濟學思想卻有悠久的淵源。與之相關的是兩個更廣泛的概念——預期和中央銀行的溝通。近 20 年來，隨著對預期管理認識的深入，同時也伴隨著中央銀行獨立性的提高和問責

---

[1] 弗雷德里克·S.米什金. 貨幣金融學 [M]. 蔣先玲, 等, 譯. 北京：機械工業出版社, 2016：360.
[2] 弗雷德里克·S.米什金. 貨幣金融學 [M]. 蔣先玲, 等, 譯. 北京：機械工業出版社, 2016：360-361.

的需要，中央銀行神秘的面紗被一點點撩開，溝通日益成為重要的貨幣政策工具。

理論和實踐的發展促進了對中央銀行溝通及預期引導重要性的認識。有關中央銀行透明度和溝通的研究在20世紀90年代中期逐漸展開。尤其是在貨幣形態與金融資產日趨複雜、規模不斷擴大的情況下，穩定預期對於貨幣政策調控的作用就顯得更加重要。1996年，阿蘭·布林德爾（Alan Blinder）提出更多溝通有利於中央銀行提升政策效果。2001年麥克爾·伍德福德（Michael Woodford）提出貨幣政策的精髓就是管理預期，其在2003年出版的著作《利息與價格》中指出貨幣政策的有效性取決於其影響政策利率未來路徑的市場預期的能力，而不僅僅是當期的政策利率水平本身。如果市場參與者更多瞭解有關貨幣政策意圖和未來可能的政策路徑，其行為就可能向調控所希望的方向趨同，從而提高政策調控的有效性。這意味著現代的貨幣政策調控不僅要靠操作，還要靠對預期的引導。還有一些文獻從學習角度對預期管理和溝通進行了研究，提出由於經濟環境或者政策規則的動態變化，公眾的預期並非完全理性，中央銀行和公眾之間存在信息不對稱，公眾通過學習來瞭解中央銀行，因此中央銀行需要通過溝通建立與公眾之間的橋樑，幫助公眾正確理解中央銀行的意圖，從而有效地達到政策效果。

基於上述理論研究和實踐發展，中央銀行不斷改進和完善溝通。首先，中央銀行披露總體目標和策略；其次，中央銀行公布決策結果，如目標利率水平等；最後，中央銀行在決策結果之外，還公布決策的原因以及對經濟的展望。近年來，面臨零利率下限約束，一些中央銀行嘗試引進前瞻性指引，即中央銀行直接發布利率的未來預期路徑，但這並非是一種政策承諾，而是表明如何就未來的形勢發展做出合理的政策反應。總體來看，貨幣政策調控框架的演進更加強調了透明度和規則性，這本身就是強化溝通的一種重要方式，通過有效的溝通，可以更好地幫助公眾形成對未來政策路徑的合理預期，並據此做出經濟決策。中央銀行的溝通經歷了一個發展的過程。以美聯儲為例，20世紀80年代至20世紀90年代初，美聯儲在明確政策目標和策略上做出了一些嘗試。1994年，美聯儲開始在聯邦公開市場操作委員會（FOMC）例會之後發布公告，最開始的公告只有一個政策方向性的信息，之後內容逐漸擴展，逐步公布利率調整的幅度、決策的原因、對風險的評估等。2012年，美聯儲開始引入前瞻性指引。一些對中央銀行溝通實踐的實證研究也表明，有效的溝通能夠影響金融市場，提高貨幣政策的可預測性，幫助貨幣當局實現宏觀經濟目標。

總體來看，各方對預期管理和溝通在中央銀行政策中的重要作用已基本達成共識，但仍然有許多開放性的問題值得進一步研究和討論。

一是如何把握溝通的程度，是否透明度越高越好？比如披露決策細節，雖然可能有助於提高透明度並對決策者形成激勵，但也有可能使之屈從各方面壓力而從眾；披露的細節過多，由於經濟形勢複雜多變可能導致前後信息不一致，或者不同渠道發布內容表述不完全一致，反倒可能損害中央銀行信譽，並且過多信息也可能成為噪音。此外，正如前文提到的，中央銀行透明度與獨立性也有關聯，一般而言，獨立性越強，對透明度的要求越高，否則做法上可能會不一樣。

二是如何提高溝通的有效性？很多因素，包括公眾的理解能力、媒體的傾向性報

導都可能影響溝通的有效性。例如，在一些新興市場經濟體和發展中國家，因制度建設有待完善，中央銀行不一定有優勢來指導市場參與者。如果溝通並未包括很多有用的信息，對於指導市場參與者的意義並不大。

三是有沒有最優的溝通策略。由於各國情況不同，各國採取的溝通策略存在差異，目前尚未有所謂的最佳實踐。特別是圍繞最近發展起來的前瞻性指引還有不少爭論。例如，通過設立單一指標簡化經濟模型，對貨幣政策設置門檻值，雖然方便了中央銀行與公眾的溝通，但宏觀經濟形勢與市場發展瞬息萬變，過於簡化的做法可能影響貨幣政策的連續性。此外，前瞻性指引是在面臨零利率下限、傳統貨幣政策操作空間有限情況下的一種嘗試，經濟環境不同的國家還應根據本國情況謹慎使用。

資料來源：中國人民銀行貨幣政策分析小組《中國貨幣政策執行報告2015年第一季度》。

學習與應用 10-2
非傳統的貨幣政策和量化寬鬆

在零利率下限時，貨幣政策當局不能夠降低政策利率，常規擴張型貨幣政策不再成為一種政策選擇。因此，中央銀行需要轉向非常規政策來刺激經濟。在這裡，我們將研究這些非常規的政策如何在導致經濟擴張的同時避免產出和通貨膨脹率的螺旋式下滑[1]。

從前述可知，非常規的貨幣政策共有三種形式：提供流動性支持、資產購買（量化寬鬆）以及預期管理。要注意投資的實際利率 r_i 不僅反映了短期的銀行實際利率 r，也反映了一個附加變量，即我們前面提到的金融摩擦。這個關係式可以表示成：

$$r_i = r + f$$

這其中每一種非常規貨幣政策措施都是通過降低 $AD-AS$ 模型中的 f 來提高總產出和通貨膨脹的。接下來讓我們逐一討論這幾種措施。

流動性供給

圖10-4描述的是零利率下限的情形，這經常出現在信貸市場失靈或市場上突然出現流動性短缺的情況下，正如全球金融危機中發生的那樣。流動性短缺會造成金融摩擦的急遽增加，而這將導致圖10-4中的總需求曲線 AD_1 與總供給曲線相交於1點，在這一點政策利率已經達到最低的0並且實際產出低於潛在產出。為了給有缺陷的市場提供更多的流動性，以此幫助市場恢復正常的功能，並降低變量，中央銀行通過提供貸款便利的方式直接降低金融摩擦。金融摩擦的減少降低了投資的實際利率，$r_i = r + f$，並因此提高了投資支出和在一定通貨膨脹率下的總產量的規模。接下來總需求曲線右移至 AD_2，經濟的實際均衡移至2點，在這一點產出和通貨膨脹率都有所提高。當然，如果流動性支持能夠有效保證的話，經濟均衡可以移至充分就業時的水平。在這一點，如圖10-4中2點所示，實際產出會回到潛在產出水平。

資產購買和量化寬鬆

貨幣當局也會通過私人資產的購買降低信用利差從而降低 f。當貨幣當局購買了私人證券，這樣的購買會抬高證券的價格，可以因此降低利率，於是信用利差降低，導

---

[1] 弗雷德里克·S.米什金. 貨幣金融學 [M]. 蔣先玲, 等, 譯. 北京：機械工業出版社, 2016：498.

致了 f 和投資的實際利率降低。在任意給定的通貨膨脹率下，投資的實際利率降低會引起總需求曲線向右移動，產出和通貨膨脹率同時增加。

因為投資和長期的項目是典型相關的，投資的實際利率和短期實際利率 r 大小不同。因此公式 $r_i = r + f$ 中的 f 項不僅可以反映金融摩擦和信用利差，還可以反映長期利率和短期利率的利差。這就意味著長期政府證券的資產購買也能降低投資的實際利率。例如，美聯儲購買了長期美國國債，就會抬高國債價格，降低長期利率。結果 f 降低了，在給定的通貨膨脹率水平下，投資實際利率也會降低，總需求曲線會向右移動到圖 10-4 中的 AD_2 位置，產出和通貨膨脹率增加。

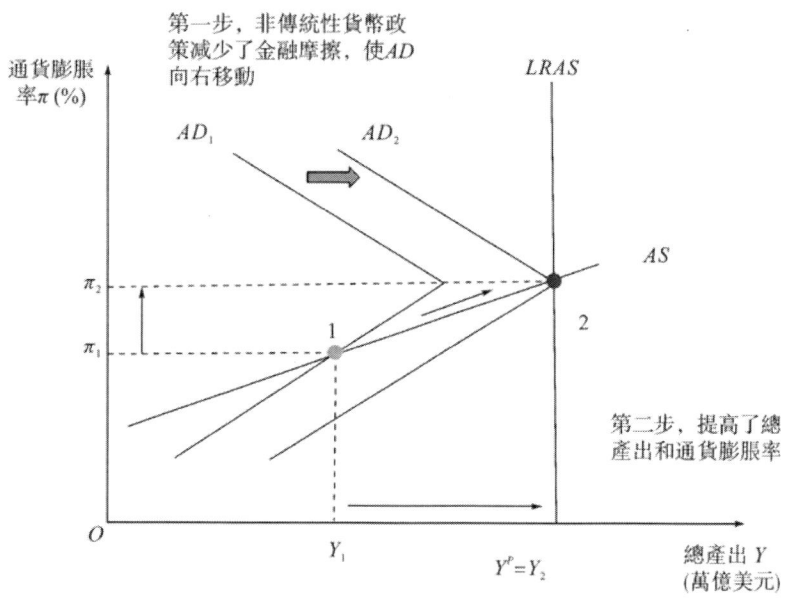

圖 10-4　非傳統的貨幣政策反應

註：非傳統的貨幣政策，無論它是否包含流動性供給、資產購買以及預期管理，都會降低 f，f 降低反過來又會降低在任意通貨膨脹率水平下的投資的實際利率，於是總需求曲線會移動到 AD_2 的位置。經濟移動到 2 點，產出和通貨膨脹率會相對地提高到 Y_2 和 π_2。

當中央銀行提供流動性供給或者資產購買時，資產負債表的規模必定會擴大。例如，在金融危機開始前的 2007 年 9 月到 2014 年年底，美聯儲擁有的資產價值從 8,000 億美元增加到 4 萬億美元。這種資產負債表規模的擴大就是量化寬鬆，因為這導致了經濟流動性的巨幅增加，可以強有力地在短時間內刺激經濟，並且隨後會產生通貨膨脹的效果。

不過，單純通過中央銀行資產負債表的規模擴大來刺激經濟是不夠的。如果量化寬鬆不能夠降低投資實際利率，實現美聯儲前主席伯南克所說的信貸寬鬆（Credit Easing），那麼總需求曲線不會移動，因此對產出和通貨膨脹也沒有影響。如果資產購買只涉及短期政府債券，那麼就不可能影響信用利差或者長期利率和短期利率的差，f 和投資的實際利率也會保持不變，結果對總體經濟只會有微小的影響。確實，歷史上，日本曾經大規模地購買以短期政府債券為主的資產，結果就是不僅經濟沒有恢復，通

貨膨脹率也變為負值。

預期管理

前瞻性指引是中央銀行承諾在一段長時間內將政策利率維持在低水平的一種方法，它使長期利率相對於短期利率保持在一個更低的水平上，從而降低 f 及投資的實際利率。因為投資者可以選擇投資長期債券而不是一系列的短期債券，市場預期貫穿整個長期債券的存續期，所以長期利率會非常接近短期利率的平均值。通過承諾未來長時間內將聯邦基準利率保持在零水平的政策行動，美聯儲可以降低市場對未來短期利率的預期，從而引起長期利率下降。結果將是 f 和投資實際利率的下降，這將使總需求曲線右移，如圖 10-4 所示，並提高總產出和通貨膨脹率。

目前，該種非傳統型貨幣政策的效用機制已經通過 f 和右移的總需求曲線實現了操作，如圖 10-4 所示。另外，預期管理也可以通過移動短期供給曲線來操作，而提高預期通貨膨脹率能夠做到這一點，如圖 10-5 所示。預期通貨膨脹率的提高是一個假設，因為中央銀行承諾會不惜一切代價來提高未來通貨膨脹率，將使短期供給曲線上移至 AS_2，如圖 10-5 所示，使經濟狀況移動至 2 點，總產出和通貨膨脹率分別上升至 Y_2 和 π_2。這個結果背後的原因是很顯而易見的：隨著政策利率下降至零，預期通貨膨脹率的提高將會導致實際利率的下降，從而引起投資支出和總產出的提高，同時經濟狀況沿著總需求曲線從 1 點上移至 2 點，如圖 10-5 中所展示的那樣。然而，這個策略存在一個問題，即公眾必須非常相信預期通貨膨脹率一定會上升。如果中央銀行對提高未來通貨膨脹率的承諾是不可信的，那麼預期通貨膨脹率將可能不會上升，而這種典型的預期管理也將不起作用。

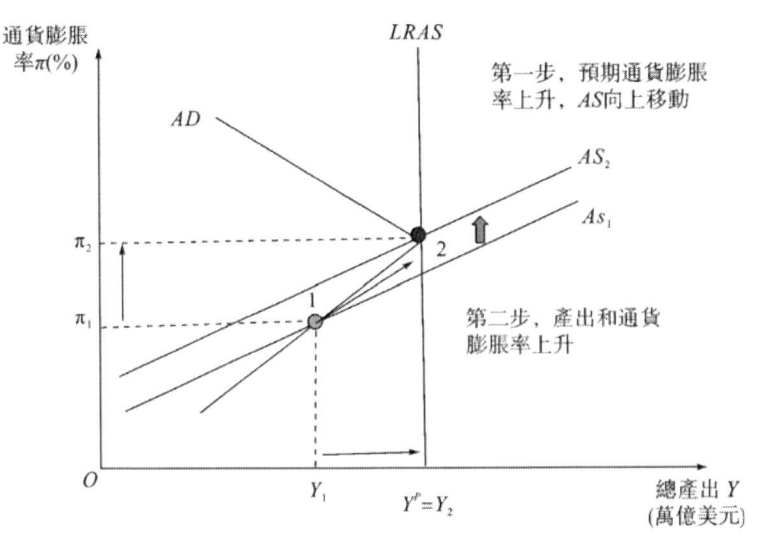

圖 10-5 對於通貨膨脹預期的反應

註：通貨膨脹預期提高會引起短期總供給曲線上移到 AS_2，經濟會移動到點 2，相對地，產出增加到 Y_2，通貨膨脹率增加到 π_2。

資料來源：弗雷德里克·S.米什金. 貨幣金融學 [M]. 蔣先玲，等，譯. 北京：機械工業出版社，2016：498-500（編者略作改動）。

本章小結

1. 中央銀行貨幣政策的最終目標和中間目標共同構成貨幣政策的目標體系。最終目標主要包括穩定物價、充分就業、經濟增長和國際收支平衡。最終目標之間存在著一定程度的互補性，但也存在著一定的衝突，因此需要進行權衡與取捨。其方式一般有雙重使命與層級使命兩種模式。

2. 貨幣政策中間目標的選擇標準主要是可控性、相關性和可測性。20世紀70年代以前，西方各國中央銀行選擇的仲介目標主要是利率；20世紀70年代以後，西方各國中央銀行對仲介目標的選擇轉到了貨幣供應量上；進入20世紀90年代以後，由於經濟、金融環境的變化，西方各國中央銀行先後放棄貨幣供應量，改以調整利率作為貨幣政策仲介目標。

3. 中央銀行的貨幣政策工具有常規貨幣政策工具、非常規貨幣政策工具及其他政策工具。常規性貨幣政策工具主要是再貼現政策、存款準備金政策和公開市場業務。前兩種在實施過程中由於衝擊較大和缺乏足夠的靈活性，中央銀行在日常操作過程中不能經常運用。公開市場業務既能直接影響整個銀行系統的準備金水平，又具有較大的靈活性，因此成為中央銀行最重要也最常使用的政策工具。此外，還有其他一些貨幣政策工具，包括選擇性貨幣政策工具、直接信用控製工具和間接信用控製工具。

4. 非常規貨幣政策工具是在當經濟經歷全面的金融危機及其不斷蔓延，傳統貨幣政策工具的作用被大大削弱甚至失效，中央銀行需要非利率工具來刺激和穩定經濟時使用的工具。非常規的貨幣政策工具主要有以下三種形式：流動性供給、資產購買以及未來政策行動承諾。

重要概念

貨幣政策　菲利普斯曲線　層級使命　雙重使命　貨幣政策中間目標
常規性貨幣政策工具　再貼現政策　存款準備金政策　公開市場業務
直接信用控製　信用分配　非常規性貨幣政策工具　量化寬鬆　信貸寬鬆
前瞻性指引

復習思考題

1. 對《中華人民共和國中國人民銀行法》中關於貨幣政策目標的規定，你是如何理解的？
2. 什麼是雙重使命與層級使命？
3. 為什麼要設立貨幣政策中間目標？中間目標的選擇標準如何？
4. 中央銀行應該如何應對資產價格泡沫？
5. 試述再貼現政策、存款準備金政策、公開市場業務三大政策及其作用，並比較

其優缺點。

6. 試比較常規與非常規貨幣政策。
7. 非常規貨幣政策工具有哪些？怎樣看待這些工具的作用？
8. 目前中國公開市場操作的交易方式有哪些？

第十一章　貨幣政策(二)
　　　　　實施與效應

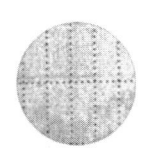

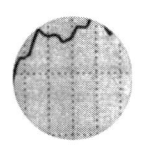

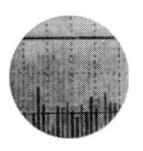

貨幣政策是一國通過中央銀行為了實現一定的經濟目標而在金融領域內所採取的調節和控製貨幣供給量等方面的各種方針和措施。那貨幣政策具體如何實施呢？貨幣政策能否生效、怎樣生效呢？本章主要闡述貨幣政策的操作規範、傳導機制和政策效應。

第一節　貨幣政策操作規範

貨幣政策的操作規範是指中央銀行制定和實施貨幣政策時遵循的行為準則，是影響貨幣政策效果的重要因素。從 19 世紀中葉通貨學派和銀行學派之爭開始，經過 20 世紀 20 年代芝加哥學派的價格穩定論到凱恩斯主義與貨幣主義的論戰，直至 20 世紀 80 年代論述中央銀行最優合約設計文獻的激烈爭論至今未果。這種爭論也構成了實施貨幣政策的理論依據。從各國貨幣政策操作實踐來看，主要有兩種範式，即相機抉擇與規則。

一、相機抉擇

相機抉擇（Discretion）是指中央銀行在操作政策工具以實現既定目標時，不受任何固定程序或原則的束縛，而是依據經濟運行狀況靈活地選擇其最優的行動。

相機抉擇是凱恩斯學派的主張。相機抉擇論是基於其對市場經濟的特點分析而提出的，其隱含的前提是，一國中央銀行可以根據具體的經濟情勢，機動靈活地制定和實施貨幣政策來調節有效需求，可以熨平經濟的週期性波動。相機抉擇的貨幣政策具有靈活性的優勢，能夠針對意外的衝擊，採取迅速的應對措施。

1929—1933 年經濟大危機時期，許多國家對於如何擺脫經濟危機束手無策。后來羅斯福新政取得了較好的效果。受此啓發，凱恩斯認為，政府不應對宏觀經濟無所作為，應該根據具體的經濟狀況，靈活地制定和實施貨幣政策調控經濟，採取「逆風向而行事」，從而熨平經濟的週期性波動。從此，相機抉擇被西方國家用來作為需求管理的重要方法，並廣為流行。

進入 20 世紀 70 年代以後，西方世界出現的「滯脹」給凱恩斯主義理論與政策帶來了巨大的挑戰，相機抉擇這種操作範式也受到了很大的質疑。弗里德曼在 1960 年出版的《貨幣穩定計劃》中指出，很多時候美聯儲本身就是經濟不穩定的一個根源，並且中央銀行容易受到公眾意見和政治壓力（利益集團）的干擾，再加上由於評判業績的標準非常不精準，中央銀行權變操作的權力使之能夠避開社會公眾的嚴厲追究，從而主張實行貨幣增長率固定不變的單一規則。

進入到 20 世紀 70 年代后期，更多的經濟學家認為相機抉擇這種操作範式具有時間非一致性（Time Inconsistency）或動態非一致性（Dynamic Inconsistency）的缺陷。時間非一致性是指如果一項政策在制定初始滿足最優原則，然而隨著政策實施，從未來觀點看即便沒有新的信息出現，政策也已經不再最優。相機抉擇缺乏紀律的約束，

具有很大的主觀隨意性,由於貨幣政策時滯長且不穩定,往往導致過頭的政策行為,加深對經濟的干擾。時間非一致性具有內在的通貨膨脹偏向,即使中央銀行意識到相機抉擇的政策將導致不良后果(高通貨膨脹率的同時產出水平並沒有提高),也仍然無法執行控製通貨膨脹率這一更好的政策,因為政治家會對中央銀行施壓,試圖通過實施過度擴張的貨幣政策以刺激產出增加。因此,按規則行事,有助於防止貨幣政策的時間不一致問題。

二、規則

貨幣政策規則是指在貨幣政策實施以前,事先確定操作貨幣政策工具的程序和原則並據以進行實際的操作。其核心是在方法上遵循計劃,而不是偶然或隨機地採取行動,結果表現出政策操作的系統性。規則具有預承諾機制,從而可以解決貨幣政策決策的時間不一致問題。貨幣政策操作規則包括工具規則(Instrument Rules)和目標規則(Targeting Rules)。工具規則,即通常所說的政策規則。目標規則是指貨幣當局公開宣布一個目標變量的值作為名義錨,使得一個相應的損失函數最小化的一種特殊的安排。規則的具體形式與實踐主要有以下四種:

(一)貨幣數量單一規則

貨幣數量單一規則是一個目標規則,是排除利息、信貸流量、超額準備金等因素,而以一定的貨幣供給量作為唯一因素支配的貨幣政策,即保持穩定的貨幣增長率的規則。貨幣主義選擇貨幣數量單一規則的理由是能避免貨幣政策受政治因素所左右、提供判斷中央銀行業績的標準和確保經濟主體享有穩定的貨幣政策環境預期。20世紀70年代,貨幣數量單一規則被一些國家用來治理「滯脹」,收到較好的效果。

(二)泰勒規則

泰勒規則也稱利率規則,是在不忽略長期物價穩定目標的情況下,中央銀行如何基於目標實際利率和目標通貨膨脹率利用利率對本國貨幣供求進行調控的貨幣政策規則。可見,泰勒規則是一個工具規則。泰勒通過對美國、英國以及加拿大等國的貨幣政策實踐的細緻研究發現,在各種影響物價水平和經濟增長率的因素中,實際利率是唯一能夠與物價和經濟增長保持長期穩定相關關係的變量,調整實際利率應當成為貨幣當局的主要操作方式。

泰勒指出,聯邦基金利率應該等於通貨膨脹率加上一個「均衡」的實際聯邦基金利率(實際聯邦基金利率在長期內與充分就業相適應)再加上兩個缺口的加權平均值:第一,通貨膨脹缺口,即當前的通貨膨脹率減去目標通貨膨脹率;第二,產出缺口,即實際GDP與在充分就業水平條件下的潛在GDP估計值之間的百分比偏差。泰勒以美國為研究對象,認為這個規則可以寫成:

$$聯邦基金利率 = 通貨膨脹率 + 均衡的實際聯邦基金利率 + \frac{1}{2}通貨膨脹缺口 + \frac{1}{2}產出缺口$$

假定均衡的實際聯邦基金利率為2%,適當的目標通貨膨脹率也是2%,通貨膨脹缺口和產出缺口的權重都是1/2。如果通貨膨脹率是3%,從而形成了正的通貨膨脹缺

口1%（3%-2%），而實際GDP比潛在GDP水平高出1%，因此就有正的產出缺口1%。這樣，聯邦基金利率水平就應該設定在6%（=通貨膨脹率3%+均衡的實際聯邦基金利率2%+1/2通貨膨脹缺口1%+1/2產出缺口1%）。

泰勒規則的政策含義是聯邦基金名義利率要順應通貨膨脹率的變化以保持實際均衡利率的穩定性。如果產出的增長率超過潛在水平或失業率低於自然失業率以及預期通貨膨脹率超過目標通貨膨脹率，從而使實際利率偏離實際均衡利率，貨幣當局就應運用政策工具調節名義利率，使實際利率回覆到實際均衡利率。例如，通貨膨脹缺口的係數為正，並且等於1/2。如果通貨膨脹率上升1個百分點，聯邦基金利率的目標就要提高1.5個百分點，其正常幅度超過了1：1的水平。換言之，通貨膨脹率上升1個百分點會導致實際的聯邦基金利率上漲0.5個百分點。這種貨幣當局應該將名義利率提升至高於通貨膨脹率升高幅度的水平的原則，稱為泰勒原理（Taylor Principle），它對於貨幣政策的成功發揮著至關重要的作用。從效果看，美國經濟自20世紀90年代以來出現了高增長率、低通貨膨脹率、低失業率並行的良性發展態勢。如果沒有遵循泰勒原理，名義利率提高的幅度低於通貨膨脹率的上升幅度，那麼在通貨膨脹率上升的情況下實際利率就是下降的。由於在此情況下通貨膨脹率的上升將會導致實際上出現了寬鬆的貨幣政策，這將在未來導致更高的通貨膨脹水平，因此這種情況會導致嚴重的經濟動盪。從圖11-1可以看到，在20世紀70年代，政策效果很差，表明當時並沒有遵循泰勒規則，從而解釋了當時貨幣政策效果低下的原因；而由格林斯潘和伯克南領導下的聯邦儲備理事會設定美國聯邦基金利率方面，泰勒規則的效果很好。但這並不意味著泰勒規則就十分完美。因為經濟是動態的，一直都在不斷地發生變化，泰勒規則係數不可能在任何情況下都保持不變，因此不太可能在任何時候泰勒規則都能產生最佳的貨幣政策效果。例如，發生在2007—2009年的全球金融危機，需要複雜的貨幣政策行動，因為信用利差的變化（有信用風險和沒有風險證券的利率差異）可能會以此改變聯邦基金利率影響投資決策及經濟活動的方式。

圖11-1 1960—2014年聯邦基金利率的泰勒規則

資料來源：弗雷德里克·S.米什金.貨幣金融學[M].蔣先玲，等，譯.北京：機械工業出版社，2016：388.

（三）麥考勒姆規則

麥考勒姆規則也稱名義收入規則，是一個目標規則。麥考勒姆主張貨幣政策以名義收入為預定目標，同時以基礎貨幣規劃進行操作。麥考勒姆規則與泰勒規則的區別

在於操作工具和目標變量的不同。根據這一規則，基礎貨幣增長率依照名義 GDP 增長率與設定的目標之間的離差而變動。兩種規則中，究竟選哪一種，依賴具體的經濟環境。

(四) 通貨膨脹定標規則

1. 通貨膨脹定標規則的含義及其要素

通貨膨脹定標規則也稱通貨膨脹目標制（Inflation Targeting），是中央銀行直接以通貨膨脹為目標並對外公布該目標的貨幣政策操作制度。在該制度下，傳統的貨幣政策體系發生了重大變化，在政策工具與最終目標之間不再設立中間目標，貨幣政策的決策依據主要依靠定期對通貨膨脹的預測。政府或中央銀行根據預測提前確定本國未來一段時期內的中長期通貨膨脹目標，中央銀行在公眾的監督下運用相應的貨幣政策工具使通貨膨脹的實際值和預測目標相吻合。

通貨膨脹定標規則在實施過程中呈現出以下特點（詳見表 11-1）：第一，承諾維持一個具體的長期通貨膨脹水平，長期價格穩定將是壓倒一切的首要的政策目標。第二，中央銀行短期內擁有採取靈活政策的權力——這就是「彈性通貨膨脹目標」這一術語的真正含義。第三，要求貨幣政策決策者保持實質性的開放和透明。例如，應定期公布通貨膨脹形勢報告。

1990 年，新西蘭率先正式採用通貨膨脹目標制，隨后加拿大在 1991 年、英國在 1992 年、瑞典和芬蘭在 1993 年以及澳大利亞和西班牙在 1994 年，先後採用了通貨膨脹目標制。此後，以色列、智利和巴西等國家也紛紛採取了某種形式的通貨膨脹目標制。美國是緩慢推進通貨膨脹目標制的國家。1987—2006 年，由艾倫·格林斯潘任美聯儲主席，他比較主張採用泰勒規則，實現了良好的宏觀經濟表現（包括低而穩定的通貨膨脹），但也存在缺乏透明度和較低的職責約束要求使得美聯儲易於受到時間不一致問題干擾的缺點，從而促使其轉而追求以犧牲長期目標為代價的短期目標。因此，當本·伯南克 2006 年成為美聯儲主席後，增加美聯儲透明度及通貨膨脹目標制獲得了擁護。聯邦公開市場委員會最終走向了通貨膨脹目標制，是在 2010 年 1 月 25 日發布了「關於長期目標和貨幣政策戰略的文件」。在這份每年 1 月更新一次的文件中，聯邦公開市場委員會同意通貨膨脹目標單一數值以 PCE 平減指數記為 2%，但這份文件中明確聲明美聯儲將尋求一種靈活的通貨膨脹目標制形式，與其雙重使命一致，因為美聯儲將不止尋求實現其目標通貨膨脹，還會聚焦於促進最大可持續就業。歐洲中央銀行同樣遵循著一種弱形式的通貨膨脹目標制。不過，歐洲中央銀行奉行的是一種混合貨幣政策操作，包含一些通貨膨脹目標制內容的要素。在 2003 年 5 月，歐洲中央銀行宣布了一個中期的通貨膨脹目標：低於但是接近 2%。歐洲中央銀行的這項戰略具有兩個「支柱」。首先，以「對於未來的通貨膨脹和經濟增長的影響」為標準，對貨幣和信貸總量進行評價；其次，在評價未來的經濟前景時使用許多其他的經濟變量。

表 11-1　　　　　　　　　　　通貨膨脹定標的基本要素

國家/指標	通貨膨脹目標	期限	剔除內容	時期	採取時期	通貨膨脹報告	誰設定目標	出版報告
澳大利亞 CPI	平均為 2%~3%	週期	抵押利率 政府控製價格 能源價格	是	1994/1/1	否	政府	否
加拿大 CPI	1992年：2%~4% 1993—2001年：1%~3%	年	直接稅 食品與能源價格	否	1991/2/26	是	共同	否
芬蘭 CPI	1995年以來：2%	年	建築成本 直接稅 政府補貼	是	1993/2/2	否	中央銀行	否
新西蘭 CPI	1990年：3%~5% 1991年：2.5%~4.5% 1992年：1.5%~3.5% 1993年：0~2% 1994年以來：0~3%	年	商品價格 政府控製價格 利息、信貸成本	是	1990/3/2	是	共同	是
波蘭 CPI	1999年：8%~8.5% 2003年：低於4%	年	對通貨膨脹有害的信息	是	1999/1/1	是	中央銀行	否
西班牙 CPI	1996年：3.5%~4% 1997年：3%~3.25% 1998年：2%	年	抵押利息	是	1995/1/1	是	中央銀行	否
瑞典 CPI	1995年以來：1%~3%	年	直接稅 補貼	否	1993/1/15	是	中央銀行	是
英國 RPI	到1997年6月：1%~4% 1997年6月以來：2.5%	年	抵押利率	否	1992/10/8	是	政府	是

資料來源：錢小安. 貨幣政策規則 [M]. 北京：商務印書館，2002年：322.

案例 11-1

新西蘭：採用最優中央銀行合同的國家

1989年，新西蘭決定進行一場雄心勃勃的中央銀行法改革。當時，新西蘭被視為是採用最優中央銀行合同的樣板國家。新西蘭政府與中央銀行的協議於1990年2月1日生效。政府明確地委託中央銀行，在一個過渡期之後要把通貨膨脹率控製在0~2%的目標走廊裡，中央銀行可以自由決定為此想運用的貨幣政策工具（政策工具獨立性）。但根據議會決議，政府能為中央銀行確定一個偏離價格穩定的目標值。

如果實際通貨膨脹率超過規定的幅度，中央銀行首腦必須接受懲罰——在最嚴重的情況下他可能被免職。對目標值的偏離只能在特定的嚴重衝擊下才是允許的。這個規定被解釋為條件合同，它明確規定一個通貨膨脹目標以及只在公眾可觀察到的外生供給衝擊下所允許的偏離幅度。為了實施穩定激勵，事先按名義值確定中央銀行5年期的預算。

衡量通貨膨脹率的標準是經修正的消費品價格指數。在計算這個「基礎通脹率」時，由間接稅的變化而引起的價格影響、利率影響以及食品與能源部門的價格上漲要被剔除在外，其理由是貨幣政策不應對因這些要素而引起的短期強烈波動做出反應。

這些例外規定應該允許在出現供給衝擊時採取靈活性做法（如因匯率變動而引起的貿易條件的變化或者引起牲畜存欄嚴重下降的自然災害）。如果對基於官方消費價格指數的目標走廊的偏離能被明確證明是由於特殊要素所致，那麼形勢無疑會更為透明。

為實現預定的目標，新西蘭中央銀行對預期價格發展進行持續分析。中央銀行定期公布其預測並以多種方式向公眾提供信息。一旦預測的通貨膨脹率超出目標走廊，就採取嚴格的貨幣政策措施。

1992年，新西蘭的通貨膨脹率已降到1.0%。不管是直接歸功於新的合同還是更一般的是由於政策的轉換而帶來更大的穩定（與全世界範圍內的通貨膨脹趨勢回落階段相吻合），這個成就都使新西蘭模式備受關注。

后來的發展已經提出疑問：由於中央銀行在1993—1994年度低估了景氣繁榮從而推行了一項更寬鬆的貨幣政策，結果在1995—1996年度通貨膨脹率超出了2%的限度。到1996年年末，該範圍又擴大到0~3%。之後，通貨膨脹率只有在2000年、2006年、2008年和2011年短暫地超出過範圍，幅度也都很小，並且在2013年暫時性地輕微降低到目標範圍以下（根據《新西蘭儲備銀行法》的規定，儲備銀行行長應該被免職，但是經過議會討論，他每次都繼續留任）。這是由於存在很長的時滯，因此幾乎沒有任何有效的激勵來對這種失誤行為進行事後的懲罰，尤其是因為預測失誤在事後大都是可原諒的。自1992年以來，新西蘭的經濟增長率一直保持高位，有些年份甚至超過5%，失業率也顯著下降。

2. 通貨膨脹定標規則的優點

從實際效果來看，通貨膨脹定標規則在穩定經濟方面已取得了顯著效應，採用該體制的國家不僅保持了產出的平穩增長，而且使長期以來居高不下的通貨膨脹率控制在合理的水平。通貨膨脹定標規則的優點主要體現在如下幾個方面：

第一，具有前瞻性。該規則表明貨幣政策工具的調整以預期未來通貨膨脹率偏離目標值的變化為基礎，因此對未來預測區間的選擇至關重要。目前這些國家對未來預測區間的選擇為2年，但人們仍在對最優的預測區間選擇做進一步研究，同時關注其他指標，如要考慮時滯。

第二，增加透明度。通貨膨脹目標制十分重視政策制定的透明度，經常與政府進行溝通，並且與公眾定期進行交流，其方式有中央銀行的官員利用一切機會向公眾發表有關貨幣政策策略的演講、參與包括分發精美的小冊子之類的擴大信息公開的活動，而且還發行如英格蘭銀行的《通貨膨脹報告》一樣的出版物，圖文並茂，用生動形象的數據、圖表來吸引公眾的視線，通俗易懂。公布和解釋的內容主要是：貨幣政策的目標和局限性，包括通貨膨脹目標的基本原理；通貨膨脹的目標值及其決定依據；價格指數、目標期限和目標區的類型；在當前的經濟環境下，如何實現通貨膨脹目標；偏離通貨膨脹目標的原因；等等。這樣做使公眾能及時獲取貨幣政策決定、決策依據的原則以及對未來發展前景評估等相關信息。這些溝通與交流降低了貨幣政策、利率以及通貨膨脹的不確定性，從而使私人部門能夠更好地制訂計劃；幫助公眾瞭解什麼是中央銀行能做到的、什麼是中央銀行做不到的；溝通還有助於澄清中央銀行和政治家在貨幣政策實施過程中的責任。

第三，提高穩定性與可靠性。通貨膨脹定標明確提出了貨幣政策目標，使通貨膨脹預測成為仲介目標。通貨膨脹定標作為對目標規則的一種承諾，貨幣當局可以自由選擇合適的工具實現這一目標規則。定標會帶來更低的通貨膨脹易變性，中央銀行的承諾使在貨幣政策執行過程中得以體現其可信程度。當中央銀行具有可靠性時，通貨膨脹的實際成本有所下降，即可靠性津貼（Credibility Bonus）。

第四，增強責任約束。通貨膨脹目標制具有增強中央銀行責任的趨勢。事實上，透明、溝通與增強責任是齊頭並進的。在實行通貨膨脹目標制的國家中，具有最強職責約束要求的國家是新西蘭。如果沒有達到通貨膨脹目標，即使只是一個季度，新西蘭政府都有權解雇儲蓄銀行行長（不過，實際上沒有發生過。因為很長的時滯，預測失誤在事後大都能被原諒）。在其他實行通貨膨脹目標制的國家，中央銀行的責任則遠不及此。但是，通貨膨脹目標制強調的政策透明度往往能夠促使中央銀行對公眾和政府高度負責。用預先公布的、明確的通貨膨脹目標作為衡量指標，在貨幣政策實施中不斷取得的成功，能夠促使公眾支持中央銀行的獨立性及其政策。即使對績效評價和懲罰並沒有一個嚴格的規定和法律標準，這種公眾的支持和責任感也會產生。

第五，增強中央銀行的獨立性，減少時間不一致問題。通貨膨脹目標制因為是事先確定目標並對外公布，可以增強對中央銀行的職責約束，從而避免中央銀行試圖為了在短期內擴大產出、提高就業率而施行過度擴張的貨幣政策，因此可以降低中央銀行陷入時間不一致問題的可能性；也可以減輕中央銀行受其他政府部門的影響、指揮或控制以及追求擴張性貨幣政策的政治壓力，從而降低發生時間不一致問題的可能性，有助於提高中央銀行實現價格穩定的可靠性。

第六，提高貨幣政策效率。貨幣政策目標單一，不需要對多重目標之間加以權衡和協調；公開通貨膨脹目標值，可以引導公眾形成合理的通貨膨脹預期，有利於提高貨幣政策的執行效率；具有較高的獨立性，自主運用政策工具，增加了政策操作的靈活性，有利於提高貨幣政策的操作效率。從採用通貨膨脹目標制的國家可以看到似乎都顯著降低了通貨膨脹率和通貨膨脹預期，如果沒有通貨膨脹目標，通貨膨脹率和通貨膨脹預期很可能上升。此外，這些國家的通貨膨脹率一旦下降，就往往一直保持在較低的水平。在經濟週期中，即使在通貨緊縮后的擴張性週期中，採用通貨膨脹目標制國家的通貨膨脹率也沒有出現反彈（如圖11-2）。

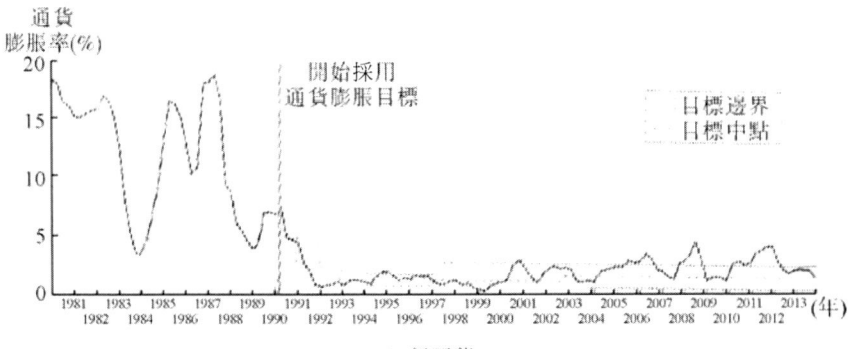

a）新西蘭

b) 加拿大

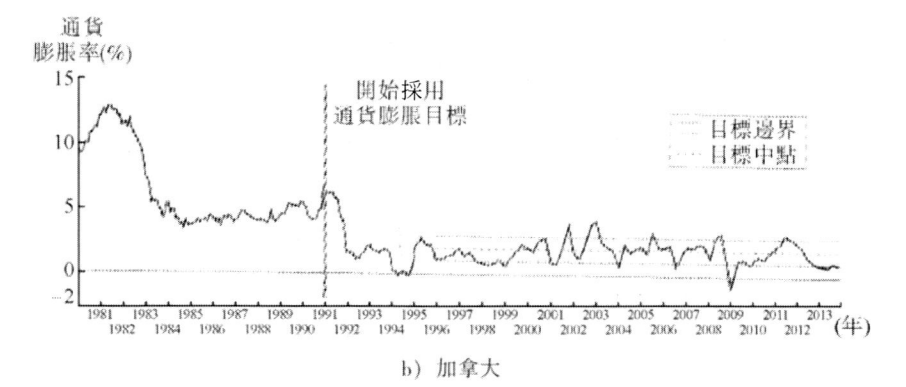

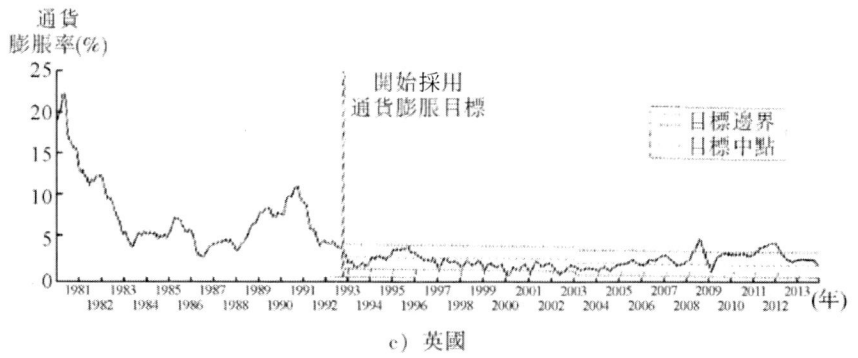

c) 英國

圖 11-2　1980—2014 年新西蘭、加拿大與英國的通貨膨脹率和通貨膨脹目標

資料來源：弗雷德里克·S.米什金. 貨幣金融學 [M]. 蔣先玲，等，譯. 北京：機械工業出版社，2016：372.

3. 通貨膨脹定標規則的不足

通貨膨脹定標規則的反對者認為，通貨膨脹定標規則主要有四個缺點：信號遲滯、過於僵化、增加產出波動的潛在可能以及緩慢的經濟增長。我們將依次考察這些缺點，並探究這些批評是否合理。

第一，信號遲滯。貨幣當局較難控制通貨膨脹，而且由於貨幣政策具有很長的時滯，因此通貨膨脹的結果通常需要比較長的時間才會出現。這樣，通貨膨脹目標就不會及時向公眾和市場傳遞有關貨幣政策立場的信號。

第二，過於僵化。一些經濟學家認為，規則產生的任何約束都是高成本的，它削弱了中央銀行處理突發事件和應對經濟結構變革的能力。實際上，從各國的操作來看，通貨膨脹目標制並不是僵化刻板的，並沒有對中央銀行如何實施貨幣政策設定簡單機械的規定，而是要求中央銀行利用所有可得的信息來確定合適的政策行動，以期到達通貨膨脹目標。如前所述，要求貨幣政策具有前瞻性，中央銀行不能僅僅關注於一個重要變量，應當同時關注更多變量；通貨膨脹目標也可以根據經濟形勢進行修正，在很大程度上包括了政策酌情權，因此該規則不是「嚴格的規則」，而是屬於「靈活的通貨膨脹目標制」。

第三，增加產出波動的潛在可能。對於通貨膨脹目標制最嚴厲的批判是其只關注

通貨膨脹，在實際通貨膨脹率超出目標的時候，可能會導致過於緊縮的貨幣政策，從而引發產出的大幅波動。事實是，採用通貨膨脹目標的中央銀行對於產出波動給予了極大的關注，所有通貨膨脹目標制定者都將通貨膨脹率目標設定在高於零的水平上。例如，新西蘭、加拿大、英國和瑞典目前將通貨膨脹目標中間點設定為2%，而澳大利亞將此設為2.5%。

通貨膨脹目標制定者沒有忽視傳統的穩定性目標，選擇把通貨膨脹目標設定在高於零的水平上，反映了貨幣政策制定者對低通貨膨脹率給實體經濟活動帶來嚴重負面效應的擔憂，尤其對通貨緊縮的擔憂，因為這可能會增加金融的不穩定性，促使經濟陷入嚴重的緊縮狀態。近年來，日本的通貨緊縮就是日本金融體系和經濟疲軟的重要因素。目標通貨膨脹率高於零，降低了出現通貨緊縮的可能性。也正是因為這個原因，日本國內外一些經濟學家呼籲日本銀行將通貨膨脹目標設定在2%的水平上，而日本銀行最終於2013年實現這一目標水平。

第四，緩慢的經濟增長。普遍認為，通貨膨脹目標制會導致產出和就業率增長緩慢。儘管通貨膨脹目標制下，在抑制通貨膨脹的階段，通貨膨脹的降低伴隨著低於正常水平的產出。一旦低通貨膨脹率的目標實現了，產出和就業至少會恢復到先前的水平。因為實行通貨膨脹目標制國家的中央銀行十分關注產出和就業率的波動，都想通過逐步降低中期通貨膨脹目標而朝著長期目標邁進，以使產出的下降達到最小的程度。從很多實行通貨膨脹目標制的國家在抑制通貨膨脹以後的強勁經濟增長（比如新西蘭）現實可以得出一種結論，即通貨膨脹目標制在有效控製通貨膨脹以後，還能促進實體經濟增長。

第二節 貨幣政策傳導機制

中央銀行確定貨幣政策目標之後，為了實現這些目標，達到影響整個社會經濟活動的目的，就必須採取各種方針和措施。而無論是採用何種方針和措施，最終都必然反映在貨幣供給量和利率的變動上。那麼，貨幣供給量和利率的變化是怎樣影響總需求從而使實際經濟活動發生變化呢？貨幣政策影響總需求的各種渠道，就是貨幣政策傳導機制（Transmission Mechanism of Monetary Policy）。貨幣政策傳導機制理論是分析和說明貨幣政策措施變動之後，中央銀行操作適當的政策工具調控貨幣供應量，貨幣供應量的變動如何誘發和影響微觀經濟主體的消費和投資行為，從而導致宏觀經濟總量發生變化的一整套機制的理論。西方經濟學家在構造其各自的貨幣理論時無不提出自己的貨幣政策主張，而在論述這些主張時又無不詳盡地闡述貨幣政策影響實際經濟活動的傳導過程。由於其各自所處的經濟情況和所堅持的基本貨幣理論不同，各派經濟學家對貨幣政策傳導機制問題也就因此而有差異，尤其是金融市場日趨複雜，實證研究盛行，爭論更為激烈。

一、利率傳導渠道

(一) 維克塞爾的觀點

貨幣政策傳導的利率渠道理論最早應追溯到19世紀末維克塞爾的自然利率說。維克塞爾認為，自然利率是借貸資本的需求與供給完全一致所形成的利率。經濟擴張與經濟收縮的原因在於貨幣利率與自然利率的偏離，從而導致經濟上升或收縮的累積過程。

在古典經濟學的絕大多數文獻中都不存在貨幣政策傳導機制分析。因為在許多經濟學家看來，貨幣不過是罩在實體經濟之上的一層面紗，對就業量、產量等實際經濟變量並不產生影響，貨幣數量變動只影響物價水平而不影響實際經濟活動。在貨幣政策傳導機制理論方面做出開拓性研究工作的是瑞典學派的創始人維克塞爾。維克塞爾通過引入「自然利率」把貨幣分析與實物經濟活動相結合，深入研究了貨幣政策影響經濟活動的過程。維克塞爾認為，中央銀行實施貨幣政策以擴大或收縮貨幣供給量，必先增加或減少商業銀行的準備金。而商業銀行則根據其準備金的多少來調整利率，即在準備金過多時降低利率以擴張信用，而在準備金不足時則提高利率以收縮信用。隨著商業銀行的利率調整，貨幣利率與自然利率就將背離。一般物價水平和社會經濟活動都將發生變動，從而引起經濟擴張或經濟收縮的累積變動過程。因此，維克塞爾的貨幣政策傳導機制可以概括為：

$$\text{貨幣政策} \to \text{商業銀行準備金} \to \text{貨幣利率} \to \text{貨幣利率與自然利率的背離} \xrightarrow{\text{累積過程}} \text{一般物價水平和社會經濟活動} \tag{11-1}$$

(二) 凱恩斯學派的觀點

1. 凱恩斯的觀點

凱恩斯認為，擴張性貨幣政策或緊縮性貨幣政策導致實際利率水平下降（$r\downarrow$）或上升（$r\uparrow$），這會降低或提高資金成本，進而引起投資支出的增加（$I\uparrow$）或減少（$I\downarrow$），並最終導致總需求的增加或減少和產出水平的上升或降低。這一傳導機制可以表示為：

$$M\uparrow(\downarrow) \to r\downarrow(\uparrow) \to I\uparrow(\downarrow) \to AD\uparrow(\downarrow) \to Y\uparrow(\downarrow) \tag{11-2}$$

最初是凱恩斯強調這一傳導渠道主要是通過企業的投資支出決策發揮作用，後來又出現了新的貨幣傳導機制研究結果。

2. 托賓的「q」理論

托賓堅持凱恩斯關於貨幣供給通過利率影響收入的基本觀點，托賓認為，由利率變化到收入變化，其中有一個股票市價或企業市價變化的問題和一個固定資本重置價格變化的問題。因為利率升降的反面就是債券市價的跌漲，而債券又是可以同企業股票相替代的，所以債券市價的跌漲必然牽動企業股票的市價或企業財產市價（Ps）的跌漲。當企業財產的市價上漲時，資本家可能要賣掉原有企業而另建（重置）新企業，但這只有在另建（重置）新企業的成本依舊未漲時才有可能。如果企業重置成本與企業（股票或財產）市價同比例上漲，那就不會有上述棄舊置新的行為發生。托賓在這裡引出了一個新概念「q」，指的是企業（股票或財產）市價與企業重置成本之比。如果$q>1$，資本家便會投資於另建新企業（I），於是便有國民收入（Y）的增加；

如果 $q \leq 1$，就不會有投資的發生和收入的增長。因此，托賓所描述的貨幣政策傳導機制可以表述為：

$$M\uparrow \to r\downarrow \to Ps\uparrow \to q\uparrow \to I\uparrow \to Y\uparrow \qquad (11-3)$$

托賓指出，20世紀30年代大危機之所以久久未能復甦，是因為當時企業市價慘跌（甚至跌到原價的1/10），「q」極低，所以儘管大量增加貨幣供應，也引不起資本家的興趣。顯然，托賓的「q」理論，不僅在傳導環節的數目和過程的複雜性上超過了凱恩斯，而且還隱含著對貨幣政策效力的兩個極重要的新的限制因素：第一，價格，主要是生產要素的價格，它影響企業重置成本；第二，利率結構的變化，它可以在貨幣供給量和利率一般水平不變時，通過各產業「q」的變化來影響投資和收入。

3. 莫迪利安尼的財富效應

莫迪利安尼（Franco Modigliani）在貨幣政策傳導機制問題上補充了貨幣供給變化對私人消費量的影響。這裡的消費（Consumer）是指消費者在非耐用品和服務上的支出，它與不包括消費者在非耐用品和服務上支出的消費支出（Consumer Expenditure）不同。莫迪利安尼在《貨幣政策與消費》中認為，影響人們消費的，不是他一時的收入，而是他一生的財富。由於人們常常是在一生的各個時期都保持均勻消費，而構成一生財富的最重要的組成部分是金融資產（尤其是股票），因此貨幣供給量的增加，將通過壓低利率或提高股票市價（Ps）而影響消費者的金融資產（FW）和一生財富量（LR），再進而影響其消費支出（C）和國民收入（Y）。莫迪利安尼的貨幣政策傳導機制可以寫成：

$$M\uparrow \to r\downarrow \to Ps\uparrow \to FW\uparrow \to LR\uparrow \to C\uparrow \to Y\uparrow \qquad (11-4)$$

顯然，莫迪利安尼的貨幣政策傳導機制比凱恩斯的只注意投資多了一個消費途徑，因此提高了貨幣政策在影響收入上的作用。

新的貨幣傳導機制研究發現，消費者的房產和耐用消費品支出（Consumer Durable Expenditure），即消費者在汽車和冰箱等耐用消費品上的支出決策也屬於投資決策。因此，(11-2) 式描述的貨幣傳導的利率渠道也同樣適用於消費支出，即 (11-2) 式中的 I 也包括消費者購買住房和耐用消費品的支出。

(三) 貨幣主義的觀點

貨幣主義的貨幣政策傳導機制與凱恩斯學派的貨幣政策傳導機制不同。

第一，弗里德曼不重視利率在傳導機制中的作用，認為增加貨幣在開始時會使利率低，但不久就會因貨幣收入增加和物價上漲而使名義利率上漲。而實際利率則可能回到並穩定在原來的水平上。因此，貨幣政策的影響主要不是通過利率而間接地影響投資和收入，而是因貨幣數量超過了人們所需要的真實現金餘額，從而直接地影響社會支出和貨幣收入。

第二，弗里德曼認為，貨幣供給的變化影響的不僅是投資，而且還有消費，並因為后者在國民總產值中所占比重更大，所以通過其對收入產生的影響也許更重要。

第三，弗里德曼認為，貨幣供給量的變動是通過多種複雜的途徑而影響支出的，要把這些途徑一一找出，不但徒勞無功，而且會低估貨幣對收入的全部影響。因此，弗里德曼滿足於從實證上找出貨幣與收入的相關性，而不深究貨幣政策的傳導過程。

弗里德曼認為，更便捷而概括的辦法是觀察貨幣和收入這兩個量在變動時間上的先後規律，計算兩個變量的相關係數，並找到足夠的歷史事實來證明。這樣就可以斷定兩者的因果關係以及這種關係的密切程度和可預測程度。弗里德曼和施瓦茨在1963年發表了一篇著名的論文①《貨幣與經濟週期》。在該文中，他們根據約100年的統計資料，得到的結論是：在每個週期中，貨幣供給的增長率總是先於產量而下降，具體地說，貨幣增長率的最高峰平均比產量水平最高峰早到16個月，而最短的只有幾個月，最長的可達兩年多。他們還是認為，貨幣增長率的變動是造成經濟週期波動的原因。因此，他們描述的貨幣政策傳導機制就非常簡單，可以表述為：

$$M \rightarrow Y \qquad (11-5)$$

弗里德曼等人的這種論證方法，受到許多人的質疑，即認為其用一個「黑箱」把貨幣政策的傳導機制掩蓋起來了。雖然他們頗有根據地算出了貨幣量增長率變化與產出變化的高度相關以及兩者變化的時差規律，但是相關研究不說明因果關係，變化的時序也不一定意味著先變者是因，后變者是果。可見，弗里德曼的貨幣政策傳導機制理論比起凱恩斯主義的貨幣政策傳導機制理論要遜色得多。為了彌補這些缺陷，有些貨幣主義者（如勃倫納、梅爾澤）對傳導機制做了更精細的分析。經過貨幣主義者的努力探索和實證研究，發現貨幣數量變動對真實所得有影響，並且影響過程極其複雜，貨幣主義的貨幣政策傳導機制理論已變得完善一些。如果以 M 表示貨幣供給量，以 A 表示各種金融資產，以 B 表示銀行的放款和投資，以 C 和 I 代表消費品和投資品，我們則可以將其理論概括表述為：

$$M \rightarrow B \rightarrow A \rightarrow C(I) \rightarrow Y \qquad (11-6)$$

（11-6）式是說中央銀行調整貨幣政策后，商業銀行準備金受到增減變化的影響，為增加或減少其放款和投資，商業銀行必須改變其資金融通條件——提高或降低利率。這種融資條件的改變，自放款而影響其他金融資產的價格，並且擴散而影響真實資產的價格，最后才促使名義所得發生增減變化。

（四）匯率效應

隨著全球範圍內經濟國際化的發展和浮動匯率制度的確立，貨幣政策如何影響匯率，進而影響淨出口和總產出水平，越來越受到人們的關注。

例如，在開放經濟條件下，當國內的實際利率水平下降時，相對於外幣資產，本幣資產的吸引力會有所下降。結果是相對於其他外幣資產，本幣資產的價值下降，本幣貶值（表示 $E\downarrow$）。本幣價值的下降會使得國內商品相比於國外同類商品而言變得更便宜，因此會導致淨出口的增加（$NX\uparrow$）和總產出水平的提高（$Y\uparrow$）。這種利率渠道通過匯率發生作用的貨幣政策傳導機制可寫為：

$$貨幣政策(M\uparrow) \rightarrow 短期利率(r\downarrow) \rightarrow 短期匯率(E\downarrow) \rightarrow 淨出口(NX\uparrow) \rightarrow Y\uparrow$$

$$(11-7)$$

---

① M.弗里德曼，A.施瓦茨. 貨幣與經濟週期 [J]. 經濟學與統計評論，1963（2）：32-64.

(五) 利率傳導機制的主要特點[1]

第一，利率傳導機制強調影響消費者和企業決策的是實際利率（而不是名義利率）。

第二，對支出有主要影響的通常是長期實際利率（而不是短期實際利率）。

那麼由中央銀行的行為引起的短期名義利率的變化是如何使債券的短期和長期實際利率發生相應改變的呢？理解這個問題的關鍵在於價格粘性。所謂價格粘性，是指總體價格水平隨時間的推移調整非常緩慢，這就意味著擴張性貨幣政策在降低短期名義利率水平的同時，也會使短期實際利率隨之降低。根據利率期限結構預期假說的觀點——長期利率等於預期的未來短期利率的平均值，如果短期實際利率水平持續下降的話，長期實際利率水平也下降。實際利率水平的降低又會導致總產出水平的提高。

是實際利率而不是名義利率影響支出的結論，為利用貨幣政策刺激經濟提供了一條重要的傳導機制，即使是在通貨緊縮時期名義利率水平接近於零的情況下該機制仍然能夠發揮作用。當名義利率水平接近於零時，對未來擴張性貨幣政策的承諾會提高預期通貨膨脹率（$\pi^e \uparrow$），進而降低實際利率水平（$r = i - \pi^e$），即使當名義利率水平固定為零時也是如此，最終通過下面的利率途徑刺激總支出的增加：

$$\pi^e \uparrow \to r \downarrow \to I \uparrow \to Y \uparrow \tag{11-8}$$

這一傳導機制表明，即使在名義利率已被貨幣當局下調至零的情況下，貨幣政策依然是有效的。事實上，這一傳導機制解釋了為什麼美國聯邦儲備理事會在2008年12月採用非傳統貨幣政策，承諾在較長一段時間將聯邦基金利率保持在零的水平。通過這樣做，美聯儲試圖阻止通貨膨脹預期下降，以確保實際利率保持在低位從而刺激經濟。此外，在較長一段時間保持低利率將有助於降低長期利率，也將導致更多的支出。

在貨幣政策實踐中，是否發生了如理論所分析的情況呢？為此，一些經濟學家進行了大量的實證研究。例如，斯坦福大學的約翰·泰勒認為，有強有力的實證證據表明利率通過改變資金成本對消費和投資支出產生影響，從而使貨幣傳導機制的利率渠道在現實中發揮重要作用。但是他的觀點頗具爭議，曾任美聯儲主席的本·伯南克和紐約大學的馬克·格特勒等一些研究人員就認為，實證證據並不能證明利率水平可以通過改變資金成本來發揮重要作用。可見，這些研究人員認為傳統的利率傳導機制實證方面不足。這就為尋求其他貨幣政策傳導機制的研究提供了動力。

二、信用傳導機制

20世紀80年代以來，隨著信息技術的發展，關於貨幣政策傳導機制的研究又有了許多新的發展。其主要思想是由於信息是不對稱的、金融市場是不完善的，因此貨幣政策對於實際經濟活動是有效的。一些經濟學家認為，傳統的貨幣傳導機制忽略了信貸潛在的重要影響，將貨幣政策的作用完全歸功於貨幣供給量的變化，即通過貨幣供給量的變化改變了利率，從而改變支出。也就是說，傳統理論假設金融市場是完善的，個人和企業的各種資金來源可以方便地相互替代。事實上，由於信息的不對稱性，

---

[1] 弗雷德里克·S.米什金. 貨幣金融學 [M]. 蔣先玲，等，譯. 北京：機械工業出版社，2016：507-508.

金融市場是不完善的，在金融市場上，由於資金貸出者不瞭解借款人的情況，信息不對稱性催生了金融仲介機構。金融仲介的作用在於：專門從事信息收集工作；通過非價格機制篩選掉不良借款人；設計各種機制，激勵借款者履約。因此，信貸作為商業銀行的產品很難被其他資金來源取代。到了 20 世紀 90 年代，這些思想得到了許多經濟學家的重視。隨著對於市場缺陷的認識和對利率作用的反覆檢討，信貸在貨幣政策傳導中的作用開始得到加強，並逐漸形成了銀行貸款渠道和平衡表即資產負債表渠道（包括非對稱信息效應、流動性效應、現金流效應、預料之外的價格水平效應）兩種信用傳導理論。

(一) 銀行貸款渠道

這種觀點認為，在信息不對稱環境下，商業銀行的資產業務與負債業務一樣，具有獨特的政策傳導功能。也就是說，銀行貸款與其他金融資產（如債券）不可完全替代，特定類型的借款人的融資需求只能通過銀行貸款得以滿足，從而使得貨幣政策除經由一般的利率機制傳導外，還可通過銀行貸款的增減變化進一步強化其對經濟運行的影響。首先是格林沃爾德和斯蒂格利茨（1987）在《不完全信息、財務約束與商業波動》中強調了信貸在經濟週期中，尤其是在貨幣政策向經濟的傳導中的作用。其后不久，伯南克與布林德（Bernanke & Blinder, 1988）在《信用、貨幣與總需求》中率先對貨幣政策如何經由銀行信貸傳導進行了正式探討。

隨著貨幣政策緊縮，銀行資金來源（如存款）減少，從而當銀行資產結構基本不變時，銀行貸款的供給也被迫削減，結果在因利率普遍提高而抑制投資的基礎上，還致使那些依賴銀行貸款融資的特定借款人進一步削減投資，國民收入隨之減少。反之，隨著貨幣政策擴張，比如增加公開市場購買，增加了銀行貸款的可供量。如果某些特定的借款人只能從銀行而不能從其他來源借款，銀行貸款對經濟活動具有特殊的作用，那麼貸款的增加將引起投資支出（也可能是消費支出）的增加。因此，可將該傳導機制表述為：

$$公開市場購買或出售 \rightarrow M\uparrow(\downarrow) \rightarrow 貸款\uparrow(\downarrow) \rightarrow I\uparrow(\downarrow) \rightarrow Y\uparrow(\downarrow) \quad (11-9)$$

銀行信貸渠道的重要含義在於：其一，即使存在如凱恩斯所述的流動性陷阱，導致傳統的利率傳導機制根本無效，貨幣政策也可通過信用供給的變動從而繼續發揮作用。其二，貨幣政策對小企業的影響要大於對大企業，因為小企業更依賴於銀行貸款，而大企業可以直接通過股票、債券市場而不必通過銀行進入信用市場。其三，利率和貨幣供給不是貨幣政策緊縮或擴張的唯一指標，銀行貸款數量也可以是一項指標。

儘管這一結論已經為相關研究所證實，但是理論界也對銀行貸款渠道提出了許多質疑。因為中央銀行影響商業銀行貸款供給的能力一般取決於如下幾個因素：一是非銀行仲介機構的作用。借款人的融資需求並非必須依賴銀行，而可以通過更為廣泛的非銀行金融機構得以滿足。二是商業銀行通過對資產結構調整抵消準備金變動的能力。如果商業銀行能通過資產結構的調整，來抵消準備金的變動，中央銀行就可能無法影響商業銀行的貸款供給能力。三是法定風險資本比例的影響。近年來，國際強化金融體系監管與風險防範的普遍趨勢是實行風險資本比例控製（Risk-Based Capital Requirement），比如巴塞爾協議。一般來說，風險資本比例控製的引入會削弱中央銀行擴

張銀行貸款供給的能力，這是因為一旦銀行達到法定風險資本比例的下限，擴張的貨幣政策也無法促使銀行增加貸款，而只會使不受風險資本比例要求約束的證券持有額上升；此時即使不是所有銀行都受法定風險資本比例約束，但由於鎖定效應的存在，貨幣政策經由銀行信貸機制傳導的效力也將大大降低（Kashyap & Stein, 1994）。由此可見，儘管有確鑿證據表明商業銀行在仲介融資活動中具有不可替代的獨特作用，但關於中央銀行是否能影響商業銀行貸款供給能力這一點，論據不充分。因此，銀行信貸觀點還有待進一步研究。不過許多經濟學家認為，銀行貸款渠道在2007—2009年衰退后的美國經濟緩慢恢復過程中起到重要的作用。

（二）平衡表渠道

1. 企業平衡表渠道（非對稱信息效應）

企業平衡表渠道也是源自信貸市場上的信息不對稱問題。信息不對稱的存在，導致了逆向選擇和道德風險問題。如果逆向選擇和道德風險惡化，則會使得金融市場難以向有生產投資機會的人們提供資金，並導致經濟活動急遽萎縮。而企業淨值的增加，則會使逆向選擇和道德風險變小。因為較高的淨值意味著借款人的貸款實際上有較多的擔保品，風險選擇的損失減少。淨值的增加，可以鼓勵對投資支出的融資貸款。同時，企業較高的淨值也意味著所有者在企業投入了較多股本，減輕了道德風險問題。股本投入越多，所有者從事風險投資項目的意願越低，一般不會將公司的資金投資於個人有利但不能增加公司利潤的項目。也就是說，借款人較少為個人利益而從事風險較高的投資，貸款收回的可能性變大。因此，企業淨值的增加會引起貸款增加，投資支出增長。

貨幣政策可以通過多種渠道影響企業的資產負債狀況。擴張性貨幣政策會導致股票價格的上升（$Ps\uparrow$），從而提高企業的淨值。因為淨值增加，逆向選擇和道德風險問題減少，投資支出會增加（$I\uparrow$），總需求水平隨之上升（$Y\uparrow$）。貨幣政策傳導的資產負債表渠道可描述為：

$$M\uparrow \to Ps\uparrow \to 淨值\uparrow \to 逆向選擇\downarrow 道德風險\downarrow \to 貸款\uparrow \to I\uparrow \to Y\uparrow \quad (11-10)$$

2. 家庭平衡表渠道（流動性效應）

因為耐用消費品（如汽車等）的流動性太弱，而金融資產（如銀行存款、股票或債券）的流動性很強。當預計會遇到財務上的困境時，人們通常是願意持有流動性強的金融資產而不願意持有流動性弱的耐用消費品。因此，如果財務困境的可能性增大，消費者的耐用消費品支出就會減少；反之，如果財務困難的可能性降低，耐用消費品支出就會增大。

如何估計是否會遭受財務困境的可能性大小？這主要取決於消費者的資產負債情況。具體說來，當消費者持有的金融資產與其債務相比為數很多時，其對財務困難可能性的估計會很低，從而較為樂意去購買耐用消費品。當股票價值上升時，金融資產的價值也會提高，從而耐用消費品支出也會增加，因為消費者的財務狀況更為穩妥，遭受財務困難的可能性估計也很低。這種分析也適用於對住宅的需求，因為住宅如同耐用消費品，屬於不動產。股票價格的提高會改善消費者的資產負債狀況，降低遭受財務困難的可能性，提高消費者購買新住宅的欲望。可見，貨幣與股票價格之間存在

比較密切的關聯。它們之間的關聯及對經濟的影響過程也就是貨幣政策的傳導過程。這一過程被弗雷德里克·S.米什金（Frederic S. Mishkin, 1977）在其《什麼原因使消費者財務窘迫？家庭資產負債狀況與1973—1975年的經濟蕭條》一文中描述為：

$M\uparrow \to Ps\uparrow \to$ 金融資產的價值 $\uparrow \to$ 財務困難的可能性 $\downarrow \to$ 耐用消費品支出和新住宅支出 $\uparrow \to Y\uparrow$ (11-11)

上述分析表明，貨幣政策對消費者資產負債的影響可能會對總需求有較大的影響，尤其是在大危機時期，這些影響會更為重要。因此，消費者的資產負債表也是貨幣政策的傳導途徑之一。

3. 現金流效應

現金流是指現金收入與支出的差額。擴張性貨幣政策會降低名義利率水平，企業（或家庭）的現金流會因此增加，從而改善企業（或家庭）的資產負債表。現金流增加會提高企業（或家庭）的流動性，並使得貸款人可以更加容易地瞭解企業（或家庭）能否履行償債義務。結果是逆向選擇和道德風險問題得以減輕，從而貸款總量增加，並使經濟活動更為活躍。現金流渠道可描述為：

$i\downarrow \to$ 公司現金流 $\uparrow \to$ 逆向選擇 $\downarrow$ 道德風險 $\downarrow \to$ 貸款 $\uparrow \Rightarrow I\uparrow \to Y\uparrow$ (11-12)

傳統利率傳導機制與現金流渠道的不同之處在於，前者重視實際利率水平影響投資支出，后者重視名義利率水平影響企業現金流，而且短期利率起著特殊的作用，因為通常短期（而不是長期）負債的利息支出對家庭和企業的現金流影響最大。

現金流效應與家庭平衡表渠道的唯一區別是導致支出增加的不是貸款人貸款給消費者的意願，而是消費者的支出意願。

4. 預料之外的價格水平效應

平衡表渠道還通過貨幣政策對一般價格水平的影響來發揮作用。因為在工業化國家中，債務總是以固定的名義利率計息，預料之外的價格水平的上升會降低企業負債的實際價值（減輕債務負擔），但是企業資產的實際價值不會下降。導致物價水平出現預料之外上升（$P\uparrow$）的貨幣擴張，會提高企業的實際淨值，減少逆向選擇和道德風險問題，從而使投資支出和總產出增加。整個過程可描述為：

$r\downarrow \to \pi\uparrow \to$ 預料之外的價格 $P\uparrow \to$ 公司實際淨價值 $\uparrow \to$ 逆向選擇 $\downarrow$ 道德風險 $\downarrow \to$ 貸款 $\uparrow \to I\uparrow \to Y\uparrow$ (11-13)

信用渠道之所以重要，是因為它進一步闡明了為什麼貨幣政策對經濟有著潛在的影響。儘管信貸渠道的重要地位還未充分確立，但對貨幣如何影響經濟的研究，極大地豐富了有關貨幣政策傳導機制的理論，為貨幣政策的實施與效應提供了有力的支持。

綜上所述，貨幣政策傳導途徑一般可概括為三類：第一類是通過投資支出起作用，第二類是通過消費支出起作用，第三類是通過國際貿易起作用。如圖11-3所示，在考察貨幣政策對經濟的影響時，不僅要關注名義利率，而且要關注實際利率；不僅要關注實物商品的價格，而且要關注其他資產的價格；貨幣政策能減少未來價格水平的不確定性；即使短期利率水平已經接近於零，貨幣政策的實施也能通過這些傳導途徑而有效地重振疲弱的經濟。

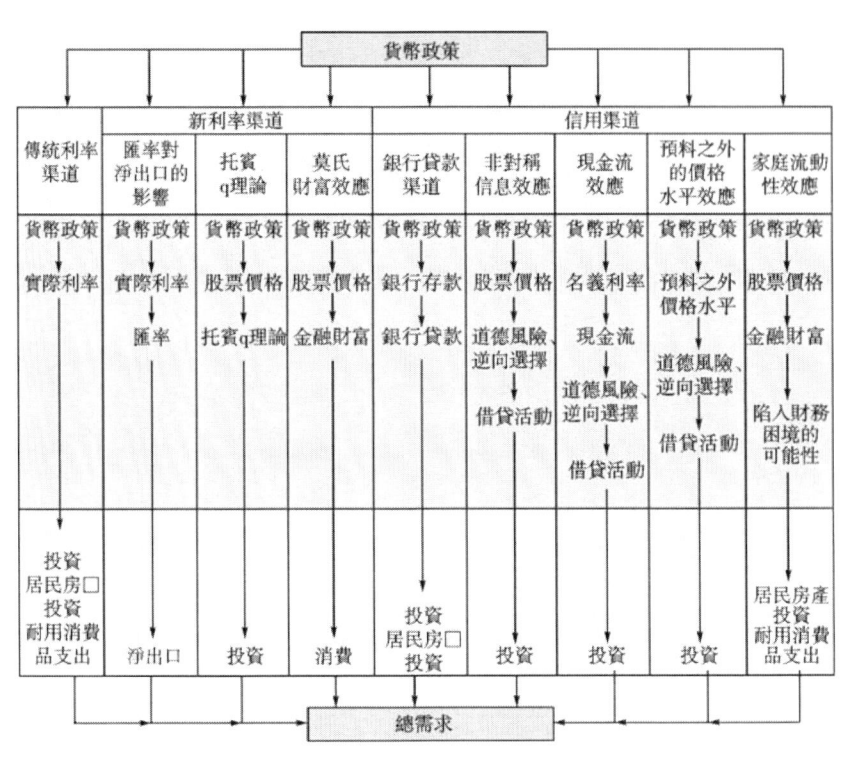

	新利率渠道				信用渠道				
傳統利率渠道	匯率對淨出口的影響	托賓q理論	莫氏財富效應	銀行貸款渠道	非對稱信息效應	現金流效應	預料之外的價格水平效應	家庭流動性效應
貨幣政策 ↓ 實際利率	貨幣政策 ↓ 實際利率 ↓ 匯率	貨幣政策 ↓ 股票價格 ↓ 托賓q理論	貨幣政策 ↓ 股票價格 ↓ 金融財富	貨幣政策 ↓ 銀行存款 ↓ 銀行貸款	貨幣政策 ↓ 股票價格 ↓ 道德風險、逆向選擇 ↓ 借貸活動	貨幣政策 ↓ 名義利率 ↓ 現金流 ↓ 道德風險、逆向選擇 ↓ 借貸活動	貨幣政策 ↓ 預料之外價格水平 ↓ 道德風險、逆向選擇 ↓ 借貸活動	貨幣政策 ↓ 股票價格 ↓ 金融財富 ↓ 陷入財務困境的可能性
投資 居民房 投資 耐用消費品支出	淨出口	投資	消費	投資 居民房 投資	投資	投資	投資	居民房產投資 耐用消費品支出

總需求

圖 11-3 貨幣政策傳導機制

資料來源：弗雷德里克·S.米什金. 貨幣金融學 [M]. 蔣先玲，等，譯. 北京：機械工業出版社，2016：508（引者略作改動）.

應用 11-1

次貸危機后的經濟衰退

隨著 2007 年夏天次貸危機的爆發，美聯儲開始採取非常積極、寬鬆的貨幣政策。從 2007 年 9 月至 2008 年 12 月的 15 個月間，美聯儲將目標聯邦基金利率由 5.25% 下調至 0。起初，美聯儲的行動看上去實現了經濟增長的溫和下降，並阻止了衰退的發生。但是經濟走勢比美聯儲和非官方的預測人員期望的都要弱，2007 年 12 月衰退開始了。為什麼在美聯儲貨幣政策工具如此非同尋常地快速降低利率的情況下，經濟表現仍然如此疲軟呢？

次貸危機通過我們之前提出的多條渠道對經濟產生負面影響。次級抵押違約率的提高，導致抵押支持證券和擔保債務憑證（CDO）的價值下降，從而使金融機構出現巨大的帳面損失。由於資產負債狀況惡化，這些金融機構開始去槓桿化並大量削減貸款。由於沒有其他機構搜集信息和發放貸款，信貸市場上的逆向選擇和道德風險問題增加，從而導致經濟的下滑。由於出現如此多金融市場失敗的情況，不確定性的提高導致息差急遽升高。股票市場的低迷和房價的下降使得家庭財富減少，從而削弱了整體經濟。家庭財富的減少抑制了消費者的消費支出，並通過使托賓提出的「q」下降減少了投資支出。

正是由於以上這些傳導機制的作用，儘管美聯儲積極的貨幣政策降低了聯邦基金利率，經濟仍然受到了很大的衝擊。

資料來源：弗雷德里克·S.米什金. 貨幣金融學［M］. 蔣先玲，等，譯. 北京：機械工業出版社，2016：513.

第三節 貨幣政策效應

影響貨幣政策最終收效的因素有很多，主要是貨幣政策時滯、微觀經濟主體的預期、貨幣流通速度、金融創新和其他政治經濟因素。

一、貨幣政策時滯

一個國家的中央銀行根據當時的經濟金融情況，運用適當的貨幣政策工具去實現其所期望的目標。但是，貨幣政策實施后，究竟要多長時間才能產生效果？這段時間的長度可否進行預測？這就涉及貨幣政策的時間差，即時滯（Time Lag）問題。

研究和判斷貨幣政策的時滯，對於研究貨幣政策的有效性具有非常重要的意義。倘若貨幣政策的時滯長度有限，並且非常均勻，可進行較為準確的預測，那麼貨幣政策自然能夠發揮應有的作用。但倘若貨幣政策有長期且飄忽不定的時滯，那麼由於時滯難以預測，貨幣政策要麼將在錯誤的時間內發生作用，要麼將使經濟形勢更加惡化，這樣相機抉擇的貨幣政策自然不能信賴。因此貨幣政策的時滯及其可測性與貨幣政策的有效性有著密切的關係。

所謂貨幣政策時滯，是指從經濟形勢發生變化出現問題，客觀上需要調整貨幣政策，到貨幣政策的調整對國民經濟產生效力，實現預期目標所需的時間。簡言之，貨幣政策時滯是指貨幣政策從認識、制定到獲得主要的或全部的效果所必須經歷的一段時間。對此，許多經濟學家都做過分析，粗略的概括如圖 11-4 所示。由圖 11-4 可以看出，貨幣政策時滯主要包括內部時滯和外部時滯。

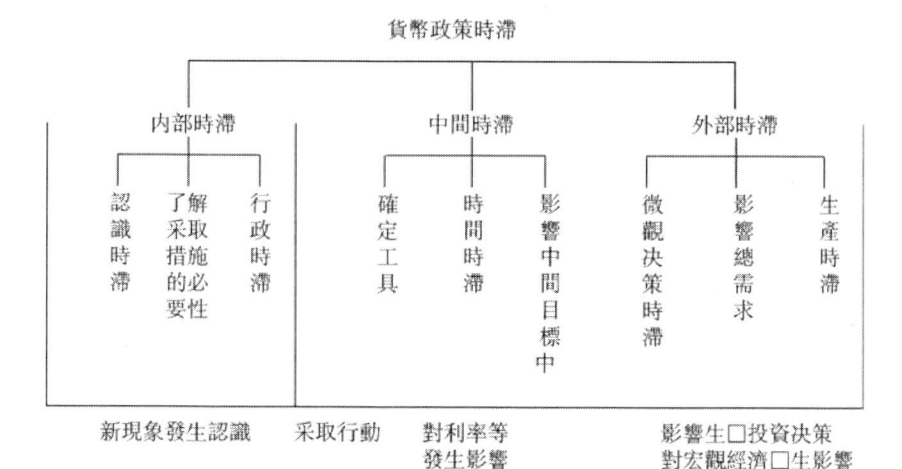

圖 11-4 貨幣政策時滯的內容

（一）內部時滯

內部時滯（Inside Lag）是指自經濟現象發生變化，需要採取對策加以矯正開始直到中央銀行實施貨幣政策工具為止的這段時間。內部時滯又由兩部分構成：第一，認識時滯（Recognition Lag），即當經濟現象發生變化時，由於經濟資料缺乏或決策者反應較慢，不能明確判斷此種經濟形勢變化的意義及其可能產生的影響，直到經過若干時間后，中央銀行才能獲取準確資料，取得明確認識，決定開始研究對策，這段時間即是認識時滯。例如，為了減少誤差，美國國民經濟研究局（正式確定經濟週期轉折點的機構）至少要在確定衰退已經開始6個月以後，才正式宣布經濟處於衰退之中。第二，行政時滯（Administrative Lag）或行動時滯（Acting Lag），即中央銀行明確經濟形勢變化的性質及其將產生的影響後，將立即對該種經濟形勢研究可行的對策，但研究與行動都需要耗費時間，在決定實施何種政策工具之前的時間過程，稱為行政時滯。整個內部時滯的長短取決於中央銀行對經濟形勢發展的認識和預見能力、制定政策的效率和行動的決心。

（二）外部時滯

外部時滯（Outside Lag）又稱影響時滯，是貨幣政策時滯的主要部分，是指從中央銀行採取行動開始直到對政策目標產生影響力為止這段過程。外部時滯既包括微觀主體在新貨幣政策出抬后的決策過程，也包括了微觀主體的行為對儲蓄、投資、消費、貨幣需求、產出和物價等重要經濟變量的影響過程。也就是說，這段時滯又包括兩部分：一是決策時滯（Decision Lag）。中央銀行採取行動會促使金融機構改變其利率和信用供給量，利率和信用條件改變後，個人與廠商面對新形勢，改變自己的投資決策或支出決策，在採取行動之前，這段時間稱為決策時滯。二是生產時滯（Production Lag）。個人與廠商決定其支出意向后，對整個社會的生產和就業將產生影響，這段影響過程所需要的時間稱為生產時滯。外部時滯的長短主要由客觀的經濟和金融條件決定，可以說是由實質經濟部門的政策反應行為決定，因為不論是貨幣供給量還是利率，它們的變動會立即影響到政策目標。而且由於經濟結構、經濟主體及其行為因素都不是穩定且可預測的，因此時間長度變異很大，正如貨幣政策的質量效果所表明的那樣，各經濟部門對貨幣政策的反應不一，所受影響有很大差異。這也說明外部時滯是整個貨幣政策時滯中最為複雜的問題。

關於中間時滯（Intermediate Lag），嚴格地說，中間時滯屬廣義的外部時滯的一部分，但由於其情況較特殊，單獨加以討論。所謂中間時滯，是指自中央銀行採取行動以至對金融機構發生影響，使金融機構改變其利率或其他信用情況，以便對整個社會經濟產生影響力的時間過程，實際就是中央銀行選定的政策工具變量在貨幣信用市場上起作用的過程，因此有時也稱為信用市場時滯。這段時間的長短主要取決於金融仲介機構及其他微觀金融主體的政策反應行為及金融市場的敏感程度。如果金融資產豐富、市場條件發達，宏觀經濟政策的擴張或收縮無論是體現在貨幣供給增長速度的調整上，還是體現在短期市場利率的變動上，都是要引致一連串的微觀主體金融資產結構重組行為，這種行為對中間目標預期值的實現發生作用時，由當時的經濟條件決定，其各自時滯也會有所不同。總之，這段時間的長短已非中央銀行所能操縱的了。

關於貨幣政策時滯的長度，一般來說，外部時滯總要長於內部時滯。這是因為宏觀經濟政策的重點大都是短期總量調節，其相應要求決策過程盡可能短，換言之，決策者的靈敏度要高一些。如果即使是一項短期調節的宏觀經濟政策也要歷經冗長的討論、繁瑣的制定程序，那麼就容易錯過良好的調節時機。而外部時滯相對長些，這是因為在工具變量和目標變量之間還有一個迂迴曲折的傳導過程，而且貨幣政策的目標不是單一、固定不變的，在不同時期有不同的政策目標。這樣不同的經濟制度條件、不同的政策工具以及不同的政策目標之間，自然就形成不同的且複雜的傳導機制。例如，在貨幣政策工具體系中，有的工具調節效力較強，但效果常常難以預測；有的工具雖然效力不夠強，但效果卻很容易預知。在不同的經濟條件下，選擇的最終目標不同，即使採用相同的政策工具和調節度，也會產生極不相同的調節效果。所有這些差別，如果從時間的角度去分析，都可以直接或間接地表現為時滯問題。

儘管人們還難以準確把握時滯，但作為一種客觀存在，時滯不僅左右著貨幣政策產生效力的時間及程度，而且在很大程度上決定著貨幣政策對宏觀經濟運行的影響是否有利。如果為遏制某一經濟現象發展而採取的貨幣政策能夠在較短時間內生效，那麼該貨幣政策對宏觀經濟的運行是有利的。但是，如果貨幣政策需要較長時間方能生效，而在這段時期內國民經濟的運行又受其他因素影響，出現了與制定該貨幣政策完全不同的形勢，那麼該貨幣政策便可能對宏觀經濟的運行產生不利影響。如圖11-5所示，假定貨幣當局在經濟繁榮時期制定並推行了一項政策（A點所示），旨在抑制經濟的過熱勢頭，如果該政策在1年半後方能發揮其主要的效力（B點所示），那麼這項政策便會使正常的經濟週期（實線所示）的波動幅度（虛線所示）增大。這顯然是貨幣當局不願看到結果。因此，這些時滯的存在削弱了相機抉擇主義的理論。例如，當失業率很高的時候，相機抉擇政策目的在於讓總需求曲線向右方移動，讓經濟達到完全就業狀態，但是最后不一定能達到預期的效果。的確，如果上述的政策時滯時間很長，在總需求曲線向右移動之前，自我調節之際也許就讓經濟回到了完全就業的狀態。然后，當相機抉擇政策開始實施的時候，也許會引起產出移動到潛在產出上方，導致通貨膨脹率提高。當政策時滯比自我調節機制的作用時間長的時候，非相機抉擇政策也許會產生較好的效果。

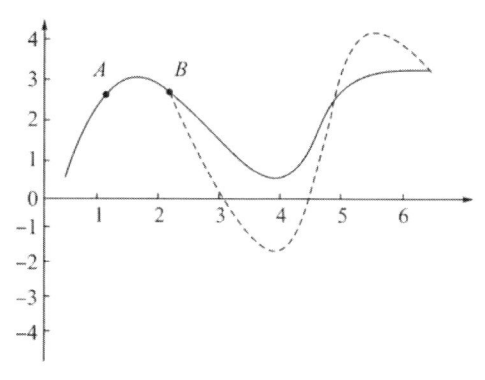

圖 11-5　時滯對宏觀調控格局的影響

二、微觀經濟主體的預期

興起於20世紀70年代，以美國芝加哥大學的羅伯特·盧卡斯和斯坦福大學、芝加哥大學的托馬斯·薩金特等經濟學家為代表的理性預期學派，完全服從於古典經濟學的三個基本信條（完全競爭、信息充分、要素自由流動），始終如一地運用古典主義原理（或者說是微觀經濟學原理）來分析宏觀經濟過程，試圖從經濟人理性預期的角度為宏觀經濟學建立一個微觀基礎。該學派也因此被稱為新古典主義。理性預期學派重新確認古典經濟學關於經濟生活中的主體是「理性人」的假設。所謂「理性人」，是指人們都會盡力收集有關信息，進行合理的預測，並按效用最大化和利潤最大化的原則做出決策。政策制定者（中央銀行）與政策調節對象（公眾）的決策行為之間的相互依賴和相互影響，即「理性人」的預期存在，使貨幣對於經濟中的實際變量並沒有什麼有規則的影響，其唯一具有的有規則的影響就是對名義變量，即價格的作用。只有在沒有預期到貨幣數量變動或社會對通貨膨脹的預期錯誤時，貨幣政策才能對失業率、產量和實際收入等實際變量產生短期的影響。

由於人們對未來經濟行情的變化已有周密的考慮和充分的思想準備，在貨幣政策公布的前後，人們就會採取相應措施，從而使政策的預期效果被理性預期的作用抵消。例如，政府擬採取長期的擴張政策，人們通過各種信息預期社會總需求會增加，物價會上漲，在這種情況下，工人會要求增加工資，企業會因預期工資成本的增大而不願擴展經營。最終結果是只有物價的上漲而沒有產出的增長。鑒於微觀主體的預期，似乎只有在貨幣政策的取向和力度沒有或沒有完全為公眾知曉的情況下才能生效或達到預期效果，但是這樣的可能性不大。貨幣當局不可能長期不讓社會知道其要採取的政策。實際上，公眾的預期即使是非常準確的，實施對策即使很快，其效應的發揮也要有個過程。也就是說，貨幣政策仍可奏效，但公眾的預期行為會使政策效果大打折扣。

三、貨幣流通速度

貨幣流通速度之所以會成為貨幣政策有效性的限制因素，是由於其與流通中的貨幣量之間的關係。貨幣政策主要是通過增減貨幣供給量來實現其目的。因此，即使貨幣流通速度只有一個相當小的變動，如果政策制定者未能預料到或在估算這個變動時出現小的差錯，都有可能使貨幣政策效果受到嚴重影響，甚至還有可能使本來正確的政策走向反面。例如，在預測的年度，GDP將增長某一百分比，按以往規律貨幣供應量等比增加即可滿足GDP增長對貨幣的追加需求，如果貨幣流通速度在預測的期間加快（或減慢）了，貨幣當局應相應減少（或增加）貨幣供應量，否則將會給經濟帶來嚴重不利影響。因此，要使貨幣供給量的增減趨於合理，使貨幣政策有效，就必須正確估測貨幣流通速度的變化。

在實際生活中，影響貨幣流通速度的因素很多，既有政策因素，也有市場因素，還有社會制度因素，任何一個因素發生變化都有可能引致貨幣流通速度發生變動且難以控制。因此，對貨幣流通速度變動的估算，很難做到不發生誤差，貨幣政策的有效性就必然受到影響。正因為這樣，有人主張採取變通的手法，即將中央銀行貨幣政策

的管制範圍擴大至商業銀行以外的金融機構，甚至進一步主張將貨幣定義擴寬至全體金融機構的各種存款，以消除或減輕上述因素所致貨幣流通速度變化給貨幣政策效應帶來的影響。還有的國家在實踐中更是通過考慮更多的對貨幣供給量有影響的因素，再結合貨幣流通速度的變化來靈活有效地運用貨幣政策。例如，德國聯邦銀行主要通過生產能力的預期增長率、生產能力利用率的預期變化、不可避免的物價上漲率和貨幣流通速度的預期變化四個基本因素來確定一定時期貨幣供給量的增長率。正因如此，二戰后德國較成功地控製了貨幣供給量的增長，保持低水平的通貨膨脹。

四、金融創新

（一）金融創新削弱了中央銀行控製本國貨幣供給的能力

由於金融創新使貨幣供給主體擴展為中央銀行、商業銀行和非銀行金融機構三級，商業銀行地位下降。商業銀行地位的不斷下降，必然使以控製商業銀行貨幣派生乘數為中心設計的傳統貨幣控製方法難以奏效，從而給中央銀行貨幣政策的實施帶來難度。

（二）金融創新削弱了貨幣政策的效力

金融創新對貨幣政策的最大困擾，莫過於使貨幣的定義與計量變得困難和複雜以及使得貨幣總量變化及其含義越來越不明朗。現在，很難有哪個中央銀行能確切地解釋貨幣量變化的真實含義，這必然給中央銀行貨幣政策的制定和執行帶來混亂並削弱其政策效果。

金融創新使貨幣政策工具部分失靈，使傳統的貨幣政策效力大打折扣。第一，存款準備金政策效力弱化。因為金融機構可以通過回購協議、貨幣市場共同基金帳戶等方式籌集的資金不算作存款，所以無需繳納法定存款準備金，這就擴大了金融機構資金使用量，削弱了中央銀行通過調整存款準備金比率控製派生存款的能力。第二，再貼現政策作用下降。金融創新后，金融機構融資渠道多樣化，融資方式更加靈活，使金融機構對中央銀行再貼現融資渠道的依賴性大大降低，貼現政策的作用受到限制。第三，規避管制型金融創新，使利率限制、法定保證金等傳統的選擇性貨幣政策工具失效。運用選擇性貨幣政策工具越來越困難，迫使中央銀行不得不放棄對它們的使用。

總體說來，金融創新降低了貨幣政策的有效性。

五、其他政治經濟因素

除了時滯、微觀經濟主體的預期、貨幣流通速度和金融創新等因素外，其他或來自於實體經濟或來自於政治方面的因素也對貨幣政策的有效性產生影響。

（一）實體經濟條件的變化

在實施貨幣政策的過程中，生產和流通領域出現了一些貨幣政策不能解決的問題或某些意料之外的情況，而貨幣政策又難以做出相應的調整時，就可能出現貨幣政策效果下降或失效的后果。例如，貨幣當局實施了一項擴張性的貨幣政策。在此過程中，生產領域出現了生產要素的結構性短缺。這時，儘管貨幣資金的供給充裕，但因為瓶頸部門的制約，實際的生產也難以增長，擴張的目標便不能實現。

(二) 其他政治性問題

由於任何一項貨幣政策的實施都可能給不同階層、集團、部門或地方的利益帶來一定的影響。這些主體如果在自身利益受損時，做出較強烈的反應，就會形成一定的政治壓力。當這些壓力足夠有力時，就會迫使貨幣政策進行調整。例如，失業影響的是少數人，中央銀行對失業率可能採取漠不關心的態度，於是貨幣政策就存在多數人壓倒少數人的合法利益問題。然而，事實上，中央銀行不會採取這種態度，因為礙於政府某種壓力會去關注失業率，並調整其貨幣政策。又如，某特殊利益集團可能趁社會大眾缺乏對貨幣政策的關注時，迫使中央銀行採取不反映社會大眾利益的貨幣政策。這些特殊利益集團可能是產業企業或金融機構，如受到利率上升影響最大的住房建築業可能對中央銀行施加壓力。其或者通過國會的力量，或者通過輿論，迫使中央銀行執行過於擴張的貨幣政策，以延緩名義利率的上升。這種政策的效果必然擴散到整個國民經濟，其短期效果更為集中。

不過，對於政治性問題妨礙貨幣政策效果的嚴重性如何，西方經濟學界並無定論。不少學者認為肯定會導致社會利益一定的損失，但也有學者認為這些因素不至於妨礙貨幣政策對國民經濟產生的淨效果。

閱讀與思考
對付通脹持續下降：許多中央銀行面臨的挑戰

國際貨幣基金組織的一項研究指出，在貨幣政策被認為受到限制的國家，長期低通脹的風險在增大。

國際貨幣基金組織在 2016 年 10 月期《世界經濟展望》公布的研究指出，「大衰退」之后，通脹處於低水平且不斷下降，這是各個國家、各個部門按不同指標衡量都普遍存在的現象。可貿易消費品（如汽車和電視機）的價格比服務（如通信和金融服務）的價格更明顯地體現出通脹的這種下降。此外，通脹水平的下降主要是由本國經濟產能持續閒置（因需求和增長疲軟）和大宗商品價格下跌導致的。這項研究還發現，大型出口國的工業產能閒置可能壓低了全球可貿易品的價格，從而導致通脹下降。

但這不是問題的全部。到 2016 年 9 月底為止，對未來價格路徑的預期（通脹預期）尚未顯著下降。儘管如此，這項研究發現，在利率接近或低於零的國家，通脹預期對意料之外的通脹變化的反應程度（顯示通脹預期在多大程度上得到有效「錨定」的指標）已經上升。這表明，在這些經濟體，人們認識的貨幣政策對付通脹持續下降的能力可能在減弱。

通脹普遍下降

廣泛的國家和地區都出現了通脹下降的情況。截至 2015 年年底，在由 120 多個經濟體組成的廣泛樣本中，85% 以上的經濟體的通脹率都低於中期預期水平，其中有 20% 的經濟體實際上處於通縮狀態。2014 年以來石油價格的大幅下跌是部分原因，但在多數發達經濟體，最近也包括許多新興市場經濟體，核心通脹（剔除食品和石油價格）也降到中央銀行的通脹目標以下。儘管所有部門的通脹水平都已下降，製造業生產者價格比服務業價格下降幅度更大。

近期通脹下降的驅動因素

在發達經濟體和一些新興市場經濟體，需求疲軟和持續的經濟產能閒置導致了通脹下降。但進口價格低迷也對壓低通脹起著重要作用。這在一定程度上反映了石油和其他大宗商品價格的下跌，但這項研究指出，進口價格下降對國內通脹的影響還與主要大型經濟體的工業產能閒置有關。

的確，在一些大型經濟體（特別是中國），可貿易品部門的投資在全球金融危機之後強勁增長，這是基於對全球和國內需求的預測，儘管事後證明這種預測並未實現。這些經濟體由此產生的過剩產能對可貿易品的國際價格造成下行壓力，總體上意味著世界其他地方的進口價格下降。

我們是否應擔憂通脹下降？

一般來說，短暫的通脹下降不是一個值得擔憂的問題。例如，供給因素驅動的能源價格下跌或生產率提高引起的通脹暫時下降可能是有益的。然而，如果通脹不斷下降導致企業和住戶下調其對未來價格的預期，其就可能推遲支出和投資決定，這會引起需求收縮，加劇通縮壓力。最終，「持續」的通脹下降可能導致代價高昂的通縮週期。正如日本發生的情況，即需求疲軟和通縮相互強化，最終加重債務負擔並抑制經濟活動和就業創造。

通脹預期的作用

應考慮的一個關鍵因素是人們對未來價格路徑的預期。今天的價格下跌可能是人們形成未來價格預期的一個因素。因此，中央銀行以其通脹目標為支點錨定中期通脹預期的能力有助於避免高成本的通脹下降現象。

到 2016 年 9 月底為止，多數衡量通脹預期的現有指標尚未顯著下降。但這項研究表明，在利率處於或接近零的國家，中央銀行可能被認為沒有多少空間來促進經濟活動和提高通脹。事實上，這項研究發現，通脹預期對意料之外的通脹變化的敏感度（在通脹預期得到完全錨定的情況下應當為零）在上升（見圖 11-6）。這意味著，在這些國家，通脹預期正與中央銀行的目標「脫錨」。儘管這種「脫錨」的經濟程度仍相對較小，但確實表明，在一些國家，人們所認識的貨幣政策對付通脹持續下降的能力可能在減弱。

保證通脹預期得到有效錨定的政策行動

需要採取大力度的政策行動，避免出現通脹長期低於目標水平、貨幣政策可信性受到侵蝕的風險，特別是在發達經濟體。

由於許多經濟體的政策空間有限，當前需要以綜合、協調的方式運用所有可利用的政策手段，以促進需求和穩固通脹預期。總體來說，這意味著在繼續採取寬鬆貨幣政策的同時，實施有利於經濟增長的財政政策、收入政策（在工資增長停滯的國家）和支持需求的結構性改革，同時解決危機遺留問題（債務積壓和大量銀行不良貸款）。

當前通脹普遍下降轉化成破壞性通縮陷阱的風險依然較小，但事實已證明，通縮動態一旦形成，就非常難以逆轉，因此各國不能掉以輕心。

圖 11-6

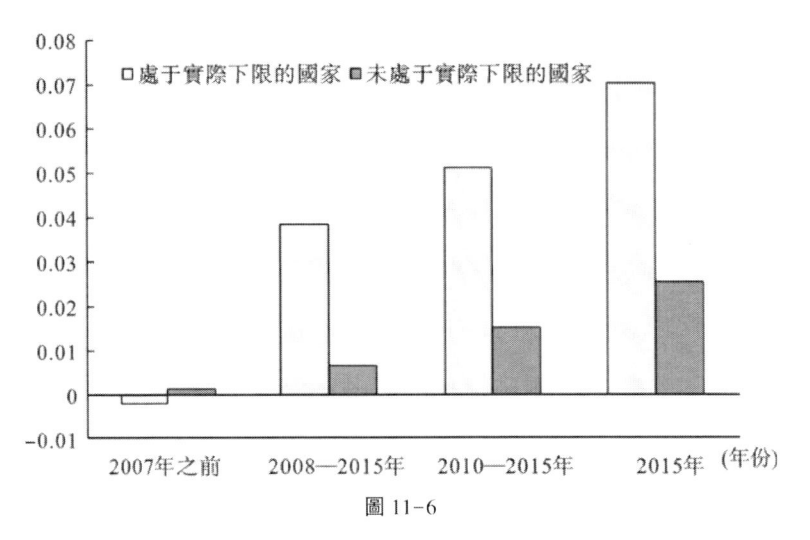

資料來源：國際貨幣基金組織. 對付通脹持續下降：許多中央銀行面臨的挑戰 [EB/OL]. (2016-09-27) [2017-08-16]. http://www.imf.org/zh/news/articles/2016/09/26/na092716-combating-persistent-disinflation#.

本章小結

1. 貨幣政策的操作規範主要有相機抉擇和按規則行事兩種。

2. 相機抉擇是中央銀行在操作政策工具以實現既定目標時，不受任何固定程序或原則的束縛，而是依據經濟運行狀況靈活地選擇其最優的行動。相機抉擇具有靈活性的優勢，能夠針對意外的衝擊，採取迅速的對策反應。但時間非一致性的缺陷使其具有內在的通貨膨脹偏向。

3. 貨幣政策規則是在貨幣政策實施以前，事先確定操作貨幣政策工具的程序和原則並據以進行實際的操作。規則具有預承諾機制，從而可以解決貨幣政策決策的時間不一致問題。貨幣政策規則包括工具規則和目標規則。泰勒規則是工具規則；貨幣數量單一規則、參考勒姆規則和通貨膨脹定標規則屬於目標規則。遵循簡單規則會限制中央銀行對新形勢做出反應的能力。

4. 相機抉擇和規則各有優勢與不足。尋求規則與相機抉擇之間的均衡或兩者的兼顧就成為對貨幣政策操作規範研究的最新挑戰。

5. 貨幣政策傳導機制主要有利率傳導和信用傳導。利率傳導理論是指一切以完善的金融市場結構為基礎，從私人經濟部門的資產結構調整效應和財富變動效應角度分析貨幣政策傳導渠道的理論的總稱。信用傳導是指貨幣政策通過影響貨幣供給作用於信貸的可得性，從而影響信貸供給並進一步影響投資和消費需求。

6. 利率傳導包括維克塞爾的「自然利率說」、凱恩斯的利率影響收入理論、托賓「q」效應、莫迪利安尼的財富效應、貨幣主義的直接傳導觀點和匯率效應。信用傳導包括銀行貸款渠道和平衡表即資產負債表渠道（包括非對稱信息效應、流動性效應、

現金流效應、預料之外的價格水平效應)。

7. 貨幣政策能否起效還受到貨幣政策時滯、貨幣流通速度、微觀經濟主體的預期、金融創新、客觀經濟條件的變化以及政治性經濟週期等因素的影響。

重要概念

貨幣政策操作規範　相機抉擇　規則　時間不一致性　泰勒規則
貨幣數量單一規則　麥考勒姆規則　通貨膨脹定標規則　貨幣政策傳導機制
利率傳導　信用傳導　托賓「q」效應　財富效應　匯率效應　銀行貸款渠道
平衡表　非對稱信息效應　流動性效應　現金流效應　價格水平效應
貨幣政策時滯　內在時滯　外在時滯　金融創新

復習思考題

1. 怎樣看待相機抉擇和規則這兩種操作規範？
2. 怎樣看待2%左右水平的通貨膨脹目標水平？
3. 舉例說明現實中的利率傳導和信用傳導。
4. 分析信用傳導在金融危機中以及危機后經濟恢復中的作用。
5. 分析微觀主體預期對貨幣政策效應的抵消作用。

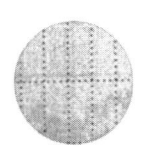

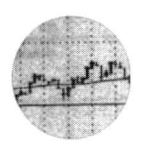

第十二章　金融危機與金融監管

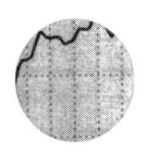

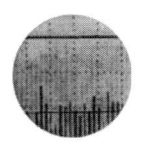

金融是現代經濟的潤滑劑，是優化資源配置的重要途徑和手段。然而不定期發生的金融危機給全球經濟造成嚴重的影響。鑒於此，一直以來金融業是受政府監管最嚴格的經濟部門之一。金融監管的主要內容包括有為防止銀行遭遇風險、保證銀行穩健經營的預防性管理；為保護存款者利益而提供的存款保險；為避免銀行遭遇流動性困難，貨幣當局在其非常狀態下提供的緊急援助；等等。

第一節　金融風險與金融危機

一、金融風險的含義、特性和分類

（一）金融風險的含義

金融業是現代經濟的核心，是現代經濟的高增長行業，但金融業同時也是一個高風險行業。所謂風險，就是不確定性（Uncertainty）。金融風險就是指金融機構的經營活動產生收益的不確定性及金融機構作為風險承受者由於決策失誤、客觀情況變化或其他原因使資金、信譽等遭受損失的可能性。

（二）金融風險的特性

金融風險是以貨幣信用混亂為特徵的風險，不同於普通意義上的風險，具有一定的特性。

1. 社會性

金融機構不同於其他行業，自有資金占全部資產的比重一般較小，絕大部分營運資金都是來自存款和借入資金，因此金融機構的特殊地位決定了社會公眾與金融機構的關係，是一種依附型、緊密型的債權債務關係。如果金融機構經營不善，無償債能力，就會導致客戶大量擠提存款，損害公眾利益，結果會破壞信用體系和經濟秩序的穩定。

2. 可傳遞性

現代金融業的發展，使得一個國家內部各家金融機構緊密相連、互為依存。例如，同業拆借、清算、票據貼現和再貼現、金融債券發行和認購以及信用工具的簽發使用等，都是在多家金融機構間進行的，一家銀行發生問題，往往會使整個金融體系運轉不靈乃至誘發信用危機。此外，金融創新推動了金融自由化和國際化，使得本國金融機構與外國金融機構之間、國內金融市場與國際金融市場之間的相互依賴性大大增加，金融體系中出現的任何差錯，都會涉及整個金融體系的穩定。這就是所謂的「夥伴風險」。

3. 可控製性

儘管金融風險不可能完全避免，但金融風險對金融機構和社會的巨大破壞力是可以控製和防範的。金融風險的影響力和破壞力取決於金融風險的性質和累積程度，只要金融機構加強自律性管理，金融管理當局注重日常監管，就可以把金融風險帶來的損失和破壞力控製在較低的限度內。

（三）金融風險的分類

金融風險一般可以劃分為以下幾類：

1. 信用風險

信用風險是指債務人一方不履行合約，不按期償還本金和利息而造成的風險。信用風險是金融風險最基本的形式，這種風險在很大程度上主要受債務人的信譽、經濟能力和經營能力以及經營環境的改變等因素的影響。

2. 流動性風險

流動性風險是以高負債水平為特徵的金融機構的共同難題。流動性風險是指金融機構不能如期滿足客戶提款取現，或不能如期償還流動負債而導致的風險。銀行如果出現債務危機，存款不能自主提取、利息不能按時解付，那麼不僅使其信譽、實力受到損害，而且對全部經營活動也將產生極大影響，輕則限制經營活動的擴展，重則會造成銀行倒閉、破產。

3. 操作風險

操作風險，即因人為錯誤、交易系統或清算系統故障而造成損失的風險。操作風險本質上屬於管理問題，並在無意狀態下引發市場信用風險，這些問題的出現會導致交易者損失，安排交易的機構形象受損。

4. 利率風險

利率風險是指市場利率變動而產生的風險。銀行在市場利率發生變化時所承擔風險的大小可用利率風險率反映。其測算公式為：利率風險率＝可變利率資產/可變利率負債。如果銀行擁有可變利率資產和可變利率負債一樣多，並且又能相互匹配，那麼兩者比率就等於1，風險也等於零，即當市場利率變化時，負債增加或減少的利息支出可以由資產利息收入的相應增加或減少來抵補，這樣銀行的收益就不會因為市場利率的變化而受任何影響。如果比率大於1，就說明可變利率資產大於可變利率負債，當市場利率下降時，由於利息收入的減少大於利息支出的減少，銀行收益就會相應降低，從而使銀行風險增加；反之，當市場利率上升時，銀行的收益將增加。如果比率小於1，就說明銀行可變利率資產小於可變利率負債，當市場利率上升時，由於利息收入的增加小於利息支出的增加，銀行的收益將會減少，就面臨新的風險；反之，當市場利率下降時，銀行收益將增加。

5. 匯率風險

匯率風險是指在國際經濟交往中，以外幣計價的資產或負債因貨幣匯率發生變動而引起其價值升跌，給交易雙方中任何一方帶來損失的可能性。匯率風險主要有三種類型：第一，轉換風險。轉換風險又叫會計風險，是指企業在進行會計處理或債權債務清算時，在評價本幣對外幣的交易時出現帳面上的損益差異。因為企業會計是以本幣表示一定時期的經營成績和財務狀況，在決算時對外幣交易的資產和負債必須以本幣計，其換算結果將因匯率不同而導致損益狀況不一，資產負債各異。雖然轉換風險造成的是帳面損失，並不是真實的損失，但是帳面損失要記在股東權益項下，因此可能不利於股票價格。第二，交易風險。交易風險是指由於兩國貨幣匯率的變動，使外匯交易者與外匯借貸者蒙受損失的可能性。如果買入外匯多於賣出外匯，這個差額稱為長頭寸（Long Position），當外幣貶值時，長頭寸會遭受損失。如果買入外匯少於賣出外匯，這個差額稱為短頭寸（Short Position），當外幣升值時，短頭寸會遭受損失。

外幣借貸業務不同於外幣交易業務，但其頭寸情況是一樣的。外幣資產大於外幣負債稱為長頭寸，外幣負債大於外幣資產稱為短頭寸。在外幣借貸中，長、短頭寸可能引起的風險主要來源於不同幣種的兌換。借入一種外幣，將其兌換成另一種外幣貸出就會產生外匯風險。例如，借入10億日元，將其兌換成歐元貸出，並未予保值。當日元升值、歐元貶值時，回收的貸款不足以抵償日元債務，便會產生虧損。

6. 政策風險

政策風險是指國家宏觀經濟政策不當造成的金融風險。宏觀經濟政策決策失誤或執行不當會造成金融業經營發展的不穩定性。

7. 通貨膨脹風險

通貨膨脹風險是指在物價普遍、持續上漲情況下，金融機構的收益率和負債成本的變化而給金融機構帶來損失的可能性。在通貨膨脹時期，金融機構的資產利息收入會下降，儘管負債的實際成本率也會相應下降，但由於金融機構資產期限普遍長於負債結構，因此負債的成本會先於資產收益隨貨幣市場利率上升而調整，從而對金融機構的利潤帶來壓力。

上述金融風險可以概括為非系統性風險和系統性風險兩大類。非系統性風險包括信用風險、流動性風險和操作風險，這類風險通過金融機構加強內部管理是可以控製或者減輕的。系統性金融風險包括政策風險、通貨膨脹風險、利率風險、匯率風險，這類風險金融機構本身難以改變，但可以利用創新工具來規避風險。然而，任何一個社會，通過金融機構的內部管理來控製風險，其作用是有限的，因此金融管理當局的外部監管就顯得十分重要。

二、金融危機的定義及演化路徑

金融危機是指一個國家或幾個國家與地區的全部或大部分金融指標的急遽惡化。其具體表現為金融資產價格大幅下跌，或者金融機構倒閉、瀕臨倒閉，或者某個金融市場（如股市或債市）暴跌，等等。

2008—2009年的全球金融危機的產生原因主要是由於美國的房地產泡沫及金融衍生工具的槓桿造成的。金融危機的演化路徑一般具有三個階段：

第一，金融危機的發端。經濟體信貸規模激增，導致大量的信貸增量資金流入股票市場和房地產市場，導致股票市場和房地產市場出現虛高的資產價格泡沫。一旦泡沫破滅將會造成金融機構資產負債表惡化，貸款違約風險加劇，最終導致銀行縮減信貸。

第二，銀行危機。銀行資產負債表的惡化，可能使得一些小銀行無法繼續經營而面臨倒閉。在經濟不景氣時，這很有可能導致銀行擠兌事件，引發大規模銀行破產。

第三，金融危機的后期還會引發債務緊縮及信貸仲介成本提高。金融危機期間，經濟衰退導致物價急遽下降，通貨緊縮會通過引起企業的實際債務負擔加重，導致公司淨值進一步惡化，進一步導致逆向選擇和道德風險問題加重。

三、金融危機的國際傳導機制

金融危機不僅會在危機發生國內部傳導，最終抑制實體經濟增長，嚴重的金融危

機還會進行跨國傳導，對其他國家和地區產生重要影響。金融危機的國際傳導渠道主要有貿易渠道、金融傳導渠道以及基於預期的傳導渠道。

(一) 貿易渠道

如果兩國之間有很強的外貿聯繫，那麼一國發生金融危機，會通過進口的減少影響其他國家出口的相應減少。國際貿易中，貿易夥伴國之間存在收入效應，即一國經濟的發展會通過提高進口，進而帶動貿易夥伴國的出口，從而提高均衡國民收入水平。美國長期以來保持對外貿易逆差，主要依靠進口來維持國內消費。2008年金融危機發生之後，美國國民財富大幅縮水，導致經濟減速，產出和需求下降，由此引起美國從包括中國在內的國外市場進口的消費品、資本貨物、農礦產品以及其他原材料減少。據測算，美國經濟增長率每下降1%，中國對美國出口就會下降5%~6%。

(二) 金融傳導渠道

金融傳導渠道包括金融機構傳導渠道和資本流動傳導渠道。在全球範圍內，金融機構間的資金關聯越來越緊密。關聯的主要形式包括金融機構間相互持股、跨國同業存款、跨國金融機構母子公司、金融衍生工具、同業拆借等。當銀行在面臨流動性不足問題時，會提出其在其他銀行的同業存款或者通過同業拆借來應對擠兌危機，最終會導致國際金融市場整體流動性的降低。

與外資銀行的相關研究發現，當母國發生金融危機時，母國銀行會撤回東道國外資銀行分支機構的可貸資金，縮減信貸，以支持母國銀行流動性不足的問題。資本自由流動也是金融危機傳導的重要渠道。根據資產選擇理論，資產投資者一般都會將其資金分散投資於不同的資產，實現在風險水平一定條件下，收益的最大化。金融危機期間，由於美國國內資本市場流動性嚴重不足，美國調整投資組合，將大部分海外的資本撤回，加劇了全球短期資本流動的波動性。

(三) 基於預期的傳導渠道

即使國家之間不存在緊密的貿易或金融聯繫，金融危機也可能會發生傳導。這一傳導渠道就是預期作用渠道。研究發現，投資者的心理預期和投資情緒的變化在國際金融危機的傳導中起到不可忽視的作用。從眾心理導致的「羊群效應」很可能加劇金融危機的國際傳導。金融危機導致市場投資者對國家金融市場的恐慌，增加了金融市場的不確定性。因此，政府在處理金融危機時起到關鍵作用，如果投資者預期政府的救助將起到有效作用，則預期作用渠道將減弱；如果投資者認為政府的救助作用無法達到預期效果，則預期作用渠道將加劇金融危機的國家傳導。

第二節　金融監管的內容

一、金融機構體系的內在脆弱性：信息經濟學的解釋

不少金融危機的爆發都以某些金融機構的倒閉為徵兆，而金融機構在金融動盪中的脆弱性又往往使得局部的金融市場擾動演變為全面的金融危機。金融機構具有的內在脆弱性及其累積構成了金融體系面臨的一個主要的金融風險。信息經濟學的發展使人們可以更深刻地認識到為什麼金融仲介機構在金融環境的變化面前如此脆弱。

(一) 信息不對稱性對金融機構的特殊意義

所謂信息不對稱,是指交易雙方對所要交易的對象擁有的信息在量上和質上不相等,信息優勢的一方有可能憑藉信息獲利。在社會經濟交往中,信息不對稱是普遍存在的現象。信息不對稱的主要影響是降低市場的運作效率。信息不對稱的存在,導致了逆向選擇和道德風險問題。

1. 逆向選擇(Adverse Selection)

逆向選擇是指市場上那些最有可能造成不利(逆向)結果(即造成違約風險)的融資者,往往就是那些尋求資金最積極而且最有可能得到資金的人。逆向選擇是交易發生前由於信息不對稱產生的市場失靈。

2. 道德風險(Moral Hazard)

道德風險指的是交易發生後,由於一方監督對方履行交易合約的成本太高而產生的違約風險,由於監督成本太高以至超過監督收益,信息優勢一方有可能按照使自身利益最大化的目標來履行合約,採取不利於他人的行動,侵占對方的利益。

信息不對稱性導致的逆向選擇和道德風險,在決定金融機構的性質和金融機構的脆弱性方面具有特殊的重要性,斯蒂格利茨與魏斯(Stiglitz & Weiss, 1981)的研究表明,相對於貸款人,借款人對其借款投資的項目的風險擁有更多的信息,而最終的債權人——儲蓄者對信貸用途則缺乏瞭解,從而產生了信貸市場上的逆向選擇和道德風險。如果不存在金融仲介,由儲蓄者和借款人進行直接的交易,逆向選擇和道德風險就會變得相當嚴重,信貸市場就會萎縮乃至完全消失;金融仲介機構的產生可以在一定程度上降低信息的不對稱。當最終貸款人(儲蓄者)將其資金集中到以商業銀行為代表的金融仲介機構手中時,其事實上委託了金融機構作為代理人對不同的借款人實施差別對待,即根據相對風險大小來對貸款進行定價,這樣可以降低借款人的逆向選擇風險。由於相對於零散的儲蓄者,金融仲介機構處於更有利的地位來監督和影響借款人在借款後的行為,這樣也限制了道德風險。然而,以商業銀行為代表的金融仲介機構積極作用的發揮受到兩個前提條件的限制:一個條件是儲蓄者對銀行的信心,只有儲蓄者不同時提款,才能保證金融機構將其對零散儲戶的流動性負債轉化為對借款人的非流動性債權;另一個條件是金融機構對借款人的篩選和監督是高效率的,並且是無成本或至少是低成本的。由於不對稱信息的存在,這兩個條件的成立並不是絕對的,這樣便產生了金融機構的內在脆弱性。

當前提條件之一不成立時,就會出現對銀行的擠兌。可以說,自從銀行業產生開始,擠兌就相伴而存在了。但只是借助於不完全信息理論和博弈論的發展,人們才得以對這一現象背後的微觀行為機制做出了清晰地描述。

商業銀行抵禦擠兌的脆弱性源於其把對零散儲戶的流動性負債轉化為對借款人的非流動性債權。在儲戶的提款隨機發生而且銀行將資產都持有至其到期日時,商業銀行的經營地位是穩定的,因為大數法則保證了儲戶不會同時提款,只要有穩定的存款基礎,商業銀行便可以在保持足夠的流動性應付日常提款的基礎上,將其餘的資金投資於非流動性、具有較高收益的資產上。但如果意外事件使存款的提現速度加快,那麼對每一個儲戶而言,最明智的行為都是趕緊加入擠兌的行列。即使銀行的經營是穩

健的,即使所有的儲戶都能夠認識到如果他們不進行擠兌更有利於整體利益,擠兌行為仍然會發生。其中的原因在於一旦金融機構的經營發生微小的意外擾動,其儲戶將面臨個體理性行為和儲戶集體行為的非理性的衝突。這也就是說,如果其他儲戶的策略是擠兌,那麼某一儲戶不擠兌時將可能喪失所有儲蓄,而參與擠兌時可能減少自己的損失,則此時他的較佳策略是擠兌;如果其他儲戶的策略是不擠兌,某一儲戶則認為自己擠兌與否均不對其儲蓄的安全構成影響,因此無論其他儲戶的行為是怎麼樣的,對某一儲戶而言其最佳選擇是參與擠兌。即使全體儲戶事先達成共謀,即在金融機構遇到一般風險事件時不參與擠兌以提高共同的利益,儲戶也不會有主動執行這類共謀的內在動機,單個儲戶的理性行為還是趁著銀行還有支付能力時搶先提款。因此,在現實生活中,擠兌具有爆發性發生的巨大可能,而金融機構對此是無能為力的,這意味著在市場信心崩潰面前,金融仲介機構是非常脆弱的。通過由國家出面提供存款保險可以減少擠兌的發生,但一來存款保險不可能覆蓋所有的金融機構;二來存款保險也帶來新的問題,如它會反過來惡化金融市場上的逆向選擇。

當前提條件之二不成立時,就會導致金融機構對借款人篩選和監督的失敗,從而使其資產質量趨於惡化。導致金融機構對信貸資金難以進行有效分配的根源仍在於信息的不對稱性,即其對投資項目風險和收益的瞭解肯定不如借款人,或者受資金存貸利差制約,金融機構無力支付隨時監督借款人財務運行情況的高額信息獲得費用。但現實金融機構的關鍵問題在於是什麼促使金融機構向那些高風險的項目提供大量的貸款,從而使自己陷入呆壞帳的困境?最易使金融仲介陷入困境的是那些在經濟繁榮時收益豐厚、在景氣消失時風險激增的特殊項目,這就需要金融機構對災難性事件的發生概率進行估計。但實際情況表明,要對此做出有價值的概率判斷不大可能。

委託-代理理論能夠有效地解釋導致金融資產質量惡化的制度性原因。首先,金融機構從現代金融實踐中得出的理論是金融機構的災難並不可怕,因為災難越嚴重,政府採取援救行動的可能性就越大。也正因為如此,在信貸膨脹時期「從眾行為」對金融機構而言是不確定性下的理性選擇,如果單個銀行出現困難,政府可能聽之任之,如果所有的金融機構都陷入困境,政府就不能不進行拯救。此外,競爭壓力也迫使它們繼續其錯誤決策,否則就可能失去市場佔有率。其次,金融資產質量的突然惡化與管理者在經營業績上獲得獎勵和受到處罰的不對稱性有關。管理者的某種風險性決策一旦成功,其將獲得極大的獎勵;即使失敗,其最壞的結果也不過是暫時失業而已,因此金融機構管理者的理性行為總是傾向於做一些風險較高的(同時對金融機構和對決策者都是高收益的)信貸決策。金融機構不同於生產企業,其資產選擇有著很大的負的外部效應(即其對策對外部人產生很大的成本)。這是因為銀行的自有資金只占其資產的很小一部分,而其淨值越小,所有人從錯誤決策中招致的損失就越小,他們就越傾向於從事那些風險較高、一旦成功便會產生豐厚收益的信貸活動。再次,雖然金融機構在對借款人的監督上較零散的儲戶有很大優勢,但完全的事後監督卻是不可能的,這使得信貸市場上的不確定性並不能得以徹底解決。如果貸款方與借款方的信貸交易沒有成本,而且所有的意外事件都可以被充分鑑別出來並寫入合同之中,那麼事前的信息不充分就沒有太大的影響。然而實際情況是當事人不可能將所有意外事件

都寫進合同，設計這樣的合同及審查對方是否滿足了合同條款需要大量的時間和資源，金融機構對借款人的監督相當有限。最后，與發達國家奉行的「積極的不干預」政策不同，發展中國家或經濟轉軌國家的政府更傾向於進行直接金融調控，政府代替市場要求金融機構進行特定的金融資產微觀配置，最終導致政府從金融系統中攫取「租金」（Rent）和金融資產質量低下。

儘管前面指出金融仲介機構的產生本身是對信息不對稱的一種回應，是有助於解決逆向選擇和道德風險的一種機制，我們在進一步分析后發現這種機制存在著缺陷，儲戶的信心及金融機構資產選擇中的內在問題使得金融風險不斷產生和累積，最終可能引發金融危機。密希金（F. Mishkin, 1991）從這一角度出發對現代金融體系的危機進行了定義：所謂金融危機，就是一種因逆向選擇和道德風險問題變得太嚴重以至於金融市場不能夠有效地將資源導向那些擁有最高生產率的投資項目而導致的金融市場崩潰。

（二）金融資產風險的傳染性

幾乎所有的金融危機都與金融資產價格的過度波動相關，股票、匯率等金融資產價格的巨跌也是金融危機的一個重要標誌，造成金融資產價格具有較強波動性的一般性原因也與信息不完全性有關。金融資產的定價受到不完全信息的制約，即金融市場據以對某種金融資產價值進行貼現的是該資產的未來收入流量及影響這一流量變化的各種因素，而這兩者都難以為零散的資產持有人所知。這樣便造成了金融資產價格常常處於動盪之中，而金融資產風險具有極強的傳染性，結果可能引發體系性的危機。

由於金融機構之間存在密切而複雜的債權債務聯繫，因此金融資產風險具有很強的傳染性（Financial Risk Contagiosity），一旦某個金融機構的金融資產價格發生貶損以至於其不能保證正常的流動性頭寸，則單個或局部的金融困難很快便演變成了全局性的金融動盪。金融資產風險傳染性的原因在於以下幾個方面：

金融機構破產的影響和擴散與普通企業是不同的。普通企業的破產也會通過乘數效應而擴展，但每一輪的次級效應都是遞減的。而金融體系內的各個金融機構之間是以信用鏈互相依存的，如果一家金融機構發生困難和破產，就會影響到它的存款人完成各自商業義務的能力，影響到同破產機構有業務聯繫的其他金融機構，還會影響到它的借款人（使借款人不得不提前償還貸款或者得不到本來預料中的追加貸款）。其負面影響會隨著每一輪的次級效應而增強，少數金融機構的破產會像滾雪球一樣越滾越大，直至釀成金融體系的危機。這樣金融體系的風險就變得越來越大，金融危機便會爆發。

銀行同業支付清算系統把所有的銀行聯繫在一起，從而造成了相互交織的債權債務網路，這不允許金融機構出現流動性不足，更不用提其在匯市或股市的資產貶損，因為基於營業日結束時的多邊差額支付清算系統使得任何微小的支付困難都可能釀成全面的流動性危機。曾有過模擬試驗來測算其中一家參與者無力支付引起的擠兌對其他機構產生的連鎖反應，結果表明一家參與行暫時喪失支付能力時將最終導致其他近一半參與者無力支付的結果。同時，信息的不對稱使債權人不能像對其他產業那樣根據公開信息來判斷某個金融機構的清償能力，因此債權人便會將某一個金融機構的困

難視為其他所有具有表面相似業務的機構發生困難的信號，從而引發對其他金融機構的擠兌行為。

金融創新和金融國際化的發展加重了金融資產風險的傳染性，金融創新在金融機構之間創造出遠比過去複雜的債權債務鏈條。如果對一個國家的金融系統發生了普遍的不良預期，那麼國際金融機構在面對完全不確定型信息時的唯一理性選擇，就是更謹慎地從事與該國有關的金融活動，結果該國將因這種急遽緊縮的國際金融環境而導致其金融資產風險的全面上升。而金融國際化的發展則使得單個國家或某個地區的金融風險迅速、劇烈地傳播到全世界的範圍。金融資產風險的累積具有了全球性的性質，這是墨西哥和泰國的匯市風險最終演變為區域性金融危機的基礎，也是像中國香港、新加坡等具有無比穩健的金融基礎和基本經濟因素的地區也未能逃脫危機傳染的本質。

鑒於金融機構的內在脆弱性，金融管理當局必須採取所有可能的措施和方法，來防範和減少金融體系風險的產生和累積，並使其在各種外部衝擊下保持穩定。通過金融監管保證金融業的穩健運行成為經濟與社會健康發展的關鍵。

二、金融監管

金融監管是指一國金融管理當局為實現宏觀經濟目標，依據法律、條例對商業銀行及其他金融機構的金融活動進行決策、計劃、協調、監督的約束過程。

（一）金融監管的目的

在經濟和金融發展的不同歷史階段，金融監管的目的、方式和寬嚴程度都不盡相同。在金融監管發展的最早階段，金融監管遠未形成明確的管理目的，因此監管一般只限於註冊登記等行政管理。隨著金融業的發展，在許多國家的金融領域出現了貨幣發行分散、發行數量失控等貨幣紊亂現象。這個時期，金融監管所要解決的主要問題是控製商業銀行過度發行銀行券和發行準備不足的問題。當貨幣發行隨著歷史的演變由中央銀行壟斷之後，金融監管的重點開始逐漸轉移到對商業銀行和其他非銀行金融機構的信貸擴張和清償能力等安全穩定性方面的控製。在現階段，隨著世界經濟全球化和國際化的發展，現代科技的發展和金融創新的不斷湧現，金融業務之間的界限不斷被打破，各國尤其是市場經濟國家在金融監管的目的和內容上越來越趨同。

概括這些國家現代金融監管的目的，可以表述為：通過執行國家的金融法規和實施管制，最大限度地清除信息不對稱問題，維護金融體系的安全與穩定；保護存款人和公眾的利益；保證金融機構之間競爭的有效與公平，從而促進經濟與社會的穩定發展。

（二）金融監管的模式

金融監管的模式是指金融監管的組織結構和金融監管的制度結構。金融監管的模式按照不同的標準有不同的分類。根據金融監管主體設置的數量的不同，可以把金融監管的模式分為兩種：統一監管模式和分業監管模式；根據確定監管對象的不同，可以把金融監管的模式分為兩種：機構監管模式和功能監管模式。

1. 統一監管模式和分業監管模式

統一監管模式又稱全能監管模式，是由一個統一的機構對所有的金融機構、金融

產品和金融市場實施監管，絕大多數國家通常是由中央銀行來承擔這一職稱。這種模式下，監管者不僅要對金融產品和金融市場穩定負責，還要對金融機構的審慎經營、商業行為進行全面的監管。這一模式最為典型的代表是1997年英國金融體制改革後建立的監管模式。

分業監管模式是指銀行、證券和保險三個業務領域分別設立一個專職的監管機構，負責各行業的審慎監管和業務監管。中國目前實行的就是分業監管模式。

統一監管模式的優點是：第一，從規模經濟角度考慮，具有成本優勢；第二，具有一致性和協調性，能有效利用監管資源；第三，避免重複監管、交叉監管、監管真空等問題；第四，有利於金融創新，可迅速適應新業務，減少多重監管制度對金融創新的阻礙。統一監管模式的缺點是：缺乏競爭性，易導致官僚主義，監管目標不明確。

分業監管模式的優點是：第一，分工細緻，職責明確，有利於發揮專業化監管優勢；第二，具有競爭優勢，由於存在不同監管主體的壓力，有利於提高監管效率。分業監管模式的缺點是：機構重疊，成本較高；監管機構協調難度大，不利於金融創新；容易導致多頭監管和監管真空。

統一監管模式與分業監管模式各有利弊。為了更好地取長補短，在兩種監管模式中平衡，近些年來，在上述兩種監管模式的基礎上派生出三種具體的監管模式，即「牽頭」監管模式、「雙峰式」監管模式和「傘形+功能」監管模式。

(1)「牽頭」監管模式。在實行分業監管的同時，隨著金融業綜合經營的發展，可能存在監管真空或相互交叉，幾個主要監管機構為建立及時磋商機制，相互交換信息，以防止監管機構之間相互推諉，特指定一個監管機構為牽頭監管機構，負責不同監管主體之間的協調工作。

(2)「雙峰式」監管模式。這種監管一般是設置兩類監管機構，一類負責對所有金融機構進行審慎監管，控製金融體系的系統性風險；另一類負責對不同金融業務進行監管，從而達到雙重保險作用。

(3)「傘形+功能」監管模式。這是美國自1999年《金融服務現代化法》頒布以來，在改進原有分業監管體制的基礎上形成的監管模式。根據該法的規定，對於金融控股集團實行「傘式」監管制度，即從整體上指定美聯儲為金融控股集團監管人，負責該公司的綜合監管；同時，金融控股集團又按其經營業務的種類接受不同行業主要功能監管人的監督。

2. 機構監管模式和功能監管模式

機構監管模式是指由不同的監管主體對不同的金融機構分別實施監管的一種金融監管方式。機構監管模式適用於分業經營，並由專門的金融監管法規對金融業中的銀行、證券、信託以及保險進行調整。

功能監管模式是指為依據金融體系的基本功能和金融產品的性質而設計的監督，具體來講，就是將金融監管從通常針對特定類型的金融機構，轉變為針對特定類型的金融業務。

機構監管模式的優點在於金融監管專業化和細緻化，有效防範金融風險。較之機構監管模式，功能監管模式能夠實現對金融業跨產品、跨機構、跨市場的協調。功能

監管模式的優點表現在：第一，有效解決金融綜合經營條件下金融創新產品的歸屬問題，避免監管真空和多重監管問題；第二，功能監管一般主張設立一個統一的機構實施監管，有利於從整體上把握金融業的風險，從而更好地維護金融體系的安全和穩定；第三，有利於金融創新，避免了機構監管而導致的協調難等問題。

擴展閱讀

中國努力平衡防風險與保發展

近年來，中國政府加大了防範金融風險的努力，但也明白整肅力度過大可能釀成債務危機或導致GDP增速急遽下滑。「如果銀行業搞得一塌糊塗，我作為銀監會主席，我就要辭職！」據悉中國銀行業監督管理委員會（CBRC）主席郭樹清最近做了這樣的表態。他說出這番話，無疑表明北京方面約束金融體系不當行為和抑制巨大信貸泡沫的意願明顯增強。據財新傳媒（Caixin）報導，郭樹清是在2017年4月21日銀監會一季度經濟金融形勢分析會上做出上述表述的。但在投資者看來，問題比郭樹清所警告的要微妙得多。中國影子金融的灰色世界是如此巨大，被郭樹清當成整頓目標的欺詐活動是如此盛行，以至於任何治理努力都可能動搖中國金融體系的根基。「很明顯，『不當』交易和金融套利是遍及中國整個金融體系的現象，而不是少數孤立實體的行為。」龍洲經訊（Gavekal Dragonomics）的經濟學家陳龍說，「現在被監管機構瞄準的活動可以列成一份長長的清單，而基本上中國每家商業銀行都至少參與了其中的部分活動。」

分析人士表示，這意味著監管機構明白，其在打擊違規者方面不能走得太遠以至釀成債務危機或導致GDP增速急遽下滑，但也絕不能好像什麼事都不會發生。目前已出現了一些連鎖反應。流動性短缺導致銀行和企業進行融資的貨幣市場利率升高。隔夜的上海銀行間同業拆放利率（Shibor）飆升至兩年來的高點，而3個月期借款利率則從半年前的2.8%上升至4.3%。官方有關嚴厲打擊金融違規行為的一系列講話加劇了流動性緊張，是導致上證綜指下跌2%以及鐵礦石等大宗商品價格下跌的因素之一。這種局面也加劇了中國國內債市的壓力。其中原因就在於中國政策的先發制人特點。雖然監管機構尚未發布公告，確切說明要如何清理郭樹清所說的銀行體系「亂象」，但內部會議通報的消息的力度，已促使國有機構變得自我克制。比如說，銀行知道，對非銀行金融機構（NBFI）貸款激增的行為——這些機構通常把資金轉投影子金融、股市、債市或樓市——將成為被整頓的一個對象。因此，銀行已開始減少對NBFI貸款，這類貸款餘額高達26.5萬億元人民幣（合3.8萬億美元），占到企業和家庭貸款總額的23%。龍洲經訊的數據顯示，2017年3月份銀行對NBFI貸款的增長率從2016年12月的50%下降至24%。

由銀行發行、為規避資本監管而不列入資產負債表的「理財產品」的總額估計達29萬億元人民幣（相當於40%的GDP）的理財產品，也被視為是導致影子金融領域欺詐現象頻發的主要因素。很少有人會認為，對於債務負擔最重、槓桿率最高的中國企業部門而言，這些目標不應作為優先事項。然而，治理手法如何還要看實施。曾赴牛津大學（Oxford）進行訪問研究的郭樹清發現自己肩負著既要縮小泡沫，又不能刺破泡沫的艱鉅任務。新華社稱，習近平在中央政治局某會議上明確表示，中國需要「防

範金融風險……加大對市場違法違規行為的處罰力度」。但習近平也說，必須在「維持經濟平穩健康發展」的同時做好這一切。專業人士認為，問題是現在這種嚴厲態度是只會持續到 2017 年秋季召開十九大的時候呢，還是說這就是一個開頭，監管層要動真格著手解決金融業的所有棘手問題。但在十九大召開前這段時間，肯定流動性會更加緊張。

資料來源：金奇. 中國努力平衡防風險與保發展［N］. 何黎，譯. 金融時報，2017-05-04.

(三) 金融監管的基本原則

各國金融監管當局對監督管理都規定有若干基本原則。在監督管理的各個環節和整個過程中都必須貫徹這些原則。

1. 依法監管原則

各國金融監管體制不盡相同，但在依法進行監督管理這一點上卻是共同的。依法監管的主要內容如下：

(1) 金融機構必須接受金融管理當局的監督管理，不能有例外。

(2) 金融監管必須依法而行。只有依法進行監督管理，才能保證管理的權威性、嚴肅性、強制性、一貫性和有效性。

2. 適度競爭原則

適度競爭原則是各國金融監管的一項基本原則。依據這項基本原則，金融管理當局的監管重心是創造適度競爭的環境；保持適度競爭的格局；避免造成金融高度壟斷而失去競爭，進而失去活力和生機；防止出現過度競爭、破壞性競爭，從而危及金融業安全與穩定。

3. 安全穩健與風險預防原則

安全穩健與風險預防及風險管理是密切相連的。安全穩健是金融監管的主要目的。而要做到穩健就必須進行自覺的、系統的風險監測和管理。因此，所有監管技術手段指標體系，無一不是著眼於金融業的安全穩健及風險性預防管理。不管是註冊登記監管、資本充足條件的規定、銀行清償力監管以及業務活動限制，還是對外匯交易的監管，都是必不可少的風險監管手段。存款保險制度和最后貸款、緊急救助，則更是針對特殊情況下產生的風險而設置的安全防線。

4. 內部自我約束與外部監管相結合的原則

在內部約束和外部監管兩者相結合方面，西方國家金融監管的風格差異較大。傳統上美國和日本以外部強制監管為特徵，而英國等西歐國家則更強調內部自律。在當代，由於國際金融環境發生了重大的變化，西方各國越來越注重內部約束與外部監管的結合。因為如果強調外部監管而缺乏內部約束，外部監管即使再嚴厲、縝密，被監管對象不配合，而是設法逃避、應付、對抗，那麼外部監管難以取得預期的效果。同樣，如果缺乏嚴格的外部監管，而單靠金融機構自身自我約束，則難以避免金融機構受自身利益驅動而出現不負責任的冒險經營和道德風險，難以保證金融業的穩健安全。

5. 社會經濟效益原則

一般來講，安全、穩健是金融監管的中心目的，但並不是金融業存在與發展的終極目的，也不是金融監管的終極目的。金融業發展和金融監管的終極目的是滿足社會

經濟的需要，促進社會經濟的穩定發展。因此，金融法規和金融監管必須考慮嚴格管理同促進金融機構效益的協調關係，必須以保證社會經濟效益作為終極目的。

（四）金融監管的內容

金融監管的主要內容歸納起來可分為以下三方面：為防止銀行遭遇風險、保證銀行穩健經營的預防性監管手段；為保護存款者利益而提供的存款保險制度；為避免銀行遭遇流動性困難，貨幣當局在其非常狀態下提供的緊急援助。

1. 預防性監管手段

預防性監管手段構成各國金融監管技術手段體系的主體。這是為了限制由銀行本身經營管理不善而引起的種種風險，目的在於確保銀行完全、穩定發展。其主要內容如下：

（1）對銀行准入和退出的監管。在預防性監管手段中，最初的手段就是登記註冊。如果把一系列預防性手段比喻為金融監管體系網路中第一道安全防線的話，那麼登記註冊管理就是這道防線的大門。登記註冊的目的在於把不合格的和素質低的金融從業申請者拒絕於金融業大門之外。西方國家金融業市場准入管制的內容通常包括最低的資本限額、合格的管理人員、金融服務設施和設備等項目。此外，監管當局還會考慮金融服務市場的供求是否平衡，以確定新開銀行是否適應公眾需求；考慮銀行業競爭程度，新開銀行對現有銀行的經營活動是否會產生影響等問題。銀行退出管制是通過制定破產標準，使那些經營失敗的金融機構退出市場競爭，以保障銀行業運作的高效率，並有助於強化社會風險意識。

（2）對銀行資本充足度的監管。所謂資本充足，是指銀行資本（自有資本）能經受住壞帳損失，能正常運行，謀取利潤的水平。除最低資本要求外，一般各國監管當局還要求銀行自有資本與資產總額、自有資本與存款總額、自有資本與負債總額以及與風險資產之間保持適當的比例。目前，《巴塞爾協議》提供的一系列為防範信用風險、市場風險而必須保持的資本充足率最低要求，已逐漸成為各國普遍接受並採納的資本充足率標準。

（3）對銀行資產流動性的監管。各國對銀行資產流動性監管同對資本充足度監管一樣重視。銀行的資產流動性是衡量其應付客戶提現能力的尺度，其大小直接影響到銀行的清償能力。因此，對銀行資產流動性進行監管，是防止銀行出現擠提甚至倒閉，進而引起金融恐慌和社會動盪的一項極其重要手段。監管當局主要通過對銀行資產與負債分別規定若干比率，來監管銀行的清償能力。這些比率主要有現金比率、流動比率等。

（4）對銀行業務活動範圍的監管。這主要是指對銀行的業務活動領域的限制。這一問題是各國金融制度結構中一個重要而敏感的業務種類分工模式選擇問題。這一選擇受到各國經濟和金融發展歷史傳統的制約和影響。從金融監管當局對金融機構業務活動管理的角度講，是對銀行業務活動範圍的某種限制問題，而從一國金融制度結構模式角度講，則是一個業務分工制度的全局性問題。這主要涉及以下幾個方面：長期性金融業務和短期性金融業務的限制規定；銀行業務與證券業務是分業經營，還是混業經營的規定；銀行經營性業務與政策性業務的規定，等等。這大體上就是通常所講的職能分工型銀行組織制度和全能型銀行組織制度涉及的問題。

（5）對銀行貸款集中程度的監管。對個別客戶的貸款過分集中，是世界上大多數銀行危機發生的經常原因。這一監管主要是限制銀行對個別借款者的貸款，不能超過貸款銀行資本的一定百分比，從而限制風險的集中。各國金融監管當局一般都對各商業銀行的貸款集中程度加以明確規定。例如，荷蘭規定，如果一家銀行對一個借款者的貸款超過了貸款銀行資本的15%，該銀行就必須滿足額外的清償能力需求量，而當這一比例超過25%時，就必須有中央銀行的批准方可貸款。

（6）對外匯交易的監管。一般來說，金融機構從事外幣業務的複雜程度與承擔的風險，比從事本幣業務的複雜程度與承擔的風險高得多。金融當局的外匯風險管理，一方面是為了降低因銀行過多參與外匯交易而面臨的外匯風險；另一方面則是由於外匯風險也是一種國家風險，對一國的國際收支、外匯儲備產生重大影響，因此監管當局也需要加以監管。自布雷頓體系解體以來，各國匯率水平一直處於較大的波動之中，但各國在外匯風險監管方面，管理的程度有所不同，管理的內容也不盡相同。20世紀70年代以後，有許多西方國家逐漸放鬆了外匯管制，如美國、加拿大、法國等。

（7）對銀行的檢查。銀行現場檢查是一項綜合、系統、專業技術性較強、工作量較大、較為有效的檢查手段。具體到檢查的方法，各國有所不同。在美國，中央銀行對商業銀行定期的現場檢查是監督制度的核心，而且要求檢查者按統一標準提供對每家銀行的綜合評價。在英國，對銀行的檢查避免對銀行進行直接檢查，可以採用與經理會談的監督制度。有些國家對銀行的現場檢查限制在銀行總部，有些國家則從分支行中進行抽檢。

2. 存款保險制度

存款保險制度是指一國金融監管當局為了維護存款者的利益和金融業的穩定安全，規定本國經營存款業務的金融機構必須按其吸收存款的一定比例，向專門的存款保險機構繳納保費，以保證一旦因金融機構經營失敗不能支付存款人的本息時，存款人可以從保險機構獲得一定補償的一種制度。美國在20世紀30年代經濟大危機的教訓基礎上建立了存款保險制度，以后許多市場經濟國家都建立了本國的官方或行業性的存款保護體制，如美國、日本、加拿大都建立了存款保險公司，德國建立了存款保險基金，法國則有存款擔保體系。中國自2015年5月1日起施行《存款保險條例》。該條例規定存款保險最高償付限額為人民幣50萬元。

在解決金融機構危機方面，存款保險制度可以發揮以下作用：

（1）對陷入危機的金融機構提供流動性支持，緩解其面臨的支付壓力，使其有時間得以喘息，採取措施改革內部管理、調整經營方向、追付逾期貸款以及將抵押品以較好的價格變現。如果措施得力、效果明顯，則銀行可以憑藉自身後來的贏利承擔起不良資產損失，從而使得風險與損失在時間上得到分散和吸收，減緩對經濟的震動。

（2）按規定的限額賠償存款人的損失，從而維持公眾信心以防止擠兌。在銀行自身無法承擔損失，被迫清盤的時候，在一定條件下保證對存款人的支付，將該銀行倒閉的部分損失在金融體系內進行橫向的分散與吸收，同樣起到了維護存款人信心，發揮減緩由於銀行倒閉而產生「溢出效應」的作用。

（3）促進和監督經營困難的金融機構實施併購或資本重組。存款保險公司可以提

供某些優惠條件，鼓勵有實力的銀行對困難銀行的併購，實現損失的業內分擔與資源的優化配置。

（4）良好的存款保險制度作為一個有效的「減震器」，為金融監管當局採取果斷措施消除了后顧之憂，使那些低效率的銀行退出金融體系，提高市場運作效率。

當然也應看到，存款保險制度在發揮上述積極作用的同時，也會在無「后顧之憂」的情況下，誘導有的投保銀行從事高風險的業務，不能審慎地發放貸款，從而加大了銀行經營的風險，也損害了一些堅持穩健經營的銀行機構。因此，一些建立了存款保險制度的國家，正著手對其進行改革，如增加存款者分擔的風險份額及按銀行風險的程度和特點收取相應的差別費率。但這些方法在實際操作中都比較困難，存款保險制度還需進一步完善。

3. 緊急援助

金融機構的破產倒閉會引起巨大的經濟損失和社會動盪。因此，當發生這種情況時，各國金融監管當局都毫不例外地在事實上承擔了緊急援助的責任。金融監管當局提供緊急救援的方法主要有由中央銀行直接對處於困境的銀行進行貸款支持，由存款保險機構提供資金，由一些大銀行在官方的支持下提供援助。

（五）金融監管的收益與成本

從經濟學的角度審視，金融市場的不完全性和市場失靈現象的存在，要求政府有必要提供一種具有糾正效應的金融管理制度，對金融機構和市場體系進行外部監管，以保護公眾利益，防範金融風險。從該意義講，金融監管就具有帕累托改進的性質，可提高金融效率，增進社會福利。但金融監管也存在成本。當監管不當或過度、監管成本超出監管收益時，就會放大管制對金融業的危害性，降低社會福利。因此，監管當局把握好金融監管的度十分重要。

1. 金融監管的收益

金融監管的收益是指如果金融監管當局不實施監管，則金融體系不穩定，並由此所造成的損失。從這一定義中可以看出，金融監管的收益是一種預期收益，由於不實施金融監管的后果有多種，那麼可以說金融監管的收益就等於無監管造成的損失的期望值。

2. 金融監管的成本

金融監管的成本是指金融監管部門為了實施有效監管，而對監管工作從組織、運行、實施所做的必要投入和由於金融監管而使金融業在遵循監管方面的投入及業務發展和金融創新上受到一定程度的遏制而產生的損失。金融監管的成本可以分為直接成本與間接成本。

直接成本也稱行政成本，是指制定執行金融監管政策本身所需花費的成本，包括監管當局制定監管制度和實施監管活動需要耗費的人力和物力資源以及被監管對象因遵守監管法規而需要建立新的制度、提供信息和培訓人員等配合監管的活動所花費的人力和物力資源。間接成本也稱間接效率損失或市場負效應，是指由於監管行為干擾了市場機制對資源的自動配置作用，限制了充分競爭，抑制了金融創新，影響了市場激勵機制而導致有關經濟行為主體改變其行為方式造成的間接效率損失，使整個社會

的福利水平下降。產生間接成本的渠道有：第一，監管措施的存在可能會引發道德風險，如因為存款保險制度的存在，銀行的經營管理者可能會趨向於冒更大的風險去進行貸款或投資，因為其知道即使投資失敗也會有存款保險機構在最后關頭進行救助。第二，監管措施較為嚴厲，有可能阻礙金融創新、削弱競爭並導致金融服務產品單一而價格提高，如利率管制措施等。第三，金融監管中的歧視性措施會使某些金融機構處於不利地位。

三、宏觀審慎監管

（一）宏觀審慎監管的定義

早在20世紀70年代末，國際清算銀行（BIS）就清楚地意識到對單個金融機構的監管不足以維持整個金融體系的穩定，因此要從整個金融體系的角度進行監管。20世紀80年代，國際清算銀行的文件中首次公開出現「宏觀審慎監管」一詞。2001年，國際清算銀行正式定義了宏觀審慎監管。宏觀審慎監管是指在考慮單個金融機構風險的同時，從整個系統性角度，對金融體系進行風險防範以實現金融穩定，是微觀審慎監管的有效補充。

（二）宏觀審慎監管與微觀審慎監管的關係

長期以來，以《巴塞爾協議》為代表的微觀審慎監管，主要是通過對資本充足率、存貸比、大額風險暴露、不良貸款率、拔備率等一系列指標的跟蹤來監控單個金融機構存在的風險，以保證每個金融機構的正常運營。2007年次貸危機的爆發，讓監管當局意識到，單靠微觀審慎監管是不足以保證整個金融系統的穩定的，於是加強宏觀審慎監管被重新提出。

1. 宏觀審慎監管與微觀審慎監管的區別

宏觀審慎監管與微觀審慎監管兩者之間的區別主要表現在：第一，在監管目標上，微觀審慎監管理念認為，金融體系是眾多金融機構的組合，只要每個金融機構穩健運營，整個金融體系就是穩定的。因此，微觀審慎監管的目標是防範單個金融機構的風險，以達到保護消費者、存款者以及投資者的權益。宏觀審慎理念強調整個金融體系的系統性風險，會帶來宏觀經濟產出上的損失，因此宏觀審慎監管的目標是防範金融系統性風險，以避免宏觀經濟波動。第二，在監管方式上，微觀審慎監管以單個金融機構風險為根據，採取自下而上的監管模式，依賴會計準則，對每個金融機構的相關風險指標進行跟蹤以保證單個金融機構的穩定；宏觀審慎監管以金融系統性風險為依據，採用自上而下的監管模式，通過一系列工具的使用來保證金融系統的穩定。

2. 宏觀審慎監管與微觀審慎監管的聯繫

宏觀審慎監管與微觀審慎監管兩者之間的聯繫主要表現在：第一，兩者的根本目標相同，都是防範金融風險，維護金融體系、金融機構的穩健運行。第二，宏觀審慎監管是需要通過微觀審慎監管輔助的，可以說宏觀審慎監管是以微觀審慎監管為基礎的。第三，宏觀審慎監管與微觀審慎監管的手段工具相互滲透融合。宏觀審慎監管與微觀審慎監管兩種方式缺一不可，只有相輔相成、相互配合，才能保證整個金融系統的穩定。

(三) 宏觀審慎監管的核心：防範系統性風險

金融穩定委員會（FSB）對於系統性風險的定義是由經濟週期、宏觀經濟政策變動、外部衝擊等一系列風險因素引起的一國乃至整個全球金融體系發生劇烈動盪的可能性，其具有極強的累積性、傳染性和隱匿性，會對國際金融體系和全球實體經濟造成巨大的負外部性效應，並且系統性風險不能通過一般的風險管理辦法抵消或是削弱，即我們只能防止其積聚乃至爆發，不能從根本上消除。

微觀審慎監管理論認為，只要每個金融機構保持穩定，整個金融體系就會保持穩定，但是這種理論沒有考慮到金融機構之間的相關性，某個金融機構為了自身的穩健運營而採取的審慎措施可能會給其他機構帶來風險，並由此可能造成系統性風險的聚集，這就是微觀審慎監管最主要的不足。

(四) 宏觀審慎監管對系統性風險的監測

近 20 年來隨著金融自由化和金融全球化的演進，境外系統性金融風險跨國傳染的趨勢不斷增強，使金融監管面臨嚴峻的挑戰。特別是 2007 年始於美國的次貸危機以及隨後爆發的歐債危機對世界經濟發展造成嚴重損害。金融系統性風險再次引起各國政策制定者及學者的關注，對於金融系統性風險的監測成為研究的焦點。

根據國際金融穩定理事會、國際貨幣基金組織和國際清算銀行聯合發布的報告，金融系統性風險是指因外部因素的衝擊或內部因素的牽連而發生劇烈波動、危機或癱瘓，使單個金融機構不能幸免，從而遭受經濟損失的可能性。

早在 2006 年，有學者（Illing & Liu，2006）就提出「金融壓力」的概念，用來刻畫金融失衡狀態，並構建金融壓力指數量化金融系統性風險。金融壓力指數一般是由一系列反映金融體系各個子系統壓力狀況指標合成的一個綜合性指數。相較於用單個具體變量來衡量金融市場的狀態，金融壓力指數更具有一般性意義。堪薩斯州金融壓力指數（KCFSI Index，Hakkio & Keeton，2009）（見圖 12-1）以及芝加哥聯邦儲備銀行構建的國家金融狀態指數（ANFCI Index）都是用來監測美國金融系統性風險狀況的重要指數。此外，美國聖路易斯聯邦儲備銀行也開發出衡量美國金融市場壓力狀態的指數（STLFSI Index）。考慮到美國金融市場在國際金融市場中的重要地位，不少研究用美國的金融壓力指數作為國際金融市場壓力狀態的代理變量。堪薩斯州金融壓力指數採用銀行、國債市場、公司債市場、股票市場 4 個子系統的變量，並用因子分析法構建壓力指數。這一指數一共包括 11 個變量：TED 利差、掉期利差、10 年期國庫券舊券與新券利差、3A 級公司債與 10 年期國債利差、Baa 級公司債與 Aaa 級公司債利差、高收益率債（垃圾債券）與 Baa 級債券利差、消費資產抵押證券與 5 年期國庫券利差、股票收益率與國債收益率相關係數、股票價格隱含波動率、銀行股的特質波動率以及典型銀行收益率離差。該金融壓力指數被標準化為平均值為 0，標準偏差為 1 的連續變量，當處於正值時，意味著經濟主體的風險感知和不確定性較高，信用配置中斷，金融體系配置資源功能喪失而處於失衡狀態，甚至表現為金融危機的爆發；當處於負值時，意味著經濟主體的風險感知和不確定性較低，信用配置合理，金融體系配置資源功能正常發揮。總之，金融壓力指數越大，意味著金融系統性風險越高，金融失衡狀態越嚴重。

美國堪薩斯州金融壓力指數(1990—2016年)

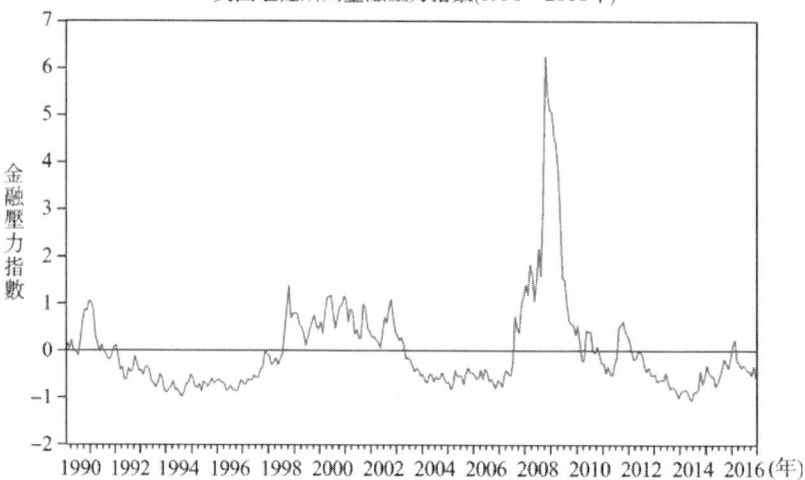

圖 12-1 美國金融壓力指數

數據來源：美國堪薩斯州聯邦儲備銀行（https://www.kansascityfed.org/research/indicatorsdata/kefsi）。

相比較國外學者對金融壓力指數的構建，國內學者關於金融壓力度量研究的相關文獻也不少。陳守東和王妍（2011）從銀行、證券、外匯以及保險四個部門選擇了9個指標運用等方差加權平均法構造了金融壓力指數。孫立新（2014）提出通過等方差加權法構造包括銀行間市場、證券市場、外匯交易市場以及債券市場在內的 8 個指標的金融壓力指數，通過壓力期的識別來衡量金融體系的穩定性狀況。目前國內外對金融壓力指數的應用已有較為豐富的研究成果。巴拉（Balakrishnan）等（2011）研究發現，金融壓力可以從發達國家轉移給新興市場國家。巴克薩（Baxa）等（2013）轉向研究金融壓力對貨幣政策的影響。研究表明，國家對外開放程度越高，金融壓力衝擊對央行貨幣政策的影響越明顯。有學者（Hubricha & Tetlowb，2015）研究表明，金融壓力對美國的宏觀經濟活動產生重要影響，而且在金融壓力嚴重時，傳統貨幣政策的效果非常有限。王妍和陳守東（2012）研究表明，中國金融壓力與實體經濟之間存在雙向因果關係。顧洪梅和汪蓉（2016）測度中國 2002—2013 年的金融壓力，進而運用 VaR 模型研究金融壓力與工業增長之間的關係。研究表明，金融壓力是工業增長的格蘭杰原因，工業增長不是金融壓力的格蘭杰原因，並且金融壓力對工業增長的衝擊具有顯著的負效應和較長的持續效應，因此不能割裂金融壓力與工業增長之間的關係。樸基石（2016）對 2002—2015 年中國金融壓力對中國實體經濟、通貨膨脹率以及貨幣政策的影響進行定量分析。研究結果表明，金融壓力對中國實體經濟、通貨膨脹率以及短期利率均存在顯著的負影響。此外，研究結果還表明金融壓力對通貨膨脹的影響大於對實體經濟和貨幣政策的影響，表明可能存在金融壓力對通貨膨脹的直接作用機制。

第三節　國際銀行業監管及其趨勢

一、《巴塞爾協議》及其發展

（一）《巴塞爾協議》

20世紀80年代以來的金融國際化趨勢，使得跨國銀行和國際資本的規模及活動日益擴大，呈現縱橫交錯、無所不及的格局。隨之而來，銀行業風險的國際擴散威脅著各國的金融穩定。然而，對跨國銀行的國際業務，單單依靠母國管理當局的監管實難完全奏效。對此，大力推動金融監管的國際合作，制定國際統一的銀行監管標準，加強銀行風險管理，成為迫切需要。

早在1975年，由十國集團國家的中央銀行行長建立了巴塞爾銀行監管委員會。1987年12月，國際清算銀行召開中央銀行行長會議通過「巴塞爾提議」。在「巴塞爾提議」的基礎上，1988年7月由巴塞爾銀行監管委員會通過的《巴塞爾協議》（全稱是《關於統一國際銀行的資本衡量和資本標準的協議》），就是國際銀行監管方面的代表性文件。雖然協議中的規定只適用於所有從事國際銀行業務的各國銀行，但是由於《巴塞爾協議》的權威性及銀行風險管理的日益重要性，該協議逐漸成為世界各國銀行業進行資本管理監督的統一標準。

《巴塞爾協議》的主要內容如下：

（1）資本的分類及構成。銀行的資本組成應分為核心資本和附屬資本兩部分，兩部分之間應保持一定的比例。一家銀行的核心資本主要由其實收資本和公開儲備組成。實收資本包括已發行和繳足的普通股與永久非累積性優先股。這些核心資本應占整個資本的一半，作為資本基礎的第一檔。附屬資本作為資本基礎的第二檔，其規模不能超過核心資本。附屬資本主要包括未公開的儲備、資產重估儲備、普通準備金或一般貸款損失準備金等。各國銀行管理當局可根據本國的會計和管理條例做出取捨。

（2）風險加權的計算。《巴塞爾協議》制定了對資產負債表內各種資產和各項表外科目的風險度量標準，並將資本與加權計算出的風險掛鉤，以評估銀行資本所應具有的適當規模。

（3）標準比率的目標。《巴塞爾協議》要求銀行經過5年過渡期逐步建立和調整所需的資本基礎。到1992年年底，銀行資本對風險加權資產的標準比率目標為8%，其中核心資本至少為4%。

（二）《有效銀行監管的核心原則》

20世紀90年代中期以來，由於國際銀行業的經營環境發生了較大變化，儘管《巴塞爾協議》關於資本充足率的規定已經在一定程度上降低了銀行信貸風險，但國際銀行業的信貸風險遠未消除。更為重要的是，即使是在銀行資本與風險資產比率基本正常的情況下，以金融衍生品為主的市場交易風險仍屢屢發生。這種情況表明，僅僅依靠資本充足率，已經不足以保證銀行充分防範金融風險。有鑒於此，1997年9月，巴塞爾委員會推出了《銀行有效監管核心原則》（以下簡稱《核心原則》），將風險管理領域擴展到銀行業的各個方面，以建立更為有效的風險控制機制。

這個原則涉及面廣，確定了一個有效監管系統所必備的25項基本原則，共分7大類：有效銀行監管的先決條件、獲準經營的範圍和結構、審慎管理和要求、銀行業持續監管手段、信息要求、監管人員的正當權限、跨國銀行業務。

這些條款著力於對銀行業進行全方位風險控制，並注重建設銀行自身的風險防範約束機制，提出了對銀行業持續監管的方式，強調建立銀行業監管的有效系統，同時進一步重申對跨國銀行業務實施全球統一監管。

《核心原則》強調，在新的全球金融形勢下，金融運行的最大風險仍然是信用風險。

(三)《新的資本充足率框架》

20世紀90年代三次大的金融危機（歐洲貨幣危機、墨西哥金融危機、亞洲金融危機）更刺激了各國政府及金融機構在宏觀經濟和金融體系中不斷尋求合理、高效的風險管理方法，以完善和鞏固本國的金融體系，增強抵禦金融風險的能力。巴塞爾銀行監管委員會考慮到當今世界經濟和金融的巨大變化，認為有必要對《巴塞爾協議》進行重大的修改與擴展，並準備出抬新的協議來重新考慮資本充足率的確定。為此，巴塞爾委員會於1999年6月首先提出了一個《新的資本充足率框架》（以下簡稱《新框架》）準備執行新的資本充足率標準，以便使協議不僅具有普遍的適應性，而且具有特別的適用性。

1.《新框架》的主要特點

《新框架》仍以保證金融體系的安全性和穩健性為其主要目標。為達到這一目標，《新框架》考慮了三個方面的主要內容：最低資本要求的確定、對資本的監督檢查和市場紀律。巴塞爾委員會把這三方面的內容看成有效地確定資本充足率的必不可少的三大支柱，並認為每一個支柱對監督整個金融業和單個金融機構的發展都是必需的。通過集中關注風險和風險管理，新的框架可以對付由越來越複雜的金融市場所產生的各種金融創新帶來的挑戰。

《巴塞爾協議》及后來的補充與修改對強化國際金融體系的穩健性和安全性，加強國際銀行間的平等競爭起了重要作用。但是在過去的10多年間，世界經濟形勢和金融環境發生了巨大的變化，銀行對衍生市場的介入使衍生市場正成為全球更加複雜的金融市場，因而經常會產生一連串的違約風險。在這種情況下，若再根據《巴塞爾協議》計算資本充足率就不能很好地反映銀行所面臨的金融風險狀況，這是因為據其計算的風險資產的加權結果也只能成為對金融風險的粗略估計，難以對不同債務人或締約方違約的信用風險暴露程度做出比較具體的充分的預測。另一個日趨嚴重的問題是，就國際範圍來說，在越來越複雜的金融市場上，利用法定資本進行套利的行為使銀行可能更傾向於資產質量較差的資產組合。另外，《巴塞爾協議》對某些類型的交易並沒有提供減輕風險的適當的技術和方法。因此，《巴塞爾協議》必須隨著市場的變化進行調整，為此巴塞爾委員會提出了一個新的綜合性的確定資本充足率的框架。就監管的目的而言，《新框架》集中考慮了以下幾個方面的問題：協議要不斷推動金融體系的安全性和穩健性；不斷強化銀行間的平等競爭；建立更加綜合的方法來解釋風險；協議的基本原則要適用於所有銀行，但集中考慮國際上業務活躍的大銀行。

2.《新框架》的三個主要組成部分

(1) 最低資本要求的確定。《新框架》對資本的定義沒有修改，仍分為核心資本與附屬資本，《巴塞爾協議》對銀行資本定義的依據是銀行資本的構成，取決於資本吸收銀行損失的能力，而不是資本的不同表現形式。我們按照《新框架》對銀行資產的不同風險分類來考察最低資本要求的確定。

第一，信用風險。巴塞爾委員會認為《巴塞爾協議》中計算信用風險資本要求的方法不夠精確，而且金融創新與金融交易的複雜性降低了原方法的適用性。因此，巴塞爾委員會提出多種方法以使《巴塞爾協議》對於信用風險的度量更加精確，其中提出對信用風險進行度量的主要方法有三個：標準化方法、銀行內部評級方法、資產組合信用風險模型。

第二，市場風險與其他風險。《新框架》增加了市場風險與其他風險，並尋求量化與管理這些風險的辦法，以對這些風險在資本要求中直接指定風險資本費用。目前對市場風險進行度量應用較好的是 VaR 技術，該技術在1993年4月頒發的建議中第一次用於分別計算利率風險、匯率風險、股權風險和商品風險等不同風險類型內的組合風險，這是一種比較精確的測量市場風險的標準方法。《新框架》在其他風險類中特別考慮了操作風險，並尋求對該風險的度量以設置風險資本費用來抵禦此類風險。目前操作風險也是銀行業內部存在的一個很大的風險，已經引起世界銀行業的極大關注。

(2) 對資本充足率的監督檢查。《新框架》認為監督檢查是整個資本充足率框架的一個重要組成部分，而且是對其餘兩個部分的補充。監督者的目標是檢查銀行的資本頭寸，確保該頭寸與銀行的風險管理和戰略一致，並能在銀行的資本不足以抵擋風險的情況下及時對銀行進行干涉。這種干涉應當遵循以下幾個基本原則，即監督人員應該希望銀行在其最小法定資本充足率基礎上進行經營，並有能力使銀行持有的資本超過最低資本要求；銀行要有用來估計它的整個資本充足率及維持這一資本要求水平的辦法；監督人員應該檢查和評估銀行的資本充足率是否遵從法定資本充足率標準；監管人員應當注意早期的干預，防止資本低於審慎經營的水平。監督人員不僅要現場檢查和場外監督資本充足率，而且要監督內外審計人員，要考慮到銀行的風險欲望和風險管理記錄、市場特徵、收入的質量、可靠性和波動性，對合理估價及會計標準的堅持情況，經營的分散性及與國際市場的相關性等。監督人員應有辦法識別和干預那些資本出現問題但無能力抵抗風險的銀行。

(3) 市場紀律。市場紀律具有加強銀行內部自動進行資本調節配置的作用和其他的監督作用，市場紀律可以刺激銀行保持雄厚的資本基礎以防範潛在的風險損失，推動銀行和金融體系有效、安全、穩定和健康發展。監管在這方面雖然可以發揮積極的作用，但是監管不能代表市場紀律，因此有效的監管和市場紀律都是必需的。由於各銀行所處的金融市場和自身的資本結構經常存在著明顯的差異，這意味著市場紀律發生作用的潛力不論在國內還是在國外都是不同的。有效的市場紀律需要可靠的、及時的信息，以使銀行的訂約方有根據地做出風險防禦，銀行要及時地公開披露所持有的有關資本的各方面的關鍵信息及引起潛在損失的風險暴露的特徵，從而使市場參與者能估計銀行的風險管理狀況及清償能力。這些信息至少應在每年的財務報告中體現出

來,這些信息包括銀行當前的資本充足率、財務狀況、經營活動、經營業績、風險預測以及風險管理戰略等。這顯然有助於銀行內部不斷強化自身的風險管理機制。

(四)《新巴塞爾資本協議》

巴塞爾銀行監管委員會在2004年6月份公布了《新巴塞爾資本協議》。《新巴塞爾資本協議》(Basel Ⅱ)對原有協議的框架進行了諸多修改,新協議的主要內容可以總結為三部分:最小資本要求、資本充足性的監管約束和市場約束。

《新巴塞爾資本協議》繼承了之前各協議的一系列監管原則,延續了以資本充足率為核心,以信用控製為重點,將市場風險和操作風險納入資本約束的範圍。其核心內容包括商業銀行風險監管的三大支柱:資本充足率、外部監管和市場約束。信用風險、市場風險和操作風險在第一支柱中計量監管,流動性風險等通過第二支柱、第三支柱進行監管。可以說,《新巴塞爾資本協議》標誌著現代商業銀行風險管理從單一的信用風險管理轉向信用風險、操作風險、市場風險、流動性風險等全面風險管理的時代。

(五)《巴塞爾協議Ⅲ》

2008年國際金融危機的爆發,充分暴露出此前的資本充足率監管體系中存在的諸多不足,甚至有些觀點認為《新巴塞爾資本協議》的實施加重了危機的效應。《新巴塞爾資本協議》雖然在制度設計層面比舊資本協議更進一步,但是由於資本吸收能力較弱,風險計量的順週期性、對系統性風險關注不夠等方面的缺陷,使得其在此次金融危機中並未發揮應有的風險規避作用。鑒於此,巴塞爾委員會在金融危機後制定了以《巴塞爾協議Ⅲ》(又稱第三版資本協議)為核心的金融監管改革方案,確立了新的國際監管標準與規則框架。

第三版資本協議由微觀審慎監管框架和宏觀審慎監管框架組成。在微觀審慎監管框架方面,強化了《新巴塞爾資本協議》的監管要求,包括顯著提高銀行資本的數量和質量,風險覆蓋面擴大到交易對手信用風險、資產證券化等方面,加強風險管理和風險披露,並提出了全新的國際流動性監管標準;在宏觀審慎監管框架方面,力求確保銀行資本的穩定性,弱化資本充足率的順週期性,提出了保護緩衝資本的概念,實施動態風險撥備,引入了逆週期資本監管指標、槓桿率等監管要求,並對系統重要性銀行做出特別規定等。《巴塞爾協議Ⅲ》規定:資本充足率下限為8%,要求為10.5%;保護緩衝資本比例要求為2.5%;逆週期資本緩衝區間幅度為0~2.5%。

從《巴塞爾協議Ⅲ》的規定可以看出,監管部門將更為關注銀行的資本質量和抗週期性風險能力,這將有利於減少銀行承擔過多風險的行為,降低危機發生的可能性和嚴重性,有助於增加金融系統的穩定性。

二、21世紀國際銀行業監管的新趨勢

(一)從注重傳統銀行業務監管向傳統業務和創新業務監管並重轉變

20世紀末,金融市場複雜多變,金融創新產品層出不窮,在以下三個方面表現得尤為突出:一是金融衍生產品交易。較之傳統銀行業務,上述創新業務在收益更大的同時,風險也更大,並且更易擴散,對金融市場造成的衝擊也更加直接和猛烈。因此,

只注重傳統銀行業務的監管已經不能全面、客觀地反映整個銀行業的風險狀況。只有「雙管齊下」，監管傳統業務和創新業務並重，才能有效地防範和化解銀行業的整體風險。

從20世紀80年代后期開始國際監管組織和各國監管當局對金融創新產品和電子銀行都給予了高度關注。1986年，巴塞爾委員會發表了《銀行表外風險管理的監管透視》，對表外業務的風險種類、風險評估以及管理控制等提出了初步的意見。隨著金融衍生交易產品的發展，巴塞爾委員會又發布了《衍生產品風險管理準則》《關於銀行和證券公司衍生產品業務的監管信息框架》。針對金融衍生產品風險對資本的潛在威脅，巴塞爾委員會又發表了《巴塞爾資本協議市場風險補充規定》《關於市場風險資本要求的內部模型法》等。與此同時，美國、歐盟等國家的監管當局也在監管實務中，針對創新業務和市場條件制定了一系列的監管法規與操作指引，以加強對銀行新業務的監管。

（二）從注重合規性監管向合規性監管和風險監管並重轉變

合規性監管是指監管當局對商業銀行執行有關政策、法律、法規情況所實施的監管。風險性監管是指監管當局對商業銀行的資本充足程度、資產質量、流動性、盈利性和管理水平所實施的監管。傳統上，監管者認為只要制定好市場「遊戲規則」，並確保市場參與者遵照執行，就能實現監管目標。因此，監管當局過去一直將監管重點放在合規性方面。但是，隨著銀行業的創新和變革，合規性監管的缺點不斷暴露，這種監管方法市場敏感度較低，不能及時全面反映銀行風險，相應的監管措施也滯后於市場發展。

在上述背景下，國際銀行監管組織和一些國家的監管當局相繼推出了一系列以風險監管為基礎的審慎規則。例如，巴塞爾委員會發布的《大額信用風險的衡量和管理》《銀行國際信貸和管理》《銀行外匯頭寸的監管》《利率風險管理原則》《計量與管理流動性的框架》《計算機和電信系統中的風險》《有效銀行監管核心原則》；美國聯邦金融機構檢查委員會制定的銀行綜合評級體系；等等。風險性監管在識別、度量銀行風險的基礎上，按照審慎監管原則，提出防範和化解銀行風險監管措施。其更注重銀行本身的風險控製程序和管理水平，能夠及時反映銀行經營狀況，預測潛在風險。

（三）從分業監管向統一監管轉變

監管模式是隨著銀行業的發展變化而不斷調整的。20世紀30年代大危機后，以美國、日本和英國為主要代表的西方國家實行了分業經營體制。混業經營體制傳統上主要以德國、瑞士等國家為代表。英國、日本分別於1986年和1996年通過相關法律，打破分業經營界限，實行混業經營體制。美國在1999年通過了《金融服務現代化法案》，也開始進入混業經營時代。與此相適應，一些國家調整了監管機構，實施了統一監管。例如，英國、澳大利亞、日本、韓國、盧森堡、匈牙利和墨西哥等。統一監管體制是指由統一的監管主體對從事銀行、保險、證券不同類型業務的金融機構實施統一監管的一種制度。實行統一監管體制有多方面的原因：其一是金融機構的多元化發展程度；其二是金融監管水平；其三是金融自由化和金融創新的發展程度。總之，監管模式是根據本國的國情決定的。分業經營和監管有其長處，混業經營和監管也有其

優勢，一切都以時間、地點、條件為轉移，採取何種模式都不能離開本國國情。

(四) 從一國監管向跨境監管轉變

為了有效監管商業銀行的境外業務和離岸業務，各國監管當局逐步實施了跨境監管。跨境監管是指將一家銀行的境內外機構、境內外業務進行並表監管。根據巴塞爾委員會有關文件規定，對一家跨境銀行的監管必須在母國監管當局和東道國監管當局之間進行合理的監管分工和合作。一般地，母國監管當局負責對資本充足性、最終清償能力等實施監管，東道國監管當局負責對所在地分支機構的資產質量、內部管理和流動性等實施監管；同時，兩國監管當局要就監管的原則、標準、內容、方法以及實際監管中發現的問題進行協商和定期交流。經驗表明，加強跨國監管可以有效地防止出現銀行監管的真空。

第四節　金融發展與經濟發展

一、「金融壓制」理論和「金融深化」理論

1969年，戈德史密斯（Goldsmith）開創性地提出了關於金融發展與經濟增長關係的研究結論。之後，有許多學者從事這方面的研究，其中以發展中國家金融和經濟狀況為研究對象的「金融壓制」理論和「金融深化」理論最具有代表性。

「金融壓制」和「金融深化」的概念最初是由美國經濟學者E.S.蕭（E.S.Shaw）和R.I.麥金農（R.I.Mckinnon）提出的。1973年，蕭和麥金農在他們先后出版的《經濟發展中的金融深化》和《貨幣、資本與經濟發展》這兩本著作中，對金融制度與經濟發展之間的相互關係，和發展中國家所應採取的金融體制及其改革，提出了許多獨到的見解。在這兩本書及之後的一些文獻中，他們兩人分別提出了「金融深化」理論和「金融壓制」理論，受到了國外理論界和實務界的重視。過去，經濟學家對金融與經濟發展的關係雖也有論及，但對發展中國家的特殊情況並未進行分析。蕭和麥金農的著作在經濟學界引起了重大的和廣泛的反響。后來有人在他們兩人的理論基礎上，做了進一步的發展，以至形成了頗有影響的經濟學流派。

(一)「金融壓制」理論

「金融壓制」理論（Financial Repression）是指發展中國家政府過分干預金融，人為壓低利率和匯率，使兩者無法真實地反映資金和外匯的供求情況，而政府又不能有效地抑制通貨膨脹，從而造成經濟的惡性循環。金融業的落后阻礙了經濟的增長，經濟的停滯又制約著金融業的發展。

蕭和麥金農認為，金融制度與經濟發展之間本來存在著相互促進、相互影響的關係。一方面，健全的金融體系能有效地動員社會儲蓄，並將其投入到生產中去，對經濟的發展有促進作用；另一方面，隨著經濟的發展，人們收入的增加和隨之對金融服務需求的增長，對金融業的發展又有著刺激作用，經濟與金融發展處於一種良性循環之中。但在許多發展中國家，金融和經濟的發展卻存在一種惡性循環的現象：一方面，由於本國金融制度落后和缺乏效率，不能積極推動經濟增長；另一方面，經濟發展的呆滯又不利於金融業的發展。

蕭和麥金農認為，造成發展中國家存在金融壓制的根本原因，在於制度上的缺陷和當局政策上的失誤。他們認為，發展中國家要想使經濟得到發展，就要重視金融對國民經濟的影響，要發揮金融對經濟發展的促進作用，就應放棄其奉行的「金融壓制」，實現「金融深化」。

(二)「金融深化」理論

「金融深化」理論（Financial Deepening）是指政府放棄對金融市場體系的過分干預，使利率和匯率能充分反映資金和外匯的供求狀況。在有效地控製通貨膨脹之後，金融體系，特別是銀行體系，一方面能以合理的利率來吸收大量儲蓄資金，另一方面也能在合理的貸款利率水平上滿足實體經濟各部門的資金需求。這樣，金融體系本身既能發展，也能推動實體經濟的增長。

金融深化與金融壓制相比較，具有幾個明顯的特徵：

第一，存、貸款的利率不是人為的，而是由資金的供求狀況決定的。由於通貨膨脹受到控製，利率不再受人為壓制，因此實際利率必為正數。如果這種利率是存款利率的話，就可以刺激國內的儲蓄增加；如果這種利率是貸款利率的話，就可以真實地反映貨幣的時間價值和貨幣使用的真實成本，從而使利率真正成為一種在經濟活動中比較可靠的資金價格的信號，合理引導資金流向，並通過這種資金流向而使資源得以合理地配置和有效利用。

第二，匯率由市場供求決定，因此黑市活動和利用官價牟利的不合理現象也不存在。

第三，放鬆對金融機構和金融活動的管制，並且特別鼓勵民營金融機構的發展。因此，各種非銀行金融機構也能適應金融服務需求的增長而蓬勃發展。

金融深化的經濟是貨幣化程度相當高的經濟。在這種經濟中，金融資產的存量相當大，具體表現為金融資產與這個經濟積聚的國民財富的比率相當高，並且這種比率在不斷上升。金融資產的流量也相當大，具體表現為金融資產與該經濟國民收入之間的比率相當大，並且這種比例也在不斷上升。在金融深化的狀態下，金融機構是多元化的，既有銀行也有各種各樣的非銀行金融機構；既有國家（政府）的金融機構，也有眾多的民間金融機構。金融市場也是多元化的，既有各種各樣的提供短期融資服務的貨幣市場，也有提供長期性融資服務的資本市場。換言之，在金融深化的狀態下，貨幣金融活動的主體（機構）及貨幣金融活動的客體（市場）都是多元化的。在這種多元化的貨幣金融體系中，為了適應整個經濟發展以及貨幣金融活動本身發展的需要，不斷地出現金融創新。金融活動方式在更新變化，金融工具的種類也在不斷地增多。同時，作為經濟活動主體的工商企業，和兼具消費者與投資者多重身分的社會公眾，有了比較廣泛的對金融資產的選擇機會和投資機會。金融資產的價格已基本上不受人為控製，而開始真正成為資源調配和投資方向的指示器。金融資產價格中的兩個最為重要的價格——利率和匯率，開始接近貨幣的真正價值，並由在資產形式不斷轉換過程中出現的供求狀況決定。

二、金融壓制向金融深化的轉變

從金融壓制轉向金融深化，實際上是進行金融體制改革。發展中國家在金融改革

過程中採取的金融政策著重於以下幾個方面：

第一，金融體制徹底改革，使銀行制度和金融市場能真正執行吸收和組織社會儲蓄資金，將之引導至生產性投資的功能。

第二，撤銷政府當局對存貸款利率的人為干預，利率應正確反映資金供求和資本的匱乏性。在發展中國家，真正的均衡實際利率，應該是正數而非負數。只有「正實際利率」才能吸收大量社會儲蓄資金和促進資本形成。

第三，政府當局不應採取通貨膨脹的方式來刺激經濟增長。相反，政府當局應盡力抑制通貨膨脹，通過穩定物價形成良好的金融環境以促進經濟發展。

第四，調整匯率水平，放棄高估本幣幣值的做法。在發生金融壓制的國家和地區，普遍存在著高估本幣幣值的現象，而且這種現象往往是人為造成的。高估本幣幣值，雖然可以降低進口成本，但這種做法嚴重地抑制了出口，造成一個國家的經濟出現嚴重的對外不平衡。因此，必須採取積極而又比較穩妥的辦法與措施，對匯率進行調整，以體現本幣的真實對外價值。

第五，克服國家銀行對金融業務的壟斷。在金融壓制的國家或地區，往往由一家或少數幾家國有銀行壟斷了全部金融業務。這種壟斷，不僅造成了所謂「非法」融資活動的產生，而且使非銀行融資處於高成本、高風險的狀態，十分不利於經濟活動的正常運轉。金融改革應允許其他金融機構的存在，特別是民間金融機構的存在，實現金融機構多樣化。

第六，開放金融市場，形成貨幣-資本市場體系。在金融壓制的國家中，政府一方面限制非銀行金融機構和民間金融機構的建立；另一方面通過強制的辦法壓低利率水平和高估本幣的對外價值，從而限制了金融市場的發展。通過銀行這個單一的渠道，用低利率成本吸納社會資金，通過銀行按政府的意圖投資資金，並為政府利用通貨膨脹的辦法彌補財政赤字提供方便。因此，金融改革、除提高利率、調整利率和放鬆對金融機構的控制之外，還應包括開放金融市場，即建立和完善短期資金營運的貨幣市場，建立和完善以股票與債券為主要融資工具的資本市場，為企業和社會公眾提供投資機會與在多種資產形態中進行選擇的機會。

從金融壓制轉向金融深化，不僅是貨幣領域的深刻變化，而且是整個經濟生活的深刻變化，在經濟發展過程中具有十分重要的意義。在金融深化過程中，普惠金融和互聯網金融起到重要作用。

從金融發展的國際經驗上看，由於金融排斥的存在，社會中的特定群體沒有能力進入金融體系，不能以恰當的形式獲得所需的金融服務，導致了金融資源配置的嚴重失衡，眾多的機構和個人發展不善，經濟落後。這不僅僅是出現在發展落後的地區，甚至也出現在經濟繁榮的地區中的落後區域。基於這一問題的存在，聯合國在 2005 年的「國際小額信貸年」上正式提出「普惠金融」這一概念。根據世界銀行的定義，「普惠金融」（Inclusive Finance）是指能夠廣泛獲得金融服務且沒有價格、非價格方面的障礙，能夠為社會所有階層和群體提供合理、便捷、安全的金融服務的一種金融體系。2005 年，聯合國在「國際小額信貸年」活動中首次提出了「普惠金融」概念，呼籲在全球範圍內建立普惠金融部門。此后十年間，包括聯合國和世界銀行在內的多家

國際組織在全球範圍內致力於推動普惠金融的發展，力圖通過發展小額信貸和微型金融等金融模式來擴展現有金融服務的覆蓋範圍，盡可能為全社會所有階層和群體提供合理、便捷、安全的金融服務，以支持實體經濟發展和消除不平等。2013年，中共十八屆三中全會明確提出「發展惠普金融」，普惠金融的發展已經成為未來中國金融改革的方向。

拓展閱讀

積極促進普惠金融發展

中國一直高度重視推動普惠金融發展。黨的十八屆三中全會正式提出「發展普惠金融」。2015年11月，《中共中央關於制定國民經濟和社會發展第十三個五年規劃的建議》發布，提出「發展普惠金融，著力加強對中小微企業、農村特別是貧困地區金融服務」。2015年12月31日，國務院印發《推進普惠金融發展規劃（2016—2020年）》，勾勒出未來五年中國普惠金融發展藍圖。

相關部門已採取多項措施，積極推動普惠金融發展。一是實施激勵性的貨幣信貸政策。通過差別化存款準備金率政策、「支農」「支小」再貸款和再貼現政策，引導地方法人金融機構擴大涉農、小微企業信貸投放，降低社會融資成本，促進農村中小金融機構提高普惠金融服務水平。二是出抬支持性的財政政策。發揮財政資金的槓桿作用，出抬稅收優惠政策，支持和引導金融機構及社會資金支持小微企業和「三農」服務發展。三是加快金融基礎設施建設。推動建立了有利於實施各項惠農政策的銀行帳戶服務體系，基本實現了家家有帳戶、補貼能到戶。四是規範發展徵信體系建設。人民銀行金融信用信息基礎數據庫為國內每一個銀行信用活動的企業和個人建立了信用檔案，數據質量穩步提升，功能日益增強。五是支持建立多元化的金融組織體系。支持民營銀行、村鎮銀行、小額貸款公司等發展。六是引導互聯網金融等新業態規範發展。近年來，農村地區移動互聯網網民規模龐大並快速增長，金融機構服務半徑進一步擴展，有助於改變農村地區金融服務薄弱和競爭不足的現狀。七是鼓勵面向弱勢群體、欠發達地區和中小企業的金融產品創新。在農村地區開展林權抵押貸款、農村承包土地經營權抵押貸款、農村住房財產權抵押貸款等各類農村產權的抵押貸款創新試點。積極拓寬涉農企業的多元化融資渠道，鼓勵涉農企業通過短期融資融券等非金融企業債務融資工具融資。八是推動普惠金融綜合示範區試點。批准寧波開展普惠金融綜合示範區試點，選取青海、陝西宜君開展普惠金融綜合示範區試點籌備工作，探索普惠金融促發展的有效路徑，構建符合地方特色的普惠金融體系。九是加強金融消費者權益保護和教育。

資料來源：中國人民銀行金融穩定分析小組《中國金融穩定報告2016》。

隨著互聯網信息技術的不斷發展，越來越多的先進互聯網技術，如大數據、社交網路、第三方支付等為傳統金融服務業發展提供了有力的支持，各行業不斷將業務從線下搬到線上，大大提升了工作效率。互聯網金融是指傳統金融機構與互聯網企業利用互聯網技術和信息通信技術實現資金融通、支付、投資和信息仲介服務的新型金融業務模式。互聯網金融具有以下兩個優點：

第一，交易成本低。互聯網金融模式下，資金供求雙方可以通過網路平臺自行完

成信息甄別、匹配、定價和交易。一方面，金融機構可以避免開設營業網點過程中投入的資金成本，如人力成本、時間成本、固定資產投入成本、監督成本、談判成本、信息搜集成本等。另一方面，消費者可以在開放透明的平臺上快速找到適合自己的金融產品，大大降低了時間成本。與傳統貸款的眾多且繁瑣的程序相比較，互聯網金融擁有非常簡潔的操作程序，貸款者足不出戶，不需要繁雜的資料審批，只需通過網路達成一致協議即可。

　　第二，金融資源分配效率的提高。一直以來，中小企業融資問題成為中國的一個亟待解決的問題。中小企業融資的顯著特點是信息不對稱問題的存在，由此帶來信貸市場的逆向選擇問題和道德風險問題，商業銀行為降低貸款違約風險，必須加大審查監督的力度，因此中小企業貸款額度小。傳統金融機構傾向於將資金批發給大企業，而不是零售給中小企業。互聯網金融彌補了傳統金融機構在中小企業融資上的不足，使得金融資源分配效率更高。而且互聯網金融的交易不受地域的限制，互聯網金融平臺可以將不同地區資金提供者的資金集中起來，發放給不同地區的資金需求者，使資源分配效率更高。

　　雖然互聯網金融在提高金融服務效率、滿足多元化投融資需求、提升金融服務普惠性和覆蓋面等方面發揮了積極作用，但在其發展過程中也累積了一些問題和風險隱患，引起社會普遍關注。李克強總理在 2017 年《政府工作報告》中指出，2017 年深化金融體制改革的重點工作中，需要「規範互聯網金融發展」。

閱讀與思考

互聯網金融風險和防範的幾點思考

互聯網金融風險的微觀和宏觀思考

　　互聯網金融沒有改變金融的本質，具有微觀和宏觀的風險特徵。

　　從微觀角度看，首先，金融行業的傳統風險沒有消失。信用風險、流動性風險、法律合規風險、操作風險等傳統金融風險依然存在。例如，信用風險指交易對象沒有能力繼續履約而給其他交易對手帶來的風險。大部分互聯網金融網貸平臺對投融資雙方的資質審查不嚴格，准入門檻要求低，而且信息披露制度普遍不夠完善。互聯網上的融資方經常在高槓桿比率下經營，無抵押、無擔保狀態下的借款現象比較多。加上中國徵信機制不夠完善，網路數據的數量不夠、質量不高。在這些條件下，互聯網交易雙方地域分佈的分散化使得信息不對稱問題更加嚴重，甚至加劇了信用風險。又如，為了吸引更多投資者，互聯網金融平臺紛紛推出高收益、高流動性的產品，看似誘人的回報背後實際隱藏著期限錯配問題，容易導致流動性風險。其次，互聯網金融具有一些新的風險特徵，風險更加多樣，技術風險比較突出。金融與互聯網技術結合后，一些帶有互聯網特色的技術風險也隨之而來。例如，終端安全風險、平臺安全風險、網路安全風險等。終端安全風險主要指進行互聯網金融交易的電腦、移動設備等存在漏洞而帶來的風險；平臺安全風險指互聯網金融平臺存在的安全威脅；網路安全風險指互聯網金融交易依託的數據傳輸網路帶來的隱患。技術風險帶來的最大問題是信息安全問題。技術的不成熟，會導致信息洩露、丟失、被截取、被篡改，影響到信息的保密性、完整性、可用性。這些信息安全問題進而又會造成用戶隱私洩露，威脅用戶

資金安全。最後，與傳統金融風險相比，互聯網金融因為拓展了交易可能性邊界，服務了大量不被傳統金融覆蓋的人群，具有長尾效應。風險主要表現在互聯網金融服務人群的金融知識、風險識別和承擔能力相對欠缺，容易遭受誤導、欺詐和不公正待遇。同時，由於其投資額小且分散，互聯網金融風險一旦爆發，社會外部性影響很大。

從宏觀角度看，互聯網金融是一個分散的體系，嚴格意義上不可能發生系統性風險。一是互聯網金融不吸收存款，吸收存款從理論上講不是互聯網金融。二是互聯網金融不介入銀行同業市場。基於這兩點，一般講互聯網金融發生風險只是個案，不可能有區域性和系統性風險。嚴格意義上的互聯網金融，是 P2P，即需求者和供給者直接交易。無論是眾籌、支付、網貸、互聯網保險，還是各種各樣互聯網金融的業務形態，都是平臺模式，如果不吸收存款，沒有資金池，不參與銀行同業市場，就不可能有傳染機制。當然，在實際中，由於金融風險的隱蔽性和突發性，系統性風險仍然值得關注。

此外，在考慮互聯網金融風險時，有必要把互聯網非法集資和互聯網金融區別開來。例如，近期出現的「e租寶」和「中晉系」非法集資等全國性風險事件，涉及面廣，涉案金額巨大。這些企業在宣傳中都標榜自己是互聯網金融創新，使互聯網金融的名聲受到了很大影響。但實際上，這些案例不是互聯網金融的代表，而是非法集資平臺。

互聯網金融風險的防範

防範互聯網金融風險需要採取針對性措施，關鍵在於制度建設。互聯網金融監管是一個新的課題。在互聯網金融快速發展的過程中，存在監管制度和法律法規相對滯後、監管思路和方式有待創新、監管人才不足等問題。對互聯網金融監管需要加強分工合作，實施市場化監管。中國已成立中國互聯網金融協會，將逐步完善自律管理制度框架，充分發揮行業自律機制在規範從業機構市場行為、推動業務交流和信息共享、保護行業合法權益等方面的積極作用。

總之，防範互聯網金融風險的目的在於規範發展，措施要適度，要在保證互聯網金融健康環境的前提下鼓勵有益的創新行為。

資料來源：互聯網金融風險和防範的幾點思考［EB/OL］.（2016-05-19）［2017-08-16］. http://www.financialnews.com.cn/if/201605/t20160509_96753.html.

本章小結

1. 金融危機是指一個國家或幾個國家與地區的全部或大部分金融指標的急遽的惡化。金融危機具體表現為金融資產價格大幅下跌，或者金融機構倒閉或瀕臨倒閉，或者某個金融市場（如股市或債市）暴跌，等等。金融危機不僅會在危機發生國內部傳導，最終抑制實體經濟增長，嚴重的金融危機也會進行跨國傳導，對其他國家和地區產生重要影響。金融危機的國際傳導渠道主要有貿易傳導渠道、金融傳導渠道以及基於預期的傳導渠道。

2. 金融風險可以概括為系統性風險和非系統性風險兩大類。對於前者，金融機構

本身難以改變；對於后者，金融機構通過加強內部管理是可以控製或減輕的。任何一個社會，通過金融機構的內部管理來控製風險，其作用是有限的。因此，金融管理當局的外部監管的作用顯得越來越重要。

3. 信息不對稱引致的逆向選擇和道德風險，在決定金融機構的脆弱性方面具有特殊重要性。同樣，信息不對稱、逆向選擇和道德風險的概念對於理解金融監管也具有十分重要的意義。

4. 金融監管模式的劃分按照不同的標準有不同的分類。金融監管的主要內容包括預防性監管、存款保險以及緊急援助。21世紀國際銀行的新趨勢是：從注重傳統銀行業務監管向傳統業務和創新業務監管並重轉變，從注重合規性監管向合規性監管和風險監管並重轉變，從分業監管向統一監管轉變，從一國監管向跨國監管轉變。

5. 金融發展和經濟發展之間存在著一種相互刺激和影響的關係。美國經濟學者蕭和麥金農以發展中國家金融和經濟狀況為研究對象提出「金融壓制」理論和「金融深化」理論。金融深化與金融壓制相比較，具有幾個明顯的特徵：一是利率不是人為的，而是由資金的供求狀況所決定的。二是匯率由市場供求決定。三是放鬆對金融機構和金融活動的管制，鼓勵民營金融機構的發展。

6. 在金融深化過程中，普惠金融和互聯網金融起到重要作用，但也必須重視其風險的防範。

重要概念

金融危機　金融監管　金融監管模式　資本充足　存款保險制度　金融壓制
金融深化　普惠金融　互聯網金融

復習思考題

1. 試述加強金融監管對於保障現代市場經濟穩定發展的意義。
2. 怎樣觀察和度量金融發展的水平？
3. 金融深化的內容是什麼？發展中國家金融深化的經驗和教訓有哪些？
4. 試述普惠金融在中國具有的現實意義。
5. 互聯網金融相較於傳統金融業務具有什麼優勢？
6. 如何看待互聯網金融的風險？

參考文獻

［1］BALAKRISHNAN R, DANNINGER S, ELEKDAG S, et al. The Transmission of Financial Stress from Advanced to Emerging Economies ［J］. Emerging Markets Finance and Trade, 2011, 47 (2): 40-68.

［2］BAXA J, et al. Time Varying Monetary Policy Rules and Financial Stress: Does Financial Instability Matter for Monetary Policy? ［J］. Journal of Financial Stability, 2013, 9 (1): 117-138.

［3］BECK T, et al. A New Database on the Structure and Development of the Financial Sector ［J］. The World Bank Economic Review, 2000, 14 (3): 597-605.

［4］HAKKIO C S, KEETON W R. Financial Stress: What Is It, How Can It be Measured, and Why Does It Matter? ［J］. Economic Review Federal Reserve Bank of Kansas City, 2009, 94 (2): 5.

［5］HUBRICH K, TETLOW R J. Financial Stress and Economic Dynamics: the Transmission of Crises ［J］. Journal of Monetary Economics, 2015, 70: 100-115.

［6］ILLING M, LIU Y. Measuring Financial Stress in a Developed Country: An Application to Canada ［J］. Journal of Financial Stability, 2006, 2 (3): 243-265.

［7］PORTER N, et al. Interest Rate Liberalization in China ［Z］. IMF Working Papers, 2009: 1-28.

［8］TAN Y, JI Y, HUANG Y. Completing China's Interest Rate Liberalization ［J］. China & World Economy, 2016, 24 (2): 1-22.

［9］XU B, VAN RIXTEL A, VAN LEUVENSTEIJN M. Measuring Bank Competition under Binding Interest Rate Regulation: the Case of China ［J］. Applied Economics, 2016, 48 (49): 4699-4718.

［10］弗雷德里克・S.米什金. 貨幣金融學 ［M］. 蔣先玲, 等, 譯. 北京: 機械工業出版社, 2016.

［11］黃達. 金融學 ［M］. 3 版. 北京: 中國人民大學出版社, 2012.

［12］迪恩・克羅紹. 貨幣銀行學 ［M］. 呂隨啓, 譯. 北京: 中國市場出版社, 2008.

［13］弗里德曼, 施瓦茨. 美國貨幣史: 1867—1960 ［M］. 巴曙松, 等, 譯. 北京: 北京大學出版社, 2009.

［14］格雷德. 美聯儲 ［M］. 耿丹, 譯. 北京: 中國友誼出版公司, 2013.

［15］朱新蓉. 貨幣銀行學 ［M］. 北京: 中國金融出版社, 2010.

［16］周駿，王學青. 貨幣銀行學［M］. 3 版. 北京：中國金融出版社，2011.

［17］陳守東，王妍. 金融壓力指數與工業一致合成指數的動態關聯研究［J］. 財經問題研究，2011（10）：39-46.

［18］顧洪梅，汪蓉. 中國金融壓力與工業增長關係的實證研究［J］. 吉林大學社會科學學報，2016（3）：58-67.

［19］劉勝會. 美國儲貸協會危機對中國利率市場化的政策啟示［J］. 國際金融研究，2013（4）：13-21.

［20］樸基石. 金融壓力對中國宏觀經濟的影響［J］. 商貿與經濟管理研究，2016（49）：100-105.

［21］孫立新. 構建中國金融壓力指數［N］. 中國社會科學報，2014-07-23（A06）.

［22］王研，陳守東. 中國金融壓力與經濟增長的動態關聯研究［J］. 金融論壇，2012（2）：16-23.

［23］蕭松華. 當代貨幣理論與政策［M］. 成都：西南財經大學出版社，2001.

［24］李崇淮，黃憲，江春. 西方貨幣銀行學［M］. 北京：中國金融出版社，1998.

［25］曾康霖，謝太峰，王敬. 銀行論［M］. 成都：西南財經大學出版社，1997.

［26］胡海鷗，祝小兵，周延軍. 當代貨幣金融理論［M］. 上海：復旦大學出版社，2000.

［27］戴國強. 貨幣銀行學［M］. 北京：高等教育出版社，2000.

［28］龍瑋娟，鄭道平. 貨幣銀行學原理［M］. 北京：中國金融出版社，1997.

［29］李揚，王松奇. 中國金融理論前沿［M］. 北京：社會科學文獻出版社，2000.

［30］刁仁德. 現代金融辭典［M］. 上海：上海財經大學出版社，1997.

［31］周戰地，許樹信. 金融學教程［M］. 北京：中國金融出版社，1998.

［32］潘石. 西方通貨緊縮理論評析［J］. 當代經濟研究，2000（2）.

［33］盛松成，施兵超，陳建安. 現代貨幣經濟學［M］. 北京：中國金融出版社，1992.

［34］趙昌文. 金融科學［M］. 北京：經濟科學出版社，1999.

［35］秦豔梅. 貨幣銀行學［M］. 北京：中國商業出版社，1999.

［36］唐旭. 金融理論前沿課題［M］. 北京：中國金融出版社，1999.

［37］盛慕杰. 中央銀行學［M］. 北京：中國金融出版社，1990.

［38］魏杰，張宏，杜朝輝，等. 現代金融制度通論［M］. 北京：高等教育出版社，1996.

［39］曼昆. 經濟學原理［M］. 梁小民，譯. 北京：北京大學出版社，1999.

［40］王松奇. 金融學［M］. 北京：中國金融出版社，2000.

［41］李揚，王國剛. 資本市場導論［M］. 北京：經濟管理出版社，1998.

［42］周立. 金融衍生工具發展與監管［M］. 北京：中國發展出版社，1997.

[43] 周正慶. 證券知識讀本 [M]. 北京：中國金融出版社，1998.

[44] 陳共，周升業，吳曉求. 證券市場基礎知識 [M]. 北京：中國人民大學出版社，1998.

[46] 張后奇，劉雲. 歐洲中央銀行與美聯儲運作模式的比較研究 [J]. 金融研究，2000（10）：55-62.

[47] 謝杭生，孫青. 戰后西方國家貨幣政策目標比較 [J]. 金融研究，1997（7）：65-69.

[48] 鐘偉，李心丹. 現代西方金融體系內在風險性及其防範理論 [J]. 金融研究，1998（8）：64-80.

[49] 唐雙寧. 21世紀國際銀行監管新趨勢及其對中國的啟示 [J]. 金融研究，2001（1）：57-61.

[50] 沈沛龍，任若恩. 新的資本充足率框架與中國商業銀行風險管理 [J]. 金融研究，2001（2）：80-87.

[51] 弗蘭克·J.法伯兹，弗朗哥·莫迪里阿尼，邁克爾·G.費里. 金融市場與機構通論 [M]. 康衛華，譯. 大連：東北財經大學出版社，2000.

[52] 弗蘭克·J.法博齊，弗朗哥·莫迪利亞尼. 資本市場：機構與工具 [M]. 唐旭，等，譯. 北京：經濟科學出版社，1998.

[53] 凱文·多德，默文·K.劉易斯. 金融與貨幣經濟學前沿問題 [M]. 陳雨露，王芳，譯. 北京：中國稅務出版社，2000.

[54] 托馬斯·梅耶，詹姆斯·S.杜森貝里，羅伯特·Z.阿利伯. 貨幣、銀行與經濟 [M]. 6版. 林寶清，洪錫熙，等，譯. 上海：上海三聯書店，上海人民出版社，2007.

[55] 易綱，吳有昌. 貨幣銀行學 [M]. 上海：上海人民出版社，1999.

[56] A.加利·西林. 通貨緊縮 [M]. 李揚，等，譯. 北京：經濟管理出版社，1999.

[57] 曹協和，劉春梅，範靜. 中國電子貨幣發展的風險與對策 [J]. 南方金融，2009（1）：61-63.

[58] 楊楊，代增麗. 商業銀行管理理論發展脈絡的梳理與思考 [J]. 海南金融，2006（9）：14-16.

[59] 李志雄. 金融監管的成本與收益研究 [J]. 北方經貿，2006（1）：82-84.

國家圖書館出版品預行編目(CIP)資料

貨幣金融學 / 殷孟波 主編. -- 第二版.
-- 臺北市：崧博出版：崧燁文化發行, 2018.09
　面；　　公分

ISBN 978-957-735-445-7(平裝)

1.金融市場 2.金融貨幣 3.貨幣學

561.7　　　　107015100

書　名：貨幣金融學
作　者：殷孟波 主編
發行人：黃振庭
出版者：崧博出版事業有限公司
發行者：崧燁文化事業有限公司
E-mail：sonbookservice@gmail.com
粉絲頁　　　　　網　址：
地　址：台北市中正區重慶南路一段六十一號八樓815室
8F.-815, No.61, Sec. 1, Chongqing S. Rd., Zhongzheng Dist., Taipei City 100, Taiwan (R.O.C.)
電　話：(02)2370-3310　傳　真：(02) 2370-3210
總經銷：紅螞蟻圖書有限公司
地　址：台北市內湖區舊宗路二段121巷19號
電　話:02-2795-3656　傳真:02-2795-4100　網址：
印　刷：京峯彩色印刷有限公司（京峰數位）

本書版權為西南財經大學出版社所有授權崧博出版事業有限公司獨家發行電子書繁體字版。若有其他相關權利及授權需求請與本公司聯繫。

定價：600 元
發行日期：2018 年 9 月第二版
◎ 本書以POD印製發行

◆ 崧博出版　◆ 崧燁文化　◆ 財經錢線

最狂
電子書閱讀活動

活動頁面

即日起至 2020/6/8，掃碼電子書享優惠價　**99/199**元